SHOW-HEYシネマルーム

2023年上半期お薦め70作

弁護士
映画評論家
坂和章平

はじめに

1)『シネマ５２』は２０２２年１０／２０から２０２３年3／３１までの約6ヶ月間に見た洋画５７本、邦画１３本、計７０本を「２０２３年上半期お薦め７０作」としてまとめたものです。

『シネマ５２』では、「巻頭特集」として、第９５回アカデミー賞で１０部門１１ノミネートされ、作品賞、監督賞など計7部門をゲットした『エブエブ』こと『エブリシング・エブリウェア・オール・アット・ワンス』を掲げました。作品賞と監督賞をダブル受賞すれば最高の栄誉ですが、それに加えて脚本賞も編集賞もゲットしたのはすごいこと。さらに、主演男優賞にはノミネートされなかったものの、主演女優賞、助演男優賞、助演女優賞としてミシェル・ヨー、キー・ホイ・クァン、ジェイミー・リー・カーティスの３人が一斉に受賞したのもすごいこと。近時は“白いオスカー”とか“黒いオスカー”と言われ、何かと政治的な色彩も帯びていたアカデミー賞でしたが、９５回目を迎えた２０２２年のそれは“アジアに向いたオスカー”になりました。

『宋家の三姉妹』（９７年）での素晴らしい演技、『グリーン・デスティニー』（００年）での素晴らしいカンフーアクションが印象的だったマレーシア生まれの女優、ミシェル・ヨーも御年６０歳を迎えましたが、受賞式での彼女のスピーチはさすがのものでした。もっとも、『エブリシング・エブリウェア・オール・アット・ワンス』って一体ナニ？予告編を何度見てもさっぱりわからなかった本作は、本編を見てもトコトン“奇想天外”であり、ぶっ飛んだ内容でした。ひょっとして、“トンデモ脚本”も“〇〇宇宙”も“△△世界”も理解不能？そんな心配もありましたが、アジサイの七変化、大和撫子七変化ならぬ、ミシェル・ヨー扮するヒロインの“８４変化”を見れば、楽しさワクワク・・・？かどうかは、あなた自身の目でしっかり確かめてください。

2) 囲碁界は今、7冠を誇っていた井山裕太3冠（本因坊、碁聖、王座）、芝野虎丸2冠（名人、十段）、一力遼棋聖、関航太郎天元の４人による群雄割拠の時代になっていますが、将棋界では現在6冠（竜王、王位、棋王、王将、棋聖、叡王）の藤井聡太が、さらに名人と王座の獲得を目指して邁進中。史上最年少での7冠、8冠の可能性も十分です。それと同じように、第９５回アカデミー賞でも『エブエブ』が主要7部門を独占したため、そのあおりを受けたのが、第１章に収録した「第９５回アカデミー賞」関連の意欲作です。とりわけ、作品賞、監督賞、主演女優賞、助演男優賞、美術賞、作曲賞の 6 部門にノミネートされていた、巨匠スティーブン・スピルバーグ監督の自伝的作品たる『フェイブルマンズ』は無冠となりました。また、巨匠ジェームズ・キャメロン監督の『アバター　ウェイ・オブ・ウォーター』も視覚効果賞だけはキープしたものの、作品賞のゲットはなりませんでした。

他方、作品賞の本命中の本命だった米国発の上記２作品に対して、英国発の異色作として作品賞、脚本賞とともに主演男優賞、助演男優賞、助演女優賞等にノミネートされていた『イニシェリン島の精霊』も、『エブエブ』のとばっちりを受けて無冠に。さらに、黒澤明監督の名作を、ノーベル文学賞作家カズオ・イシグロの脚本でイギリス版としてリメイクした『生きる　LIVING』は主演男優賞と脚本賞にぴったりの作品でしたが、それも無冠に。さらに、作品賞、監督賞、脚本賞という映画として最も重要な３部門にノミネートされていた、リューベル・オストルンド監督の『逆転のトライアングル』も残念ながら涙を呑むことに。

以上の通り、第９５回アカデミー賞は、“アジアに向いたオスカー”となり、『エブエブ』の“一強”となりましたが、第１章に収録した、以上の５作品はいずれも力作ですから、しっかり鑑賞してもらいたいものです。なお、長編アニメーション賞は『ギレルモ・デル・トロのピノッキオ』で決まり。またブレンダン・フレイザーが体重２７２ｋｇの中年男役を熱演して主演男優賞を受賞した『ザ・ホエール』は4月１５日に鑑賞したため、『シネマ５３』に掲載予定です。

3）“アジアに向いたオスカー”の中でも、映画の都・ハリウッドの底力は不変。それは、第１章に収録したアカデミー各賞へのノミネート作品だけでなく、「第２章　アメリカ・イギリス」に収録したハリウッド作品をみれば明らかです。オリジナル作曲賞と衣装デザイン賞にノミネートされた『バビロン』は、イギリス映画『エンパイア・オブ・ライト』と共に“映画愛”を高らかに謳い上げた名作です。また、「これぞアメリカ（1）」、「これぞアメリカ（2）」、「この原作をいかに映画に？」として収録したハリウッド映画『ワース』、『SHE　SAID』、『アムステルダム』、『対峙』、『ザリガニの鳴くところ』、『フラッグ・デイ』、『ドント・ウォーリー・ダーリン』、『ノースマン』はいずれも見応え十分です。

ロシアによるウクライナ侵攻に抵抗するゼレンスキー政権を、軍事面と経済面で最も強く支えているのがアメリカとイギリスですが、映画界でもそれは同じ。第２章に収録したイギリス映画『The　Son』、『MEN』、『キュリー夫人』も必見です。

4）“Ｇ７”を見ても先進７カ国の足並みは一様ではなく、“ＥＵ”を見ても西欧各国の防衛についての思惑がバラバラなことがよくわかりますが、それは「第３章　ドイツ、フランス、イタリア、スペインなど」の映画でも同じです。最初に収録した「ナチスもの３作」は異色作ぞろい。えっ、ホントにこんなことがあったの？この３作ではそんな再発見を！

世界文学全集の映画化や４Ｋリマスター化は嬉しい限りですが、『テス』と『ベネデッタ』のような異色作との対比はフランスならではの趣です。また、フランスでは人工妊娠中絶や尊厳死の社会問題が先鋭。したがって、『あのこと』、『すべてうまくいきますように』は必見です。さらに第３章では、一方でフランスが誇る『エッフェル塔』秘話（？）を味わい、他方でイタリアが誇るエンニオ・モリコーネ音楽の真髄を。さらに、第３章ではスペインの名花ペネロペ・クルスの大活躍や、メキシコを舞台としたベルギー・ルーマニア映画『母の聖戦』や、ロシアを含むヨーロッパという概念を理解しながら『コンパートメントＮｏ．６』の異色ぶりを味わってください。

5）第４章は「邦画」ですが、私は近時の邦画（の劣化）に危惧感を抱いています。それは、「東宝と東映の話題作２作」、「イオン、ギャガ、東京テアトル、日活の話題作３作」、「母親映画２作」、さらに『ファンタスマゴリー』を見ても明らかです。とりわけ、大きな話題を呼んだ『レジェンド&バタフライ』はバラエティ色満載の NHK 大河ドラマ『どうする家康』と共に違和感がいっぱいです。

また、中国では第７世代、第８世代監督の抬頭が顕著ですが、邦画の「この監督に注目！」として収録した３作は玉石混合・・・？そんな邦画界にあって、『ある男』が日本アカデミー賞８冠となり、『ケイコ、目を澄ませて』が主演女優賞、キネ旬ベスト１になったのは当然。東宝や東映の超大作のように多額の制作費をかけなくても、映画はアイデア！映画は脚本！そのことをしっかり認識し、邦画の灯を消さないよう奮闘してほしいものです。

6）邦画に比べて、「第５章　中国映画」の活況はすごい！『涯上のスパイ』ではチャン・イーモウ監督恐るべし！、『シャドウプレイ』ではロウ・イエ監督恐るべし！を実感し、また、『小さき麦の花』、『郊外の鳥たち』で第８世代監督の感性恐るべし！を実感してください。また、邦画の「母娘モノ」のつまらなさに対比して、『アメリカから来た少女』や『柳川』に見る中国発の“泣かせる家族モノ”の素晴らしさを実感するとともに、７０年代からのカンフー映画、香港アクションの集大成を、『カンフースタントマン』で再確認！さらに、シネコンではなく、たった１回の上映でも「２０２２大阪・中国映画週間から２作」は必見！そして、“平和ボケ日本”の若者たちは、“香港大騒乱”の実態を、「ドキュメンタリーvs フィクション２作」でしっかり勉強してください。

7）「第６章　韓国映画」では、「これぞ韓国！大スペクタクル巨編」の『ハンサン』、『非常宣言』は必見！また、パク・チャヌク監督がそれまでの手法とは全く異なる手法で微妙な男女の心理劇を描いた『別れる決心』も必見です。さらに、『奈落のマイホーム』と『犯罪都市』を見て、「これが韓国？事故物件 vs 犯罪都市」を感じ取ってください。

8）私は鑑賞後の感動や感激が少なく、評論を書く意欲があまり湧かない作品については、「ショートコメント」にしています。その評価は星３つが多く、時に星２つ、星１つのものもあります。もっとも、近時はショートコメントであっても、「みどころ」はきちんとまとめ、これについては Weibo と Facebook での発信を、小見出し付きで書いている評論と同じようにしています。

しかして、『シネマ５２』では星３つのショートコメント作品として計８本を収録しました。映画は人それぞれの好き嫌いで大きく左右されますので、その評価は人によってまちまち。したがって、私が星３つのショートコメントにしている点はひとまず無視し、あなたなりの感性で作品を鑑賞し評価してほしいものです。そうすれば、私の評価とは大きく変わるかも・・・？

２０２３年4月２７日

弁護士・映画評論家　坂 和　章 平

目　次

第６章　韓国

第7章　ショートコメント特集

巻頭特集
第９５回アカデミー賞７冠！

≪ミシェル・ヨーさん主演女優賞受賞おめでとう！≫

１）９５年目にしてはじめて、アジア人がアカデミー賞の主演女優賞をゲット！白人でない女性の主演女優賞は、『チョコレート』（０１年）でアフリカ系のハル・ベリーが受賞して以来２１年ぶりだ。『エブリシング・エブリウェア・オール・アット・ワンス』（エブエブ）で主演女優賞を受賞したミシェル・ヨーは１９８０年代からサモ・ハンやジャッキー・チェンらと共演し、香港映画のアクションスターとして活躍した中国系マレーシア人。１９６２年生まれの彼女は２０２２年に御年６０歳を迎えたが、受賞式で主演女優賞のオスカー像を手に、「私のような見た目のすべての男の子と女の子へ、これは希望と可能性の印です。そして女性の皆さん、『あなたはもう盛りを過ぎた』なんて誰にも言わせてはなりません。」と語ったからすごい。

２）１９４５年生まれの吉永小百合は、映画デビューから６０年余の今も第一線を走り続け、２０２３年秋には１２３本目となる最新作『こんにちは、母さん』（山田洋次監督）が公開されるが、ミシェル・ヨーも１９８４年からの４０年間での出演作品は４０作以上。私が観た作品は次の通りだ。①『宗家の三姉妹』（９７年）、②『００７ トゥモロー・ネバー・ダイ』（９７年）、③『グリーン・デスティニー』（００年）、④『レジェンド 三蔵法師の秘宝』（０２年）（『シネマ７』３３６頁、『シネマ１７』１３９頁）、⑤『シルバーホーク』（０４年）（『シネマ９』３２４頁）、⑥『ＳＡＹＵＲＩ』（０５年）（『シネマ９』５９頁）、⑦『サンシャイン２０５７』（０６年）（『シネマ１４』３４７頁）、⑧『ハムナプトラ３ 呪われた皇帝の秘宝』（０８年）（『シネマ２１』４８頁）、⑨『レイン・オブ・アサシン』（１０年）（『シネマ３４』１６０頁）、⑩『エブリシング・エブリウェア・オール・アット・ワンス』（２２年）。

３）彼女は吉永小百合より１７歳も若いのだから、今後の更なる活躍に期待！１２３本とまではいかなくとも、せめて半分の６０作は出演を続けてもらいたいものだ。

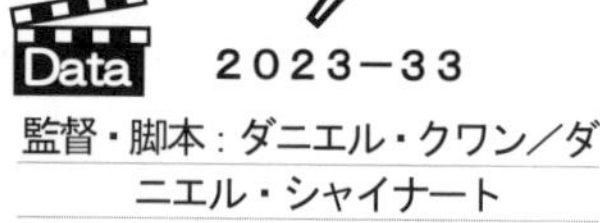

2023−33

監督・脚本：ダニエル・クワン／ダニエル・シャイナート
製作：ジョー・ルッソ／アンソニー・ルッソ
出演：ミシェル・ヨー／ステファニー・スー／キー・ホイ・クァン／ジェームズ・ホン／ジェイミー・リー・カーティス／タリー・メデル／ジェニー・スレイド／ハリー・シャム・Ｊｒ

みどころ

この長ったらしいタイトルは一体ナニ？略して『エブエブ』の意味は、「あらゆることが、あらゆる場所で、いっぺんに」。そして、そのキーワードはマルチバース（多元宇宙）。そう言われても、“メタバース”をやっと理解した７０代のじいさんには、そんな“奇想天外”“ぶっ飛んだ内容”の理解はムリ。“トンデモ脚本”も“〇〇宇宙”も“△△世界”も理解不能！そう思いつつ鑑賞してみると・・・。

アカデミー賞最多１０部門１１ノミネートの本作は、作品、監督、脚本の他、主演女優、助演男優、助演女優等７部門をゲットしたからすごい。もっとも、アジサイの七変化、大和撫子七変化ならぬ、ミシェル・ヨー扮するヒロインの“８４変化”を観て、楽しさワクワク？それともバカバカしさにうんざり？

——＊——＊——＊——＊——＊——＊——＊——＊——＊——＊——

■□■略して“エブエブ”が大ヒット！このタイトルはナニ？■□■

私が高校３年生の時にハマった映画が、『ドレミの歌』や『エーデルワイス』等で有名な『サウンド・オブ・ミュージック』（６５年）。同作に主演したジュリーアンドリュースの次回作として、私が続いて観たのが『メリー・ポピンズ』（６４年）だが、そこでは“supercalifragilisticexpialidocious”（スーパーカリフラジリスティックエクスピアリドーシャス）という、“世界一長い言葉”をテーマにした曲があった。

それと同じように、本作の邦題『エブリシング・エブリウェア・オール・アット・ワンス』は、原題英語の「Everything Everywhere All at Once」をそのままカタカナにしたものだが、ひょっとしてこれは世界中で１番長いタイトル・・・？ではないだろうが、こんな長ったらしい英題をそのままカタカナで邦題にしてしまうのは、あまりに横着すぎるのでは？そう思われるが、英題の『Everything Everywhere All at Once』とは一体ナニ？それは、直訳すれば「あらゆることが、あらゆる場所で、いっぺんに」だが、その意味は一体ナニ？

■□■マルチバース（多元宇宙）がキーワード！その意味は？■□■

本作のパンフレットには、次の４本のレビューがある。すなわち、

①町山智浩氏（映画評論家）の「マルチバースとニヒリズム、そして親切」

②大森望氏（書評家、翻訳家）の「SFの世界で昔から描かれてきた並行宇宙に独特のアイデアを加えたアクションコメディ」

③稲垣貴俊氏（ライター／編集者）の「『エブエブ』元ネタの宇宙を旅する」

④傭兵ペンギン氏（ライター／翻訳者）の「多元宇宙の可能性を広げてみせた傑作」

このように、上記４本のレビューは、タイトルだけでも、「マルチバース」「並行宇宙」「多元宇宙」の文字が躍っているし、本文中ではさらに、「マルチバース（多元宇宙、平行宇宙）」「量子力学の多世界解釈」「パラレルワールド（並行世界）」「アルファバース」「バース・ジャンプのジャンプ台」「マルチバース大戦」等の文字が躍っている。しかして、本作はなぜこんなテーマで４本のレビューが収録されているの？

■□■監督は？脚本は？プロデューサーは？■□■

本作の脚本を書き監督したのは、１９８８年生まれのダニエル・クワンと１９８７年生まれのダニエル・シャイナート。この２人はダニエルズというニックネームで呼ばれている映画監督コンビだが、私は全く知らなかった。それはきっと、「多数のミュージックビデオ、CM、短編映画に始まり、１８年以上もの間、映画やTV番組の脚本・監督を手がけてきた。一見ばかげた話に、心温まるパーソナルなストーリーを取り入れたスタイルで評価を高め、ユニークな視覚効果や特殊技術を用いることで、ジャンルにとらわれない作品を制作している」とパンフレットで紹介されているが、その方面に私が疎いためだろう。他方、パンフレットにあるプロダクション・ノートには、「どんな映画なのか説明を求められると、今でもうまく答えられません（笑）」の見出しで、本作誕生のすべてが語られているので、これは必読！

このような本作の奇想天外MAXのトンデモ脚本に惚れ込み、プロデューサーに名乗り出たのが、１９７０年生まれのアンソノー・ルッソと１９７１年生まれのジョー・ルッソのルッソ兄弟。私はアメコミが嫌いなので『アベンジャーズ』シリーズは敬遠しているが、その完結編『アベンジャーズ／インフィニティ・ウォー』（１８年）、『アベンジャーズ／エンドゲーム』（１９年）を監督したのが、ルッソ兄弟だが、この兄弟も私は全く知らなかった。

■□■主演女優は？助演男優は？２人の助演女優は？■□■

本作は前述したとおりのマルチバース、多元宇宙モノであると同時に、ブルース・リーやジャッキー・チェンの系譜に通じるカンフー映画。すると、そんな本作の主演を張れる女優はマレーシア生まれのミシェル・ヨーしかいない。彼女はジャッキー・チェン主演の

『ポリス・ストーリー3』（92年）などで香港を代表するアクションスターとなり、『007／トゥモロー・ネバー・ダイ』（97年）でハリウッドデビューを果たしている。私が強く印象に残っているのは、『宗家の三姉妹』（97年）、『グリーン・デスティニー』（00年）と『SAYURI』（05年）（『シネマ9』59頁）だ。とりわけ『グリーン・デスティニー』ではチャン・ツイィーとのカンフー対決が見ものだった。

そんな彼女は1962年生まれだから、御年ちょうど60歳。本作冒頭、家族で経営しているコインランドリーの中でイライラしているミシェル・ヨー演じるエヴリンの姿を見ると、かなり"ふけ顔"のやつれた"おばさん風"。さあ、本作はここからどんなトンデモ脚本になっていくの？

本作のストーリーは父親のゴンゴン（ジェームズ・ホン）の誕生会と春節のお祝いを兼ねたパーティーの準備で朝から大忙しなのに、コインランドリーに監査が入り、国税庁に出向かなければならない、という状況設定から始まる。エヴリンがイライラしているのはそのためだが、もう一つのイライラの理由は優柔不断な夫のウェイモンド・ワン（キー・ホイ・クァン）が全く頼りにならないためだ。ところが、そんな頼りない夫がストーリー展開の中では、別の宇宙で別の人生を歩んでいるというウェイモンドに何度も変身し、「全宇宙にカオスをもたらそうとしている強大な悪ジョブ・トゥパキを倒せるのはエヴリンだけだ」とハッパをかけるので、そんなウェイモンドに注目！

他方、中国からアメリカへ移住して何年も経つものの、税金の専門用語は英語ではさっぱりわからないエヴリンのために、娘のジョイ（ステファニー・スー）が通訳を務めるはずだったが、国税局に出向かなければならないという肝心の日に、ジョイは恋人のベッキー・スリガー（タリー・メデル）を連れてきたから、アレレ。これでは、エヴリンのイライラに輪をかけること確実だ。そして、エヴリンが提出した控除の申請書類の不備を指摘し、「これは経費にならないでしょう」と、とことんエヴリンを絞り上げるのが、ジェイミー・リー・カーティス演じる国税局の監査官ディアドラ・ボーベアドラだ。

本作ではミシェル・ヨーの他、キー・ホイ・クァンが助演男優賞に、ジェイミー・リー・カーティスとステファニー・スーが助演女優賞を全てゲットしたからすごい。主演のミシェル・ヨーの他、この3人の助演者の演技力に注目！

■□■作品、監督、脚本、主演女優等、最多7部門を受賞！■□■

本作を鑑賞した翌日は、2023年の第95回アカデミー賞発表の日。そこで最も注目されていたのは、作品賞、監督賞、脚本賞、主演女優賞、助演男優賞、助演女優賞等、最多10部門で11ノミネートされていた本作が、どの賞をどの程度ゲットするか、それともしないのか、だった。作品賞の対抗馬とされていたのは、『トップガン マーヴェリック』『イニシェリン島の精霊』『フェイブルマンズ』『エルヴィス』『アバター：ウェイ・オブ・ウォーター』『逆転のトライアングル』等の9作品だし、各種個人賞についても、対抗馬は多い。そんな注目の中、『エブエブ』は、作品賞の他、ダニエル兄弟が監督賞と脚本賞を、ミシェル・ヨーが主演女優賞を、キー・ホイ・クァンが助演男優賞を、ジェイミー・リー・カーティスが助演女優賞を受賞する等、計７部門を受賞したからすごい。

計７部門受賞は、今世紀に入って、①１１部門を受賞した『ロード・オブ・ザ・リング／王の帰還』（０３年）（『シネマ４』４４頁）、②８部門を受賞した『スラムドッグ＄ミリオネア』（０８年）（『シネマ２２』２９頁）に続くものだ。また、監督賞と脚本賞を含め主要部門をこれほど総ざらいしたのは久しぶりだ。６０歳のミシェル・ヨーの受賞式でのスピーチは、「女性の皆さん、『もう旬を過ぎた』と誰にも言わせないでください」というものだったが、あなたはそれをどう受け止める？

■□■トンデモ脚本にみる"強大な悪"は？■□■

マルチバースはもとより、メタバースの概念すらよくわからなかった私には、本作のような映画は苦手。そのため、キアヌ・リーブス主演で大ヒットした、『マトリックス』シリーズ（９９年、０３年、２１年）にも、私はあまり興味を持てなかった。私が"ワープ"という言葉や概念をはじめて知ったのは、子供の頃に SF ドラマ『スタートレック』を観ていた時。

それが本作では、国税局の監査官ディアドラにトコトン絞られている最中、いつの間にか気が遠くなってしまったエヴリンが、用具室に"ワープしてしまう"という形で登場する。そこで、別の宇宙で別の人生を歩んでいるというウェイモンドが乗り移った夫から、「全宇宙にカオスをもたらそうとしている強大な敵ジョブ・トゥパキを倒せるのはエヴリンだけだ」と、ハッパをかけられたところから、エヴリンと巨大悪ジョブ・トゥパキとの"対決"が始まることになる。しかし、なんじゃ、そりゃ？？そもそも、巨大悪ジョブ・トゥパキとは、一体ナニ？

■□■アルファバース？バース・ジャンプ？ディアドラ？■□■

導入部で見たエヴリンの夫ウェイモンドは全く頼りにならない男だったが、エヴリンにハッパをかける別の宇宙で別の人生を歩んでいる男ウェイモンドは、力強い男。今は"アルファバース"に住んでいるというそのウェイモンドは、エヴリンに対して強大な敵ジョブ・トゥパキと闘う術を伝授しようとしたが、異次元の自分とリンクし、別の自分が持つ技能にアクセスするためには、"バース・ジャンプ"することが必要らしい。また、バース・ジャンプするためには、"最強の変な行動"が必要となるうえ、変な行動がバカバカしければバカバカしいほど、それが燃料となってジャンプを早く確実に成功させるらしい。

突然与えられたそんな使命がのみ込めず混乱するエヴリンに、別次元の悪の手先ジョブ・トゥパキに乗っ取られた"ディアドラ"が襲いかかってきたから、さあ大変だ。命の危険に晒されたエヴリンは、ギリギリのところでなんとかバース・ジャンプし、カンフーの達人である別の宇宙のエヴリンにアクセスすることによって、ディアドラと対決したが、その勝敗は？

天下分け目の「関ヶ原の合戦」では、豊臣秀吉の養子からさらに毛利の大名・小早川隆景の養子となった小早川秀秋が豊臣方（石田三成）を裏切り、大御所方（徳川家康）についたため、東軍の勝利に終わった。それに対して、エヴリンがディアドラに勝利できたのは、カンフーの達人である別の宇宙のエヴリンにアクセスすることができたためだが、そもそもアルファバースとは？バース・ジャンプとは？そして、ディアドラとは？

本作を腹の底から楽しむためには、そんなワケのわからない概念をしっかり理解する必要がある。それはエヴリンも大変だが、観客も大変だ。ウェイモンドと結婚せず、山にこもってカンフーの特訓を受けた後、アクションスターとして華々しく日々を送っているミシェル・ヨー演じるエヴリンのカンフー姿はいつ見てもカッコいいが、スクリーン上に次々と登場してくる闘いのシーンはバカバカしいものばかり。その撮影手法の面白さはわかるものの、このトンデモ脚本とトンデモ演出は、ハッキリ好き嫌いが分かれそうだ。

■□■楽しさにワクワク？それともバカバカしさにうんざり？■□■

かつて一世を風靡したTV番組が、ザ・ドリフターズの『８時だョ！全員集合』。１９６９年～７１年及び７１年～８５年までの２期にわたって、毎週土曜日に放送されたこの番組は人気絶大だったが、他方で"俗悪番組"との批判も呼んだ。それと同じように（?)、本作については、"トンデモ脚本"、"キテレツな快作"、"奇想天外というより、まさにぶっ飛んだ内容"等々の"きわどい"評価が並んでいる。

"この宇宙"のエヴリンはコインランドリーのおばさんだが、"別の宇宙"のエヴリンは、①看板をまわしてピザ屋の宣伝をしている世界、②腕のいい鉄板焼きのシェフになっている世界、③歌手になっている世界、等々で大活躍！そんな世界でのエヴリンの活躍はそれなりに面白いし、エヴリンの姿もそれなりに美しい。しかし、④人間の指がソーセージになった世界、⑤エヴリンとジョイが人形の世界、⑥エヴリンとジョイが岩になっている、生物が発生しなかった世界、等々はあまりにバカバカしすぎて笑うに笑えない。

しかして、パンフレットには、見開き１ページをさらに倍に広げて、３×７×４＝８４通りに変化したエヴリンの顔が写っている。アジサイの七変化や大和撫子七変化、さらに怪人二十面相、等々は昔から有名だが、この"エヴリンの８４変化"を見れば、楽しさにワクワク？それともバカバカしさにうんざり？

２０２３（令和５）年3月１７日記

追記　第９５回アカデミー賞7冠ゲットおめでとう！

本作は、第９５回アカデミー賞で作品賞、監督賞、主演女優賞、助演男優賞、助演女優賞、脚本賞、編集賞、作曲賞、歌曲賞、衣装デザイン賞の１０部門で１１ノミネートされ、作品賞、監督賞、主演女優賞、助演男優賞、助演女優賞、脚本賞、編集賞の７部門で受賞した。おめでとう！

２０２３（令和５）年4月１０日記

第１章
第９５回アカデミー賞

みどころ

“世界1”の実績を誇る巨匠となったスティーヴン・スピルバーグ監督が、自叙伝的作品に挑戦！もっとも、日本経済新聞の「私の履歴書」とは違い、少年期から青年期までの限定バージョンだ。ユダヤ系アメリカ人の両親を持つ彼は、戦後の豊かなアメリカで、いかに映写機に接し、いかに映像世界への道を決断したの？

技術者たる父親の血と芸術家たる母親の血はどちらも優秀だが、全く異質なものだったから、サミー少年と「映画は趣味！」と考える父親との壁は厚い。他方、母親の“浮気疑惑”が、多感な少年に与えた影響は大。さらに、ハイスクールで受けた、ユダヤ系であるためのいじめの影響は？

父親の転勤のたびに大きな家になっていくのは結構だが、その中での悩みが赤裸々に！しかして、ある時期に下した彼の人生最大の決断とは・・・？

——＊——＊——＊——＊——＊——＊——＊——＊——＊——＊——

■□■あの巨匠が、今なぜ初の自伝的作品を？■□■

１９４６年生まれのスティーヴン・スピルバーグ監督は、１９４９年生まれの私より３歳年上だが、映画監督としての実績は世界一だろうし、なお現役で活躍中だからすごい。しかして、“功成り名を遂げた人”は誰しも、日本経済新聞が連載していた「私の履歴書」的な自叙伝を作りたくなるらしい。数年後に８０歳を迎えようとする今、彼がなぜそんな心境になったのかは知らないが、彼は「この物語を語らずに自分のキャリアを終えるなんて、想像すらできない」と語り、「夢を抱くすべての人へ」として、本作を監督、脚本、製作した。

本作の主人公は、少年期のサミー・フェイブルマンと青年期のサミー・フェイブルマン（ガブリエル・ラベル）、そして、彼を支える母親のミッツィ（ミシェル・ウィリアムズ）

と父親のバート（ポール・ダノ）だ。日本経済新聞の「私の履歴書」は、一般的に、幼少期から引退期までの全履歴が１か月間にわたって紹介されるが、本作はサミー・フェイブルマンが少年期の１９５２年から、大学を中退しハリウッドの映画製作の世界に入る１９６０年代中頃までの半生（のみ）のスティーヴン・スピルバーグ監督が描かれている。『ロッキー』シリーズでは、貧乏生活からのし上がる中でボクシングと出会い、小さな成功を積み重ねながら最後に大成功を収めるというスリリングな人生が描かれていたが、本作は敢えてスティーヴン・スピルバーグ監督が成功していく過程や、世界的巨匠になっていく物語を描いていない。したがって、１５１分という長尺の中で描かれるサミー・フェイブルマンの少年期から青年期はかなり濃密なはずだ。本作を鑑賞するについては、まずはそんな点に注目。

■□■主人公初の映画体験は？米国生活の豪華さにビックリ！■□■

私の初の映画体験は、小学校低学年の時に、両親に連れられて自宅から歩いて５分もかからない映画館で、東映のチャンバラ映画やお姫様映画を観た時。俳優は中村錦之助、東千代之介、片岡千恵蔵、そして美空ひばり等々だった。また、一人で学校推薦映画を観たのは、小学校４年生の時の『にあんちゃん』（５９年）だった。そんな体験もあって、私は中学生になってからは一人で３本立て５５円の映画館に通うようになった。それが今日の映画評論家・坂和章平を生んでいるわけだ。

それに対して、サミー・フェイブルマン少年が両親に連れられて初めて映画を観たのは１９５２年、セシル・B・デミル監督の『地上最大のショウ』（５２年）だった。「暗いところなんかイヤだ」と怖がるサミーに、科学者である父親が、映写機の仕組みを冷静かつ客観的に解説し、音楽家でピアニストである母親が、「映画は観たら忘れないステキな夢よ」と情緒的に説得する姿は、本作のその後の展開を暗示している。サミー少年の映画初体験は、家族がニュージャージー州に住んでいた時の１９５２年だから、私の

映画初体験より少し昔だが、映画館の立派さ、バカでかい車で映画館を往復するフェイブルマンズ（家族）の姿、さらに、フェイブルマンズが暮らす家の豪華さ、ソファ、冷蔵庫、TV 等の豪華さを見ると、敗戦直後の１９５２年当時の日本と世界一豊かな国アメリカの１９５２年当時の姿をどうしても比較してしまう。私が小学生の頃は、TV も冷蔵庫もなかったし、映画館の豪華さは雲泥の差だ。米国生活の豪華さにビックリ！

■□■ハヌカとは？その日のプレゼントは？更に映写機も！■□■

アメリカは“移民の国”として成立した国だから、“自由の女神”に象徴される自由が売り。ところが、実際は黒人差別をはじめとする人種差別はひどいもの。太平洋戦争中の敵国である日本への差別は仕方ないとしても、実は中国人や日本人等の黄色人種への差別は戦争以前から根強いものだった。それは、ユダヤ人に対しても同じ。すると、ユダヤ系アメリカ人であるフェイブルマンズにも差別が・・・？

父親のバートは第２次世界大戦の退役軍人だが、コンピューターデザインの先駆者としての革新的な業績を会社から高く評価されていたらしい。しかし、彼はユダヤ系アメリカ人だったから、フェイブルマン一家の宗教はキリスト教ではなくユダヤ教だ。日本人にはその違いすらわからない人も多いが、キリスト教とユダヤ教は全く似て非なるもの。それは本作冒頭にみる、“ハヌカ”の風景を見ればよくわかる。キリスト教ならクリスマスは年間を通じて最大の行事だし、そこでは“祈り”はもちろん、クリスマスツリーやクリスマスプレゼントがつきものだ。しかし、本作では、クリスマスの代わりにユダヤ教の祭りである“ハヌカ”を祝う風景が描かれるので、それに注目！ハヌカの日に、サミーが父親からプレゼントされたのは、電動式の鉄道模型セットだからすごい！しかも、８日間も続くハヌカの間、列車は毎日１個ずつプラスされたから、さらにすごい。ところが、映画初体験の

日に大スクリーン上で見た、列車と自動車の衝突による脱線シーンに大きな衝撃を受けたサミーは、その電動式鉄道模型セットを使って、衝突事故を何度も再現して遊んでいたから、アレレ。これは科学者である父親の血を引いたもの？それとも、芸術家である母親の血を引いたもの？それはともかく、そんなサミーの行為を見かねたミッツィは、サミーに夫の８ミリカメラを与え、「これでその場面を撮影すれば列車も壊れない」と教えることに。これがスティーヴン・スピルバーグ監督（＝サミー少年）のカメラ初体験、撮影初体験だったが、その出来は？

■□■転勤（栄転）の是非は？父子の価値観の対立は？■□■

１９７０年代以降ずっと続いた高度経済成長時代の日本では、公務員もサラリーマンも転勤がつきもの。そして、転勤のたびに地位も給料も上がり、生活水準全体が上がっていくのが常だった。戦勝国たるアメリカでは、１９５０年代でもそうだったらしい。しかも、ユダヤ系アメリカ人のバートは、早くからコンピューターに目を付けていたから、技術者としてかなり優秀だったらしい。そのため、RCA社でのコンピューターの革新的なライブラリー・システム開発の功績が認められたバートは、ゼネラル・エレクトリック社にスカウトされ、一家はアリゾナへ引っ越すことに。

この時、サミーはすでに２人の妹を役者に起用して、次々と映画製作に励んでいた。そしてミッツィは４番目の子供まで産んでいたから、フェイブルマン家の前途は有望だ。もっとも、この転勤に際しては、RCA社での同僚かつ親友で、子供たちからも「ベニーおじさん」と慕われているベニー・ローウィ（セス・ローゲン）をニュージャージーに置いて行くのか、それともアリゾナに同行させるのかについて、ちょっとしたトラブルが起きるので、それに注目！

アリゾナでの新しい暮らしが始まる中、サミーはジョン・フォード監督の『リバティ・バランスを射った男』（６２年）を観たことから、映画作りの野心が芽生え、次回作に第２次世界大戦を描く"大作"を構想。そのためには、今より優れた性能の８ミリカメラと編集機が必要だったため、サミーはそれをバートにおねだりしたが、値段を聞いた父親からは、「正気か？たかが趣味のために」と言われてしまったから、アレレ・・・。ここに発生した父子間の価値観の対立の行方は？

■□■芸術はたかが趣味？ボリスおじさんの影響は？■□■

ユダヤ人が数学や科学に強いのはアイン・シュタインを見れば明らか。また、ユダヤ人が音楽や芸術に強いのはミュージカル『屋根の上のヴァイオリン弾き』を見れば明らかだ。そして、前者の典型が父親のバート、後者の典型が母親のミッツィだ。すると、その２人の長男として生まれたサミーは、どちらの血を引いているの？

バートは、サミーが母親から与えられた映写機で次々と映画制作することを認めていたが、それはあくまで"趣味"として。その結果、男としての本来の仕事は、大学に入り勉学に励む中で決めていくべきと考えているバートの口からは「正気か？たかが趣味のために？」の言葉が出たわけだ。それに対して、本来ならミッツィがミッツィなりのアドバイスを与えるところだが、アリゾナへ引っ越した当時のミッツィは、突然母親を亡くしたため悲嘆に暮れており、その役割を果たすことができなかったらしい。そこで、バートはサミーに対してマンスフィールドの８ミリ用編集機を買い与え、一家とベニーで行ったキャンプ旅行で、サミーが撮ったフィルムを編集し映画を制作するよう頼んだが、その効果は？

サミーの映画制作について、父親、母親以上にサミーに対して大きな影響を与えたのは、ミッツィの母の兄、ボリスおじさん（ジャド・ハーシュ）だ。妹を悼むためにやってきたボリスは、サーカスのライオンの調教師からハリウッドへ転身した人物で、一族では変わり者として恐れられていた。しかし、ボリスが語る映画界の話に興味津々のサミーは、自身の戦争映画について熱く語ったから、２人の信頼関係は深まっていくことに。そんなボリスはサミーの芸術感情を認めながら、「忘れるな。芸術は輝く栄冠をもたらす。だが、一方で胸を裂き、孤独をもたらす」と忠告したが、サミーはそれをどう受け止めるの？

■□■母親の変調はなぜ？ベニーとの浮気疑惑は？■□■

アカデミー賞主演女優賞にノミネートされながら、惜しくもその座を『エブリシング・エブリウェア・オール・アット・ワンス』（エブエブ）（２２年）のミシェル・ヨーに奪われたのが、本作でミッツィ役を演じたミシェル・ウィリアムズ。夫を支えながらサミーを筆頭とする４人の子供たちを育て上げ、かつ芸術を愛する洗練された音楽家としての姿を時折見せるミッツィは、当時のアメリカでしか存在しない素晴らしい女性だ。

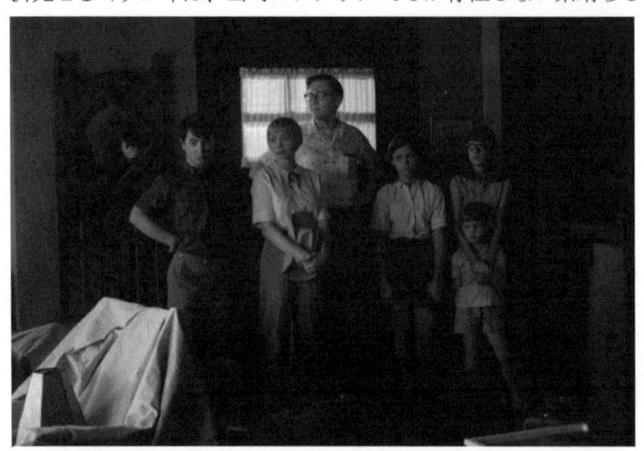

彼女の芸術的センスが、サミーの映画作りの才能に大いに寄与したことは疑うべくもないが、母親の死亡を契機として体調を崩していたミッツィを元気づけるべく、サミーが家族ムービーの編集をしているうちに、サミーはとんでもない発見をしてしまったから、さあ大変！ニュージャージーからアリゾナへの引っ越しの際、バートの同僚であり、子供たちからも“ベニーおじさん”と慕われていたベニーを置いていくべきか、同行させるべきかについて、ミッツィがえらくムキになっていたことは前述したが、その理由が、ミッツィとベニーと

の浮気疑惑（?）にあったことを、思春期に差しかかっていたサミーが発見したのだから大変。ある日から、サミーはミッツィに対して一切口を利かなくなってしまったから、事態は深刻だ。さあ、ミッツィはどうするの？どうやってサミーの心を開かせるの？

本作は、スティーヴン・スピルバーグ監督の自叙伝的映画だから、ミッツィとベニーとの浮気疑惑（?）をどこまでスクリーン上に表現するかは微妙なところ。サミーがそれを発見したのは、編集機を駆使して丁寧に１コマ１コマを確認していた際、背景に映り込んだ“あること”に気づいたためだが、そんな“あること”から推測される２人の関係は本当に浮気なの？それとも、何かの間違いなの？本作では、真実が明かされないまま、それがサミーとミッツィの“２人だけの秘密”にされるストーリーが続いていくので、私には少しモヤモヤ感が残ってしまう。ちなみに、古き良きアメリカの上流家庭における理想的な良妻賢母をジュリアン・ムーアが熱演した『エデンより彼方に』（０２年）（『シネマ３』１６５頁）では、夫に秘密があった他、ヒロインと黒人男性との心の交流がある悲劇を生んだが、さて『フェイブルマンズ』では・・・？

■□■いじめに直面！その克服は？遂に両親も離婚！■□■

１９７４年に弁護士登録した私は、自宅も事務所も何度も移転したが、本作に見るフェイブルマン家も、ニュージャージー州からアリゾナ州へ、そして、アリゾナ州からカリフォルニア州へ、と二度の引っ越しをしている。一度目はスカウトによるものだったし、二度目はIBMへの転職だから、引っ越しの度にバートの収入は大幅アップだし、家族が住む家もどんどん立派になっていくので、それに注目！ニュージャージーからアリゾナへの引っ越しにはベニーが伴っていたが、アリゾナからカリフォルニアへの引っ越しにはベニーの同行はなかった。また、カリフォルニアでの新居は建築中だったから、しばらくの間フェイブルマン一家は古いカビ臭い借家生活を余儀なくされることに。そんなことが、ミッツィの精神面、健康面にどのような影響を？

他方、ハイスクールに入ったサミーは、ユダヤ人嫌いの同級生のローガン（サム・レヒナー）とチャド（オークス・フェグリー）に目をつけられたから大変。いじめは日本だけではなく、自由と民主主義の国アメリカでも存在していることを、スティーヴン・スピルバーク監督は自叙伝的映画の中で赤裸々に描いていくので、それに注目。その姿がどこまでカッコいいか悪いかを含めて、しっかり観察したい。

さらに、ミッツイとベニーとの“浮気疑惑”については、ミッツィとサミーの“２人だけの秘密”にする“密約”が成立していたし、カリフォルニアで新たに完成した豪邸にミッツィは十分満足しているように見えたから一安心！そう思っていると、ある日、４人の子供たちは、両親から突然「私たちは離婚する！」と告げられたからビックリ！それは一体なぜ？やっぱり浮気はホンモノだったの？すると慰謝料は？４人の子供たちはどちらが養育し、養育費はどうなるの？週刊誌的興味は、そういうスキャンダラスな点に集中するが、本件のスクリーン上に登場するのはそんな論点ではなく、もっと本質的かつ人間的なものになるので、それに注目！その結果、ミッツィは３人の子供を連れてアリゾナ州のフェニックスへ戻り、サミーだけはバートと暮らすことになったが、その是非は？

■□■スキップデイでの話題は？サミーの人生最大の決断は？■□■

本作はスティーヴン・スピルバーグ監督自身の少年期から青年期までの自叙伝的映画だが、それだけで１５１分の大作になっている。しかも、ラスト近くになって、サミーのいじめ問題と２人の同級生とのこじれ問題が描かれる。そして、「スキップデイ」と呼ばれるハイスクール最上級生が行うイベントで、サミーが撮影・編集した『ディッチデー』が上映される様子が詳しく描かれるので、ストーリーがさらに広がっていく。しかし、これはサミーが映像世界へのめり込んでいく過程を描くものとして必要だったのかもしれないが、『フェイブルマンズ』と題する本作では少しストーリーを拡散させてきたきらいがある。

しかして、本作ラストは、両親の離婚から１年後。サミーは今、ハリウッドでバートと一緒に暮らしながら大学に通っていたが、大学での目標を定められず、結局は映画の道に進みたいとバートに告白することに。そんな父子の対話の一助になったのが、その時ミッツィから送られてきた写真と手紙。その手紙を読んだバートの、サミーへのアドバイスは？さらに、その時一緒に届いていたテレビ局からの封書は？そして、TV ドラマ『ホーガンズ・ヒーローズ』のアシスタントスタッフ募集の面接の結果は？そんな風に次々と訪れてくる契機の中、サミーが下す人生最大の決断はあなた自身の目でしっかりと！

２０２３（令和5）年3月１７日記

『フェイブルマンズ』ブルーレイ＋DVD
発売元：NBC ユニバーサル・エンターテイメント
価格：5,280 円（税込）　発売中

Data　2022－144

監督・脚本：ジェームズ・キャメロン

出演：／サム・ワーシントン／ゾーイ・サルダナ／シガーニー・ウィーバー／スティーヴン・ラング／ケイト・ウィンスレット／クリフ・カーティス／ジェイミー・フラッターズ／ブリテン・ダルトン／トリニティ・ジョリー・ブリス／ベイリー・バス／フィリップ・ゲリオ

みどころ

銀行の金利を０％もしくはマイナスに！日銀による、そんな“異次元の金融緩和政策”には驚かされたが、岸田文雄総理が、年明け早々唱える“異次元の少子化対策”って一体ナニ？これは、単なる言葉遊び・・・？

『タイタニック』（９７年）もすごかったが、『アバター』（０９年）に見る壮大な世界観と映像美は圧倒的。まさに“異次元の表現”だった。それから１３年、待望の第２作が公開され、大ヒットが約束されているが、予定どおり第５作までシリーズは続くの？

軍事力、経済力のみならず映画（興行）力においても、今や、中国は米国に追いつき、追い越せの勢いを示しているからシリーズ完結には一抹の不安もある。ちなみに、日本は、五味川純平の原作を山本薩夫監督が映画化した『戦争と人間』（７０年、７１年、７３年）が計３作で挫折してしまった経験を有している。さて、『アバター』の第３作、第４作、第５作は・・・？

――＊――＊――＊――＊――＊――＊――＊――＊――＊――＊――

■□■ジェームズ・キャメロン監督が１３年ぶりに第２作目を■□■

長い間、世界の歴代興行収入トップの座についていた監督がジェームズ・キャメロン監督なら、それを塗り替えたのも同じジェームズ・キャメロン監督。すなわち、彼が監督した『タイタニック』（９７年）は全世界の興行収入が１０億ドルを超えた最初の映画で２２億ドル（約2,９４０億円）。そして、その記録を塗り替えたのが、同じくジェームズ・キャメロン監督の『アバター』（０９年）（『シネマ２４』１０頁）の２９億ドル（約3,８８０億円）だ。

同作の評論の「みどころ」の中で私は、「①壮大な世界観、②ストーリーのオリジナル性、

③造形と色彩の美しさが本作の特徴だが、底流を流れる思想は人間の強欲さ？」と書いた。また、その本文は、①３Ｄは魅力も倍だが、疲れも倍？②CO２の５％削減は？西暦２１５４年の地球は？③本作のテーマは？ある任務とは？④私にはやっぱり、ジャックとローズの方が⑤ジェイクとネイティリの出会いは？⑥『もののけ姫』との共通点を感じたのは私だけ？⑦圧倒的な軍事力の勝ち？過去の歴史は？⑧部族連合、動物連合の反撃は？⑨『アバター』をめぐる米中抗争は？という９つの「小見出し」に分けて書いた。

そんなジェームズ・キャメロン監督が１３年ぶりに発表した『アバター』シリーズの第２作目たる本作も、そのポイントは多くの点で共通している。本作は冒頭、登場人物たちの現況や本作のテーマを明示するべく、前作のあらすじめいたストーリーが紹介される。そして今、ジェイク（サム・ワーシントン）は、惑星パンドラの種族である森の民ナヴィの長として、妻となったネイティリ（ゾーイ・サルダナ）の他、①今は亡きグレース・オーガスティンのアバターから生まれた養女のキリ（シガーニー・ウィーバー）、②長男のネテヤム（ジェイミー・フラッターズ）、③次男のロアク（ブリテン・ダルトン）、④８歳の末っ子の娘トゥク（トリニティ・ジョリー・ブリス）、そして⑤幼かったためパンドラに取り残された地球人（クオリッチ大佐）の子どもながら、ジェイク家の養子となったスパイダー（ジャック・チャンピオン）たちと共に、幸せに暮らしていた。ジェイクが今子供たちに教えているのは、“家族団結の大切さ”だ。しかし、そこにマイルズ・クオリッチ大佐（スティーヴン・ラング）が、ジェイクの命を狙って再び登場してくると・・・。

■□■全５部作に共通する基礎知識をしっかりと■□■

私が中学生の時代にテレビで大ヒットしていたSFドラマが、原題『スタートレック』、邦題『宇宙大作戦』だった。その主人公は、惑星連邦宇宙艦隊に所属するコンスティテューション級宇宙艦U.S.SエンタープライズNCC-１７０１の３代目の船長であるカーク。そのストーリーは多岐にわたっていた。

同作でもさまざまな前提事実があった。その代表が「ワープすること」だったが、これはナニ？同作を理解し楽しむためには、ワープをはじめとするさまざまな基礎知識、さまざまな概念を基礎知識として習得する必要があった。『ロッキー』シリーズでは、そんな基礎知識を習得する必要はなかったが、壮大な世界観で世界中を魅了した『スター・ウォーズ』シリーズでも、それは同じだった。

第１作の『アバター』で壮大な宇宙観、世界観を創りあげたジェームズ・キャメロン監督は、『アバター』シリーズ全５作を作るそうだが、そのストーリーを理解するために最低限習得することが必要な基礎知識は次の諸点だ。すなわち、

①惑星パンドラとは？（アルファ・ケンタウリ系惑星ポリフェマス最大の衛星のこと）

②希少鉱物アンオブタニウムの採掘とは？（パンドラに存在する超伝導物質で、地球のエネルギー問題の解決の鍵となる希少鉱物のこと）

③RDA社（資源開発公社）とは？（未来版の営利主義の植民地開拓会社の設定で、劇の

中心的モチーフである侵略者対ネイティブの「侵略者」になる）

④先住民ナヴィとは？（パンドラに住む生物の中では最も知能の発達した種族の一つである巨人型有尾人種のこと）

⑤アバターとは？アバター計画とは？（地球人とナヴィの DNA を掛け合わせた腎臓生命体に、操作員の意識を神経で接続させたもの）

■□■ジェイクとクオリッチ大佐との因縁は？■□■

『ロッキー』シリーズでは、ロッキーの対戦相手を変えて、それぞれのクライマックスを作りあげていた。しかし、『アバター』シリーズにおける、ジェイクはもともと海兵隊員で、アバター計画の責任者であるクライス博士の下で、操作員（ハンター）としての任務を果たすべき立場の男だった。ところが、ハンターとしての修業を積み、ナヴィとしての生き方を学ぶ中で、ジェイクは彼らの兄弟として認められるようになったうえ、戦士ネイティリとの間に愛情が芽生え、更に“空の王者”の異名を持つ巨大な翼竜トゥルータの乗り手となり、ついにはナヴィの指導者になることに。

他方、アバター計画実現のため地道にナヴィとの交渉を進めようとするグレイス博士と、アバター計画が具体的に進展しないことに苛立つ RDA 社の責任者パーカーが対立する中、傭兵部隊の隊長であるクオリッチ大佐は、「交渉がうまくいかないなら、強行手段もやむなし」、とパーカーを焚きつけた結果、ナヴィの村には焼夷弾とミサイルの雨が打ち込まれることになった。さらに第１作で、ジェイクはナヴィのリーダーとしてクオリッチ大佐の部隊と戦って勝利したし、クオリッチ大佐も息絶えたはずだったが、第２作では再びその２人の因縁が復活することに・・・。

■□■侵略にはトコトン抵抗！それとも逃走？■□■

本作は、導入部ですぐにジェイクとクオリッチ大佐との因縁（の再発）が明らかにされるから、クオリッチ大佐の侵略行為とそれに対するジェイクの抵抗の構図が明白になる。しかし、その舞台（戦場）はパンドラだから、ナヴィの生活が破壊されるのは必至。しかも、圧倒的な戦力を誇るクオリッチ大佐に対して、ジェイクたちができるのは抵抗戦、ゲリラ戦だけだから、長期戦になるのも必至。それは、１９６０年代後半に始まったベトナム戦争の姿を思い起こせばすぐにわかるはずだ。しかして、ナヴィのゲリラ戦を指揮するジェイクの奮闘は？それを支える元女戦士だったツーテイの奮闘は？

ベトナム戦争は結局、北ベトナム人民の団結の力によって、圧倒的戦力を誇るアメリカ軍を駆逐した。それと同じように、そしてまた、近時観た中国映画『１９５０　鋼の第７中隊』（２１年）（『シネマ５１』１８頁）と同じように、本作でも、あの戦闘、この戦闘が次々と描かれ、最終的にはジェイク率いるナヴィの抵抗軍がクオリッチ大佐率いる侵略軍を撃退！そんなストーリー、そんな戦争映画の展開だと思っていたが、アレレ、アレレ・・・？そこで見せたジェイクの決断とは？？

それは、トコトン抵抗ではなく逃走。すなわち、クオリッチ大佐からナヴィが狙われるのは、クオリッチ大佐の宿敵である自分がナヴィのリーダーとして存在しているため、したがって、自分が身を引き、どこかに逃亡してしまえば、ナヴィが狙われることはない。そう考えたジェイクが自分たち家族だけがナヴィの村から逃走すると決めたところから、本作後半以降のストーリー展開は１８０度転換していくことになるので、本作ではそれに注目！

もちろん、それは苦渋の決断。ジェイク一家は一体どこへ行くの？パンドラの惑星の中に、一家を受け入れてくれる部族はいるの？クオリッチ大佐はどこまでも追跡してジェイクの命を狙うのでは？そんな予想でいっぱいだが、さあ、ジェイクとその家族たちは一体どこへ？

■□■人類はパンドラで何を？クオリッチ大佐の復活は？■□■

本作の主人公は、元海兵隊員でありながら、すっかり山の民のリーダーになりきっていたジェイクだが、本作導入部で描かれるジェイクの生活ぶりとは好対照に、人類はパンドラへの再侵攻を狙っていた。そのため、人類はパンドラでブリッジヘッドシティという名前の新しい主要な作戦基地を建設していたから大変だ。１９３９年9月１日のナチス・ドイツによるポーランド侵攻も、２０２２年2月２４日のロシアによるウクライナ侵攻も、ある日突然始まったが、人類によるパンドラへの侵攻は一体いつ？

さらに大変なことは、第１作で死亡したはずのクオリッチ大佐がその中で目を覚ましたこと。しかも、生まれ変わったクオリッチ大佐の姿はナヴィそのものだったからビックリ！何と人類は、リコビナントというナヴィと人類の混血のアバターを生み出し、そこに生前の人格のバックアップを植え付けていたわけだ。そんなクオリッチ大佐の復活は本作でいかなる意味を持つの？そして、彼は本作でどんな活躍を？

さらに、本作のラストに向けては当然ジェイクとクオリッチ大佐の対決がクライマックスを迎えるが、そこでは、実はクオリッチ大佐の息子でありながらジェイクの養子になっているスパイダーの板挟みの立場が急浮上してくる。その確執については、スパイダー自身が最も強く感じていたのは当然だが、一見非情に見えるクオリッチ大佐のわが子を思う気持ちは如何に？本作では、そんなスパイダーを含めた、ラストに向けてのジェイクとクオリッチ大佐との対決に注目！

■□■森の民から海の民へ！子供世代の対立と交流、和解は？■□■

第９０回アカデミー賞で作品賞、監督賞、美術賞、作曲賞の４部門を受賞したギレルモ・デル・トロ監督の『シェイプ・オブ・ウォーター』（１７年）『シネマ４１』１０頁）は、タイトルだけではなんの映画かわからなかった。それと同じように、『ウェイ・オブ・ウォーター』と題された本作も、そのタイトルだけでは何の映画かさっぱりわからなかったし、映画が始まってもなぜそんなタイトルになっているのかわからなかった。

しかし、森の民の拠点から脱出したジェイクたち家族がマウンテン・バンシーに乗ってたどり着いたところは、何と海の民メトカイナ族が住んでいる諸島だった。そこで発生する問題は、第1に海の民のリーダーであるトノワリ（クリフ・カーティス）がクオリッチ大佐から追われている、いわば全国指名手配犯たるジェイクたち家族たちを受け入れてくれるのか、ということ、そして第2は、もし受け入れてくれたとしても、森の民だったジェイクたちが正反対の海の民として海の中での生活に切り替えることができるのかということだ。もっとも、そこまで論点整理ができれば、その後の展開は予想通り、ひたすら低姿勢で「問題を起こさず、海の民としての生活に溶け込め」と子供たちに教えこむジェイクに対して、子供たちは時に従い、時に反発しながら、次第に海の民になっていくことに。

２０２３年に入った途端に、岸田政権が打ち出した“異次元の少子化対策”が話題となり、小池百合子都知事もそれに対抗すべく（?）、新たな提案を打ち出している。今や日本で１年間に生まれる新生児の数は１００万人を切っているが、ジェイクには、ネテヤム、ロアク、トゥクという３人の実子の他に、養女のキリと養子のスパイダーもいた。他方、トノワリとその妻ロナル（ケイト・ウィンスレット）にも、ツィレア（ベイリー・バス）とアオヌング（フィリップ・ゲリオ）という２人の子供がいたから、本作の中盤では、

ジェイクやその家族たちが森の民から海の民に溶け込んでいく中、これらの子供世代の対立と交流そして和解の姿にじっくり注目したい。

■□■クリーチャー・デザイン比較。トルークVSトゥルクン■□■

クリーチャー・デザインの面白さとしては、ポン・ジュノ監督の韓国映画『グエムル －漢江の怪物－』（０６年）（『シネマ１１』２２０頁）が出色だったが、『アバター』シリーズ第１作で見たトルーク（翼竜）もカッコ良かった。しかして、空を飛ぶトルークに対抗して、第２作で登場する、海に潜るトゥルクンは如何に？

本作中盤のジェイク家族が海の民としてトノワリたちに親しんでいくストーリーはやけに長い。それは、海の中に長く潜るための呼吸法や水泳法、そしてトゥルクンを乗りこなす術等を如何に習得していくかの物語に加えて、巨大クジラも登場してくるからだ。ある日、次男のロアクが銛を打ち込まれているクジラと遭遇。そこから始まる新たな海の物語とクジラたちの生態にも注目！

■□■絶賛！絶賛！また絶賛だが、ホントの評価は？■□■

私が尊敬しているごく少数の“ホンモノの映画評論家”は、マスコミの論調におもねることなく、各作品について自分の意見を正直に表明している。しかし、いわゆる“ライター”と呼ばれる人々は、誉める記事を書くために雇われているようなものだから、本作のような大人気作品については、絶賛、絶賛、また絶賛！それはそれで仕方ないし、私も本作の素晴らしさは認めるものの、ホントにそれでいいの？

舞台が海となった本作に続く、シリーズ第３作の舞台は、ジェームズ・キャメロン監督が、「世界観やキャラクター、クリーチャー、海や砂漠、山、北極のような極地まで準備して取り組んでいて、今後の準備は特に必要がない」と語っているため、砂漠になるのではないかという予測が流れている。しかし、コロナ問題、ウクライナ問題等々を含め、一寸先もわからない今のご時世では、たとえ『アバター』といえども、そのシリーズ化の可否や成否についての保証はないと言うべきだ。予定どおり第５作までシリーズが続くかどうかを含めて、そのことをしっかり考えたい。

『戦争と人間』は計３作で終わったことによって、逆に“まだ見ぬ楽しみ”という思わぬ副産物を得たが、『ロッキー』シリーズや『ランボー』シリーズ等々は、シリーズを完結することによって燃え尽き感でいっぱいになってしまった感もある。したがって、本作を含めて『アバター』シリーズ全体の評価が決するのは、シリーズすべてが完結した時点、そう考えるのが正しいのではないだろうか。そうすると、絶賛、絶賛、また絶賛は少し早すぎるのでは・・・。

２０２３（令和5）年1月１６日記

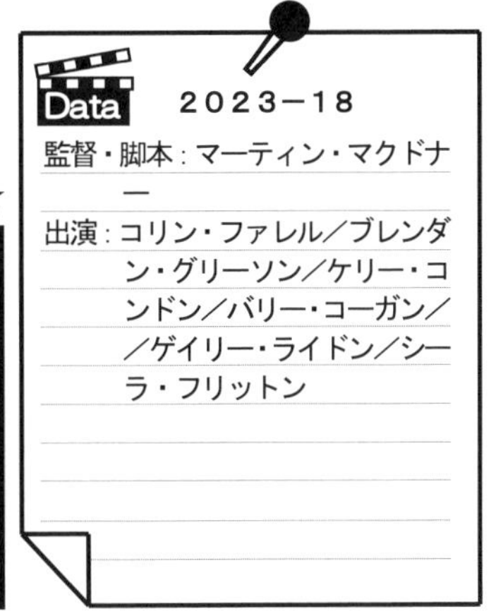

みどころ

イニシェリン島ってどこにあるの？そこには本当に精霊がいるの？そんな疑問から始まる本作のテーマは中年男２人の仲違いだから、アレレ。それで一本の映画になるの？

いきなりの絶交宣言から始まる本作は、舞台劇のような会話劇が面白い。島ではパブが唯一の社交場だが、そこに集う男たちの生態は？また、周囲からの２人へのアドバイスは？

「これ以上俺を煩わせたら、自分の指を１本ずつ切ってくれてやる！」こんな宣言はきっとハッタリ！誰もがそう思うはずだが、いやいや、本作の展開は？２人の対立はどこまでエスカレートしていくの？そして、その中、"イニシェリン島の精霊"は如何なる役割を？

——＊——＊——＊——＊——＊——＊——＊——＊——＊——

■□■ヴェネチアで二冠！タイトルの意味は？その絶景は？■□■

本作は２０２２年ヴェネチア国際映画祭で脚本賞、ヴォルピ杯男優賞の二冠を獲得したそうだが、イニシェリン島って一体ナニ？そもそもその島はどこにあるの？また、マーティン・マクドナー監督って誰？そんなふうに、本作は主演男優のコリン・ファレル以外は知らないことだらけだが、マーティン・マクドナー監督は、世界中を熱狂させた、『スリー・ビルボード』（１７年）（『シネマ４１』１８頁）の監督。舞台になるイニシェリン島は、アイルランド西海岸沖にある（架空の）島。そして、時代はアイルランド内戦が始まった１９２３年だ。

『スリー・ビルボード』はアメリカ・ミズーリ州の田舎町を舞台にした映画だったが、マクドナー監督の出身地はイギリスのロンドンだから、イニシェリン島の原型とされたアラン諸島は、マクドナー監督にとっても馴染みのある島らしい。もちろんイニシェリン島は架空の島だが、そのイメージをスクリーン上に表現するためには、絶好のロケ地を選ぶ必要がある。しかして、アイルランドの西の海に浮かぶ、3つの島からなる人口合計約1，200人ほどのアラン諸島は、その条件にピッタリだったらしい。本作導入部では、そんなイニシェリン島の絶景をしっかり目に刻みつけたい。

以上のように、イニシェリン島についてはわかったが、タイトルのもう一つにされている“精霊”とは一体ナニ？

■□■テーマは中年男2人の仲違い！それで1本の映画に？■□■

ヴァイキングをテーマにした『ノースマン　導かれし復讐者』（22年）は寒々とした北欧の島を映し出すシーンから始まったが、それは本作も同じ。1923年、アイルランド本土では激しい内戦が始まっていたが、その西海岸に浮かぶイニシェリン島はのどかな平和が保たれているらしい。そんな島内で、妹のシボーン・スーラウォーン（ケリー・コンドン）と2人で暮らす中年男パードリック・スーラウォーン（コリン・ファレル）は、小さなロバのジェニーを可愛がる、誰からも愛される男。そんな彼の日課は、午後2時にパブに行って、親友の中年男コルム・ドハティ（ブレンダン・グリーソン）とたわいのないお喋りをすること。なるほど、なるほど。

そんな島の設定は、今の日本で言えば、さしずめ、長崎にある五島列島・・・？瀬戸内海の島では小説『二十四の瞳』（52年）の小豆島が有名だが、小豆島はイニシェリン島に比べると大きすぎる。また、南西諸島は沖縄に近いため、“台湾有事”における軍事戦略上重要な島として現在は自衛隊の増強が進められているから、アイルランド内戦になってもなお平和とのどかさを保っているイニシェリン島とは大きく異なる。本作では、まずタイトルにされているイニシェリン島のそんな実態（？）をしっかり理解したい。

パードリックは今日もいつものようにコルムをパブに誘おうと家に寄ったが、なぜかドアは閉まったまま。窓から中を覗くと、コルムは椅子に座ってタバコを吸っていたから、パードリックの来訪はわかっているはずだが、なぜか返事が一切ないうえ、ドアも開けてくれないから、アレレ・・・。一体どうなっているの？本作はそんな中年男の仲違いから始まるが、それだけのテーマを1本の映画にしているので、それに注目！

■□■“絶交”の理由は？その理由の合理性は？■□■

肉体的にも精神的にも変化が大きいため不安定にならざるを得ない“思春期”にあっては、昨日まで仲の良かった親友と、ある日突然何らかの理由で絶交してしまうことはよくあること。そして、それは男同士よりも女同士の方が顕著だ。もし、ある日突然一方からそんな絶交宣言を受けた場合、他方は戸惑いながらも納得せざるを得ないものだが、時としてその理由を聞くことがある。それに対して、「他にいい友達ができたから」、「お前の○○や△△が嫌になったから」と説明されると、渋々ながらも納得感が強まるものだ。

ところが、本作では、「俺が何かしたなら言ってくれ」と説明を求めるパードリックに対して、コルムが述べた絶交の理由は、「何も言ってないし、してない。お前が嫌いになった」

だから、アレレ。さらに、その後困惑したパードリックが改めて理由を問い詰めると、コルムは「お前のつまらん話に時間を取られたくない」と冷たく言い放った。これはつまり、老境に差しかかったフィドル弾きのコルムは、「残された人生を有意義なものにするため、作曲と思索に没頭したいから、暇人のパードリックの相手をするのは無駄だ」というものだからすごい。しかし、この絶交理由の合理性は？

■□■周囲のアドバイスは？絶交宣言の延長は？こりゃ恐い■□■

本作の主役はパードリックとコルムだが、準主役としてパードリックの妹のシボーンと、パードリックの隣人で、ちょっと風変わりな若者ドミニク・キアニー（バリー・コーガン）が登場する。シボーンは何事にも気楽な兄と違い、島一番の読書家で、何事もソツなくこなす有能な女性だから、パードリックが頼りにしていたのは当然。パードリックからの相談を聞いたシボーンは、「しばらく様子を見るよう」アドバイスしたのは適切だ。

ところが、コルムからの絶交宣言にも、絶交の理由にも納得できないパードリックは、司祭の力を借りてコルムとの友情を取り戻そうとしたが、これが逆効果だったらしい。そのため、頑なな態度を崩さないコルムは、「これ以上、お前が俺を煩わせたら、自分の指を1 本ずつ切ってくれてやる。お前が話しかけるのをやめるか、俺の指がなくなるかだ」という恐ろしい最後通告を突きつけてきた。中年男の仲違いも、ここまでくればすごいものだ。親友同士の２人が仲違いしたという噂は、全員が顔見知りである住民たちの間にたちまち広まり、パブの中をはじめ、島のあちこちで不穏な空気が流れ始めることに。

『ノースマン　導かれし復讐者』（２２年）には、ビョークが扮するスラブ族の“預言者の女”が登場したが、本作にも不気味な笑いを湛える“預言者”のような老婆が登場し、「イニシェリン島にふたつの死が訪れる」と不吉な予感をつぶやく事態に発展していくので、それにも注目！どうやら、この予言は、イニシェリン島に語り継がれている、人の死を予言する精霊を受け継いでいるらしい。なるほど、なるほど。だから、本作の邦題は『イニシェリン島の精霊』なのだ。

■□■なぜ親友に？本来は水と油？ひょっとして一方は天才？■□■

本作は、冒頭にイニシェリン島の概要を示した後、いきなり絶交宣言から始まる。本作のパンフレットにはマクドナー監督のインタビューがあり、そこで彼は、パードリックとコルムが仲違いを始める前のパブの日常が描かれていない理由について、「脚本を執筆中のある時点では、たしかに回想シーンを検討しました。でも１０分でやめました。やはり、最初から争いの核心に迫りたいと思ったのです。」と述べている。

他方、本作のパンフレットには、①加藤拓也氏（脚本家／演出家／監督）の「複雑な人間関係を、ただ受け止める。無駄な会話は一つもない“王道”」、②高橋諭治氏（映画ライター）の「死神の視点とともに語られる、不条理な諍いのミステリー」、という２つのレビューがあるので、これは必読！

本作を見ていると、パードリックはもともとおしゃべりな男だということがわかるから、知的で冷静な妹のシボーンと話す時も、圧倒的にパードリックのおしゃべりが多かったはず。それと同じように、かつてパブで親友の２人が過ごしていた時も、その時間のほとんどはパードリックがバカ話をし、コルムはそれを聞き相槌を打っていただけに違いない。回想シーンがなくても、親友だった２人がパブで過ごす風景は、誰でもそんな風に想像することができる。パードリックは、“人の良い男”だと言えばたしかにそのとおりだが、別の言い方をすれば、諦めが悪く、自分の欠点を容易に認めない、アイルランドはもちろん、世界中どこにでもいる、ごく平凡な男。それに対し、残された人生を有意義なものにするため作曲と思索に没頭したい、という絶交の理由を明示するコルムは、ひょっとして本当は天才かも？私はそんなふうに思うのだが、さて・・・？

小さい貧しい島の出身ながら、世界帝国を築いた男、それが、コルシカ島出身でフランス陸軍士官となり、やがてフランスを統一、さらにはヨーロッパ全土を征服した英雄ナポレオン。パードリックと絶交した後、その絶交宣言理由で述べたとおり、作曲と思索に没頭するコルムの姿を見ていると、ひょっとしてコルムもナポレオン並みの天才・・・？そう考えると、もともとこの２人は親友になれるはずはなく、本来は水と油だったのでは？

■□■そこまでやるか！そんなバカな！いやいやそれはなし！■□■

日本のヤクザの掟には、ミスをしでかした場合の責任の取り方として、“指を詰める”という行為がある。しかし、アイルランドのヤクザ組織にはそんな掟はないはずだ。しかして、なぜコルムは、パードリックに対して、「これ以上、お前が俺を煩わせたら、自分の指を１本ずつ切ってくれてやる。お前が話しかけるのをやめるか、俺の指がなくなるかだ」という恐ろしい宣言をしたの？もっとも、「それはハッタリ！」と思うはずだが、コルムの口調にはそれなりの決意が示されていたし、口の軽いパードリックに対して、気真面目なコルムなら、ひょっとして・・・？

本作では、そんな期待（心配？）の中でも、パードリックは、コルムからの絶交宣言はエイプリルフールでは？と考えて確認に行くノー天気さを見せるから、こりゃヤバい。本作中盤では、パブを舞台に、コルムの家を舞台に、さらに妹のシボーンや隣人のドミニクたちのさまざまな助言の中で、パードリックがコルムの絶交宣言に対して、さまざまなアプローチを繰り広げていくので、それに注目！

そんな状況下、まさかまさか！ある日、パードリックの家の前にやってきたコルムの右手から、ドアに向かって何かが投げつけられたが、それはナニ？ひょっとして、それはコルムが自ら切り取った自分の左手の指？そんなバカな！？いくら何でも、それはなし！

■□■どこまでエスカレート？こりゃすごい！精霊の役割は？■□■

本作はスリラーでもなく、ホラーでもない。中年男２人の仲違いから始まる物語の中で、イニシェリン島の精霊を描く文芸作品だ。ところが、パードリックのもう１人の友人（子分？）で、シボーンに対して好意を持っている上、パードリック以上に人の良い若者ドミニクが死んでしまう展開を見ていると、本作にはスリラー色が出てくる。さらに、時々登場し、さまざまな予言をする老婆の姿を見ていると、ホラー色も加速していくことになる。それをまともな世界に引き戻しているのが、常に常識的かつ知的なシボーンの存在だが、本作のストーリーの核であるパードリックとコルムの対立はどこまでエスカレートしていくの？コルムが自分で切り取った自分の指をパードリックの家のドアに投げつけたにもかかわらず、諦めの悪いパードリックが更なるアクションを繰り返していくと、コルムの左手の残りの指４本は・・・？

それを目撃するシークエンスまで進むと、本作はまさにホラーだが、更に、それを食べてしまった、パードリックが愛してやまないロバのジェニーが死んでしまうと・・・？そこから徐々に露骨になっていくパードリックの狂気の姿は更にすごいことになっていくので、それに注目！

本作の後半からクライマックスにかけては、まさにこれはホラー！？そんな色彩を強くしていくので、それに注目！しかして、イニシェリン島の精霊の役割は如何に？それを含めた本作の結末は、あなた自身の目でしっかりと！

２０２３（令和5）年2月１０日記

Data 2023－42

監督：オリヴァー・ハーマナス
脚本：カズオ・イシグロ
製作：スティーヴン・ウーリー／エリザベス・カールセン
原作：黒澤明監督作品『生きる』
出演：ビル・ナイ／エイミー・ルー・ウッド／アレックス・シャープ／トム・バーク

みどころ

世界の巨匠、黒澤明作品のリメイクは、『七人の侍』（５４年）をはじめ意外に多い。しかし、『生きる』（５２年）はあの時代の日本なればこそ成立した感動作だから、リメイクは無理。そう思ったが、何とイギリス版『生きる　LIVING』をノーベル文学賞作家カズオ・イシグロが企画し、自ら脚本を！

監督も主演も私は知らない人だが、クロサワ版の基本枠をそっくり踏襲しながら舞台を１９５３年のロンドンに移し、「ゴンドラの唄」をスコットランド民謡「The Rowan Tree」に置き換えた本作は、見応え十分。

お役所仕事にがん告知、ヤケのヤンパチのうさばらしにピチピチギャルとの出会い、そして死ぬ間際になっての生きる希望の発見！クロサワ版の感動を本作でも再度確認したい。もっとも、「The Rowan Tree」の素晴らしさを理解するためには、可能なら２度でも３度でも・・・。

――＊――＊――＊――＊――＊――＊――＊――＊――＊――＊――

■□■世界のクロサワの『生きる』（５３年）が英国でリメイク■□■

黒澤明監督は『七人の侍』（５４年）、『影武者』（８０年）、『乱』（８５年）等、時代劇の傑作が有名だが、現代劇でも『わが青春に悔いなし』（４６年）、『生きる』（５２年）、『天国と地獄』（６３年）等の名作を残している。黒澤と同じように、日本が誇る世界の巨匠が小津安二郎だが、彼は『東京物語』（５３年）をはじめ現代劇ばかりで時代劇はない。時代劇、現代劇を問わず、そんな“世界の巨匠”が残した名作のリメイクは大変な挑戦だから、生半可な監督ではできないが、山田洋次監督のような、“今の時代の巨匠”なれば、それもＯＫ。その結果、『東京物語』から６０年を経た２０１３年に山田洋次監督の東京物語リメイク版『東京家族』（『シネマ３０』１４７頁）が公開された。

その約１０年後の２０２２年、今度は『東京物語』とほぼ同じ１９５２年に公開された黒澤明の『生きる』が７０年ぶりにリメイクされた。しかして、その監督は誰？志村喬が演じた、あの主役・渡辺勘治役を演じる俳優は誰？ちなみに、『生きる』の中で印象深く歌われていた「ゴンドラの唄」はきっと同じはずだ。そう思ったが、何とそのリメイクは英国映画だったからビックリ！

■□■企画は誰が？脚本は？監督は？主演は？■□■

小津安二郎監督の『東京物語』がリメイクできたのは、山田洋次監督なればこそ。一体誰が、世界の巨匠クロサワの名作のリメイクに挑戦するの？私は一瞬そう思ったが、よくよく考えてみると、黒澤作品のリメイクは多い。まず第1に『用心棒』（６１年）や『椿三十郎』（６２年）は既にリメイクされている。次に『赤ひげ』（６５年）は TV ドラマとしてリメイクされているし、『羅生門』（５０年）は映画やテレビで数え切れないほど製作されている。また、黒澤の代表作である『七人の侍』はハリウッド版『荒野の七人』（６０年）としてリメイクされている上、その続編も『続・荒野の七人』（６６年）、『新・荒野の七人 馬上の決闘』（６９年）、『荒野の七人・真昼の決闘』（７２年）として作られている。しかし、『生きる』は１９５２年という戦後間もない日本の“あの状況下”でこそ成り立つ“純日本的な物語”（？）だから、平成版や令和版『生きる』のリメイクは到底無理。

そう思っていると、何とノーベル文学賞受賞作家カズオ・イシグロが、イギリス版として『生きる』のリメイクを企画し、自ら脚本を書いたからビックリ！彼は黒澤映画の“何事も手柄が得られるからやるのではない。世間から称賛されるからやるのではなく、それが自分の成すべきことだからやる。”という人生観に魅力を感じており、それは戦後の日本もイギリスも、そして現代においても変わらないと考えたそうだ。なるほど、なるほど。

カズオ・イシグロ脚本によるイギリス版『生きる』の監督はオリヴァー・ハーマナス、主演はビル・ナイだ。２人とも私は全然知らないが、予告編で１０回近く見たビル・ナイ扮する主人公ウィリアムズは、いつも上質のスーツ、ネクタイ、帽子姿を見事にキメた英国紳士。クロサワ版『生きる』で見た、志村喬扮する人生に疲れ果てうらぶれた（？）主人公とは大違いだ。さあ、そんなイギリスを舞台にした、リメイク版『生きる』の出来は？

■□■日英の共通点はストイシズム！主人公を対比すれば？■□■

日本は満州事変から太平洋戦争に向けて１９４０年に日独伊三国同盟を結び、とりわけ“日独の絆”を深めた。しかし、第一次世界大戦以前の１９０２年には、日本は日英同盟を結んでいた。日清戦争（１１８９４－９５年）に続いて勃発した日露戦争（１９０４－０５年）で日本が辛くもロシアに勝利できたことについては、この日英同盟が大きく寄与している。それは第1に軍艦、第2に戦時歳費、第3に情報だ。第二次世界大戦当時、日本人は規律性の高いところがドイツ人に似ていると言われたが、カズオ・イシグロは、日本人のストイシズムがイギリス人と共通していると考えたそうだ。つまり、日本とイギリスの人々に共通する感情はストイックなまでに抑制する力であり、日本の社会もイギリスの社会も感情を表に出さないことを基本としているそうだ。この分析が正しいかどうかは別として、日英の共通点がストイシズムだとすると、クロサワ版の主人公・渡辺勘治のストイシズムと、本作の主人公・ウィリアムズのストイシズムを対比してみるのも一興だ。

■□■"お役所仕事"の弊害は日英共通！■□■

官僚主義の打破！それは近代の民主主義国家にとって共通の課題だ。そのために"政治主導"が叫ばれるが、有権者の票ばかり気にする政治家はどうしても"人気取り政策"に走ってしまい、有効かつ適切に官僚を使いこなすことができない。中央政界がそうだから、地方政界はなおさらだ。そのため、"市役所"なるものは正に悪しき"お役所仕事"（の弊害）の典型。その中でも、市民課はその最たるものだから、市民課長はその代表中の代表だ。それは、戦後間もない１９５２年の東京でも、１９５３年のロンドンでも同じだ。

毎日同じ時刻に出退所し、黙々と書類の山に向かってハンコを押し続け、結果（成果）には興味を持たず、責任を取らなければならないことには一切手を出さないのが"お役所仕事"の基本だ。弁護士の私は、それとは正反対の"一匹狼"として、すべて自分が責任を取る代わりに、成果が出ればそれは全て己のもの、という主義で４９年間奮闘してきた。それとは対照的に、市役所の職員として"お役所仕事"を貫いてきたウィリアムズには、ついに今、定年が迫っていた。妻を早くに亡くしたウィリアムズは、２階の息子夫婦と同居しているが、家の中でも孤独で居場所がないらしい。毎日通勤する列車では、わざわざ同僚たちとは別の車両に乗って孤高を保ってきたが、彼の本当の心の中には寂しい思いを持っていたようだ。ところが、ある日、がんを告知され、"余命半年"と告知されると・・・。

■□■酒、キャバレー等のうさばらしと無断欠勤はいつまで？■□■

敗戦直後の東京は焼け野原になったが、戦勝国イギリスだってナチスドイツからものすごい空襲を受けていたから、被害は大きかったはず。しかし、１９５３年のロンドン市役所にスーツ、ネクタイ、山高帽姿に正装して列車で通勤する課員たちは、みんな英国紳士だからビックリ！これが、同じ戦後数年の時代でも、敗戦国と戦勝国の違いなのだろう。しかし、定年を控えて、がん告知、余命いくばく宣言を受けたウィリアムズが絶望し、酒、キャバレー等の享楽に捌け口を求め、それまで休んだことのない役所を無断欠勤するという姿は、クロサワ版の主人公・渡辺勘治と同じだから、"人間のサガ"は日英共通らしい。ただ、ウィリアムズの場合は貯金もかなりあったから、貯金の半分を下ろし、酒、キャバレー等で遊び回っていると、息子夫婦、特に息子の嫁には目に余ったらしい。そのため、ウィリアムズと息子夫婦、とりわけ息子の嫁との間が陰険になりかけたから、彼は自分の病を打ち明けるきっかけすら見つけられず、ますます絶望の淵に・・・。

そんな中、ある日、カフェに転職しようとしている部下の若くピチピチした女の子マーガレット（エイミー・ルー・ウッド）とプライベートで出会い、一緒に映画に行ったり、高級レストランでランチを食べたりしているとウィリアムズは・・・？絶望のどん底に落とされた人間が酒やキャバレー等の享楽に走るのはある意味で当然だが、それによって本当にうさばらしができるはずはない。しかし、ピチピチギャルの明るさ、希望、そして前向きな姿勢に接していると、次第に・・・？

■□■自分にできることは？それは地域の公園づくり！■□■

私は１９８０年代から市街地再開発問題を中心とした都市計画とまちづくりを弁護士としてのライフワークにしてきた。しかし、１９８０年代に裁判で奮闘した阿倍野再開発問題と、現在の東京における巨大再開発問題とは全く異質のものになっている。また、今や、人口減少社会におけるまちづくりのあり方が最大かつ最難関のテーマになっている。

私は弁護士として常にそんなテーマを考えているが、ウィリアムズはがん告知を受けるまでは、市民課の課長としてそんなことをこれっぽっちも考えていなかったことは明らかだ。それを象徴する出来事は、地域の公園づくりのために陳情に訪れてきたレディーたちの問題を本作の冒頭に登場する新人の課員ピーター・ウェイクリング（アレックス・シャープ）に任せきりにし、各部局をたらい回しにしたこと。もちろん、ウィリアムズはそうなることを分かった上で、お役所仕事の一環としてそれをやっていたわけだ。

『坊ちゃん』に見た若き日の夏目漱石と同じように、あだ名をつけるのが趣味だというマーガレットから、自分のあだ名が“ミスター・ゾンビ”だと聞かされた時は、さすがに嫌な顔をしたものの、何度かマーガレットとのデート（？）を重ねていくうちに、彼女にだけ自分の病気を打ち明けるという奇跡のような状況が生まれることに。自分の息子にも話せなかった最大の悩みを、なぜウィリアムズは彼女に打ち明けることができたの？その問いと答えはクロサワ版と全く同じだし、そこで彼が“死ぬ前にやりたいこと”に目覚めるストーリーもクロサワ版と全く同じだ。そんな決意を固め一念発起したウィリアムズはある日、雨が降り始める中、多くの部下を引き連れて公園づくりの現地に向かったが・・・。

■□■アレレお葬式？後半は？“ゴンドラの唄”の登場は？■□■

映画とは実に面白い芸術だ。だって、死ぬ間際になって、やっと自分の生きる道を見出したウィリアムズが颯爽と出陣した次のシークエンスは、彼のお葬式になってしまうのだから。といっても、これもクロサワ版を踏襲したもの。また、ここから始まる後半のウィリアムズが地域の公園づくりに大奮闘する回想シーンは、新入課員ピーターの視点で描かれるのでそれに注目！

他方、クロサワ版『生きる』では、ラストの、ブランコに座った渡辺が一人切々と歌う「ゴンドラの唄」が印象的だった。これはヤケのヤンパチになってキャバレーに繰り出していた時に彼がリクエストして自ら歌った曲だが、クロサワ版『生きる』＝“ゴンドラの唄”と直結するほど有名になったラストシーンであり、有名になった曲だ。しかして、カズオ・イシグロ脚本によるイギリス版『生きる（LIVING)』では“ゴンドラの唄”に代わってどんな曲が？それはスコットランド民謡の「The Rowan Tree（ナナカマドの木)」だが、ウィリアムズによるその歌いっぷりとラストの感動は、あなた自身の目でしっかりと！

２０２３（令和5）年4月6日記

Data 2023－30

監督・脚本：リューベン・オストルンド

出演：ハリス・ディキンソン／チャールビ・ディーン／ウディ・ハレルソン／ドリー・デ・レオン／ヴィッキ・ベルリン／ヘンリク・ドルシン／ズラッコ・ブリッチ／ジャン＝クリストフ・フォリー／イリス・ベルベン／ズニー・メレス／アマンダ・ウォーカー

みどころ

あらゆるセレブを乗せた豪華客船が無人島に漂着。頂点に君臨したのは、サバイバル能力抜群な船のトイレ清掃係だった—。映画はアイデア勝負だから、なるほど、これは面白そう！

そう思ったが、第１章ではファッション業界の売れっ子女性モデルと、しがない男性モデルとの“ある論争”風景が長々と描かれるので、それに注目！これは一体ナニ？さらに第２章では、大富豪たちの、金をめぐるそれぞれ独自の議論に続き、ド派手なゲロのシーンから、第３章では、難破、漂着と物語が進むのでビックリ。

本作の邦題は『逆転のトライアングル』だが、原題は『Triangle of Sadness』。これは一体ナニ？本作のキテレツな面白さを堪能するためには、その意味の探求が不可欠だ。さらに、あえて尻切れトンボにされている（？）、あっと驚く本作ラストの意味も、観客一人一人がしっかり考えたい。

——＊——＊——＊——＊——＊——＊——＊——＊——＊——＊——

■□■カンヌの最高賞を２作品連続受賞！３度目は？■□■

黒澤明監督やスピルバーグ監督は世界的巨匠だが、あなたはスウェーデンの鬼才リューベン・オストルンド監督を知ってる？私が彼の名前を知ったのは、『フレンチアルプスで起きたこと』（１４年）（『シネマ３６』１１９頁）を観た時。その評論で、私は、「スウェーデンの新星リューベン・オストルンドに注目！」の小見出しをつけ、「今回は、そのスウェーデンで『２０１５年観るべき映画監督TOP１０』（variety誌）に選出された、１９７４年生まれの若手監督リューベン・オストルンドに注目！」と書き、さらに、「同監督の長編第４作目となる本作は全米を席巻し、外国語映画賞最多１５冠受賞に輝いたらしい。つまり、北欧から世界の映画シーンへと躍り出たリューベン・オストルンド監督が、本作で日本初上陸を果たしたわけだ。本作の鑑賞については、まずはそんなスウェーデンの新星リューベン・オストルンド監督に注目！」と書いた。

同作は、第６７回カンヌ国際映画祭の“ある視点部門”審査員賞を受賞したが、続く『THE SQUARE ザ・スクエア 思いやりの聖域』（１７年）（『シネマ４２』７７頁）は、第７０回カンヌ国際映画祭でパルムドール賞をゲット。それだけでもスウェーデンの若手監督リューベン・オストルンドが世界の巨匠に仲間入りしたことが証明されたが、続く本作では、『THE SQUARE』に続いて、第７５回カンヌ国際映画祭でパルムドール賞を連続受賞したからすごい。

過去、カンヌ国際映画祭でパルムドール賞（最高賞）を２度受賞した監督は、今村昌平監督をはじめ、彼が７人目。またそれを２作品連続で受賞した監督は彼が映画史上３人目だ。しかして、『逆転のトライアングル』と題された本作のテーマは？その面白さは？

■□■テーマはあっと驚く大逆転！物語は無人島への漂着！■□■

１章、２章、３章と分けられた本作は、パンフレットに詳しいストーリーが紹介されているが、要約した本作のストーリーは、「あらゆるセレブを乗せた豪華客船が無人島に漂着。頂点に君臨したのは、サバイバル能力抜群な船のトイレ清掃係だった―。」というもの。また、チラシには、「カンヌ国際映画祭パルムドール２作連続受賞　なのに超ブラックな衝撃作！！狂った時代を、笑い飛ばせ。」「この転覆劇、あなたは笑えるか？！ブラックユーモア満載で贈る世紀の大逆転エンタメ！」の文字が躍っている。

「織田信長は女であった」という“あっと驚く逆転劇”の発想で物語を組み立てた佐藤賢一の小説とフジテレビのドラマ『女信長』（１３年）は面白かった。また、NHKの「ドラマ１０」では現在、男女逆転の“大奥”を描いた『大奥』（２３年）が大ヒット中だ。それに対して、本作の逆転劇は、豪華クルーズ船が無人島に漂着したことによる、支配階級と非支配階級の逆転劇。マルクスの『共産党宣言』（１８４８年）は資本家階級と労働者階級の対立を、資本の観点から理論化し、その階級対立は絶対的なものと規定したが、それはヨーロッパ本土においてのもの！無人島に漂着した状況では、それはどうなるの？

世界的に有名な『ロビンソン漂流記』は、無人島に漂着したたった一人の男が独力で生活を築いていくたくましさが興味深かったが、そこには何の逆転劇も存在しなかった。それに対して、同じ“漂流モノ”ながら、逆転をテーマにした本作の逆転劇の面白さは？

■□■第１章に見る、男女２人のモデルからの問題提起は？■□■

本作の物語は前述のとおり、漂着した無人島での逆転劇。そう思っていたのに、本作は上半身裸の男性モデルたちの品定め風景に始まるからアレレ。これは一体ナニ？私はこんな男性モデルの世界に全く興味がないが・・・。

さらに続いて第１章で登場するのは、高級レストランで食事を終えたばかりの若い男女の姿。そこでは「ありがとう。ごちそうさま」と恋人のヤヤ（チャールビ・ディーン）に言われて憮然とするカール（ハリス・ディキンソン）の姿が映し出される。２人ともファッションモデルだが、ヤヤは超売れっ子で、カールの何倍も稼いでいるらしい。ところが、レストランの食事代は男が払うのが当然という態度のヤヤにカールが疑問を呈すると、スクリーン上は激しい言い争いになってしまうから、アレレ。「男女の役割分担にとらわれるべきじゃない」とカールは必死で彼女に気持ちを伝えようとするが、なかなかそれは難しいようだ。何もそこまでのケンカをする必要はないだろうと私は思うのだが、トコトン論理的に突き詰めなければ気が済まないタイプのカールと、そんなカールの気持ちが全く理解できないヤヤとの間の溝は深いようだ。しかして、リューベン・オストルンド監督が第１章で長々とそんな２人の男女モデルの会話シーンを登場させたのは何のため・・・？

■□■豪華客船クルーズの客筋は？船内のヒエラルキーは？■□■

第２章は第１章とは一転して、豪華客船クルーズの旅に、見事なプロポーションの長身にファッショナブルな服をまとったヤヤと、それに付き添うカールが乗り込むシーンから始まる。これは、インフルエンサーとしても人気者のヤヤが豪華客船クルーズの旅に招待されたため、カールも写真撮影係のお供としてヤヤに同行したらしい。２０２０年1月～6月、横浜港に停泊したクルーズ船、ダイヤモンド・プリンセス号内で起きた新型コロナウイルスの集団感染騒動は強く記憶に残っているが、本作に見る豪華客船クルーズの料金は間違いなく、その数百倍。

ちなみに、フランス革命前の“アンシャン・レジーム”と呼ばれる旧制度下のフランスは、第１身分・聖職者、第２身分・貴族、第３身分・平民、という３層ヒエラルキーだった。また、マルクスは資本家階級 VS 労働者階級の２層に分析した。それに対して、本作に見る、豪華客船クルーズ内のヒエラルキーは次の通りだ。

第１階層、世界トップクラスのセレブ階層の乗客。

第２階層、セレブ客をもてなすクルーズ船のスタッフ。

第３階層、料理や清掃を担当する、最下層の有色人種の裏方スタッフ。

本作第２部では、まず第２階層である客室乗務員トップの女性ポーラ（ヴィッキ・ベルリン）が、全スタッフを集めた部屋の中で「高額チップのために、金持ちたちのどんな要求にも応えよう！」と発破をかける風景が描かれる。女性スタッフたちのミニスカート姿はあまり似合うように思えないが、それもセレブな乗客へのサービスの１つだから、少なくともその心意気は買いたい。しかして、彼女らの高額チップ獲得のための徹底したサービスぶりは？

続いて登場するのが、わがまま放題の超セレブなクルーズ客の面々。その第1は、最初にヤヤとカールの２人に話しかけてきた、ロシアの新興財閥“オリガルヒ”の男とその妻だ。有機肥料でひと財産築いたと語る男は「私はクソの帝王」と笑っていたが・・・。第2は、ヤヤに写真を撮ってもらっただけで、「お礼にロレックスを買ってやる」と言う「会社を売却して腐るほど金がある」とのたまう男。第３は、上品で優しそうな英国人老夫婦で、武器製造会社を家族経営している。彼らは国連に地雷を禁止されて売り上げが落ちた時も、「夫婦愛で乗り切った」と胸を張っていた。その他、豪華クルーズ船のセレブ客は、どれもこれも嫌な奴ばかり・・・。

ヤヤはそんなセレブたちからも一目置かれる目立った存在だが、自分の金でクルーズ客になっているわけではないから、やはり第１階層の人々とは少し異質。ましてや、その付き添いに過ぎないカールはとても第１階層とは言えないから、その立場は微妙だ。

他方、第３階層の人々は第２部では全く姿を見せないが、本作ではそれがミソ。第３部では突然、その中の１人である、トイレの清掃係の女性アビゲイル（ドリー・デ・レオン）が、あっと驚く存在感を！

■□■船長主催のディナー風景に注目！遂に難破、漂着！■□■

第２章最大のハイライトは、船長が乗客をもてなすキャプテンズ・ディナーの風景になる。これは、アルコール依存症で朝から晩まで船長室で飲んだくれていたために延び延びになっていた予定のイベントを、ポーラが強引に説得して開催に漕ぎ着けたもの。正装を整えた船長の外見は立派なものだが、体の中はなおアルコール漬け状態らしい。

本作におけるキャプテンズ・ディナーのみどころは、次の３点だ。第1は、超セレブ客向けの豪華クルーズ船のキャプテンズ・ディナーに見る豪華料理の数々。全世界が食糧不足に苦しむ中、そこでの料理はキャビアにウニにトリュフと高級食材を、これでもかとぶち込んだものばかりだから、その豪華さに注目！第2は、いつの間にか嵐の中に突入した船が激しく揺れる中、船酔いが続き、次々とド派手にゲロする人が続出すること。大金持ちでも貧乏人でも、船酔いでゲロする姿は同じだから、昨日まで大口ばかり叩いていた、あのじいさん、あのばあさんが次々とド派手にゲロしていく姿は圧巻！第3は、パーティーでのサービスを放棄して船内放送のマイクを握った船長が、何と「共産党宣言」を読み上げることだ。大金持ちを乗せたクルーズ船の船長が何と共産主義者だったとは！

豪華客船「タイタニック号」の沈没はちょっとした偶然の事故だったが、大嵐の中、大混乱に陥ったクルーズ船が、通りがかった海賊に手榴弾を投げ込まれ、遂に難破してしまったのは、偶然の事故ではなく、明らかにこの船長による人災だ。『オールド・ボーイ』（０３年）（『シネマ６』５２頁）や『親切なクムジャさん』（０５年）（『シネマ９』２２２頁）等で観た韓国のパク・チャヌク監督のどぎつさやエロ度、グロ度も相当なものだが、本作中盤のキャプテンズ・ディナーに見るド派手なゲロシーンは特質ものだ。第１章と第２章を通して再三語られる、カネとクソを巡る生々しい議論と共に、リューベン・オストルンド監督独特のどぎつさとブラックユーモアをたっぷりと味わいたい。

■□■漂着した無人島での君臨者は？この大逆転に注目！■□■

現在、中国では、「私がこの島を購入しました！」と叫びながら、無邪気に海辺を走り回る少女の姿がSNSを賑わしている。沖縄県にある屋那覇島という無人島の中国人への売却は、２０２１年６月にやっと制定された「重要施設周辺及び国境離島等における土地等の利用状況の調査及び利用の規制等に関する法律」（略称：重要土地等調査法）上の大問題だが、本作で難破したクルーズ船が辿り着いた島は誰のもの？この島が無人島だということは、徐々にわかってくるが、島に流れ着いたヤヤとカール、客室乗務員のポーラ、機関士のネルソン、そして数人の大富豪たちは、第３章ではどうなるの？

ロビンソン・クルーソーは漂着した島でたくましいサバイバル能力を発揮したが、本作でその役を演じるのは、トイレ清掃係のアビゲイルだ。カールたちが流れ着いた浜辺で呆然としている中、アビゲイルが乗った救命ボートが辿り着いたのはラッキー！豪華客船クルーズ客から一転して"漂流者たち御一行様"になってしまった男女は、ボートの中に収まっていた水とスナック菓子で空腹をしのいだが、当然それはすぐになくなってしまうものだ。そんな中、アビゲイルが発揮した意外なサバイバル能力は、第１に海の中のタコを器用に捕獲したこと。第2に、人間が生きていく上で不可欠な火を起こし、そこでタコをさばいて調理したことだ。これはすごい！君はえらい！"上から目線"でそう言っていたのも束の間、アビゲイルから配給されたタコ１切れを食べ終わった男女が、その直後に目にした大逆転、大革命は、「ここでは私がキャプテン」と宣言するアビゲイルの絶対的権力を認めなければ、タコの２個目のお代わりにはあり付けないと宣言されたことだ。その結果、それまで"我が世の春"を謳歌していたクルーズ船の乗客たちは、いとも簡単にアビゲイルの軍門に降ることに。それまでのヒエラルキーを大逆転させたアビゲイルは、以降、無人島における絶対女王として訓臨し続けていくことになったが・・・。

■□■若いカールは夜伽役も！女の魅力とは？絶対権力とは？■□■

議会制民主主義国の日本では、国会で選ばれた内閣総理大臣が絶対的権力者だが、大統領制をとる米国等に比べてもその権力感は弱く、存在感は薄い。現在、NHKで放映中の『大奥』における将軍に比べても、その権力基盤の弱さは歴然としている。それに対して、昨年2月２４日にウクライナ侵攻を決行したロシアのプーチン大統領の権力は強そうだが、ひょっとして、それも北朝鮮の金正恩と同じような"張り子の虎"・・・？

そんなこんなの世界の実情に照らすと、無人島におけるアビゲイルの女王様としての絶対的権力はかなりのものだ。その最たるものが、それまで名声でも収入でも圧倒的な差異があったためヤヤに対していつもペコペコしていたカールが、今ではアビゲイルの従順な召使い兼夜伽役に収まっていること。こんな逆転劇を見れば、食について絶対的権力を握るアビゲイルのすごさを実感することができる。もちろん、ヤヤはそんなアビゲイルにもカールにも不満いっぱいだが、ここではそんな素振りを見せてはダメ。カールが喜々として（?）アビゲイルの夜のお相手を勤めていることに、ヤヤは女としての嫉妬心すら覚えていたが、根が利口なヤヤはそれをおくびにも出さず、アビゲイルの従順な部下を装って生き続けていた。もちろん、"女の魅力"としては、ヤヤの方がアビゲイルより圧倒的に上。しかし今、この無人島の中での"女の魅力"は、権力と一体になっているアビゲイルの方が圧倒的に上だから、若い男性モデルであるカールがヤヤから離れてアビゲイルにつくのも仕方なし・・・？そんな"逆転劇"の中、あらためて、女の魅力とは？絶対的権力とは？

をしっかり考えたい。

■□■原題は？その意味は？結末を如何に解釈？■□■

本作の邦題とされている『逆転のトライアングル』はわかりやすいように思えるが、そこでの“トライアングル”とは一体ナニ？それは、マルクスが唱えた資本家階級 VS 労働者階級という２つの階級対立ではなく、本作の豪華クルーズ船内で形成されている前述の３つのヒエラルキーのことを指すとしか考えられない。船内の絶対的秩序を保っていた、この三層構造のヒエラルキーは無人島に漂着すると一気に崩壊し、最下層だった有色人種の裏方スタッフで清掃係のアビゲイルが絶対的権力を握るという逆転劇が生じたため、『逆転のトライアングル』という邦題が生まれたわけだが、それはそれなりに、実にピッタリ。

それに対して、本作の原題は、『Triangle of Sadness』だが、これは一体ナニ？パンフレットにあるリューベン・オストルンド監督インタビューによると、「これは美容業界で使われる用語」で、「人間の眉間のシワのこと」を言っている、そうだ。そして、これはスウェーデンでは、「トラブルのシワ」と呼ばれており、人生には悩み事がいかに多いかを表すものとされているらしい。彼は、あるパーティーの席で外科医がある女性に、「おや、あなたにはとても深い“悲しみの三角形（Triangle of Sadness）”がありますね・・・でも、私なら１５分あればボトックスで治せます」と話しかけていたエピソードを聞いて、現代におけるルックスへの強迫観念について、そして、心の充実度がある意味では後回しになっている、ということを物語るエピソードだと思ったそうだ。なるほど、なるほど。

そんな体験は私にもあるが、リューベン・オストルンド監督がすごいのは、そこから得たアイデアを脚本に書き、映画化してしまうこと。なるほど、私には本作第３章のストーリーにしか興味が湧かなかったが、本作第１章で長々と描いていた男性モデル業界の実態や、ヤヤとカールとの力関係の差（名声と収入の差）にはそういう意味があったわけだ。

しかして、本作ラストは如何に？ロビンソン・クルーソーは長い漂流生活の後、母国に帰ることができたが、アビゲイルが絶対的女王として君臨しているこの無人島にも救援の船がやってくるの？またロビンソン・クルーソーは長い漂流生活の中、島をあちこち探検し、さまざまな新発見をし、新収穫を次々と得ていたが、それは日々、数名の男女の食糧を確保しなければならないアビゲイルも同じだ。ある日、たまたま男たちが発見したヤギを捕獲し、たらふくその肉を食べることができたのは素晴らしいが、そんなことが続けば無人島での権力が男たちに再移転してしまうこと確実。しかして、ある日、ヤヤと２人で島の頂上まで探検したアビゲイルは、廃墟となったエレベーターを発見したことによって、この島はかつて巨大なリゾート施設があったことを確認したが、その後２人で一休みしている時に起きた本作ラストの展開とは！本作は、その場でさっと映像が真っ暗になるが、これはリューベン・オストルンド監督が、あえてその場で何が起きたのかを観客に見せず、一人一人の観客の解釈に委ねたためだ。さあ、あなたはこの結末を如何に解釈？

２０２３（令和5）年3月7日記

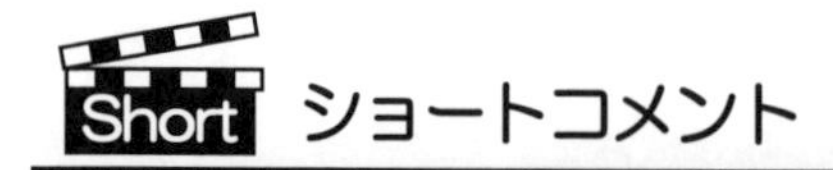

★★★★

ギレルモ・デル・トロのピノッキオ

2021年／アメリカ映画
配給：Netflix／116分

2022（令和4）年12月10日鑑賞　シネ・リーブル梅田

Data　2022−139

監督：ギレルモ・デル・トロ／マーク・グスタフソン
原作：カルロ・コッローディ『ピノッキオの冒険』
出演：ユアン・マクレガー／デヴィッド・ブラッドリー／グレゴリー・マン

みどころ

『白雪姫』などと並ぶ、カルロ・コッローディ原作の有名な童話『ピノッキオの冒険』は、イタリア生まれ。『星に願いを』の名曲で有名なディズニー映画『ピノキオ』は、１９４０年の名作だ。

しかして、『ギレルモ・デル・トロのピノッキオ』と題された本作は、「知ってる話だと思うかもしれないが違う。別物さ・・・」とギレルモ・デル・トロが語るとおり、"誰も見たことのないピノッキオ"の物語！

さあ、愛する一人息子カルロの死を悲しむゼペットじいさんの前に登場した木製のわんぱく坊主、ピノッキオの、そんな物語をたっぷり楽しもう！

——＊——＊——＊——＊——＊——＊——＊——＊——＊——＊——

◆私は本作と同じ日に、"特殊効果の神様"とか"ストップモーション特撮の神様"と呼ばれているフィル・ティペット監督の『マッドゴッド』を観た。同作は、「人類最後の男に派遣され、地下深くの荒廃した暗黒世界に降りて行った孤高のアサシンが、無残な化け物たちの巣窟と化したこの世の終わりを目撃する」ものだ。

しかし、"ストップモーション特撮の神様"は、フィル・ティペット監督だけではなく、マーク・グスタフソンもそうらしい。他方、ギレルモ・デル・トロ監督は、『パンズ・ラビリンス』（０６年）（『シネマ１６』３９２頁）や『シェイプ・オブ・ウォーター』（１７年）（『シネマ４１』１０頁）等で有名な鬼才！そんな両者が組んで、「ピノッキオ」を現代に蘇らせると、本作のような映画に！

◆原作は、有名なカルロ・コッローディの『ピノッキオの冒険』だ。「ピノッキオほど私と深い関わりを持つキャラクターは歴史上存在しなかった。私は物心がついた頃から、この映画を作りたいと強く願っていたんだ」とギレルモ・デル・トロ監督は語っている。

そんな彼は、カルロ・コッローディの『ピノッキオの冒険』とメアリー・シェリーの『フランケンシュタイン』との間に、共通するテーマ（善悪の判断や道徳、倫理、愛情、生命といった人間らしさを形作る要素を自らの力で見つけ出すことを望む父親によって生み出された「子供」が現実世界に放り出される）を感じていたため、『フランケンシュタイン』に影響を受けて、本作はゴシック調に演出されている、そうだが、さて・・・？

◆私の記憶では、原作のタイトルは、『ピノッキオの冒険』ではなく『ピノキオの冒険』。また、『星に願いを』の曲で有名な１９４０年のディズニー映画『ピノキオ』に登場したピノキオは、おもちゃ職人のゼペッドが作った「操り人形」だったはずだ。もっとも、そのストーリーはほとんど覚えていないが、原作とディズニー映画との相違は？そしてまた、それらと『ギレルモ・デル・トロのピノッキオ』と題された本作との異同は？

◆『白雪姫』では、自分が世界で一番美しいと信じている継母から白雪姫が毒入りりんごを食べさせられるエピソードが有名だが、『ピノキオ』ではピノキオが嘘をつくたびに鼻が伸びていくというエピソードが有名。それはかなり重要な教訓だが、なぜ子供向けの童話にそんな小難しい、お説教めいたエピソードが出てくるの？

また、本作の舞台はムッソリーニが支配するファシズム時代のイタリアに設定されているが、それは一体なぜ？さらに、子供向けの童話なら、死んでしまったゼペットの一人息子カルロの墓のそばの木から生まれた人形を、なぜ最初からカルロのようないい子に設定せず、出来の悪いわんぱく坊主（？）に設定したの？そんな疑問が次々と湧いてくる。

◆童話は本来、単純なものだが、前述のように本作はそうではなく、本作のストーリー構成は童話の範疇を超えたものになっているから、それをしっかりフォローしたい。ちなみに、ゼペットもピノキオも、原作では巨大なサメに、１９４０年のディズニー映画ではクジラに飲み込まれてしまっていたが、さて本作では？

そんなハラハラドキドキのストーリー展開に注目しながら、本作ラストに示される“教訓”もしっかり頭に刻み込みたい。

２０２２（令和4）年１２月１３日記

表紙撮影の舞台裏（41）

1）NHKのTV番組「関西リーダー列伝」は、２０２３年3月２６日「安藤忠雄が来た。度肝を抜かれる㊙裏話 人生逆転のリーダー論」を放映した。ボクサー上がりで独学の建築家ながら、１９７９年に日本建築学会賞を受賞した“住吉の長屋”で一躍名を挙げ、一流の建築家となった安藤忠雄氏は今、たび重なるガン手術を乗り越えて不死鳥のようによみがえり、精力的な活動を続けている。彼が設計、建築した建物は世界中に多いが、大阪は官ではなく、民のまち。中之島にある大阪市中央公会堂は、株式仲買人だった岩本栄之助の寄附によって１９１８年に完成したものだ。彼は渋沢栄一率いる渡米実業団に参加し、大都市の公共施設の立派さや大富豪たちの慈善事業、寄附の習慣に感銘を受けてそれを実践したわけだ。大阪人の安藤氏もそんな気概は全く同じ。彼は大規模な国際コンペに参加する一方、中之島公園への桜の植樹等、さまざまな公益寄付活動に奔走してきた。

2）そんな彼が設計・建築し、大阪市に寄附された建物が、２０２０年7月にオープンした「こども本の森　中之島」だ。同施設は運営費もすべて市民からの寄附で賄われる仕組みになっている。つまり、こどもたちに多様な本を手に取ってもらい、無限の創造力や好奇心を育んでほしい、自発的に本の中の言葉や感情、アイデアに触れ、世界には自分と違う人や暮らしがあることを知ってほしい、そんな思いで作られた文化施設が「子ども本の森 中之島」なのだ。

3）そんな建物の入り口にあるのが青りんごのオブジェ。これは「生涯いつまでも“青春（＝熟さず青いままのりんご）の最中でいられる大人になってほしい」との願いが込められたもので、その側には安藤氏の銘が刻まれている。その全文は下記のとおりだ。２０２３年4月１１日（火）、快晴の空の下、そんなオブジェの前で『シネマ５２』の表紙の写真撮影を。

記

> サミュエル・ウルマンは「青春の詩」の中で、青春とは人生のある期間ではない、心のありようなのだ、と謳いました。
>
> 失敗を恐れることなく困難な現実に立ち向かう挑戦心。どんな逆境にあろうとも、夢をあきらめない心の逞しさ。
>
> 身体・知性がいかに年を重ね、成熟しようとも、この内なる若さをさえ失わなければ、人は老いることなく生きられるというのです。
>
> いつまでも輝きを失わない、永遠の青春へ――
> 目指すは甘く実った赤リンゴではない、未熟で酸っぱくとも明日への希望に満ち溢れた青りんごの精神です。
>
> 安藤忠雄（建築家）

4）私のシネマ本の出版も既に５２冊。これからも、“青りんごの精神”で可能な限り続けたい。

２０２３年4月１３日記

第2章　アメリカ・イギリス

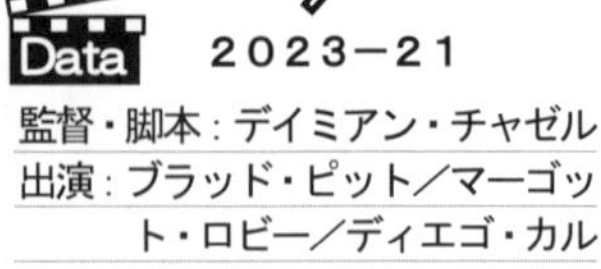

監督・脚本：デイミアン・チャゼル
出演：ブラッド・ピット／マーゴット・ロビー／ディエゴ・カルバ／ジーン・スマート／ジョヴァン・アデポ／リー・ジュン・リー／Ｐ・Ｊ・バーン／ルーカス・ハース／オリヴィア・ハミルトン／トビー・マグワイア／マックス・ミンゲラ／ローリー・スコーヴェル／キャサリン・ウォーターストン／フリー

みどころ

なぜ、１９２０年代に、あの場所に"映画の都"ハリウッドができたの？その"歓楽の都"ぶりは？本作では、そんなハリウッドに生きる３人の主人公と２人の準主役の人生模様に注目！

乱痴気パーティーから始まる導入部は、"これぞバビロン！"だが、そもそもバビロンとは？そして、バビロンとハリウッドの異同とは？そんな歴史の勉強も面白いが、本作ではそれ以上に人間模様のあれこれを１８９分間たっぷり楽しみかつ学びたい。

サイレント映画からトーキーへの変化。これはアナログからデジタル以上の激変だったから、その対応は？そんな劇的変化の中に見る、中年男の悪あがきは？新進女優と若き野心家の転身は？本作ではそれを中心に、三者三様の主人公の人生の選択に注目！しかして、その明暗は？

――＊――＊――＊――＊――＊――＊――＊――＊――＊――＊――

■□■「バビロン」とは？あなたはそこから何を連想？■□■

今や"ハリウッド"は、"映画の都"として世界的に有名。日本にも京都の太秦撮影所や松竹の大船撮影所等があったが、それを知っているのは一部の日本人だけだ。しかし、映画スターの豪邸が立ち並ぶ高級住宅街であるハリウッドができたのは、一体いつ？そして、なぜあの場所に？それは、もちろん映画の歴史が始まった後だが、その経緯は興味深い。「１９２６年ベルエアー」という字幕からはじまる本作で明らかなように、１９２６年当時のハリウッド周辺は、ぶどう畑以外何もない荒野で、道路も未舗装だった。

『ワンス・アポン・ア・タイム・イン・ハリウッド』（１９年）（『シネマ４５』１３７頁）は、ハリウッドの映画スターを描いた映画として有名だが、本作の「バビロン」って一体ナニ？あなたは「バビロン」から何を連想？それには、映画の歴史の勉強が必要だ。

そして、その教材としては、『映画検定公式テキストブック』（キネマ旬報社・０６年）が最適だ。同書「第２章　映画の歴史・外国映画編」は、「ハリウッドで映画製作がはじまる」「アメリカ映画の新しい時代の幕開け」「アメリカ映画の父グリフィス」「産業としての映画が確立」「スター誕生」等の小見出しで、詳しく解説しているので、これは必読！

そのグリフィス監督の長編大作が『イントレランス』（１６年）。１３巻に及ぶこの大作は、①２０世紀初期のアメリカを背景にした現代編、②バビロンの没落を描くバビロン編、③キリスト最後の日を描くユダヤ編、④聖バーソロミューの大虐殺を描く中世編の 4 編から成り立っており、全編が“憎しみと不寛容が時代を通して、愛と慈善に対していかに争い合ったか”というテーマで描かれている。私はこれを DVD で観たが、その壮大さにビックリ！私は中学時代に一人で映画館に通い、１９５０年代のさまざまな洋画の名作を鑑賞したが、それらの面白さに全く引けを取らないストーリー性と壮大さに感激させられた。そんな「バビロン」については、パンフレットに収録されている町山智浩氏（映画評論家）のレビュー「『バビロン』映画史の生贄たち」に詳しいので、これは必読！

■□■サイレント映画の頂点に立つ男は？パーティー風景は？■□■

あなたは、チャールズ・チャップリン主演のサイレント映画を観たことがある？『キッド』（２１年）や『黄金狂時代』（２５年）はサイレント映画の名作として有名だ。また、バスター・キートンを知ってる？このように、チャップリンやキートンは無声映画時代の大スターだが、本作に登場するジャック・コンラッドのモデルはジョン・ギルバートらしい。そして、ジャック・コンラッド（ブラッド・ピット）はチャップリンやキートン以上の、１９２０年代のサイレント時代の大スターだった。大スターという点はチャプリンもキートンも同じだが、ジャックがチャプリンやキートンと全く違うのは、大のパーティー好きだったこと。もちろん、そんな彼は、酒も女も大好きだ。

(C) 2023 Paramount Pictures.

本作のパンフレットは８８０円の豪華版だが、１８９分の大作でありながら、ストーリーの解説はわずか6行だけ。これは、つまり、本作はそれだけの大作でありながら、ストーリーはごく単純だということだ。他方、私は本作を６００円追加して IMAX で観たが、それは大正解だった。なぜなら、それは冒頭約２０分で描かれる１９２０年当初のベルエアー（ハリウッド）での大パーティーのものすごさを、大スクリーンと良質な大音量で楽しむことができたためだ。『イントレランス』もものすごい歴史劇だったが、それから１００年以上経た現在のIMAX技術にかなうはずはない。

前述の『映画検定公式テキストブック』は、「歓楽の都ハリウッド」の小見出しで、「ロスコー・アーバックルが１９２１年９月にサンフランシスコのホテルで開いた乱痴気パーティーで、若手女優ヴァージニア・ラッペが数日後に死亡した。アーバックルはレイプと殺害容疑で告訴され、三回も裁かれ、三回とも無罪となったにもかかわらず、下落した人気は元に戻らなかった。」と書いているが、本作冒頭から約２０分間続く乱痴気パーティーはまさにそれと同じ。しかし、その乱痴気騒ぎの中で若い女性が死亡したため、パーティー主催者はそれをごまかすべく、象を入場させることで入場者の目を惹きつけ、その間に女の死体を運び出すという暴挙に出たが・・・。

■□■この女の野心とスター性は？この男の野望と誠実さは？■□■

『蒲田行進曲』（８２年）で松坂慶子が演じた小夏は、大部屋女優だった。それに対して、単身で堂々とパーティー会場に乗り込み、「私は生まれながらのスター！」と名乗る女ネリー・ラロイ（マーゴット・ロビー）は、大部屋女優でもなければエキストラでもない。要するに、映画界に何のツテもない田舎娘に過ぎなかった。他方、本作導入部で、パーティーのための象運びをしていた青年マニー・トレス（ディエゴ・カルバ）はパーティー会場の入口で、パーティー会場に乗り込んできたネリーと知り合うシークエンスが描かれる。しかし、この時点では、大スターのジャックに比べれば、この２人は、クソみたいなものだ。しかし、酔っ払ったジャックの介抱等で、意外な才能（機転）を発揮したマニーは、ジャックがあれこれ雑用係に使ったことから、運が開けていくことに。このストーリーは、まるで侍になるために、当初、草履取りから織田信長に仕えた猿こと木下藤吉郎の出世ストーリーと瓜ふたつ・・・。

(C) 2023 Paramount Pictures.

他方、パーティー会場内で若い女が死亡したことをきっかけに、会場内で踊り狂っていたネリーが、“ある仕事”に急遽抜擢されることに。そんな嘘みたいな本当の話が連続していく中で、それまでの価値ゼロだったネリーとマニーの２人が、急遽それぞれの世界で伸し上がっていくことに！

今のような閉塞社会の日本ではこんな想定外の大出世は考えられないが、１９２０年代後半における、まさにイケイケドンドン、何でもありのハリウッドの映画界では、ネリーのように“映画界で大スターになりたい”という野心さえあれば、また、マニーのように“何がなんでも映画界で働きたい”と願う熱意と誠実ささえあれば、伸し上がりは可能だったようだ。もちろん、そのためには千載一遇のチャンスをつかみ、我がものにする、木下藤吉郎のような才覚も不可欠だが・・・。

■□■トーキー映画初公開と大恐慌！まさに天国から地獄へ！■□■

前述の『映画検定公式テキストブック』の「ハリウッドで映画製作が始まる」の小見出しの項には、①最初に本格的な映画製作所が設立された１９１０年代のハリウッドの地価は１エーカーが３００～４００ドルだった、②木材の値段は安く、大工の労賃もニューヨークの２５％から５０％は安かった、③天候の荒れることが少ない快適な気候は、１年通して仕事することを可能にし、群集場面用のエキストラは日給２～３ドルで雇えた、④締り屋のプロデューサーなら、バーベキュー・ランチとアマチュアに映画製作にかかわることができたという喜びを与えるだけで群集を集めたものだった、⑤あるプロデューサーは「陽光が降り注いで恰好の照明となり、ニューヨークで撮るよりも３分の１から半分はコストが軽減できる」と語っている、等と書かれている（６５頁、６６頁）。そして、「アメリカ映画の新しい時代の幕開け」「コメディが大人気に」と続き、「産業としての映画が確立」「スター誕生」「歓楽の都ハリウッド」と続いていくわけだ。

(C) 2023 Paramount Pictures.

しかし、その後、「映画にサウンドがついた」（７２頁）の項目では、１９２７年にはじめてヴァイタフォン・システムによるトーキー映画『ジャズ・シンガー』が公開されて大ヒットし、他方では、１９２９年に第１回アカデミー賞授賞式が行われたが、同年１０月２４日にはウォール街の株が暴落して大恐慌時代が始まったことが書かれている。さらに、同書は、「第二部　ハリウッド黄金時代」（７２頁）で、「スタジオ・システムの精華」「スター監督と大プロデューサー」と続いていくが、本作の主人公の一人、ジャックにとっては、まさにサイレント映画からトーキー映画への転換は大事件。これは今でいうアナログからデジタルへの転換以上の大変化だった。そのため、顔は良くても声が悪い、訛りがある等々のサイレント時代の大スターたちは次々と没落していった。しかし、チャップリンは、はじめて<サウンド版>と呼ばれる劇伴や効果音の伴った作品として『街の灯』（３１年）を製作し、『モダン・タイムス』（３６年）で部分的なトーキーを用い、『独裁者』（４０年）を完全なトーキー映画として製作したから、その変化に対応できた。しかして、ジャックは？

■□■中年男の悪あがきは？新進女優と若き野心家の転身は？■□■

本作は、『ラ・ラ・ランド』（１６年）（『シネマ３９』１０頁）のデイミアン・チャゼル監督らしく徹底したエンタメ大作だが、同時に、本作中盤からは、バビロン＝ハリウッドの１９２０年代～３０年代を華々しく生き抜いた３人の主人公がトコトン苦しむ人生模様が描かれていく。張藝謀（チャン・イーモウ）監督の『活きる』（９４年）（『シネマ５』１１１頁）は、１９４０年以降の中国現代史の中を、「人生はあざなえる縄のごとし」の諺どおり、ジェットコースターのような浮き沈みを体験しながら、たくましく生き抜いた夫婦を描いた名作だったが、さて、本作に見る３人の人生模様は？

「２０２２大阪・中国映画週間」で観た中国映画『トゥ・クール・トゥ・キル』（２２年）では、ミュージカル『雨に唄えば』（８３年）が半分パクリ気味（？）に使われていたのでビックリしたが、本作にもその名シーンが効果的に使われているのでそれに注目！もっとも、本作中盤に見るそれは、あの映画のあの有名なシーンではなく、それまでサイレント映画の中で生きてきた俳優たちが、時代に合わせて否応なく大合唱させられているもの。これは、彼らには屈辱のはずだ。そして、その中にジャックも入らされていたから、彼の心境やいかに？

他方、ネリーは若いだけに、サイレントからトーキーへの変化にもついていけたらしい。トーキーになると、監督や俳優は音響係や録音係（の技術）にも気を遣わなければならないから大変。俳優の立ち位置がずれたり、変な音を出たりすると即撮り直しになるから、テイク１、テイク２、テイク３と同じシーンを何度も撮り直さざるを得ないことに。ハリウッド最初の専業女性監督ドロシー・アーズナーをモデルにした女性監督ルース・アドラー（オリヴィア・ハミルトン）の演出の下、ネリーはそんな試練に耐えていたから立派なものだ。また、映画製作を夢みるメキシコ出身の若き野心家マニーにとっては、サイレントからトーキーへの劇的変化は、自分を生かす大きなチャンス。なぜなら、それまでの組織やシステムそして人的構成が一転したのだから、そこに新たな映画製作のビジネスチャンスが生まれるからだ。すると、多くの才能を持った野心家のマニーなら、新たな映画製作会社を立ち上げ、斬新なトーキー映画製作に邁進すれば、成功間違いなし！

■□■準主役を務める２人の個性も面白い！■□■

本作は、３人の主人公のほか、準主役として、「東洋のエメラルド」と評される女性歌手レディ・フェイ・ジュー（リー・ジュン・リー）と、映画がトーキーになり一躍スターの座に踊り出たトランペットの名手シドニー・パーマー（ジョヴァン・アデポ）が登場するので、この２人の生きザマにも注目したい。現在の世界の注目はウクライナ戦争だが、他方で今後の世界秩序を規定する最大のポイントは米中対立。第２次世界大戦後のそれは米ソ冷戦だったが、急速に経済力と軍事力を強め、米国に次ぐ世界第２の実力を備えた中国は、２０３５年には米国に追いつき、２０４９年には米国を追い越すという明確な目標を持って着々と・・・。

しかし、今から約１００年前の１９２０年代のハリウッドには、“東洋のエメラルド”と評される中国系の興味深い女性歌手レディ・フェイ・ジューがなんとも切ない歌声で人気を呼んでいたから、それに注目！サイレント映画とハリウッドの降盛の中で栄華を極めた大スター、ジャックに対して、中国系のレディ・フェイ・ジューは自分の立場をしっかりわきまえていたようだから、時代が大きく変わる中でも、その立場は普遍・・・？

他方、黒人のトランペッターだったシドニー・パーマーは、無声映画の全盛期には刺身のツマだったが、トーキー時代に突入すると、俄然注目！そのトランペットの音はトーキー映画を盛り上げるのに絶好の小道具になったから、シドニー・パーマーも黒人ながら一躍スターの座に踊り出ることに。しかし、ネリーが主演する映画で、音響係との連携に苦労したのと同じように、シドニー・パーマーはある日、照明係との連携で“黒塗り”を強要されたから、アレレ、アレレ。シドニー・パーマーは自分が黒人だという前提で、また人種差別があることを前提で、トランペッターとしての実力を“売り”にしてきたが、「照明を当てると顔色が白くなってしまうので、黒人の肌の上にさらに黒塗りしろ」と言われると・・・？スターの座を維持するためには、そんな屈辱的な命令にも耐えなければならないの・・・。

■□■三者三様の主人公の人生の選択は？その明暗は？■□■

サイレント時代の大スターだったチャップリンは、トーキーへの変化にも何とか対応できたらしい。そのため、『チャップリンの独裁者』（６０年）という“映画史上の最高峰”と賞賛される“命をかけた傑作”を生み出した。しかし、東西冷戦が強まる中、アメリカ国内の共産主義シンパを排除しようとした“赤狩り”が始まると、チャップリンは共産主義者であると危険視され、１９５２年には事実上アメリカから追放された。そのため、１９７２年に第４４回アカデミー名誉賞を受賞するまで、２０年間アメリカの地を踏むことはできなかった。それに対して、ジャックはサイレント時代はチャップリン以上の人気者だったが、『雨に唄えば』の大合唱のシークエンスに象徴されるように、トーキーには馴染めなかったらしい。そのため彼の人気は少しずつ落ち目となり、遂にある日・・・。

他方、アメリカ初の女性監督に見出されて主演の座を射止めたネリーは、若いだけにトーキーへの変化に順応していたが、"乱痴気パーティー大好き人間"という本質は変わらなかったらしい。そして、パーティーと酒だけならまだしも、そこにマリファナ等の薬物が絡んでくると、いかに"歓楽の都ハリウッド"といえどもヤバい。映画出演の傍らネリーが見せる破天荒な行動の数々はあれこれの問題点を生んだうえ、ある日ついに・・・。ジャックは、「太く短く！」という人生哲学をもっていたことが明らかだが、ネリーは、「私は生まれながらの大スター」という思い込み（のみ）で、たまたまその持っていた才能を発揮する場所が与えられただけ。したがって、それを維持していく才覚がなければ、その崩壊は目に見えているが、案の定・・・。

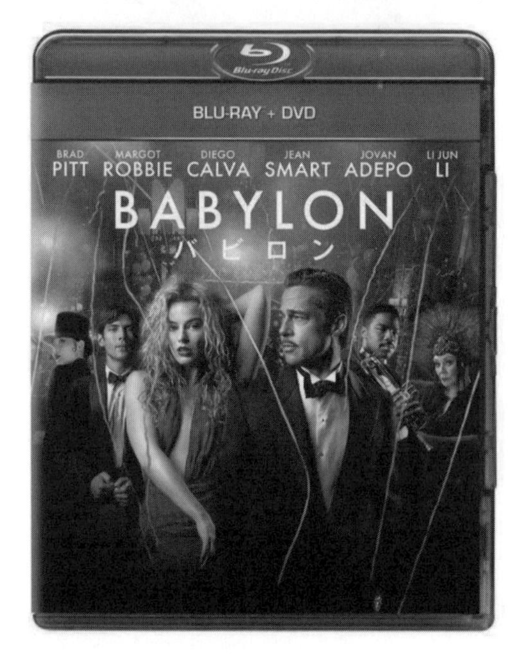

『バビロン』ブルーレイ+DVD（ボーナスブルーレイ付）
発売元：NBC ユニバーサル・エンターテイメント
価格：5,280 円（税込）発売中

それに対して、マニーは若いけれども、思料深く我慢強いから、日本で言えば、信長タイプのジャックはある時期に破滅してしまったが、百姓から侍になり、関白まで登りつめた秀吉タイプの（？）マニーは、ハリウッドがどのように変わっていこうとも、それに対応して生き残ることができたらしい。しかして、本作には、第２次世界大戦を終えた後のハリウッドを妻子を連れたマニーが訪れる姿が登場するので、それに注目！

２０２３（令和５）年2月１６日記

Data　2023－27

監督・脚本：サム・メンデス
出演：オリヴィア・コールマン／マイケル・ウォード／トビー・ジョーンズ／コリン・ファース／トム・ブルック／ターニャ・ムーディ／ハンナ・オンスロー／クリスタル・クラーク

みどころ

映画館と映画愛をテーマにした名作中の名作は、イタリアのジョゼッペ・トルナトーレ監督の『ニュー・シネマ・パラダイス』（８９年）だが、サム・メンデス監督は英国版のそれを目指して本作を！

舞台は海辺の街マーゲイトにあるエンパイア劇場、時代は俄然サッチャリズム旋風が吹き荒れた１９８０年代だが、肝心のストーリーは？

ヒロインが少しヘン（？）なのが最初から印象的だが、劇場主も少しヘン！また、新たな従業員となる黒人青年との不倫ストーリーはかなりヘン！あまり納得できない展開が続く中、ラストでは、サム・メンデス監督流の映画愛が謳われるが、その評価は？私はイマイチ納得できなかったが・・・。

―――＊―――＊―――＊―――＊―――＊―――＊―――＊―――＊―――＊―――＊―――

■□■舞台は英国の映画館！時代は８０年代。主人公は？■□■

映画館を舞台にした最高傑作は、イタリアのジョゼッペ・トルナトーレ監督が３３歳の時に撮った『ニュー・シネマ・パラダイス』（８９年）（『シネマ１３』３４０頁）。同作はシチリア島にある映画館パラダイス座を舞台に、映写技師と少年との友情を軸とする映画愛を高らかに謳うものだった。

本作は、それと同じように、イギリスの静かな海辺の街マーゲイトにあるエンパイア劇場を舞台とした映画で、その主人公は、そこで働く中年女性のヒラリー（オリヴィア・コールマン）だ。スクリーン上に俯瞰されるエンパイア劇場の全体像を見ると、その豪華さにビックリ！中之島にある大阪フェスティバルホールや宝塚にある宝塚大劇場のエントランスの広さや大きな階段と比べても何ら遜色はないから、その立派さは相当なものだ。本作は、そんなエンパイア劇場に主人公のヒラリーがカギを開けて入る朝のシークエンスから始まる。

『ローマの休日』（５３年）で見た女優オードリー・ヘプバーンの妖精のような美しさに比べ、『女王陛下のお気に入り』（１８年）（『シネマ４３』２５頁）で見た女優オリヴィア・コールマンは、美しさなどこれっぽっちもない、どちらかというと、“大阪のおばちゃん”的雰囲気を持った、わがままおばさんだったが、その役が実にピッタリだったため、アカデミー賞主演女優賞を受賞している。しかし、本作でオリヴィア・コールマンが演じるヒラリーの様子は最初から変。しかも、劇場支配人のドナルド・エリス（コリン・ファース）と不倫関係にあるらしい。これは、一体ナニ？

■□■新入社員は黒人男性。彼の働きぶりは？ロマンスは？■□■

『ニュー・シネマ・パラダイス』は３０年前の回想シーンから始まった。つまり、３０年前の幼い少年が、今は映写技師として故郷の村に戻ってきているわけだが、それは一体なぜ？それが物語の基礎になっていた。

それに対して、導入部でヒラリーとドナルドの不倫の現場をチラリと見せる本作は、新入社員として若い黒人青年スティーヴン（マイケル・ウォード）が入社してくるところから、本格的ストーリーが始まっていく。ベテラン従業員のヒラリーが新人に劇場を案内したのは当然だが、立入禁止とされている上階のスクリーン〔3〕〔4〕は使っておらず、その上階の広いラウンジも使われておらず、鳩が住み着いていたからアレレ・・・。

２０２３年の今、米ソ冷戦は遠い昔となり、新たに米中対立が世界の焦点。そして、ウクライナ戦争によって、西欧民主主義陣営 VS 共産党一党独裁制全体主義国家、という新たな冷戦構造が形成されている。しかし、マーガレット・サッチャー首相が絶大な人気を

誇っていた１９８０年代のイギリスは、アメリカのロナルド・レーガン、日本の中曽根康弘と共に“新自由主義”が支配していた時代だ。新自由主義は、「サッチャリズム」と呼ばれた。この新自由主義に対してはとりわけ労働界からの反対論も強く、全国的なストライキが多発していた。

ヒラリーとの不倫関係を続けているドナルドが、“コト”が終わった後、こっそり打ち明けたところによると、１９８１年に公開され、後に第５４回アカデミー賞作品賞を受賞したイギリス映画『炎のランナー』（８１年）の上映会が、近々エンパイア劇場で実施されるそうだから、エンパイア劇場も捨てたものではない。ところが、当初、厳しく新人教育に当たっていたヒラリーは、スティーヴンとの間でも不倫関係となり、人気のない最上階のラウンジ内で“情を交わしていた”から、アレレ。ヒラリーは、セックスの対象を中年男のドナルドから若い黒人男性のスティーヴンに乗り換えたの？２人だけで行った旅で砂浜で遊んでいる２人を見ると、そう思ってしまうが、双極性障害（躁うつ病）の持病を持つヒラリーは、砂遊びの最中に突然荒れ始めたから、アレレ・・・。ヒラリーの病状は深刻なの？

■□■双極性障害の症状は？晴れ舞台が最悪の事態に！■□■

私は多極性障害の症状がどんなものか知らないが、本作では、とにかく冒頭からヒラリーの不機嫌そうな表情が際立っている。そんなヒラリーが、ドナルドと事務室内で露骨な言葉を繰り返しながら行っているドナルドとのセックスは最悪！これでは、職場の統制が取れないのでは？そう思っていると、ヒラリーは今度は新入社員のスティーヴンとも密かなセックスを交わし始めたから、こりゃヤバい。もちろん、ドナルドはそれを知らなかったから、今日、ヒラリーが求めを拒否すると、ドナルドは不機嫌に。そのため、その日のドナルドの行動が多少強引になったのは男の性（さが）だが、まるで強姦（近々、現行の強制性交罪から不同意性交罪に罪名が変わるそうだ）のような状況を見ていると、双極性障害の持病を持つヒラリーの症状は悪化するのでは？そう心配していると、案の定、ある日スティーヴンが出勤すると、ヒラリーは長期休暇を取っていると知らされたから、アレレ・・・。

他方、エンパイア劇場で実施することになった『炎のランナー』の上映会には、市長をはじめとするセレブたちが正装で参加していたから、ドナルドにとっては一世一代の晴れ舞台。もっとも、この上映会にはなぜか長期休暇のはずのヒラリーも正装して出席していたから、一波乱ありそうだ。そんな舞台でのご挨拶は長くなりがちだが、ドナルドのそれはコンパクトで巧みなものだったから立派。ところが、「これから上映です」と短く挨拶を切り上げたにもかかわらず、その直後にヒラリーが１人で登壇してマイクを持ち、わかったような、わからないような挨拶をしたから、ビックリ。その場の混乱がそれ以上広がらなかったのは幸いだったが、上映会終了後、ドナルドの妻と鉢合わせしたヒラリーは、妻に向かって、ドナルドと長い間不倫関係にあったことを大声で告白！その証拠としてコンドームのありかまで叫んでしまったからすごい。

その結果、スティーヴンが心配してヒラリーの部屋に入り込んでいる時、かつてヒラリーが入っていた精神病院の担当者と警察官がヒラリーの部屋を訪れ、ドアをこじ開け、ヒラリーを精神病院に隔離してしまうことに。隠れた物陰からそんな事態を目の当たりにしながら、スティーヴンは何も援助することはできなかったが・・・。

■□■あまり魅力もなく納得もできない展開のまま終盤へ！■□■

本作は、今や巨匠と言われているサム・メンデス監督作品だから大いに期待していたが、私はヒロインのヒラリーにも黒人青年のスティーヴンにも全然魅力を感じないうえ、劇場主のドナルドもヒラリーとの不倫関係でしか存在感を示さないため、そもそも最初から映画愛が盛り上がってこなかった。そんな中、突然ヒラリーとスティーヴンとの新たな不倫が始まったから、私はサム・メンデス監督の脚本にあんぐり。また、中盤からヒラリーは精神病院に入れられてしまったうえ、今度は突然、イギリスにおける黒人排斥運動を続けている「イギリス国民戦線」のデモ隊が登場し、劇場内にいた黒人従業員スティーヴンを見つけて乱入し、暴動。彼らの暴行を受けたスティーヴンは瀕死の重症を負ってしまうから、アレレ。この映画のこの展開は一体ナニ？何を目指しているの？それが私には全くわからない。そんな混乱状態のまま本作は、スティーヴンが何とか回復したところから、そのままアレレと思う終盤へ！

■□■こんなラストのために、こんな物語を？■□■

映画のフイルムは可燃性が強いため、要注意！『ニュー・シネマ・パラダイス』では、それを思い知らされたが、それと同時に同作は徹頭徹尾、映画愛に溢れた心温まる名作だった。しかし、エンパイア劇場を舞台とした本作では、『炎のランナー』の上映会で、劇場主のドナルドやスタッフ一同の映画愛を垣間見ることができるものの、ヒロインのヒラリーが映画をどう思っているのかは全くわからない。それどころか、物語のラストに至って、「私は１本もまともにはじめから終わりまで映画を観たことがない」と告白するからビックリ。何とか再び職場に復帰し、献身的にスティーヴンの看病をする中で、スティーヴンの母親からの信頼を獲得したヒラリーは、映写技師をしている男ノーマン（トビー・ジョーンズ）の好意によって、ある日はじめて１本の映画を一人で劇場に座って観ることになったが、さて、それは何の映画？そんな興味を含めて本作のラストをしっかり味わいたいが、こんなラストのために、サム・メンデス監督はわざわざこんな物語（脚本）を？私はそのことにあまり納得できないため、本作は残念ながら、星３つ。

２０２３（令和5）年2月２７日記

みどころ

交通事故による死傷なら加害者に損害賠償を請求できるが、２００１年に発生した９．１１同時多発テロによる約７，０００人ものテロ被害者とその遺族への賠償はどうなるの？訴える相手は航空会社？その場合の勝訴の確率は？

損害賠償と損失補償は、日本でも米国でも異質の概念だが、テロの直後に設立された「９．１１被害者補償基金」（ＶＣＦ）とは？その特別管理人の権限とは？そもそも、その設立の目的は？また建前とは別の、"真の狙い"は？

損害賠償や損失補償のためには、"逸失利益"をはじめとして"命の値段"の算定が不可欠。そのために厳格なルールと計算式が必要だが、年収１０億の人の補償金と失業者のそれに数百倍もの差がついても仕方なし・・・？長年、加害者側（損害保険会社側）の代理人弁護士として、交通事故の損害賠償事件を処理してきた弁護士である私のその答えは"Ｙｅｓ"だ。

初代ＶＣＦの特別管理人に就任したファインバーグ弁護士の考えも同じだったが、約２年後の申請期限までに８０%の申請という絶対的な目標達成が厳しくなってくると・・・？その時点での"新たな方針への大転換"の成否は？期限までの目標達成の是非は？

こりゃ必見！本作の鑑賞を契機に"ワース　命の値段"の論点整理をしっかりと！

——＊——＊——＊——＊——＊——＊——＊——＊——＊——

■□■実話に基づく物語。9.11テロとは？主人公は？■□■

映画には"実話に基づく物語"も多いが、本作はそれ。２０２２年2月２４日に始まったロシアによるウクライナ侵攻からちょうど１年を迎えた今、あなたは約２０年前の２００１年9月１１日に起きた9.１１テロを覚えてる？その後、当時のブッシュ米国大統領は、

「イラクのサダム・フセイン大統領は大量破壊兵器を持っている」と主張して、同年10月にはイラク戦争が始まり、またたく間にフセイン政権は崩壊。10年後の2011年5月2日には、テロの首謀者とされたオサマ・ビン・ラディンの殺害にも成功した（斬首作戦の完遂）。

他方、9.11テロでハイジャックされた4機の航空機が世界貿易センター等に“突入”したことによって、多くの人的・物的被害が発生。1945年12月8日の日本軍の真珠湾攻撃による死傷者は約3,600人だったが、9.11テロでの人的被害は死者約3,000人、負傷者25,000人以上に上った。そこで設立されたのが、9.11被害者補償基金。その特別管理人に選任されたのがベテラン弁護士で、ロースクールの教鞭も執っているケン・ファインバーグ（マイケル・キートン）だ。

本作は、冒頭ある大学の授業で「人生はいくらに換算できる？ここは哲学のコースじゃない。だからこの問いには答えが出る。数字を出すこと、それが私の仕事だ。」と熱く学生に語るファインバーグの姿が登場する。この教授は、同時に首都ワシントンD.C.に事務所を構える敏腕弁護士だが、2001年9月11日、アメリカのニューヨークとワシントンD.C.近くのバージニア州にある国防総省で同時多発テロが発生したから、さあ大変だ。本作では、それに続いて、未曽有の大惨事の余波が広がる同月22日、政府の司法委員会に呼び出されたファインバーグが司法長官と対面する姿が登場するが、これは一体ナニ？この男は、一体ナニを言われているの？

■□■被害者補償基金（VCF）とは？その狙い・目的は？■□■

9.11被害者補償基金（VCF）とは、2001年9月11日のテロリスト関連の航空機墜落事故、またはその直後に行われた瓦礫撤去作業の結果、身体的被害を受けた、または死亡したすべての個人、または死亡した個人の代理人に対する補償を提供するために設立された基金。初代VCFは2001年から2004年にかけて運営され、その後も数度の改正を経ながら、現在も運用されている（2090年10月1日まで）。

これはその名のとおり、“被害者の補償”であって、“損害の賠償”ではない。法律家でない人にはその違いがわかりにくいだろうが、“被害の補償”と“損害の賠償”は法律的には全く異なるものだ。日本では、昭和40年代（1960年代）に公害被害が多発したため、公害訴訟による損害賠償請求事件が相次いだ。新潟水俣病、熊本水俣病、富山イタイイタイ病、四日市ぜんそくが、いわゆる“四大公害訴訟”だが、私が1974年の弁護士登録直後に参加したのは、損害賠償と共にはじめて差し止めを求めた大阪国際空港公害訴訟だ。私はその後、1977年からは西淀川公害訴訟にも参加したが、大気汚染関連訴訟はさまざまな経過を経て、1973年に公害健康被害の補償等に関する法律（公害健康被害補償法）が成立した。

それに比べると、アメリカ政府が、9.11テロ直後にVCFを設立したのはお見事の一言だが、その狙いはホントに被害者救済にあったの？

■□■特別管理人とは？その任務は？そんな汚れ役を誰が？■□■

もちろん、それが第１の目的だが、導入部におけるファインバーグ弁護士と司法長官との会話を聞いていると、“訴訟社会アメリカ”で、９.１１テロの被害者が次々と航空会社を被告とする損害賠償請求を提起すれば、それが認められるかどうかの問題とは別に、航空行政全体が停滞し、米国経済の根幹に大きな影響を与えることが心配されていたことがよくわかる。つまり、VCFの創設目的は、被害者へ早期の補償を実現することにより、訴訟を回避することにあったわけだ。そこで、このプログラムを束ね、全権限を掌握する特別管理人に課せられた任務は、第1に全対象者のうち８０％の参加申請を獲得すること、第2にその申請を約2年後の２００３年１２月２２日までに完了すること、だから大変だ。約7,０００人に及ぶ9.１１テロ被害者とその遺族への補償のみならず、航空会社が破綻しかねない損害賠償の提訴を回避することを目的としたこのプログラムは、容易に引き受け手が見つからない“汚れ仕事”だが、ファインバーグは引き受けるの？

そう思っていたが、意外にもファインバーグはこれを承諾。しかも無償でやると事務所のスタッフに説明したからビックリ！そうすると、約2年間は事務所での彼の収入がゼロになってしまうが、本当にそれでいいの？副官として彼を支えるのは事務所の共同パートナーのカミール・バイロス（エイミー・ライアン）。元教え子である新人のプリヤ（シュノリ・ラーマナータン）らも協力することになったが、さあ、９.１１被害者補償基金の特別

管理人に就任したファインバーグは、9.11テロの被害者約7,000名の“命の値段”をどうやって算出していくの？

■□■サラ監督の問題意識は？最初の説明会は大混乱！■□■

9.11被害者補償基金プログラムの出発点は、マンハッタンでの第1回説明会。過去に数々の実績を持つファインバーグは、約100名の参加者を前に、まずは資料に基づく説明をと訴え、懸命の弁舌を振るった。ところが、その事務的な説明に猛反発した出席者からは、「人をなんだと思ってる！」「ゲームのつもりか？」と罵声を浴びせられることに。そりゃ最初の説明会で、年齢も職業もバラバラの対象者たちの補償金額を独自の計算式にのっとって算出する方針を示したファインバーグが反発されたのは当然だ。もっとも、こんな大混乱は、誇り高きファインバーグにとって、はじめてのことだ。

そこで、出席者の1人、チャールズ・ウルフ（スタンリー・トゥッチ）がその場をなだめたことで、説明会が続行されたのは幸いだが、説明会終了後、ウルフもまたファインバーグの方針に反対を表明し、プログラムに修正を求めるサイトを立ち上げると告げたから前途多難だ。公害訴訟や都市再開発問題訴訟をたくさん経験し、間もなく弁護士生活50年を迎える私の目から見ても、最初から事務的な説明をするファインバーグのやり方は最悪。最初は、「被害者の声をとことん聞くよ」と被害者に寄り添う姿勢を示さなければ・・・。

パンフレットにあるサラ・コランジェロ監督のインタビューによると、サラ監督が本作を監督することになったのは、「9.11被害者補償基金の複雑な使命と、その中心人物であるケネス・ファインバーグが基金に関わった動機に興味を引かれたからです。私の興味の中心にあるのは倫理的な問題です。命をドルやセントに換算して考えるということには、どうしても不快感をおぼえます。」と述べている。また、彼女は本作で、「損失を数値として算出する合理性と、無数の個人的な悲劇による心の傷がどのようにぶつかり合うかを探りたかったのです」とも述べているから、サラ監督が本作に込めた問題意識は明白だ。しかし、約40年間弁護士として多数の交通事故案件の裁判や示談事件を処理する中で、“命の値段”を算出し続けてきた私には、彼女の問題意識そのものに違和感が！

■□■ルールと計算式が大切！でも、命の値段は？参加率は？■□■

日本では「交通戦争」と呼ばれた昭和40年代後半から、交通事故訴訟が増大。それに伴って自賠責保険が創設されるとともに、損害保険（任意保険）の制度が拡充した。私は、1974年の弁護士登録以降、交通事故訴訟の加害者側（＝損害保険会社側）の仕事を多数処理したが、そこには交通事故の損害賠償事件特有の賠償金算定のルールと計算式があり、それに沿って運用されてきた。もちろん、時代の変遷とともにその金額は引き上げられてきたが、逸失利益を計算するうえでの男女の格差、有職者と無職者との格差等は明確なものだった。

日本の裁判実務におけるそんなルールと計算式に異議を唱えたのが、二木雄策著の岩波新書『交通死』（97年）だ。同書は、交通事故で最愛の娘を失った著者が、事故直後から刑事裁判、賠償交渉、民事訴訟を自ら遂行する中で、機械的かつ画一的な交通事故の処理、命の値段の決め方に異を唱え、「人間としての死」を取り戻すために敢然と立ちあがった闘いを克明に綴ったものだ。これは本作を監督したサラ・コランジェロ監督の問題意識と軌を一にするものだが、私は当時、よく行っていた講義や講演でこの主張に真っ向から反論。交通事故の損害賠償事件では、賠償額算定のルールと計算式は必要、つまり命の値段の算定は必要と力説した。そんな私の考えや立場はファインバーグ弁護士と全く同じだったわけだ。しかし、他方で、命の値段とは？という命題は極めて難しい。刑法で死刑問題を学ぶ時に誰でも教わるのが、「生命は全地球よりも重し」という言葉。これは最高裁判所の判例でも使われた名言で、一方の真理をついているが、そうかといって、それが交通事故の損害賠償の実務でそのまま通用するわけではない。

そんなこんなの議論を踏まえたうえ、私は本作におけるファインバーグの立場を断固支持！被害者の聴き取りに従事する若手のプリヤや事務所の共同パートナーのカミールが疑問を投げかけても、やはりルールと計算式が大事と答えるファインバーグを信頼していた。しかし、約２年と定められた期限が近づいてもプログラムへの参加率が一向に上昇せず、８０％の目標達成が難しいのではないかという状況下、次第に不安になり、弱気になってくる彼の姿を見ていると・・・。

■□■新たな方針への大転換は？目標の達成は？■□■

本作鑑賞直後の２月２７日、大阪市生野区で２０１８年、重機にはねられて亡くなった聴覚支援学校小学部５年の女児（当時１１歳）の遺族が、事故を起こした運転手らに損害賠償を求めた訴訟で、大阪地裁は、逸失利益を平均賃金の８５％とする（減額する）判決を下した。この例のように、交通事故の賠償金を巡ってはさまざまなケースが登場するため、とりわけ逸失利益の算定については、どこまで原則にこだわるのか、それともどこまで例外を認めるかの判断が難しい。

それと同じように、本作中盤には、①シビル婚を控えていた同性の恋人を亡くした男性の損害をどうするか（認めるか）、②調査の結果、愛する夫に婚外子がいたことが判明したケースで、その婚外子を保護するか、等の個別の問題が提示され、チームがその対応に苦慮する姿が描かれるが、その正解も難しい。

そんな流れの中、本作後半には、それまで「ルールと期限を厳守しなくては！」と強調し続けてきたファインバーグが、深夜の事務所で一人自問自答し、プログラム未参加の対象者たちのファイルを洗い直した結果、翌朝出勤してきたカミールとプリヤに、「きついが、やるしかない。中途半端は駄目だ。ひとりひとりの話を聞く。相手が来られないなら、こちらから会いに行くんだ」と重大な決断を伝えるシーンが登場する。このような“新たな方針への大転換”の是非の判断も難しいが、スクリーン上は、こうして一丸となって再出発したチームが、寸暇を惜しんで真摯に個別面談を重ねていくストーリーになっていくので、それに注目！これは史実であると同時に、当然サラ監督が狙った演出だが、申請期限まで残り３週間となった２００３年１２月１日時点での参加率は目標に遠く及ばなかったからヤバい。そんな状況下、ファインバーグは、「申請希望者を全力で支援すると約束する。人望ある君の力を借りたい。過ちを正すために」とウルフに語りかけ、最後の説得を試みたが、さてウルフの対応は？そして、刻々と申請期限が迫る中、目標の達成は？

■□■パンフに異議あり！なぜ弁護士のコラムがないの？■□■

前述したように、交通事故で人が死亡した場合の損害賠償額をどのように定める（算定する）かは日常的に起きる法律問題。日本では民法７０９条の不法行為に基づく損害賠償の問題だ。そこでは、"命の値段"、とりわけ"逸失利益"を如何に合理的に算定するかが問われているため、さまざまなルールや計算式が考案され、実務化されてきた。もちろん、それは、「人間の生命は全地球よりも重い」という"価値観"とは別の次元の問題で、多くの弁護士や裁判官等の法律家がその作業に従事している。そう考えると、本作のパンフレットには、そんな法律実務家のコラムが不可欠！

私はそう思うのだが、本作のパンフレットでそれに近いものは、山形浩生氏（評論家／翻訳家／開発コンサルタント）のコラム「配分の仕方〜あなたならどう考える？」しかない。もし、私に本作のパンフレットのコラム執筆の依頼があれば、私は真正面から、サラ監督の問題意識とは、逆の「ワース　命の値段」の算定は不可欠だという論陣を張るだろうが、同コラムはそうではない。つまり、同コラムでは、本作中盤に２つの事例として提示された、①州法に基づき、一部の同性愛カップルにはお金は出なかったこと、②不倫の隠し子がいた人に支給額を増やすべきか？難色を示す人は当然出るはず。そして結果として支給額がどのくらい変わったのか（そしてその分どこを削ったか・・・）、を取り上げたうえ、「主人公が直面した難問の規模も実感されようというものだ。」と問題提起している。しかし、同コラムのラストは、「この映画を観ることで、みなさんが少しでもそんなことに思いを馳せてくれて、現場の苦労を理解してくだされば、とこの実務屋は心から願うものだ。」と丸く収めている。それはそれで仕方ないが、私のような立場の主張との"対決"をしなければ、本件の問題提起は深まらず、綺麗ゴトで終わってしまうのでは？

ちなみに、本作では締切日のギリギリになって大量の郵便物が届き、申請数の目標を大きく達成した、という形で、ハッピーエンドを迎える。しかし、これは、本作が描いたようなファインバーグの人間的な変身やファインバーグの方針の大転換によってもたらされたものではなく、約7,０００人のテロ被害者とその遺族たちが、最後の最後になってやっと理念論ではなく、現実的な選択をしたためだ、と私は考えている。せっかくいいネタ、いい素材を映画化しながら、本作が綺麗ゴト（？）で収まっている点は残念だが、本作の問題意識と問題提起は高く評価したい。

２０２３（令和5）年3月２日記

Data 2023−7

監督：マリア・シュラーダー
原作：ジョディ・カンター／ミーガン・トゥーイー『その名を暴けー#MeTooに火をつけたジャーナリストたちの闘いー』
出演：キャリー・マリガン／ゾーイ・カザン／パトリシア・クラークソン／アンドレ・ブラウアー／ジェニファー・イーリー／サマンサ・モートン／アシュレイ・ジャッド

みどころ

コロナ禍を巡っては、一党独裁専制国家ＶＳ民主主義国家のどちらがベター？そんな議論も起きた。しかし、権力に抵抗する新聞記者を描く映画を見ると、自由の国、民主主義の国アメリカの素晴しさがくっきりと！

権力者の横暴は政治だけでなく、映画界でも同じ。しかして、監督やプロデューサーのよこしまな権力が陰湿かつ執拗に女優やスタッフに及ぶと・・・？

米国における#Me Too運動の実態は、メディア界では『スキャンダル』（１９年）を、映画界では本作を見れば明々白々に。問題は、いかにしてそれが公になったかということだが、それは本作でじっくりと。改めて、憲法上の権利である報道の自由、取材の自由の価値をしっかりかみしめたい。

——＊——＊——＊——＊——＊——＊——＊——＊——＊——＊——

■□■アメリカは“記者モノ”の宝庫！そこに新たな名作が！■□■

民主主義の本場アメリカの進歩の原動力は“自由”だが、そこには憲法上の権利として、報道の自由や取材の自由が含まれている。そこが、共産党一党独裁の国、中国とは根本的に違うところだ。そのため、ハリウッド映画には“記者モノ”の名作が多い。

その代表は、古くは、①『大統領の陰謀』（７６年）だが、近時は、②『ペンタゴン・ペーパーズ　最高機密文書』（１７年）（『シネマ４１』３７頁）や、③『記者たち　衝撃と畏怖の真実』（１７年）（『シネマ４５』１２頁）等がある。

ちなみに、同じ民主主義国でありながら、アメリカのような大統領制でも、二大政党制でもなく、なぜか自民党の一党支配が長く続いてきた日本では、新聞記者の奮闘精神がアメリカに劣るとは思わないものの、前述のようなダイナミックな“記者モノ”の秀作は少なかった。望月衣塑子の小説を映画化した、近時の『新聞記者』（１９年）（『シネマ４５』２４頁）は数少ない例外だった。

■□■#Me Too運動の出発点は？メディア界は？映画界は？■□■

アメリカにおける近時の#Me Too運動の高揚ぶりは凄まじいが、アメリカで視聴率トップを誇っていた「FOXニュース」内で起きた、「グレッチェンVSロジャー事件」にはビックリ！そのスキャンダルを、シャーリーズ・セロン、ニコール・キッドマン、マーゴット・ロビーという3大女優の共演で描いた映画が『スキャンダル』（１９年）（『シネマ４６』５０頁）だった。そして、このグレッチェンVSロジャー事件が、メディア界における#Me Too運動の出発点になった。同作は長年FOXニュースの花形キャスターとして活躍してきた、ニコール・キッドマン扮するグレッチェンが、７７歳にして本業も政治も、そしてお色気も超元気なFOXニュースのロジャー会長（CEO）をセクハラ疑惑で告発するところから本格的ストーリーが始まった。このように、メディア界でFOXニュースの最高権力者にセクハラ疑惑があるのなら、映画界にも同じようにセクハラ疑惑が・・・？

他方、映画界における#Me Too運動の出発点になったのが、本作が描く「ハーヴェイ・ワインスタイン事件」だ。映画製作においては、監督の権力は絶対的なもの。日本の巨匠、黒澤明監督は"黒澤天皇"と呼ばれていたくらいだから、俳優の起用等は当然すべて監督の権限だ。もっとも、その監督も映画制作の資金を提供してくれる有能なプロデューサーがいなければ力を発揮できないから、本当の映画界の実力者は監督ではなく、プロデューサー？ハーヴェイ・ワインスタインは、①『グッド・ウィル・ハンティング／旅立ち』（９７年）、②『恋に落ちたシェイクスピア』（９８年）、③『ロード・オブ・ザ・リング』（０１年）（『シネマ１』２９頁）、④『英国王のスピーチ』（１０年）（『シネマ２６』１０頁）など、数々の名作を手掛けた超有名なプロデューサーだが、そんな彼にセクハラ疑惑が？

本作は、そんな情報を得たアメリカ大手新聞社のひとつ、NYタイムズ紙の調査報道記者であるミーガン・トゥーイー（キャリー・マリガン）とジョディ・カンター（ゾーイ・カザン）が調査に乗り出すところからスタート！

■□■女性監督の視線は終始２人の女性記者と共に！■□■

本作は、『SHE SAID／シー・セッド その名を暴け』とタイトルされているが、『新聞記者たち』というタイトルでもOK。それはなぜなら、マリア・シュラーダー監督は本作で、終始、NYタイムズ紙の２人の女性記者、ミーガンとジョディの調査取材に焦点を当てているからだ。

女優でもあり、脚本家でもある女性監督マリア・シュラーダーは、パンフにある監督インタビューの中で、本作が『大統領の陰謀』（７６年）と共通点が多いことを認めたうえで、「私の映画の場合２人の立場は同じだけれど、私生活も同時に描く点で真実像により迫っています。」と語り、さらに「重大な事件を追っている時、自宅ではまったく考えないということはありえない。追っている事件が他人事ではなくなります。２人は働きながら子育てし、共働きでパートナーもいて、それが働く女性の現実。その点を挿入できたことを、とても誇りに思っているのです。特にこのジャンルの映画でやれたことを嬉しく思ってい

ます。」と語っている。なるほど、なるほど。

本作でミーガン役を演じたキャリー・マリガンは、『プライドと偏見』（０５年）（『シネマ１０』１９８頁）、『１７歳の肖像』（０８年）（『シネマ２４』２０頁）、『わたしを離さないで』（１０年）（『シネマ２６』９８頁）、『プロミシング・ヤング・ウーマン』（２０年）（『シネマ４９』２０頁）等で今や超一流の女優。他方、ジョディ役のゾーイ・カザンも、『レボリューショナリー・ロード　燃え尽きるまで』（０８年）（『シネマ２２』５８頁）、『ニューヨーク　親切なロシア料理店』（１９年）（『シネマ４８』３０２頁）等で有名な女優だ。

私には、一方で子育てをしながら、他方でこれほどの新聞記者魂を発揮し続ける２人の女性のエネルギーがなかなか理解できないが、とにかくスクリーン上に見るこの２人の新聞記者の奮闘は素晴らしい。しかも、それははじめから終りまで続くから、本作ではその姿をしっかり確認したい。

■□■取材の対象は？彼女たちの口の重さは？いつ証言を？■□■

弁護士の私はセクハラ事件を、被害者側としても加害者側としても担当したことはないが、それを担当した場合の難しさはよくわかる。しかし、新聞記者としてセクハラ被害者の掘り起こしをしていく作業は、多分もっと難しいだろう。また、ある人物から、ある情報を得ても、それをどう使えばいいのかも難しい。そこで失敗したり、誰かの心変わりや裏切りに遭えば、自分の記者生命すら危うくなる可能性さえあるだろう。さらに、いくら頑張って情報を得ても、直接の上司や上層部の意向によって、もみ消しにされてしまえば、それまでの努力は水の泡だ。

そんなリスクを覚悟の上で、ミーガンとジョディは、①ミラマックス社のロンドン支社で働いていた２１歳の時に被害に遭ったローラ・マッデン（ジェニファー・イーリー）、②ミラマックス社でアシスタントとして働いていた頃、同僚のロウィーナ・チウ（アンジェラ・ヨー）からワインスタインに性的暴行を受けたと打ち明けられたゼルダ・パーキンス（サマンサ・モートン）、③ミラマックス社の元アシスタントで、１９９８年のヴェネチア国際映画祭でワインスタインから性的暴行を受けたロウィーナ・チウ、への取材を進めていくので、それに注目！

そこで私が興味深かったのは、本作には『ダブル・ジョパディー』（９９年）で、私が注目した美人女優アシュレイ・ジャッドも被害者の１人として登場していること。彼女の身に一体何があったの？さらに、本作のパンフレットには「OTHER CHARACTERS」「ワインスタインの被害に遭ったサバイバーたち」として、①ローズ・マッゴーワン、②グウィネス・パルトロー、③ミラマックスの元アシスタント（匿名）、④アンブラ・バッティラーナ・グティエレスが登場するので、それにも注目！ミーガンとジョディによる、これらの被害者たちへの取材姿をじっくり鑑賞したいが、一様に彼女たちの口が重いのは当然。いくら取材しても、それに応じてくれなければ、新聞記者の努力はすべて無駄になってしまうが、さてミーガンとジョディは、いつどんな形で、口の重い彼女（被害者）たちから真実を語ってもらえるのだろうか？

■□■加害者側の取材は？代理人弁護士は？副社長らは？■□■

ジョディがはじめてワインスタインからのセクハラ被害者の声を聞いたのは、２０１７年５月に女優のローズ・マッゴーワンから“非公開”を前提とする電話を受けた時。そこからミーガンとジョディの２人による取材活動が開始したわけだが、それから３ヶ月後の８月には、ワインスタインの代理人弁護士であるラニー・デイヴィスが、NYタイムズ本社を訪れてきたから、ビックリ。この席にはミーガンとジョディの上司であるレベッカ・コーベット（パトリシア・クラークソン）とディーン・バケット（アンドレ・ブラウアー）も同席したが、そこでラニー・デイヴィス弁護士は、ワインスタインが女性との間に起きたトラブルを示談で解決していることを認めたから、ビックリ。しかし、なぜ彼はわざわざNYタイムズ本社を訪れてそんな話をしたの？それはきっと、NYタイムズ社による真実の解明がトコトン進む前の曖昧な段階で、何らかの形での示談を狙ったためだが、さて、NYタイムズ側はどうするの？こんな場合、NYタイムズ側にも弁護士が同席するのが当然だと私は思うのだが、本作にはNYタイムズ側の代理人弁護士は登場してこないから、それにも注目！

他方、ミーガンとジョディによるワインスタイン側との接触は、前述の①代理人弁護士、ラニー・デイヴィスに続いて、②グティエレスの事件を担当した、性犯罪事件専門の元検事、リンダ・フェアスタイン、③ワインスタインの代理人弁護士で、フェミニスト弁護士で有名なグロリア・オールレッドを母親に持つ、リサ・ブルームと続き、さらには④ワインスタイン・カンパニーの財務会計を担当する副社長のアーウィン・ライター、⑤ワインスタイン・カンパニーの理事のひとりであるランス・マエロフにも及んだからすごい。さらに、私がそこ

でビックリしたのは、女性たちの被害を知ったアーウィン・ライターが、ワインスタイン・カンパニーの元下級管理職のオコナーのメモをジョディに見せたり、ランス・マエロフもオコナーのメモを記事に引用することを承諾したことだが、それは一体なぜ？本作はミーガンとジョディの取材をドキュメンタリー・タッチで追うことに熱心で、そこらあたりの分析や解説は一切してくれないから、それについては１人１人の観客がじっくり考えたい。

■□■記事の内容は？公開はいつ、どんなタイミングで？■□■

本作は、全編にわたってミーガンとジョディの取材活動に重点を置いており、徹底的に新聞記者魂の在り方に焦点を当てている。そのため、同僚や上司との確執等は一切描かれない上、編集局次長のレベッカ・コーベットも、編集長のディーン・バケットも理想的な上司としてミーガンとジョディを支えてくれている。

それが実話かどうかは知らないが、本作後半のクライマックスに向けては、①アシュレイ・ジャッドからの、「あなたの記事に名前を出すことＯＫ」との協力、②ワインスタイン・カンパニーの社長デイヴィット・グラッサーからの、「示談金を払ったのが８～１２件であることを匿名で証言する」との協力、③乳がん手術を控えたローラからの、「実名で公表する」との協力、④弁護士のリサ・ブルームからの、「ワインスタインが休暇を取るつもりでいることを電話で確認した」との協力が続くのでそれに注目！それによって、ワインスタインのセクハラ行為は確実だ、と判断したミーガンとジョディ、そして上司のレベッカとディーンは、いかなる内容のワインスタイン告発記事にするの？２人が書いた記事の原稿を読んだレベッカとディーンはそれにＯＫしたが、さあ、記事の公開はいつ？どんなタイミングで？それは、２０１７年１０月５日になったが、さて、その反響は？

■□■日本の映画界のセクハラ騒動は？記事の反響は？■□■

ハリウッドは日本映画の偉大な先輩だから、そのあらゆるものが日本に輸入されている。そのため、映画製作における監督を中心とした絶対的権力構造も日本にそのまま輸入されたらしい。映画界では監督の権力は絶対！そのため、日本映画界の巨匠中の巨匠、黒澤明監督はかつて“黒澤天皇”と呼ばれていた。そんな映画界における権力構造は、悪い面ばかりではなく、良い面もあるが、絶対的にダメなことは、そんな監督＝絶対的権力者の地位を利用して、女性やスタッフに陰湿かつ執拗にセクハラ行為を強要することだ。

しかして、日本では２０２２年３月に公開が予定されていた、性被害を描いた映画『密月』の榊英雄監督について、「過去に性的関係を強要された」と俳優たちが告発したため、同作は直前に公開が中止されてしまったから、さあ、大変。さらに、『愛のむきだし』（０８年）（『シネマ２２』２７６頁）、『冷たい熱帯魚』（１０年）（『シネマ２６』１７２頁）など、数々の話題作を世に送り出している園子温監督についても、２０２２年４月、性加害疑惑を『週刊女性』が報じたからビックリ。そんな状況下、是枝裕和監督らは、監督の立場を利用したあらゆる暴力に反対するとの声明を発表した。日本の映画界を巡る、そんな権力者による俳優等へのセクハラ騒動も大変だが、告発したＮＹタイムズの記事によって、自らのセクハラ行為を告発されたワインスタインの処分は？

『SHE SAID/シー・セッド その名を暴け』
発売元：NBC ユニバーサル・エンターテイメント
価格：3,980 円（税込）　発売中

本作のパンフレットのプロダクションノートには、「影響と余波　ひとつの記事がどのように世界を揺るがしたのか」があり、ワインスタインの処分についてはそこで詳しく解説されているので、これは必読！それによると、ワインスタインは、２０２０年２月２４日、第１級犯罪的性行為と第３級強姦罪で有罪となり、２０２０年３月１１日、当時６７歳の彼は２３年の禁固刑を言い渡されたそうだ。私は６６歳の時の２０１５年１１月に大腸がんの、６７歳の時の２０１６年９月に胃がんの手術をするという試練を受けたが、上記のワインスタインの試練はそれに比べてもあまりにも大きいものだ。ニューヨークの有罪判決に対するワインスタインの控訴が認められ、その口頭弁論は２０２３年に行われる可能性があるそうだが、彼の映画人としての人生は完全にアウトだろう。ペンの力は強い。本作はそのことをまざまざと教えてくれるが、それ以上に大切なことは、記事を書くための取材、つまり新聞記者魂のあり方をしっかり頭に刻みつけたい。

２０２３（令和５）年２月６日記

Data　２０２２－１２４

監督・脚本：デヴィッド・O・ラッセル

出演：クリスチャン・ベール／マーゴット・ロビー／ジョン・デヴィッド・ワシントン／クリス・ロック／アニャ・テイラー＝ジョイ／ゾーイ・サルダナ／マイク・マイヤーズ／マイケル・シャノン／アンドレア・ライズボロー／テイラー・スウィフト／ロバート・デ・ニーロ

みどころ

トランプ前大統領の登場以降、アメリカではさまざまな"陰謀説"が飛び交っている。しかして、１９３０年代には、ルーズベルト大統領暗殺と親ヒトラー政権樹立の陰謀が！それってホント・・・？

「BASED ON A TRUE STORY（実話に基づく物語）」は多いが、本作の"ほぼ実話です・・・"を売りにした（?）映画は珍しい。タイトルの『アムステルダム』は、１９１８年のヨーロッパ戦線に従軍する中で固い絆を結ぶ３人の男女の姿から名づけられているが、それって一体ナニ？

チラシには本年度アカデミー賞有力候補！の文字が躍っており、私には面白かったが、実際の評判はイマイチ。それは一体なぜ？

――＊――＊――＊――＊――＊――＊――＊――＊――＊――＊――

■□■本年度アカデミー賞有力候補！こりゃ、必見！■□■

本作のチラシには、「本年度アカデミー賞有力候補！」と書かれている。さらに、「この３人の絆が世界の歴史を変えてしまった。」という見出しの下、（ほぼ、実話です・・・）と書かれている。

本作の主人公は、義眼の男、バート・ベレンゼン（クリスチャン・ベール）、看護婦のヴァレリー（マーゴット・ロビー）、黒人のハロルド・ウッズマン（ジョン・D・ワシントン）の３人。後半からはさらに、ストーリーの軸となるロバート・デ・ニーロ演じるギル・ディレンベック将軍も登場するから、こりゃ必見！

■□■第１次世界大戦勃発！アメリカの参戦は？■□■

２０２２年2月２４日にロシアから侵攻されたウクライナを、西側民主主義諸国は軍事面、経済面で応援しているが、その最大の援助国がアメリカ。しかし、ヨーロッパで起きた第一次世界大戦においては、アメリカは当初「我、関せず」の姿勢を取り続けたが、ある時点から急遽方針転換をした。

アメリカからヨーロッパ戦線に派遣された兵士がバートとハロルド。しかし、バートは医師を続けたかったのに、名誉を求める妻の父親からの“指示”に従ってイヤイヤ（？）兵役に。他方、食うために兵士になったハロルドは、黒人差別もあってヨーロッパ戦線の現場ではケンカばかり。そんなハロルドを納得、心服させ、バートとの固い契りを結ばせたのは指揮官のビル・ミーキンス（エド・ベグリー・ジュニア）だが、これってホント・・・？

さらに、激戦の中で瀕死の重傷を負ったバートを救ったのが、野戦病院で働いていた看護婦のヴァレリー。バートは右目が義眼になってしまったが、ヴァレリーの献身的な看病のおかげで一命をとりとめ、大戦終了後は無事アメリカの妻の元へ戻り、医師として退役軍人たちの世話をする活動に従事した。他方、ハロルドはアメリカに帰国後、弁護士として活躍したから、立派なものだ。

■□■１９３３年、米国でこんな事件が！こりゃ何かの陰謀？■□■

１９３３年のある日、ハロルドがリズ・ミーキンス（テイラー・スウィフト）と共に医師のバートに持ちかけてきた依頼は、某人物の検死。それは、ヨーロッパ戦線からの帰国後は上院議員をしていた、父親であるビル・ミーキンスの死亡に、娘のリズ・ミーキンスが疑いを持ったためだ。検死など２回しかやったことのなかったバートが、やむなく看護婦のイルマ・クレア（ゾーイ・サルダナ）と共に（の主導で？）検死を行うと、なんと彼の胃の中に毒物があったことを発見したから、さあ大変。レストランで待っているリズ・ミーキンスにその報告をしようとすると、検死の依頼主であるはずの彼女がその場から逃げようとしていたから、アレレ・・・。

しかも、道端で立ち止まった彼女に結果報告をしていると、突然、何者かに突き飛ばされた彼女が車に引かれてしまった上、バートとハロルドは「犯人はあいつだ！」と叫ばれたから、警察の追求の前に２人はやむなく逃げ出すことに。これは一体どうなってるの？これは誰かの、もしくは何らかの組織の陰謀・・・？

■□■本作のタイトルは、なぜ『アムステルダム』に？■□■

本作では、冒頭に１９３３年のある日、ニューヨークで起きたそんな事件が提示された後、今はこれほどの親友になっているバートとハロルドの回想話として、前述した１９１８年のヨーロッパ戦線の姿が描かれる。そして、そこにはバートとハロルドの絆の中に、紅一点として野戦病院で働く看護婦のヴァレリーが入っていた。

ヴァレリーは銃弾などの破片を１つ１つ取り除くことに長け、しかも、その取り除いた破片でアートを作るという変わった趣味を持っていたが、バートの義眼を世話するについては、そんな彼女の趣味と共に、彼女の意外な“人脈”が大いに役立ったらしい。そんなヴァレリーにハロルドがベタ惚れしたのは、ある意味当然。普通の白人女性なら黒人のハロルドと恋人関係になるのに躊躇するはずだが、ヴァレリーはそんなことは全く気にしないらしい。そのため、大戦終了後、この３人はそれぞれの母国に戻らず、アムステルダムでの同居生活を始めたが、これはかなり変わった設定だ。

本作のタイトル『アムステルダム』は、そんな一時期における３人の良き日に焦点を当てたものだが、３人の男女によるそんな奇妙な共同生活がいつまでも続くはずはない。結局バートとハロルドはアメリカに戻ることになったが、ヴァレリーのその後は・・・？

■□■この父娘の殺害はなぜ？犯人は？背後の巨大な陰謀は？■□■

トランプ前大統領の登場以来、アメリカでは様々な陰謀論が飛び交っている。それを助長しているのが、トランプ前大統領が愛用していたTwitterだが、そのTwitter自体がマスク氏による買収工作以降、大揺れに揺れている。

それはともかく、本作は『世界にひとつのプレイブック』（１２年）や『アメリカン・ハッスル』（１３年）で有名なデヴィット・O・ラッセル監督が、世界の歴史を変えてしまった“ほぼ実話”という、ある“陰謀説”に大胆に切り込んだものらしい。そこで最初に見せつけられる陰謀は、ヨーロッパ戦線におけるバートとハロルドの尊敬すべき上官であり、今は上院議員になっているビル・ミーキンスの不審な死亡と、その調査を依頼してきた娘リズ・ミーキンスの突然の死。この父娘の殺害はなぜ？

さらに、奇妙なのは、その犯人がバートとハロルドの２人とされたことだ。そんな陰謀を企み、動かしているのは一体誰？長い導入部を経て、やっとそれが本作のメインテーマだとわかるが、その時点以降のバートとハロルドの巻き返し（調査）は如何に？背後には一体どんな陰謀が？

■□■調査中に思いがけない再会が！これは一体なぜ？■□■

調査活動の第一歩は、ある情報を得た２人が、裕福なトムとリビー夫妻が怪しいと睨み、ある日その屋敷に乗り込むこと。ところが、なんとそこであっと驚く再会を果たしたのが、ヴァレリーだ。大戦終了後に過ごした、あの良きアムステルダム時代から１０数年。「なぜここに？」。お互いそんな会話を交わしたのは当然だが、ひょっとしてヴァレリーもビル・ミーキンス殺しの陰謀に関与しているの？いやいや、そんなバカな！

本作の評価は『キネマ旬報』１１月下旬号の「REVIEW　日本映画&海外映画」では、星３つ、２つ、３つと低い。また、ネット情報によると、「本作は興行面でも批評面でも大コケしており・・・」と書かれている。その原因は多分、本作中盤に見る、３人の思いが切ない再会物語のわかりにくさにあるのだろう。あんなに２人と仲の良かったヴァレリーがアムステルダムでの良き日々の後、忽然と姿を消してしまったのは一体なぜ？そんなヴァレリーが、なぜ今、トムとリビー夫妻の屋敷にいるの？

ヨーロッパ戦線で懸命に戦闘に従事しながら大きな傷を受けて帰国してきた兵士たちに対するバートの医師としての活動は今や彼のメイン活動になっていた。かつては、妻の父親の威光の下でしかできなかった彼の医師としての活動は、今では自分の思うがままだ。そんなバートは、今、兵士たちの集まりでのスピーチを、亡ビル・ミーキンス上院議員に代わってギル・ディレンベック将軍（ロバート・デ・ニーロ）に依頼しようとしていた。日本でも日本遺族会は自民党を中心に隠然たる勢力を持っているが、それはアメリカでも同じだ。さあ、そんな活動の中、バートとハロルド、そしてヴァレリーはいかなる陰謀に巻き込まれていくの？本作中盤から終盤にかけてのそんなストーリーもかなりわかりにくいが、さてあなたの評論は？

■□■ギル・ディレンベック将軍をめぐる陰謀とは？■□■

トム・クルーズがナチスドイツの高官役を演じ、ヒトラー暗殺と新政権樹立のクーデター計画の中心役を果たした面白い映画が、『ワルキューレ』（０８年）（『シネマ２２』１１５頁）だった。ワルキューレ計画は実話そのものだったが、本作が描く“ほぼ実話”とは一体ナニ？

それは、裕福な実業家による「５人委員会」なる組織がフランクリン・ルーズベルト大統領を暗殺し、親ヒトラー政権（ファシズム政権）を樹立する軍事クーデターを計画していたというもの。その軍事クーデターで、ルーズベルト打倒後のヒトラー役に指名されたのがスメドリー・バトラー将軍で、彼はその“事実”を議会の委員会で証言しているらしい。そのバトラー将軍役を、本作では、ロバート・デ・ニーロがギル・ディレンベック将軍役として演じているので、それに注目！バトラー将軍が議会の委員会で証言する姿は本作ラストでもスクリーン場に登場するが、問題はその証言にどこまで信憑性があるのかということ。そこらあたりが曖昧なまま本作を作っているため、本作は「BASED ON A TRUE STORY」ではなく、“ほぼ実話です・・・”と曖昧な表現になっているわけだ。

しかし、本来、映画作りはもっと自由だったのでは？そうであれば、“ほぼ実話・・・”にこだわらず、大胆に脚色することも可能だったはずだ。その点、本作の出来は如何に？

２０２２（令和4）年１１月２２日記

Data　2023－20

監督・脚本：フラン・クランツ
出演：リード・バーニー／アン・ダウド／ジェイソン・アイザックス／マーサ・プリンプトン

みどころ

スリラーものやアクションものと違い、会話劇だけで映画を構成するのは難しい。退屈な会話の連続なら大半の観客は眠り込んでしまうはずだ。しかし、『十二人の怒れる男』（５７年）（アメリカ）をはじめとして、２人だけの会話劇だった『笑の大学』（０４年）や、１６人の対話劇（会議劇）だった『ヒトラーのための虐殺会議』（２２年）等、会話劇には名作が多い。

他方、日本と違って銃にこだわりを持つ“銃社会”の米国では、必然的に銃乱射事件が多い。２０１８年２月１４日のバークランドの高校銃乱射事件はその一例だ。そこでの加害者家族と被害者家族の“会談”からインスピレーションを得た若き俳優フラン・クランツは、自ら脚本を書き、長編初監督まで。

その脚本（＝会話劇）はお見事！４人の俳優の演技もお見事！いかにも今風のバカげた（？）『レジェンド&バタフライ』（２３年）が大ヒットしている日本では、本作のような地味ながらメチャ良質な映画のヒットは難しいかもしれないが、こりゃ必見！そして、深い考察が不可欠だ。

――＊――＊――＊――＊――＊――＊――＊――＊――＊――＊――

■□■高校銃乱射事件からインスパイア！初脚本・初監督！■□■

アメリカは、日本と「価値観を共有する同盟国」だが、日本と違って銃社会。日本で豊臣秀吉がやったような“刀狩り”は、“自由の国”アメリカでは実行することができず、銃を持ち、自衛することは基本的人権の一つだとさえ言われている。そのため、不幸にもアメリカではたびたび銃乱射事件が起きている。映画では、マイケル・ムーア監督の『ボウリング・フォー・コロンバイン』（０２年）やガス・ヴァン・サント監督の『エレファント』（０３年）（『シネマ４』２２１頁）等がある。そして、２０１８年に2月１４日に起きたバークランドの高校銃乱射事件は、その一例だ。

俳優としてキャリアを重ねながら、短編の監督や脚本づくりをしてきた１９８１年生まれのフラン・クランツは、その事件のニュースで泣きながらインタビューに答える父兄の言葉に激しく動揺し、学校内銃撃事件について深く掘り下げるようになったらしい。そして、さまざまな報告書を読むうちに、銃撃犯の両親と犠牲者の両親との会談に関する記述にインスパイアされて、４人の会話だけで、それぞれの息子の成長から過ごしてきた青春の日々、家族との関係、さらには銃乱射事件の現場の状況までが、まるですぐ側で目撃しているかのような奥行きのある脚本を自ら書きあげ、自ら監督したのが本作だ。

■□■会話劇では舞台が大切！あの映画の舞台は？本作は？■□■

会話劇では舞台が大切。笑いを憎む検閲官と、笑いを愛する劇作家二人だけの会話劇だった『笑の大学』（０４年）（『シネマ６』２４９頁）の舞台は、取調室だった。また、１２人の陪審員の評議の姿を描いた『十二人の怒れる男』（５７年）（アメリカ版）（『名作映画から学ぶ裁判員制度』１９頁）、『１２人の怒れる男』（０７年）（ロシア版）（同書２２頁）、『１２人の優しい日本人』（９１年）（同書２７頁）の舞台は、陪審員の評議室だった。

それに対して、高校銃乱射事件の被害者の父ジェイ（ジェイソン・アイザックス）、母ゲイル（マーサ・プリンプトン）と、加害者の父リチャード（リード・バーニー）、母リンダ（アン・ダウド）の４人だけの会話劇である本作の舞台は、教会の会議室だ。映画的には、何の説明もせず、いきなり４人の会話劇から始める手法もありそうだが、本作導入部では、会場の設営に気を遣う人の良さそうな教会のおばちゃん（？）やその息子、さらには聖歌隊の練習風景等が登場するので、それにも注目。これは一体何の意味があるの？そんな疑問も湧くが、それもフランツ監督の練り上げた脚本の１つであるうえ、本作ラストでは、それがよく“効いてくる”ので、なるほど、なるほど。本作は４人の会話劇もお見事だが、舞台セットの妙にも脱帽。

■□■会話のきっかけは？お花は？写真は？本論は？■□■

日本人は、はじめて出会う場合、気候の挨拶や気候の話から入ることが多い。それは、どんな会合でも、本音の話が出てくるまでに、ある程度時間がかかるためだ。しかし、私が弁護士業務を行う場合の基本である「依頼者からの事情聴取」では、一切そういう無駄話をせず、いきなり本論から入ることを心がけてきた。もっとも、それは依頼者 VS 弁護士という立場の中では可能だが、本作のようにはじめて出会う加害者側の両親と被害者側の両親がテーブルを挟んで４人だけで座った場合、何を会話のきっかけにするかは難しい。

本作では、ジェイ、ゲイル夫妻より少しだけ遅れて会場に入ってきたリチャード、リンダ夫妻のリンダが、ゲイルにお花を渡すところから会話が始まるが、それがどことなくぎこちないのは仕方ない。一度はテーブルの真ん中に置いたお花が、「この場にふさわしくない」として、後方のテーブルに下げられたのは当然だが、ジェイに促されてゲイルが持ってきた娘と息子の写真を取り出し、机の向かい側に座るリチャードとリンダに見せると、「美しい娘さん」などと称賛の言葉が・・・。しかし、「最後のクリスマスよ」と渡された家族写真を見たリンダは、突然、涙を流して取り乱すことに。これによって、会場の雰囲気は一変し、微笑みが消えてしまったから、さあその後の４人の会話はどうなっていくの？

■□■脚本の素晴らしさに感服！４人の演技力に感服！■□■

『笑の大学』は２人だけの会話劇だったから、ある意味、その脚本は書きやすい。しかも、笑いがテーマだから、笑いを愛する劇作家と笑いを憎む検閲官の対比を浮かび上がらせる手法も割と容易だ。他方、『１２人の怒れる男』は１２人の会話劇だし、陪審討議という目的がはっきりしているから、これもある意味、脚本は書きやすい。また、１６人の出席者による会話劇で構成された『ヒトラーのための虐殺会議』（２２年）も目的がハッキリしている、という点では『１２人の怒れる男』と同じだった。

しかし、本作は何のために４人が集まってきたのか、それ自体が曖昧だ。せっかく会場が設営されているのに、会場に入る前に、ジェイ、ゲイル夫妻は、「このまま帰ろうか」、という会話さえしている。また、４人が席についても、司会進行役がいないから、誰からどんな話を切り出していくのかが難しい。しかも、フラン・クランツ監督は、そんな４人だけの会話劇だけで１本の長編映画にしようとしたのだから、その脚本づくりは大変だ。

高校銃乱射事件の報告書の精査と膨大な基礎作業の上に何度も脚本を練り直したそうだが、その出来はお見事。もっとも、いくら脚本が良くても、それを演じる男女２人ずつ、合計４人の俳優の演技が下手くそならブチ壊しになってしまうが、本作に見る４人の演技も素晴らしい。本作には、私がいつも期待する美人女優は全く登場しないが、それはそれとして、本作に登場する４人の俳優たちの名演技に拍手！

■□■アクションなし！回想シーンなし！その功罪は？■□■

本作は、２０１８年2月１４日に起きたパークランドの高校銃乱射事件によって子供を失った、加害者側の両親と被害者側の両親との“対峙”を描く映画。それに対して、『エレファント』は、１９９９年4月にコロラド州のコロンバイン高校で起きた銃の乱射事件を描くものだった。『エレファント』は、２００３年のカンヌ国際映画祭でパルムドール賞と監督賞をダブル受賞した話題作だが、その評論で私は、「結論を言うと、その期待は大きく裏切られてしまった。」と書いた。また、同作で「あえて自分流の解釈を何も示さなかった」ことについて、「パンフレットの中で監督自身が『特に何かを説明したいわけじゃないんだ』と述べるように、ホントにこの映画では何の解釈も示されていない。しかし、私はどうもその点に違和感を覚えるし、それだから、この映画はつまらないと思えてしまうのだが……？」とも書いた。その理由は、第1に、「同性・異性愛会」での会話等を中心として、前半では当事者たちの生態が詳しく描かれるものの、それがあまりに淡々としているため観ていてかなり退屈なこと、第2に、後半は一転して激しい銃乱射シーンになるものの、２人の“犯人”が校内を歩き回って銃を乱射するシーンが続くだけであるうえ、２人が落ち合った後、一方が他方を撃ち殺すのが一体なぜなのかがサッパリわからないためだ。そんな不満を持ちつつ、私は同作後半の銃乱射シーに米国の銃社会の病巣を強く感じ取ることができたから、同作が大きな問題提起になったことは間違いない。

しかし、同じ高校における銃乱射事件をテーマにした本作には、目玉となる（銃乱射の）アクションシーンは一切登場しない。そればかりか、加害者たる少年も被害者になった少年少女たちも誰一人登場しないから、バークレー高校における銃乱射事件がどんな実態だったのかすら一切わからない演出になっている。ちなみに、2月5日に観た『レジェンド&バタフライ』（23年）では、予想だにしなかった「本能寺の変」の中、死を覚悟した信長が床の下にコソコソと逃げ出していったから、アレレアレレ。そう思っていると、さらに本能寺から無事脱出した信長（レジェンド）は、愛妻の帰蝶（バタフライ）と共に、長年の夢だった南蛮行きの大船に乗っていたから、さらにアレレ、アレレ。もっとも、それは信長が切腹する前の壮大な回想シーン（妄想シーン？）だったが、こんな演出はあまりにもバカげていると言わざるを得ない。それに比べると、本作が回想シーンを一切使わなかったことの意味（意図）は、フラン・クランツ監督のインタビューの言葉のとおりハッキリしているので、その功罪をしっかり考えたい。

■□■教育刑VS応報刑。修復的司法とは？会話の効用は？■□■

刑法の勉強は犯罪論と刑罰論の２つだが、刑罰論には教育刑と応報刑という２つの考え方がある。現在の刑法は応報刑だが、少年法では少しずつ教育刑の考え方も・・・。そんな旧来からの議論に対して、近時は“修復的司法”の考え方が広がっているらしい。これは、対話を積極的に取り入れたもの。つまり、従来の刑事司法が国家VS加害者であるのに対して、被害者と加害者が直接問題点を見つめ直す取り組みで、海外ではオーストラリア、アメリカ、ノルウェーなどで実践されているそうだ。本作には、「被害者と司法を考える会」代表の片山徒有氏のコラム「映画『対峙』を観て思うこと」があるので、これは必読！他方、立田敦子氏（映画ジャーナリスト）のコラム「憎しみと報復、負のサイクルからの救済」は、本作で４人の俳優が被害者側、加害者側の当事者（父母）として見せるさまざまな心情を的確に分析し解説してくれているので、これも必読！

本作は、約２時間の映画だが、そのほとんどが４人の会話時間に使われている。２時間近くも、あれだけ真剣に話し合ったのだから、４人とも疲れきっているはずだ。しかし、会場に入ってくる際の迷いと不安に満ちた４人の表情と、別れていく際の希望と確信に満ちた４人の表情は、わずか１時間半の話し合い（修復的司法）でこれだけ変わるとは！本作は、司法関係者はもとより多くの人々が鑑賞し考え、そして納得すべき映画だと確信！

それにしても、近時の邦画が、『レジェンド&バタフライ』をはじめとして、なぜバカバカしいエンタメ調ばかりが多く、本作のような真剣に心を打つ映画がないのだろうか？それは言うまでもなく、日本国民のレベル全体が低下しているためだが、何とかしなければ・・・。

２０２３（令和5）年2月１３日記

Data 2022−133

監督：オリヴィア・ニューマン
製作：リース・ウィザースプーン、ローレン・ノイスタッター
原作：ディーリア・オーエンズ『ザリガニの鳴くところ』
出演：デイジー・エドガー＝ジョーンズ／テイラー・ジョン・スミス／ハリス・ディキンソン／マイケル・ハイアット／スターリング・メイサー・Jr.／デヴィッド・ストラザーン

みどころ

米国で最も売れた本のタイトルが、同名の本作の原作！その場所はノースカロライナ州の湿地帯だ。冒頭、若者の死体が提示されるが、その犯人は、かねてより三角関係で揉めていた“湿地帯の娘”カイア！？

中盤は興味深い法廷劇の中で、カイアの出自や生態が描かれるが、どうしていつもあんなにキレイなの？それが私には不思議・・・。

疑わしきは罰せず！米国はそれが貫かれる国だから素晴らしいが、その反面、誤審も・・・？無罪放免後の湿地帯でのハッピーな生活と老後の生活にもビックリだが、静かな“終活”を終えた後に明かされる“あっと驚く事実”とは？その意味をしっかり考えたい。

―――＊―――＊―――＊―――＊―――＊―――＊―――＊―――＊―――＊―――＊―――

■□■米国で最も売れた本！累計1,500万部を突破！■□■

本作は、「米国で最も売れた本！累計１，５００万部突破！」と言われる、米国のディーリア・オーエンズが書いた原作『ザリガニの鳴くところ』を映画化したもの。「読みはじめたら止まらなかった」と、原作に惚れ込んだハリウッド女優のリース・ウィザースプーンが、自身の製作会社を率いてプロデューサーになったというから、すごい。

日本でも、２０２１年本屋大賞・翻訳小説部門第１位に輝いたそうだが、そもそもザリガニって鳴くの？チラシには、「湿地帯で発見された青年の変死体。容疑者は、“そこ”に暮らす少女。」とあり、また、「真相は、初恋の中に沈む」と書かれている。しかし、そもそも湿地帯とはナニ？私は北海道の釧路湿原を見学したことがあるが、あのようなもの？そう思っていたが、全編を通してスクリーンいっぱいに映し出される湿地帯はそれとは全然違うものだ。また、舞台は、アメリカの大統領選挙で一躍有名になったノースカロライナ。そして、舞台時代は１９６９年だ。

しかして、本作冒頭に見る“湿地帯”に暮らす人々の姿と彼らの世界観とは？

■□■“湿地帯の娘”とは？チェイス殺害はあの女の犯行？■□■

湊かなえ原作のミステリー小説は、女子高生の自殺から始まるケースが多い。しかし、本作は、ある日、ノースカロライナ州の湿地帯の中に、町の有力者の息子チェイス（ハリス・ディキンソン）の死体が発見されるところから始まる。

物見櫓からの事故による落下？それとも、誰かの手による突き落とし？指紋も物証も見つからない中、警察は犯人の特定に難航したが、犯人は“湿地帯の娘”と呼ばれるカイア（デイジー・エドガー＝ジョーンズ）ではないかとの噂が広がる中、湿地帯の中で一人で生活しているカイアの家の中の捜索をすると、赤のニット帽を発見。これがチェイスの衣服から見つかった赤い糸の正体かもしれないと考えた警察がそれを持ち帰り、鑑定すると、両者は一致したから、それを証拠にカイアは逮捕され、一級殺人罪で起訴されることに。

そんな経過の中で立ち上がったのは、町の住民の一人である、引退した弁護士トム・ミルトン（デヴィッド・ストラザーン）。国選弁護でも何でもなく、完全なボランティアとして面会にやってきた彼が、「弁護するためには君のことを知らないといけない」と説明すると、おもむろに、カイアは自分の半生について語り始めることに・・・。それは、想像を絶する湿地帯に住む家族たちとカイアの半世紀だったから、まずはそれに注目！

■□■カイアの告白の注目点は？殺人は三角関係のもつれ？■□■

湿地帯の美しい映像美の中でカイアが語る半生記の注目点の第１は、横暴な父親ジャクソン・クラーク（ギャレット・ディラハント）の下で、母親エリック・チャスティン（アーナ・オライリー）も兄も出て行き、父親との二人暮らしになった後のカイアの生き方。第２は、父親が死亡してしまった後、独りぼっちになったカイアが知り合い、友人になった男の子テイト・ウォーカー（ルーク・デヴィッド・ブラム）との交流。第３は、“湿地帯の娘”ながら（だからこそ？）、湿地の生態系についての知識が本を出版できるレベルにまでなっていたこと。第４は、大学生になったテイト（テイラー・ジョン・スミス）が湿地帯を離れてしまった後、新たに知り合った町の有力者の息子チェイスとの交流。チェイスは、町の中では婚約者や多くの友人たちと楽しく過ごしながら、カイアに対しては、「あれは表向きのこと」、「自分が本当に好きなのはカイアだけだ」と言って結婚の申し込みまでしたが、さて・・・？

そんな状況下で、テイトが再び湿地帯の近くの勤務先に戻り、「自分が本当に愛していたのは君だけだ」と言いながら、カイアに最接近してきたから、アレレ。湿地帯の娘、カイアは、いわゆる三角関係に？すると、チェイスの死亡は、いわゆる三角関係のもつれの中で生まれたカイアの犯行？物的証拠もそれを裏付けているの？いやいや、そんなことはないはずだ。カイアの告白を詳しく聴き取ったトム・ミルトン弁護士は、乏しい証拠（？）でカイアを起訴した検察陣に対して、法廷で堂々と反論していくことに・・・。

■□■この法廷劇は面白い！陪審員の偏見との闘いに注目！■□■

『シネマ１』には、「法律のサンルーム　『法苑』より転載」として、「弁護士の目で見る『映画評論』その１　『レインメーカー』にみるアメリカ法廷映画の面白さ」（１０６頁）と「弁護士の目で見る『映画評論』その４　陪審映画あれこれ」（１２１頁）を転載した。アメリカの陪審員映画では、黒人差別との闘いがテーマになることが多い。『アラバマ物語』（６２年）（『名作映画から学ぶ裁判員制度』３４頁）も『評決のとき』（９６年）（『名作映画から学ぶ裁判員制度』４８頁）もそうだった。しかし、本作でトム・ミルトン弁護士が闘うのは、町の住人から選ばれた陪審員がみんな持っている湿地の娘に対する偏見。証拠調べの中で、彼が見せる証人尋問の技術は素晴らしい。また、最終弁論は短いものだが、『評決のとき』で若手弁護士が熱弁を振るった最終弁論と同じく、差別はダメよ、という陪審員の心に訴えるものだから、それに注目！

本作は前半の半分近くが法廷劇として組み立てられているので、本作は「法廷モノ」としても注目したい。なお、本作では湿地帯で一人で暮らすカイアの唯一の味方として、町に住む黒人夫婦が登場し、法廷でも差別を受けている湿地帯の娘を擁護する立場で大きな役割を果たしているが、これはちょっと出来すぎ。なぜなら、本来黒人である彼ら夫婦は、カイア以上の差別を受けていたはずだからだ。

■□■やっぱり美人はトク！？この才能もビックリ！■□■

本作は、何よりも“ザリガニ”と“湿地帯の娘”という言葉にインパクトがあるうえ、殺人事件に絡む人間模様もよくできており、トム・ミルトン弁護士を核とした法廷劇も面

白い。したがって、私の評価は当然高いが、他方、父親以外の家族はみんな逃げていったのに、なぜカイアだけは残ったの？父親の死後、カイアは一人でどうやって生きてきたの？湿地帯の娘として、町の人々から黒人差別以上の差別を受けながら、なぜ彼女は髪の毛も長く、いつもワンピースを着て身綺麗にできているの？絵の才能はともかく、少女時代は文字すら読めなかったのに、テイトから読書きを教わっただけで、大人になると湿地帯の生態系を本にするほどの知識を身につけたのはなぜ？等々の疑問が湧いてくる。

子供時代にテイトと友達になり、それが次第に恋心まで拡大していったのはわかるとしても、差別を受け続けている孤独な湿地帯の女が、町一番のプレイボーイのような男・チェイスにまで、あれほど言い寄られるストーリーには少し違和感がある。その意味では、やっぱり美人はトクということだが、そのために三角関係に巻き込まれたのだから、美人であることの良し悪しは？損得勘定は？

■□■ラストにビックリ！弁護士の努力はムダだったの？■□■

本作はもちろん娘時代のカイアがメインだが、導入部では子供時代のカイアが登場するうえ、法廷劇終了後には、めでたくテイトと結婚したカイアたちの老後の姿も登場する。しかし、映画としてそこまで描く必要があったの？そんな思いを持つ人は私以外にも多いだろうが、本作ではどうしてもそこまで描かなければならない事情があったらしい。

１回目の出版で大成功したカイアが、２冊目、３冊目も出版したことは容易に想像できるが、チェイス殺害事件で無罪となり、晴れてテイトと結婚したカイアは、自分の所有権がハッキリ確定できた広大な湿地帯の下で幸せな家庭生活を送ったらしい。そんなカイアにも、自分の寿命を悟る時期が来るのは当然だが、本作ラストはそんなカイアが自分の寿命を悟るストーリーになる。日本では今、終活のあり方が盛んに論じられているが、本作に見るカイアの終活は実に潔いので、ぜひ参考にしたい。それはともかく、本作ラストには、あっと驚く驚愕の事実が提示されるので、それに注目！

トム・ミルトン弁護士の奮闘によって、カイアは無罪になったわけだが、１つの争点だったのは、チェイスの死体に彼が常に身に着けていたカイアからの贈り物であるペンダントがなかったこと。その問題が未解決のまま、刑事裁判は「疑わしは罰せず」の原則どおり処理されたわけだ。しかして本作では、カイアの死後、カイアのノートを見ていたテイトが、あるページにチェイスの似顔絵を見つけ、さらにペンダントも発見したからビックリ！これは一体ナニ？ひょっとして・・・？もしそうだとすると、トム・ミルトン弁護士の奮闘は一体何だったの？本作のそんな驚愕の結末は、一人一人がじっくり考えたい。

２０２２（令和4）年１１月２５日記

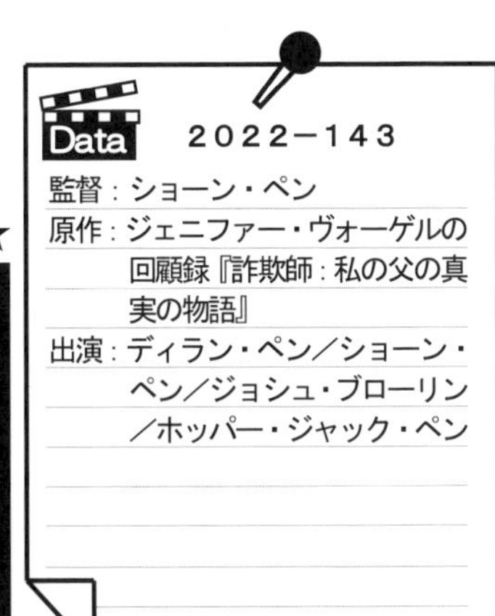

みどころ

“フラッグ・デイ”って一体ナニ？それは、６月１４日のアメリカの国旗制定記念日のこと。７月４日の独立記念日と並ぶアメリカの重要な記念日だが、なぜそれが「父を想う日」という邦題に？

“父娘の絆”を描く名作は多いが、“実話に基づく物語”たる本作も、娘の視点からあっと驚く父親像を、ある意味では優しくある意味では厳しく描いているので、それに注目！

フーテンの寅さんは一生独身で通したが、本作の主人公は妻や子供を愛する“最高の父親”。起業欲、事業欲が旺盛でアイデアマン、そして、頑張り屋のこの父親に従えば幸せ間違いなし！のはずだったのに、アレレ、アレレ・・・。

少しずつ化けの皮が剥がれていくその姿に注目！しかして、「フラッグ・デイに生まれた俺は生まれながらにして祝福されている」と信じて生き抜いた男の最後は？男の生きザマはいろいろ！その哀愁をじっくり噛みしめたい。

――＊――＊――＊――＊――＊――＊――＊――＊――＊――＊――

■□■フラッグ・デイとは？祝日に生まれると？■□■

『７月４日に生まれて』（８９年）は、ロン・コーヴィックが書いた同名の自伝的小説をオリバー・ストーン監督が映画化したもの。同作では、トム・クルーズ演じる主人公の誕生日がアメリカの独立記念日である７月４日だ、というのが大きなポイントだった。１９６０年のジョン・F・ケネディ大統領の就任式をTVで観て感動した少年は、国のためにベトナム戦争に従軍したが、その後のストーリーは、皆さんご承知の通りだ。

１年３６５日は世界のどの国でも同じ。また、時間は世界中のすべての人に平等に与えられているから、秦の始皇帝でも市井の男でも、１時間は同じ１時間だし、１日は同じ１日だ。しかし、日曜日を祝日にするのはキリスト教の教えだから、休日の決め方は国によって違いがある。さらに、どの日を国の祝日にするかは、まさに国によって異なっている。戦前の日本には、紀元節なるものがあったが、もちろん今はない。また、天皇記念日については色々と変化を続けている。しかして、本作のタイトルになっている「フラッグ・デイ」とは？

©2021 VOCO Products, LLC

それは、６月１４日、すなわち、アメリカの国旗制定記念日だ。へぇー、アメリカにはそんな祝日があるの？ショーン・ペン演じる、父親ジョンは、誕生日がその６月１４日、つまり「フラッグ・デイ」だったため、「自分は生まれながらにして祝福されている」と感じ、「特別な存在として成功する当然の権利がある」と信じていたらしい。しかし、それって自分勝手な思い込みに過ぎないのでは・・・？

■□■ "実話に基づく物語"だが、テーマは父娘の絆！■□■

"実話に基づく物語"は多いが、本作もそれ。そして、その実話とは、１９９２年にアメリカで起きた最大級のニセ札事件。その犯人が、『ミスティック・リバー』（０３年）（『シネマ４』２５１頁）、『ミルク』（０８年）（『シネマ２２』４２頁）で二度もアカデミー賞主演男優賞を受賞しているショーン・ペン演じるジョンだ。本作冒頭、そんなジョンが公判を前にして逃亡したとの報告を警察官から聞かされる娘ジェニファー（ディラン・ペン）の姿が登場するのでそれに注目！

もっとも、本作は冒頭に「Base to on a true story」と表示されるものの、国家による史上最大のニセ札事件を描いた『ヒトラーの贋札（にせさつ）』（０６年）（『シネマ１８』２６頁）のようなニセ札作りをテーマにした映画ではなく、父娘の絆をテーマとしたものだ。名優アンソニー・ホプキンスがアカデミー主演男優賞を受賞した『ファーザー』（２０年）（『シネマ４９』２６頁）では、認知症の父親と、その父親から「あの男は誰だ？」「お前は誰だ！」「家を奪うつもりか！？」とまで言われる娘との、父娘関係のあり方がテーマとして描かれ、脚本賞、脚色賞も受賞した。それと同じように本作は、アンソニー・ホプキンスと並ぶ名優ショーン・ペンが、実の娘ディラン・ペンとの間のさまざまな父娘関係をトコトン描くものだから、そのテーマ（姿）に注目！

逃走するジョンの車と、それを追跡する多くのパトカーとの壮絶なカーチェイスは TV

で実況中継されていたから、それを目にしたジェニファーのショックは大きかったはず。なぜ父親はそんなとんでもない事件を！？自分が子供だった１９７０年代、８０年代の父親はどうだったの？そしてまた４人家族のあり方はどうだったの？

■□■自己評価は良き父親。しかし、実体はアウトロー！？■□■

『男はつらいよ』の主人公として、５０年間、全５０作にわたって活躍し続けた「フーテンの寅さん」こと車寅次郎は、浅丘ルリ子演じるリリーと結婚寸前まで行ったものの、ついに一度も結婚することなく生涯を終えた。

しかし、本作冒頭に見る、娘のジェニファーと弟のニックを連れて、妻とともに車で疾走しているジョンの姿を見れば、彼が幸せな家族に恵まれていること間違いなし！観客は誰でもそう思うし、妻も子供たちも、起業欲、事業力が旺盛でアイデアマン、そして頑張り屋のこの父親に従えば幸せは間違いなし、と信じていたのも当然だ。ショパンのピアノ曲をこよなく愛するこんな父親の元で育てば、子供たちの芸術的素養もきっと花開くだろう。本作導入部では、多額の借金をしてもそれを上回る事業展開をすることによって豪華な邸宅に住み、一家４人で豪華な旅と豪華な食事をしている情景が描かれる。しかし、しばらく見ていると、アレレ、アレレ・・・。

１９６０年代は『イージー・ライダー』（６９年）や『俺たちに明日はない』（６７年）等のいわゆる“アウトロー映画”が台頭した。日本では高倉健演じる『網走番外地』（６５年）、『昭和残侠伝　唐獅子牡丹』（６６年）がその代表だった。また、１９６７年の『卒業』の主人公はアウトローではないが、体制内にハマり切れない主人公ベンジャミンをダスティン・ホフマンが見事に演じていた。

しかし、本作の主人公ジョンはそんなアウトローでないばかりか、本人が「俺は良き父親だ！」と自己評価しているところが面白い。ところが、実体はそうではなく、この男もかなりのアウトローだったことが次第に明らかになり、化けの皮が剥がれていくので、それに注目！事業に失敗すれば、破産宣告を受けて再度やり直し。アメリカでもそれが可能なはずだから、借金から逃げ回ってはダメ。まして、妻や子供たちを放置して、自分だけ逃げ回るのは最低かつ最悪だ。それはきっとジョン自身がわかっていると思うのだが、そんな、「自己評価は良き父親だ。しかし実体はアウトロー」たる主人公のジョンは、借金取りの追及から逃げ回りながら、時々自分の都合のいい時だけは愛する娘に対して連絡を入れていたから、娘は迷惑・・・？

■□■ジョンに対する母親・妻・娘、女３人の評価は？■□■

フーテンの寅さんには“一家の支柱”という概念は全くなかったが、ジョンはその意識でいっぱい。しかも、一家の支柱としての役割を達成している時が彼の最高の瞬間だったから、本作でも時々見せてくれるその瞬間は、家族全員がハッピーになっていたことは間違いない。しかし、問題はそれが長続きしないこと。しかも、それが崩れた後の跳ね返りがバカでかいことだ。

そのため、そんなジョンに対して、母親は「フラッグデイに生まれた男はクズって決まっている」と言っているし、妻は「パパはあなたが思ってるような人じゃない」と、それぞれ手厳しい。概ね男の評価の方が甘く、女の評価の方が厳しいものだが、母親と妻からの評価を聞いていると、それがよくわかる。面白いのは、父親ジョンに対するもう一人の女である長女ジェニファーの父親に対する評価が常に高いことだ。ストーリーが進んでいくにつれて、当初の、借金をして事業に失敗するだけの父親から、危険な仕事に手を染めている父親の顔が見えてきてもなお、ジェニファーの父親に対する高い評価は変わらなかったらしい。そして、それは父親がアメリカ最大級のニセ札事件の犯人として逮捕されてもなお変わらなかったからすごい。フーテンの寅さんに対する最大の理解者は、渥美清と同じく５０年間、５０作も倍賞千恵子が演じ続けてきた妹のさくらだが、まさに本作に見るジョンとジェニファーの関係は『男はつらいよ』に見る、寅さんとさくらの関係と同じだ。

そんな父親ジョンと娘ジェニファーの絆は一体どうやって生まれたの？それを、あっと驚く父親の犯罪者としての姿を突きつけられた娘ジェニファーと共に１９７０年代、８０年代に遡って、じっくりと考えたい。

■□■アイデアマンなればこそ、高度な贋札づくりにも！■□■

嘘をつくのは悪いこと。犯罪を犯すのも悪いこと。そんなことは誰でもわかっている。しかし、嘘をつく奴は悪い奴？そして、犯罪を犯す奴は悪い奴？１９６０年代には、『俺たちに明日はない』（６７年）が大ヒットしたが、同作の登場人物は銀行強盗を重ねるレッキとした犯罪者だから、悪い奴だった。しかし、そんな映画が、“アメリカンニューシネマ”として一世を風靡したのはなぜ？それは、同作の主人公たちは犯罪者で悪い奴ながら、それなりの魅力を備えていたためだ。高倉健が演じた『網走番外地』シリーズの主人公だって、何度も有罪判決を受けて網走刑務所に収監されている犯罪者だが、意外にいい奴で、魅力的だから、不思議なものだ。

それらに比べて、本作に見るジョンは、少なくとも前半では事業に失敗しては夜逃げを繰り返している男だが、決して犯罪者ではなかった。また、夜逃げしていても、次々と次の事業を考え、再登場してくるから、カッコよく言えば彼は不屈の事業家だ。また、その時（だけ）は、家族の前にタップリとプレゼントを持って登場してくるから、良き夫であり、良き父親でもある。しかし、そんなジョンが最後にチャレンジした事業（？）は贋札づくりだったから、ビックリ！

『ヒトラーの贋札（にせさつ）』を観るまでもなく、贋札づくりは大変な技術と大変な元手がいるはずだが、なぜそんな事業（？）をジャックができたの？ジャック自身が、そんな技術を持っているはずはないから、人的資源、物的資源、そして金銭的資源をどうやって準備したの？そこらあたりのジャックの前向きの努力（？）と、それがバレて、ニッチもサッチも行かなくなってしまう男の末路は、あなた自身の目でしっかり確認しよう。

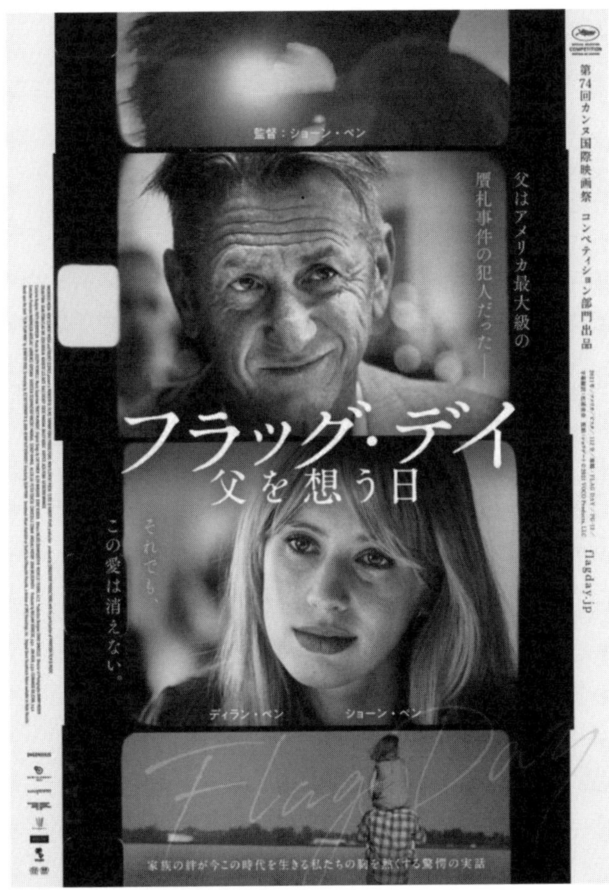

それにしても、ショーン・ペンにはジャックの役が実にピッタリ。"アメリカ史上最大の贋札づくりの犯人"。そう聞けば、極悪非道の大悪人＝犯罪者とつい思ってしまうが、本作を実の娘ジェニファーと共にじっくり観ればそんな考えは変わっていくはずだ。もちろん、そうだからと言って、彼の行動（犯罪）を肯定してはダメだが・・・。

２０２２（令和4）年１２月２８日記

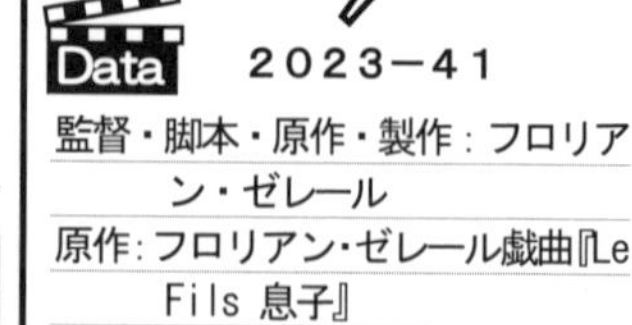

監督・脚本・原作・製作：フロリアン・ゼレール
原作：フロリアン・ゼレール戯曲『Le Fils 息子』
出演：ヒュー・ジャックマン／ローラ・ダーン／ヴァネッサ・カービー／ゼン・マクグラス／アンソニー・ホプキンス

みどころ

１７歳になり思春期、反抗期を迎える息子と父親との関係は難しい。ゼレール監督の「家族３部作」の第１部『ファーザー』（２０年）は認知症の父親に焦点を当てたが、第２部たる本作では、１７歳の息子ニコラスに焦点を。

両親の離婚が思春期の息子に与える影響はさまざまだが、養育してくれている母親の家から、浮気した女と再婚した父親の家への引っ越しを願う息子は珍しい。しかし、弁護士として大成功し、大統領選挙に立候補する上院議員の選挙参謀チームへの参加が求められるほど有能な父親なら、それもありなん。しかし、その妻は今、生まれたばかりの息子の世話に大変だから、良き弁護士と良き父親の“２足のわらじ”はうまくいくの？

そんな心配は無用！そう思わせる展開の中、ある日ニコラスのベッドの下から自傷用のナイフが発見されたから大変。これは一体なぜ？さらに、現実に起きた自傷行為の結果、舞台は精神病院での攻防になるが、その結末は？

舞台劇のような緊迫感いっぱいの映画はメチャ面白い。それは『ファーザー』でも立証されたが、本作も同じだ。幸せ？それとも最悪？本作ラストの二通りの展開をしっかり確認し、舞台劇の醍醐味をたっぷりと味わいたい。

――＊――＊――＊――＊――＊――＊――＊――＊――＊――＊――

■□■ゼレール監督の「家族３部作」の２作目は“息子”■□■

私は『ファーザー』（２０年）（『シネマ４９』２６頁）を観てはじめて、その原作と脚本を書き監督したフロリアン・ゼレール監督を知ったが、フランス人の彼が同作の主演にアンソニー・ホプキンスを起用するについては様々な苦労があったらしい。同作は第９３回アカデミー賞で脚本賞を受賞したからすごいが、同作はゼレール監督の「家族３部作」構想の第１作だったらしい。そして、その第２作が本作の『The Son』、第３作は想定通り『マザー』だ。

『ファーザー』はアンソニー・ホプキンス扮する、認知症が進行中の父親と、父親の世話に苦しむ娘との非常に面白い物語だった。それに対して本作は、弁護士としてニューヨークで大成功を収めている父親のピーター（ヒュー・ジャックマン）と、今は１７歳になっている息子ニコラス（ゼン・マクグラス）との物語だ。もっとも、本作冒頭に描かれるのは、ピーターが再婚した妻のベス（ヴァネッサ・カービー）と、彼女が産んだばかりの男の子をあやしながら幸せそうに過ごしている姿。そこでチャイムが鳴り、ピーターが玄関に出てみると、そこに立っていたのは元妻のケイト（ローラ・ダーン）だったから、アレレ。ケイトは、なぜここに？

■□■１７歳は思春期真っ盛り！ニコラスの悩みは？■□■

船木一夫が歌った「高校３年生」（６３年）が大ヒットしたのは、私が中学３年生の時。中高一貫の男子校に通っていた私は「ぼくら、フォークダンスの手を取れば、甘くにおうよ黒髪が」という２番の歌詞が何とも眩しく、そしてロマンチックに感じられたものだ。高校３年生といえばだいたい１７歳だが、１７歳をテーマにした名曲は「高校３年生」の他にも、南沙織の「１７歳」、西郷輝彦の「１７歳のこの胸に」等がある。私が映画のダントツベスト１に挙げるのは『サウンド・オブ・ミュージック』（６５年）だが、そこでは長女リーズルが１６歳から１７歳に移っていく時の自分の恋心を歌った「Sixteen Going On Seventeen」という素晴らしい曲が歌われていた。１７歳は男女問わず思春期真っ盛りだから、恋愛とは？人生とは？生きる意味とは？等々の悩みが多い。

しかして、今１７歳のニコラスが学校に通わず、「自分を睨みつける顔が恐ろしい」と母親のケイトに言わせているのは一体なぜ。ケイトが、禁止されているにもかかわらず元夫であるピーターの家を訪れてきたのは、ニコラスが父親のピーターと暮らすことを熱望していることを伝え、ピーターの同意を求めるためだ。しかし、そんなことを言われても、ピーターが再婚した妻ベスは生まれたばかりの子供の世話で大変。そんな家の中で、いくらピーターの実子とはいえ、１７歳のニコラスと同居するのはとてもとても。ピーターはそう考えたが、相談してみると、意外にもベスは寛容で、ニコラスを受け入れ、ピーターの長男として分け隔てなく世話をしていこうと言ってくれたため、赤ん坊を含め親子４人の新生活が始まったが・・・。

■□■良き弁護士と良き父親の“二足のわらじ”狙いは？■□■

ニューヨークの大手法律事務所の大きな個室で執務しつつ、移動中は頻繁に携帯を取っているピーターの姿を見ると、弁護士としての彼の充実ぶり、成功ぶりがよくわかる。その上、彼は今、大統領予備選への立候補を目指す、ある上院議員の参謀チームの一員としてワシントンD.C.に来てほしいとの要望も受けているそうだから、体がいくらあっても足りないほどだ。弁護士としての私のかつての忙しさは全然彼に引けを取るものではなかったが、全く違うのは、そんなに忙しい中でも、彼は新妻ベスとの家庭生活や赤ん坊の世話をしようと努力している点。私はその点の意欲がゼロに近かったから、ただただピーターの立派さに敬服するばかりだ。ニコラスを新たな家族として受け入れた後は、彼の学校の世話から、セラピーの世話までこなしていたから、さらに立派だ。

他方、中学、高校時代の反抗期だった頃の私を思い起こせば、いろいろな場面で父親と対立し、一人涙を流すこともあったから、本作でニコラスが父親に対して見せる優しそうな態度や聞き分けの良い言葉は到底理解できない。そんな良き弁護士と良き父親の“二足のわらじ”を履いたピーターの面倒見の良さによって、ニコラスは少しずつ明るさを取り戻し、順調に学校にもセラピーにも通っているようだから、ピーターも一安心だ。

ピーターは「メールや電話をしてもニコラスからは返事がない」と悩みを打ち明けるケイトに対して、「君は立派な母親だ。」「きっと元の生活に戻れる。」と余裕のアドバイスも。さらに、新たなお荷物（？）を抱えて大変だろうという優しい心遣いから、ピーターはベスにも贈り物をしながら、「君の懐の深さに感謝している。」と言葉をかけていたから、まさにピーターは良き夫としても満点だ。もっとも、夫婦でそんな会話をし、これから愛し合おうというところを多感なニコラスに見られたのはちょっとヘマだったが・・・。

■□■ナイフは自傷行為用？護身用？ならば父親の猟銃は？■□■

ニコラスの希望に沿って母親の家から父親の家に移った後、ピーターとベスの温かい心遣いのおかげで、やっとニコラスは通常の生活を取り戻すことに。そう思っていたのに、ある日、帰宅したピーターに対して、ベスがニコラスのマットレスの下からナイフを見つけたと報告してきたから、アレレ。

驚愕しながらピーターがナイフを隠し持っていた理由を問い正すと、ニコラスは「護身用だ」と答えたが、それはきっと嘘。父親の家に住んでいる息子が、なぜ護身用のナイフを隠し持つ必要があるの？そう問いただすピーターに対してニコラスは、「ならば、洗面所に置いてある銃は何のためか？」と質問したため、ピーターはニコラスがなぜそんなことを知っているのかと驚くとともに、それは「自分が成人した時に父親からもらった猟銃で、自分は猟に興味がないから置いてあるだけだ。」ときちんと説明した上で、ナイフは自傷行為用ではないのか、と最も根幹的な質問をすると、ニコラスはそれを認めた上で、「自傷し苦痛を感じる時だけ唯一生きていることを実感する。」と説明したからアレレ。それって一体ナニ？思春期特有の精神上の不安定さはわかるものの、そこまで行けば一種の精神病では・・・？

私がそんなニコラスを理解できないのと同じように、ニコラスの気持ちを理解できないピーターは二度としないよう厳しく諫めるとともに、「お前が傷つくと自分も傷つくのだ。」と優しくなだめたが、逆にニコラスからは、ピーターの行動が母親のケイトと自分を傷つけたと反論してきたからアレレ・・・。ピーターの家に引越してきた後のニコラスは、順調に学校にもセラピーにも通っているのではなかったの・・・？良き弁護士と良き父親の“二足のわらじ”狙いは、実現できれば素晴らしいものの、やっぱり少し無理だったのかも・・・？

■□■なぜ参謀チームを辞退？なぜ父親と面会を？■□■

本作中盤では、弁護士としての立身出世や名誉のためなら当然参加すべき、大統領選挙予備選に立候補する上院議員の参謀チームへの誘いをピーターが意外にもあっさり（？）諦めるシーンが登場するので、それに注目。それはまあ、仕方ないかもしれないが、ピーターはなぜそんな選択を？

もう１つ注目すべきは、そのついでに（？）ピーターの父親、つまりニコラスの祖父（アンソニー・ホプキンス）の家をぶらりと（？）訪れたこと。これは一体なぜ？私の父親は１００歳以上長生きしたが、中学・高校時代からずっと、この父親の子育て方針に反対していた私は、自分の子供に対して、「俺は、ああいう父親にはならないぞ」と言い聞かせながら接してきた。そんな思いは、どうやらピーターも同じだったらしい。つまりピーターがあんなに良き弁護士と良き父親の"二足のわらじ"を追求していたのは、ピーターに対して「強くあれ！」ばかりを強要してきた父親に反発し、自分はそれとは正反対の子育て方針にしようとしていたためだ。

長い間疎遠だったピーターが突然来訪したことに驚いた父親は、「病気のことを聞いてきたのなら、大したことはない。」「元気で現役を続けている。」とアピールした上、参謀チームに参加するかどうか迷っていると打ち明けるピーターに対して、「良き父親をアピールしに来たのか？」と厳しいツッコミを。そんな父親に対してピーターが、４０年前病気で死の床に臥した母親を、仕事を理由に一度も見舞わなかったことを非難すると、逆に父親から「５０歳にもなって１０代の過去を引きずっているとは情けない。」「そこを乗り越えなければ成長などできない。」と一喝されてしまったからアレレ。ピーターはすごすごと父親の家を後にすることに・・・。

父子の確執を抱えた、父親役のアンソニー・ホプキンスと、その息子ピーター役のヒュー・ジャックマンが２人だけで直接"対峙"するシーンは本作で１度だけしか登場しないが、これは正にドリーム舞台劇。誰でもそう実感できるはずだ。

■□■なぜ自傷行為を？急性うつ病の対処は入院？自宅治療？■□■

本作は、最後に「ガブリエルに捧ぐ」との字幕が表示される。この「ガブリエル」はゼレール監督の義理の息子の名前で、彼はニコラスのような急性うつ病で苦しんだ経験があったらしい。彼の顛末がどうなったのか、つまり、本作のような悲惨な結果になったのかどうかは知らないが、本作後半からはニコラスがピーターに向かって「自分や母親を捨てたくせに偉そうなことを言うな！」と、感情を爆発させる（本音を語る？）シーンが登場するので、それに注目！

もっとも、本作全編を通じて、ニコラスは不良タイプではなく、どちらかというと良い子タイプだから、私には彼が一体何を悩んでいるのか、さっぱりわからない。両親の離婚、それも父親の浮気（？）による両親の離婚が子供の心の持ちように悪影響を与えることは容易に想像できるが、今ドキ両親の離婚などどこにでもある話だ。そのたびに１７歳の思春期を迎える息子が急性うつ病に襲われるのではたまったものではない。また、ニコラスは「父親と一緒に暮らしたい」とケイトに訴えてピーターの家に入り、ピーターとベスとの手厚いお世話の中、少なくとも表面上は順調な学校生活と家庭生活を送っていたのだから、なぜ今ニコラスが自分に向かってあんな言葉を言ったのか、ピーターにはさっぱりわからなかったのは仕方ない。まして、ベッドの下に隠したナイフで自傷行為を繰り返していたとは！

ある日の自傷行為によって精神病院に搬送されたニコラスは、そこで急性うつ病の診断を受けたから、ピーターとケイトはビックリ。その上、「この症状は両親の離婚が原因だから、症状が落ち着くまで両親は面会できない」と言われたから、さあ、ピーターはどうするの？そこでのピーターの決断は「入院やむなし。」だった。私にはそれが妥当に思えたが、帰りの車の中で、「もう大丈夫だから。良くなると約束するから」家に連れて帰って欲しいと必死に懇願するニコラスの姿が頭から離れないピーターは、再び病院に引き返し、ニコラスを自宅に引き取り、自分たちで看護すると告げたが、さぁ、その是非は？

■□■ピーターの決断をニコラスは喜んだが・・・■□■

ゼレール監督が目指す「家族３部作」は劇映画だが、そのネタになっているのは劇作家たる彼自身が書いた戯曲だ。シェイクスピアを生んだ国イギリスに負けず劣らず、フランスも文化度が高いから、優れた戯曲が多い。近々鑑賞予定の『幻滅』（２２年）は有名なフランスの劇作家バルザック作の「人間喜劇」の一編、『幻滅－メディア戦記』を映画化したものだ。

家族３部作の第１部たる『ファーザー』では、認知症の父親が住んでいる豪華な家が、娘夫婦のものであるにもかかわらず、自分の家だと思い込んでいる姿が冒頭に提示される中で、今後のストーリー展開への興味がじわじわと広がっていった。それは舞台劇特有の演出だが、後半に向かっても認知症の父親が、ここは病院？俺は誰？と思わざるを得ない状況が生まれるところから、あっと驚く素晴らしい展開になっていった。これも舞台劇特有の演出だ。このように『ファーザー』では、そのネタが戯曲であり、舞台劇としてとことん練り上げられたものだということがよくわかったが、それは本作も同じだから、本作のクライマックスに向けてはそれに注目！

ピーターが医師からの強いアドバイス（忠告？）にもかかわらず、ニコラスを自宅に連れ戻したのは、結局、精神病院に強制入院させられることを嫌がるニコラスが「良くなると約束するから。」と叫ぶ姿に負けたため。しかし、帰りの車の中でのニコラスは落ち着いていたし、自宅に戻ってからの彼の態度は良い子そのものだった。そして、「病院での匂いがシャツに染み付いているから、先にシャワーする。」と語る姿も明るそうだから、ピーターもケイトも一安心。ところが、しばらくしてバスルームからはバーン！と大きな銃声が！こりゃ一体ナニ？ひょっとして・・・？

■□■幸せ？それとも最悪？舞台劇の醍醐味をタップリと！■□■

なるほど、ピーターとニコラスとの間で交わされた、あの猟銃についての会話はこのクライマックスに持っていくための伏線だったのか！さすが、舞台演出の達人の仕掛けはすごい！私はそう感心していたが、続いて今度は一気に時代が進み、立派に成人した上、作家としてデビューを果たすことになったニコラスが発売前の新刊本をピーターに持ってくるシークエンスになるから、アレレ・・・。何だ、あの銃声はニコラスの自殺を示すものだったはずだが、何とか命を持ち直し、結局作家として成功するまでに成長したのか。そりゃ、めでたしめでたし。しかし、そんなハッピーエンドで終わらせるのは、今ドキのくだらない邦画みたいだな。そう思っていると、さらに、アレレ、アレレ・・・。

それに続くホントのラストのあっと驚く展開は、あなた自身の目でしっかりと。舞台劇の醍醐味をたっぷりと味わいたい。

２０２３（令和5）年4月6日記

Data　2022－140

監督・脚本：アレックス・ガーランド

出演：ジェシー・バックリー/ロリー・キニア/パーパ・エッシドゥ/ゲイル・ランキン

みどころ

世の中には多才な人も散見するが、作家として、脚本家として、更に映画監督として、それぞれ名を成しているアレックス・ガーランドはすごい。監督デビュー作でアカデミー賞視覚効果賞を受賞した『エクス・マキナ』（１４年）はメチャ面白いＳＦスリラーだったが、監督第３作目となる本作は？

本作では、まず全編出ずっぱりのヒロインの目の前で落下していく男の姿に注目！夫婦ゲンカを描いた映画はたくさんあるが、これは一体ナニ？

トンネルを抜けると雪国だった。そんな書き出しにも共通する、カントリーハウスでの、想像を絶するさまざまな体験をしっかり共有したい。そうすれば、思わずゾオーッ。背筋が寒くなってくること必至・・・。

―――＊―――＊―――＊―――＊―――＊―――＊―――＊―――＊―――＊―――＊―――

■□■この監督に注目！その才能は原作、脚本から監督まで！■□■

本作を監督したアレックス・ガーランドは、小説家として、鬼才ダニー・ボイル監督、レオナルド・ディカプリオ主演『ザ・ビーチ』（００年）の原作を書き、脚本家として、『２８日後・・・』（０２年）（『シネマ３』２３６頁）、『２８週後・・・』（０７年）（『シネマ１８』３６４頁）、『わたしを離さないで』（１０年）（『シネマ２６』９８頁）の脚本を書いているから、すごい。そのうえ、彼の監督長編デビュー作であり、アカデミー賞の視覚効果賞を受賞、脚本賞の候補にもなった『エクス・マキナ』（１５年）（『シネマ３８』１８９頁）は、AIロボットの反乱をテーマとしたもので、めちゃ面白かった。彼の２作目『アナイアレイション　全滅領域』（１８年）は観ていないが、３作目のホラーとして登場した本作は、良質な映画提供を続けている「A２４」がタッグを組んでいることもあり、事前評価も高い。

本作は、夫を亡くした傷心の女性・ハーパー（ジェシー・バックリー）が癒しのために滞在した、美しい風景の田舎にあるカントリー・ハウスの内外で恐ろしい体験をする SF スリラーだそうだが、さて・・・？

ちなみに、『エクス・マキナ』はアリシア・ヴィキャンデルという美人女優を AI ロボットとして起用したのが大成功だったが、本作で全編出ずっぱりのヒロイン、ハーパー役を演ずる女優、ジェシー・バックリーの魅力は？

■□■冒頭のシーンは？トンネルを抜けると不条理スリラーに■□■

映画にはフラッシュバックという便利な手法があるから、時系列をいかようにでも動かすことができる。本作のメインストーリーは、車で４時間もかかる田舎のカントリー・ハウスに滞在するハーパーが体験する様々な SF スリラーだが、到着したハーパーが管理人のジェフリー（ロニー・キニア）からカントリー・ハウスの案内をしてもらう導入部は、この男が「かなりの変わり者だ」というだけで、特段の異変はない。ジェフリーが去った後、女友達のライリー（ゲイル・ランキン）に携帯で現状報告をしている姿を見ても、気分転換のために、わざわざここまでやってきたハーパーの開放感を感じ取ることができる。

そんなストーリー展開の中でフラッシュバックとして登場するのが、屋外で男が落下していく姿を、部屋の中から見つめるハーパーの姿だ。①この男がハーパーの夫、ジェームズ（パーパ・エッシードゥ）であること、②ジェームズとハーパーは激しい夫婦喧嘩を繰り返していたこと、③夫婦喧嘩のある局面でジェームズから殴打されたことに怒ったハーパーがジェームズを追い出したところ、ジェームズは上の階の部屋に入り、そこから落下したこと、④それが転落死か自殺かはわからないが、それによってハーパーはジェームズを死に追いやったのは自分だという思い（恐怖）に取りつかれたこと、⑤その傷心の癒しとして、今、ハーパーはカントリー・ハウスに来ていること、等がわかる。

なるほど、なるほど。たしかに、こんな美しい田舎の森の中を１人で散歩すれば、少しは元気も回復するのでは・・・。翌朝、ハーパーは１人で散歩に出かけ、トンネルの中で「ハーパー！」と呼ぶと、こだまが何度も返ってきたから面白い。まるで子供のように何度も「ハーパー！」「ハーパー！」と繰り返しながら、彼女はトンネルを抜けたが、さて、トンネルの向こうの世界は？

「トンネルを抜けると雪国だった」。これは、有名な川端康成の小説『雪国』の書き出しだが、それと同じように、本作では「ハーパー！」「ハーパー！」と、こだまを楽しみながらトンネルを抜けると、そこからは不条理ホラーの世界が始まるので、それに注目！

■□■裸の男も、町の男も、少年も神父も、全員ヘン！■□■

世界文学全集の１つであるエミリー・ブロンテの小説『嵐が丘』を、私は中学生の時に読み、言いようのない恐ろしさを感じたが、それは映画を見ても同じだった。しかし、『嵐が丘』に登場する不気味な古いお屋敷に比べると、今、ハーパーが滞在しているカントリー・ハウスは快適な別荘のはずだ。玄関の広場に植えられているリンゴの木に成っている実をハーパーが勝手に取って食べるのは少しお行儀が悪いが、責められるほどの行為ではない。管理人のジェフリーも軽い冗談のつもりでその行為を咎めていたが、徐々に不条理スリラー色を濃くしていく本作を見ていると、これがアダムとイブが犯したというある“禁断の行為”のようにも思えてくる。しかして、本作が最初に不条理スリラーであることを明らかにするのは、ハーパーが門の外に立っている奇妙な裸の男を発見した時だ。こりゃ一体ナニ？

そんな事態に出会ったハーパーが警察に連絡したのは当然だが、さて警察の対応は？さらに、気分転換のための森の散策を終えたハーパーが、管理人のジェフリーから教えられたおしゃれなバー（？）に一杯飲みに行くと、そこにはジェフリーの姿や町人の姿が。バーは楽しい話が出来てこその価値だが、ジェフリーや男たちとの腹立たしい会話に憤慨したハーパーは店を飛び出す事態になったから、アレレ。さらに翌日、ハーパーが村の教会に入って座っていると、そこでワケのわからない仮面をつけた少年や、やけに親切に近づいてくる神父に出会ったが、彼らとの会話もすべて腹立たしいことばかり。この村ではなぜそんな風になってしまうの？この村の男たちは、あの裸の男だけでなく神父や警官も含めて全員ヘン！

■□■この浮き彫り彫刻に注目！同じ顔の男たちに注目！■□■

本作後半の物語では、第１にハーパーが教会の中で出会う「シーラ・ナ・ギク」という浮き彫り彫刻に注目！それは、『キネマ旬報１２月下旬号』の「REVIEW 日本映画&外国映画」の中で一人の評論家が「ここ数年、気になっていた浮き彫り彫刻が教会場面でドンと出現し、驚く。プレスで、“シーラ・ナ・ギグ”という名称をはじめて知った。なぜ気になっていたかというと、これは古事記に出てくるアメノウズメノミコトの陰部露出（そのおかげで世界に陽光が再来する）に通ずるイメージだから。洋の東西問わずエロ本屋さんの女神みたいな存在はいるのだ。」と述べているからだ。『ローマの休日』（５４年）では、トレヴィの泉でオードリー・ヘップバーン扮する王女サマが、“真実の口”に手を突っ込むシーンが世界中で話題になったが、シーラ・ナ・ギクの浮き彫り彫刻は全世界に広がるの？

本作後半の物語では、第２に、①当初は、悩めるハーパーに救いの手を差し伸べてくれるかと思った神父の意外な素顔②最初は仮面をかぶった姿で登場し、その後もなぜかハーパーにまとわりついてくる少年の顔に、共通点があることに注目！更に、よく考えると（？）、このカントリー・ハウスに入ってからハーパーが出会った人物はみな“同じ顔の男たち”ばかり。管理人はもとより、あの全裸男の顔も、それを逮捕した警察官の顔も、みんな同じだ。そんなバカな！そんな不条理な！でもなるほど、だから、本作の邦題のサブタイトルは「同じ顔の男たち」にされているわけだ。

■□■本作はホラー！それがラストに続く２０分に凝縮■□■

『エクス・マキナ』は SF スリラーの名作だったが、そのアレックス・ガーランド監督の３作目たる本作は、スリラーではなくホラー。だって、夫を失うという失意の中、そこから回復すべく大奮発してやってきたカントリーハウスでハーパーが体験するのは、奇妙な事ばかりなのだから。そもそも来訪時に、玄関にあったリンゴの木からその実を一つとって食べたことを、冗談とはいえ、なぜあんなに責められなければならないの？また、冒頭に見た窓の外での夫の転落シーンが、極端なスローモーションだったことは途中でわかるが、それを事故死とハーパーが確信できないのは、なぜ？

夫婦ケンカの際に夫からビンタが飛んでくるのはたまにあること（？）だが、それが一回あっただけで夫は家を追い出され、自殺にまで追い込まれるものなの？ハーパーがス薄喧嘩を繰り返す中で、「男なんてみんな同じ！」「もうウンザリ」と考えていたのは仕方ない。そうかといって、カントリーハウスに入ってから男の顔がみんな同じなんてことがあり得るの？そして、何よりも奇妙な裸の男は一体ナニ？これはひょっとして、ハーパーの潜在意識の中にある何らかの存在が、幻想として登場しているの？

『MEN 同じ顔の男たち』DVD
発売元：株式会社ハピネットファントム・スタジオ
販売元：株式会社ハピネット・メディアマーケティング
価格：4,290円（税込）　発売中

本作のイントロダクションには、「ラストへと展開する怒濤の２０分は永遠のトラウマになること必至」と書かれている。そんな怒濤の２０分は、あなたの自身の目でしっかりと。

２０２２（令和4）年１２月２８日記

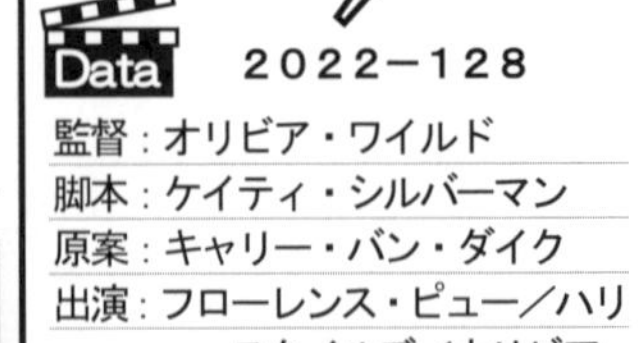

監督：オリビア・ワイルド
脚本：ケイティ・シルバーマン
原案：キャリー・バン・ダイク
出演：フローレンス・ピュー／ハリー・スタイルズ／オリビア・ワイルド／ジェンマ・チャン／キキ・レイン／ニック・クロール／クリス・パイン

みどころ

シャルル・フーリエやロバート・オウエンの"空想的社会主義"をはじめ、ユートピアを求める人類の夢、欲望（？）は強い。しかして、本作冒頭に見る、すべての住人に完璧な生活を保障する理想郷"ビクトリー"とは？

日本国憲法は、第９条を含めて本当は少し奇妙だが、ビクトリーが定める４つのルールはもっと奇妙。ある日、「この町は、どこかヘン！」と感じた若妻はどんな行動を？

巨匠ヒッチコックのスリラーは追っかけ劇が面白いが、"ユートピア・スリラー"たる本作は、理想的な町の姿とは裏腹な怖さがポイント。それを如何に演出するかが腕の見せ所だから、その成否に注目！そして、あなたは本作に設定された各種の伏線にどう回答し、ラストのド派手なカーチェイスによる脱出劇をどう評価？

――＊――＊――＊――＊――＊――＊――＊――＊――＊――＊――

■□■ユートピア・スリラーの名作が誕生！■□■

"極限のラビリンス・スリラー"を売りにしたベルギー、デンマーク、アイルランド映画『ビバリウム』（１９年）（『シネマ４８』２８３頁）は、"ワケあり物件"に案内された若夫婦が否応なく巻き込まれる迷宮を描いた面白い映画だった。それに対して、本作冒頭に描かれるのは、米国カリフォルニア州の砂漠地帯に建設された街、ビクトリー。これは、フランク（クリス・パイン）が創設した、「すべての住人に完璧な生活を保証する」という壮大な目的を実現させたユートピアだ。

今、そんな街で住人たちと共にパーティーに興じている美女がアリス（フローレンス・ピュー）。このフローレンス・ピューは、私が見逃した『ミッドサマー』（１９年）で脚光を浴びた２０代の若手としては世界トップクラスの女優で、『ストーリー・オブ・マイライ

フ　わたしの若草物語』（１９年）（『シネマ４７』１０頁）では、第９２回アカデミー賞助演女優賞を受賞している。したがって、本作冒頭に見るダンスシーンも、愛する夫ジャック（ハリー・スタイルズ）との大胆なベッドシーンも堂々と演じているうえ、中盤から後半、そしてクライマックスに向けて、恐怖と欲望が入り乱れる“ユートピア・スリラー”のヒロインとして見事な活躍を見せるので、それに注目！

■□■理想郷が定める４つのルールとは？■□■

時の権力から離れ、自分たちの力だけで理想郷を建設しよう。そんな活動は、シャルル・フーリエやロバート・オウエンの空想社会主義という形で現実に起きたが、その結末は？

本作冒頭に見るフランクが建設した理想郷ビクトリーには、次の４つのルールがあった。

① 夫は働き、妻は専業主婦でなければならない。

② パーティには夫婦で参加しなければならない。

③ 夫の仕事内容を聞いてはいけない。

④ 何があっても街から勝手にでてはいけない。

つまり、住人はすべて「ビクトリーの憲法」とも言うべきこのルールを承認したうえで入居しているわけだが、そのルールの成否は如何に？これは一見して男女平等に反しているうえ、そもそも、夫の仕事内容を聞いてはならないとは、一体ナニ？

Don't Worry Darling (C) 2022 Warner Bros. Entertainment Inc. All rights reserved.

もちろん、それを上回る幸せが住人全員に与えられるから、全員それを遵守しているわけだが、ある日、アリスが見た隣人、マーガレット（キキ・レイン）の姿は変。そして、ある日、アリスはマーガレットが、赤い服の男たちに連れ去られるのを目撃したから、さあ大変。ここから、アリスの周りでは頻繁に不気味な出来事が起きるようになったうえ、それを自らの力で解明しようとするアリスにはさまざまなヤバイ事態が！

■□■墜落する飛行機を目撃！これは現実？それとも夢？■□■

マーガレットからアリスに告げられたメッセージは、「この街にいてはダメ」、というもの。しかし、フランク主催のパーティに参加している夫婦は、ジャックを含めてすべてがフランクの演説に聞き惚れていた。一人一人の心の中に直接入り込んでくるような彼の演説は、まるでトランプ大統領のそれと同じ！？しかし、ある朝、キッチンに立つアリスが卵を割るのではなく握りつぶしてみると、その中身は空っぽで、黄身も白身も入っていなかったからアレレ。それは一体なぜ？

本作では、何度も朝食に出るコーヒーやトーストの姿がクローズアップで映されるが、それは一体なぜ？マーガレットのメッセージを聞いたうえ、そんな卵の体験をすると、アリスの心の中にも少しずつ「この街は何かが変！」と思う気持ちが生まれてくることに。それが決定的になったのは、ある日、気分転換のためバスに乗って外出したアリスの目に、飛来した飛行機が山の向こうに墜落していく姿が飛び込んできたこと。アリスはパイロットを助けるべく運転手に同行を求めたが、規則がすべての運転手はそれを拒否。そのため、アリスは１人で墜落現場に向かったが、そこではじめて街の外へ出てしまうことに。そして、無我夢中でたどり着いた小高い丘の頂上には、これまで見たことのない不思議な建物があり、鏡のようなガラスに顔をつけて中を覗こうとすると、頭の中に地鳴りのようなゴォーという音が鳴り響き、たちまちアリスは気を失ってしまうことに。これは一体ナニ？そこでアリスの身に起きたハプニングとは？

Don't Worry Darling (C) 2022 Warner Bros. Entertainment Inc.

気が付いたアリスは自宅でジャックに介抱されていたが、一体私の身に何が起こったの？以降、アリスは度々、悪夢を見るようになったうえ、ある日、マーガレットが屋根の上で喉をかき切り、赤いつなぎの男たちに連れ去られるという恐ろしい姿を目撃することに。

■□■私が狂ってるの？それとも周りが変なの？■□■

かつて「日本の常識は世界の非常識」という言葉が流行ったが、私は個人としても弁護士としても「普通は・・・。」という言葉が大嫌い。弁護士としては、証拠に基づく事実だけが真実だということを５０年近く学び、実践してきた。しかし、個人としてさまざまな社会問題に接していると、証拠に基づかない憶測だけ、伝聞だけの話が実に多くまかり通っていることがよくわかる。

例えば、コロナをめぐって、マスク着用の必要性が叫ばれたのは当然だが、今やマスクの着用は各自の判断とされている欧米に比べると、日本人のマスク着用率は極めて（異常に？）高い。これは、右にも左にも車が全くいないのに、赤信号だから止まるのが当然と考え実践している日本人が多いのと同じで、私には全く不可解だ。これだから、日本人は戦争の時代には、鬼畜米英、一億総玉砕と叫び、戦後は一転して民主主義バンザイ、憲法９条を守れ、と揃って合唱しているわけだ。

今やさまざまな真実の姿を目撃したアリスは、この街が変なことに確信を持っていたが、ジャックをはじめ、周りの人はすべて逆。アリスの言葉を妄想だと断じ、場合によれば狂人扱いまで・・・。そんな中、連日にわたって奇妙な体験に苛まれ続けるアリスは、今や見ているものが、幻覚なのか現実なのかもわからなくなっていた。この街が普通でないことは確かだ。しかし探れば探るほど、自分が狂人扱いされ、窮地に立たされていく。本作中盤では、理想の街ビクトリーにおける、そんな恐ろしい姿をじっくりと。

Don't Worry Darling (C) 2022 Warner Bros. Entertainment Inc. All rights reserved.

■□■ラストの脱出劇は？アクション全開の大活躍に注目！■□■

私は近時話題になった『ミッドサマー』（１９年）も『ゲットアウト』（１７年）も観ていないが、同作で衝撃を受けた人には、"同じ志向性"を持った（？）本作はお薦めらしい。つまり、本作は「体験したことのない刺激を味わいたい」とか、「自分が目覚めるような衝撃的な物語を観たい」と願う人々には、絶好の内容になっているらしい。

ちなみに、理想郷たるビクトリーの中でただ一人おかしな主張を繰り返し、「頭がおかしくなったのでは？」と疑われたアリスは注射を打たれ、隔離されてしまったから万事休す。アリスが狂っているの？それともリーダーのフランク以下、町の住人すべてが狂っているの？それは相対的な問題だから、圧倒的多数の住人が、たった一人のアリスを監禁して口を封じてしまえばそれですべてが終わってしまうのはやむを得ない。しかし、それでは映画は成り立たないから、本作最後にはアリスの奇跡の脱出劇と、それが成功していく姿が描かれることになるはずだ。そう思っていると、案の定、本作ではアリスが運転する車を中心に、圧倒的なカーアクションによる奇跡の脱出劇が描かれるので、それに注目！

今や車はすべてがEVになろうとしている上、機能一辺倒のコンパクトカーが圧倒している。しかし、かつて馬から車社会に変わろうとしていた時代のアメリカの車は、バカでかく、ガソリンをまき散らしながら走る遊び心いっぱいの乗り物だった。フランクが創設した理想郷ビクトリー内を走る車は、すべてそんな古き良き時代を思い出させる大型のクラシックカーばかりだから、その出力は抜群。それをぶっ飛ばせば、ひょっとしてフランスのリュック・ベッソン監督が描いた『TAXi』（９８年）シリーズの世界観を上回るカーアクションが・・・？

そんなカーアクションを楽しみながら、アリスのビクトリーからの脱出劇をしっかり確認したい。

■□■卵の中身は？地鳴りの正体は？夫の仕事は？■□■

私は知らなかったが、近時話題になったジョーダン・ピール監督の『NOPE』（２２年）を巡っては、鑑賞後のさまざまな論点についての考察がSNS上を賑わしたらしい。それと同じように、さまざまな箇所に、さまざまな伏線を仕掛けている本作では、その意味について、SNS上での考察が盛り上がっているらしい。本作の伏線（論点）はいろいろあるが、その代表的なものは①アリスが握りつぶした卵の意味は？②地鳴りの正体は？③夫たちの仕事は？というものだ。

本作では、スクリーン上でこれらの答えを見せないところがミソ。その謎が深まれば深まるほど、SNS上の投稿が増えてくるのは当然だ。それはあたかも、中東の湾岸地域にあるカタールで開催されている２０２２年ワールドカップ（W杯）における１１月２３日の日本VSドイツ戦で日本が奇跡の勝利を挙げると、一気に森保監督の人となりを褒め称え、日本の戦術を持ち上げる議論がSNS上で盛り上がったのと同じだ。なるほど、映画をヒットさせるにはこんなやり方もあったのか！トランプ前大統領も２０２４年の大統領選挙への立候補を表明した以上、本作に見る、そんな戦術をしっかり学習しなければ。

【初回仕様】ドント・ウォーリー・ダーリン ブルーレイ&DVDセット(2枚組/ポストカード付)
発売元：ワーナー ブラザース ジャパン(同)
価格：5,280円（税込）　発売中

２０２２（令和４）年１１月２８日記

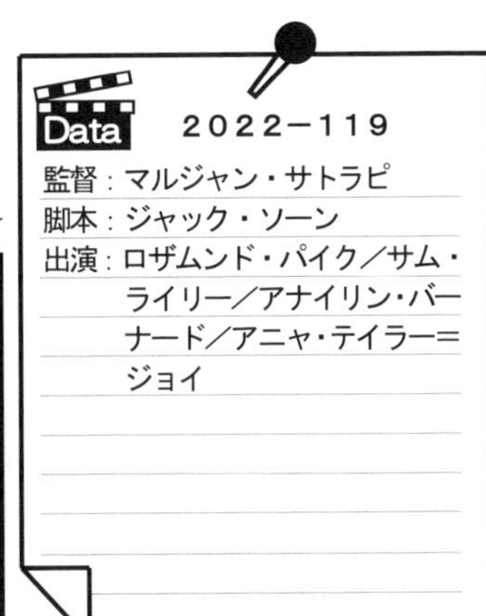

みどころ

日本では断然、織田信長、豊臣秀吉、徳川家康の「伝記モノ」が面白い。『三国志』に見る劉備・関羽・張飛の３人そして曹操・孫権ら、英雄豪傑の「伝記モノ」も面白い。しかし、科学者の「伝記モノ」は？

私が中高時代に苦手だった物理と化学でノーベル賞を２度も受賞したキュリー夫人は有名だが、私には縁遠い存在。そう思っていたが、ソルボンヌ大学で女性差別されている姿を見ると？そして、ピエール・キュリーとの共同研究の中で結婚、出産していく、その愛と情熱の姿を見ると・・・？

ラジウムの発見によって実現したレンドゲン撮影やがん細胞退治の技術は素晴らしい。しかし、それが軍事利用されると・・・？

核には戦略核と戦術核がある。連日のウクライナ情勢の報道の中、そんな知識も深まりつつあるが、本作はその警鐘となるはず。本作ではそんなメッセージもしっかりと。

■□■科学者の伝記モノは切り口次第。この監督の切り口は？■□■

「伝記モノ」は切り口次第。それは司馬遼太郎のさまざまな小説を読めばすぐにわかる。その代表は、坂本竜馬を描いた。『竜馬が行く』と日露戦争をバックに、秋山好古・真之兄弟と正岡子規の３人を描いた『坂の上の雲』だ。原泰久が書いたコミック『キングダム』の大ヒットによって『三国志』が若者にも読まれているが、『三国志』に登場する劉備・曹操・孫権や関羽・張飛・孔明たちは切り口によっていかようにもなる「伝記モノ」の代表だ。とりわけ、それは英雄豪傑について、また戦争モノについてはっきりしている。

それに対して、同じ「伝記モノ」でも科学者のそれは、切り口に多様性のないのが普通。日本人科学者の「伝記モノ」の代表は野口英世だが、西欧の科学者の「伝記モノ」の代表はアインシュタインやエジソン。女性に限れば、何と言ってもキュリー夫人だ。彼女は１９０３年にノーベル物理学賞を、１９１１年にノーベル化学賞を受賞しているすごい女性だ。物理と化学は中・高校時代に私が最も苦手にしていた科目だから、はっきり言って、私には彼女の業績のすごさを理解することはできないが、ラジウムとポロニウムという２つの新しい元素を発見したことくらいは知っている。たしかに頭は良かったのだろうが、そんな彼女はきっと研究室に閉じこもった、ド近眼のブス女！私は勝手にそう決めつけていたが、それは偏見・・・？

■□■原題「RADIOACTIVE」。なるほど、なるほど！■□■

核兵器には戦略核と戦術核があり、ウクライナ戦争において、もしロシアが核兵器を使うとすれば、それは戦術核。広島、長崎へ投下された原爆は空中で爆発したから放射能が周囲に飛散したが、直接地上に落下させる核なら放射能の飛散は少ない。連日 TV で報道されているウクライナ情勢についての識者たちの解説を聞いていると、そんな知識もしっかり身についてくる。

本作の原題は「RADIOACTIVE」だが、それはラジウムのこと。本作は、導入部で、ポーランド出身の若き女性研究者マリ・スクウォドフスカ（ロザムンド・パイク）がソルボンヌ大学で女性差別を受け、ろくに研究の機会を与えられない姿とともに、それにトコトン立ち向かう、トコトン気の強い女の姿が描かれる。そんな女に興味を持つ男は普通いないはずだが、「伝記モノ」の主人公になるような女性には、神様も粋な計らいをするらしい。

本作ではそんなマリに興味を示し、共同研究という形で、協力を申し出た科学者ピエール・キュリー（サム・ライリー）の姿が描かれる。この運命的な出会いによって、マリはピエールと結婚し、キュリー夫人になって研究に邁進するわけだが、彼の協力の下にラジウムとポロニウムという新しい元素を発見し、ノーベル賞候補になるというストーリーはわかりやすい。それが、イラン生まれで、１４歳の時に亡命したマルジャン・サトラピ監督の演出のなせる技だから、前半ではそれに注目。なるほど、こんな演出をしているから、本作の原題は「RADIOACTIVE」。

■□■邦題の副題は？そこに本作の狙いがはっきりと■□■

他方、本作の邦題は、『キュリー夫人　天才科学者の愛と情熱』という長ったらしい副題がついている。近時、原題はシンプルでエッセンスだけを表現しているのに、邦題は分かりやすいけれども、長ったらしい説明つけるものが多い。私は基本的にそれに反対だが、それはどんな映画かをわかりやすく示し、１人でも多くの観客に見てもらうための営業戦略だから、ある程度仕方がない。しかし、本作については、この邦題はグッド。それは前半でもある程度わかるが、とりわけ本作後半を見ればバッチリだ。

キュリー夫人は生涯独身を貫いたオールドミスではなく、最愛の男性と結婚し、女の子２人を産み、長女は母親と同じ科学者に成長し、母親と同じノーベル賞まで受賞したというからすごい。しかし、ある日ピエールが不慮の事故で死んでしまった後のキュリー夫人の愛と情熱は・・・？

■□■夫婦像は？夫婦仲は？夫婦喧嘩は？■□■

夫唱婦随は理想的な夫婦像の１つの姿。中国では、夫が死亡すれば「妻は子に従うべし」があるべき姿として教えられてきた。しかし、２１世紀の今、それらを真正面から推奨する時代ではない。しかし、マリとピエールが１回目のノーベル賞を受賞した１９０３年は、フランスといえども、さまざまな女性差別があったのは当然。日本ではちょうど日露戦争が始まる前の年だから、明治時代の男尊女卑の思想が定着していたのは当然だ。そんな時代状況下のピエールとマリが共同研究を続ける中で互いの愛を確認し結婚に至る姿は、互いを対等のパートナーと認めた（むしろマリが上位）上のことだから、当時としては珍しいパターンだ。

しかも、長女イレーヌが生まれる中での共同研究だから、そんな結婚はなおさらすごい。もっとも、ノーベル賞の受賞式への参加をめぐっては、ピエールがかなりマリに気を遣っていたことがわかるだけに、帰国後にマリから文句をつけられたピエールは可愛そうだ。そこでの夫婦喧嘩におけるお互いの言い分を聞いていると、弁護士の私には、明らかにピエールの方に分があると思ってしまう。

もっとも、それはどこの夫婦でもある、ほんのちょっとした行き違いで、基本的にピエールとマリの夫婦仲はずっと円満だったらしい。ピエールの浮気も、マリの浮気もなかったのは当然。しかし、研究の中で喉の異変を訴え、喀血が続いていたピエールが、ある日、不良の交通事故で死んでしまうと・・・？

■□■不慮の死の後は？子供たちとの仲は？■□■

いくら気の強いマリ（キュリー夫人）でも、さすがにピエールの死はこたえたらしい。研究にも身が入らず、このまま廃人になってしまうのではないか、と心配されたが、そこで“お助けマン”として登場したのが、同僚のポール・ランジュバン（アナイリン・バーナード）。折に触れて落ち込んでいるキュリー夫人を励ましていたポール・ランジュバンだったが、アレレ、そんな親切が次第に愛に変わっていくとは・・・。なるほど、マリの愛と情熱は大したものだ。そのうえ、空席となったソルボンヌ大学の教授の地位がキュリー夫人にも与えられる可能性が生まれてくると・・・？

他方、「カエルの子はカエル」とはよく言ったもの。二世議員には批判の声が強いが、藤圭子、宇多田ヒカル母子のような二世歌手や美濃部達吉、美濃部亮吉、父子のような二世学者についての批判は全くない。それと同じように、二世科学者にも何の問題もないが、本作後半に見るキュリー夫人と長女イレーヌ（アニャ・ティラー＝ジョイ）との共同研究の姿は素晴らしい。

その上、ストーリー終了後は、字幕でイレーヌも夫とともにノーベル賞を受賞したことが表示されるからさらにすごい。まさに、本作冒頭に見る研究室でマリ（キュリー夫人）が死に至る風景を見ても、一生現場主義を貫いたキュリー夫人＝天才科学者の愛と情熱の人生は素晴らしい、の一言だ。

■□■放射能は危険！本作にはそんなメッセージが！■□■

レントゲン写真は私の小学生時代からあったから、レントゲン照射には放射能被ばくの危険があることは小さい時から知っていた。しかし、ラジウムという新しい元素の発見に至るピエールとマリの共同研究の過程で、ラジウムにそんな危険があることは分かるはずがない。ラジウムを発見した後、ピエールとマリはそれに特許を求めなかったらしいが、そのためラジウムは透視術等を含む、ありとあらゆる方面から商業利用されたらしい。ラジウムの活用法として最も意義があるのは、レンドゲン写真とがん細胞の退治だが、本作では、それらがしっかり描かれるので、そのシーンからラジウムの意義をしっかり確認したい。とりわけ１９１４年から１９１８年の第一次世界大戦は国家の総力戦として戦われ、塹壕戦では多くの死傷者が発生したため、レントゲン撮影によって腕や足の切断の可否が判断できることが大いに役立ったらしい。しかし、他方で、ラジウムが、そしてまた、そこから生まれる核分裂が悪用されたら・・・？

２月２４日の侵攻からすでに８ヶ月を経たウクライナ情勢では、ロシア軍の敗色が濃くなる中、戦術核の使用が現実的なリスクとして議論され始めている。２０１１年3月１１日の福島第一原子力発電所事故もひどかったが、１９８６年のチェルノブイリの原子力発電所の事故はもっと悲惨だった。そして、１９４５年の広島、長崎への原爆投下後も、東西冷戦下のアメリカのネバダでは大規模な原子爆弾の実験も行われている。しかして、本作ではそれらのシーンが次々と登場するので、それにも注目。しかし、これは一体何？これはキュリー夫人のせい？いや、いや、そんな馬鹿なことを言う人は誰もいないはずだ。すると、なぜ本作にこれらのシーンが登場するの、その賛否は分かれるだろうが、私はこんなシーンの挿入に大賛成。

本作はパンフレットの販売がなく、上映も１回のみ。新聞紙評も少ないが、私にはグッド！核戦争のリスクが現実化している今、キュリー夫人の愛と情熱の中から何かをしっかり学びたい。

２０２２（令和4）年１０月２５日記

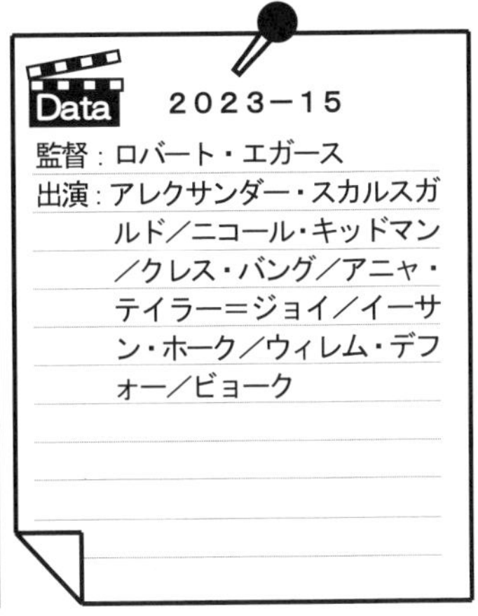

みどころ

“ノースマン”って一体ナニ？また、“スカンジナビア神話”である“アムレート伝説”って一体ナニ？

父王を毒殺して王位に就き、母親を妃とした叔父に対する、甥からの復讐物語が『ハムレット』だが、その“原型”がここにあったとは！

“ヴァイキング”の勇猛ぶり（野蛮ぶり？）は有名だが、本作に見る暴力と殺戮のサマはすごい。「これぞ決闘！」と断言できるハイライトを含めて、“導かれし復讐者”＝アムレートの生きザマと死にザマを、しっかり考えたい。

——＊——＊——＊——＊——＊——＊——＊——＊——＊——＊——

■□■ノースマンとは？ヴァイキングとは？■□■

『ノースマン　導かれし復讐者』という邦題を見ただけでは、「ノースマン」って一体ナニ？と思ってしまう。しかし、右手に剣を、左手に手斧を持った、上半身裸の屈強な大男、アムレート（アレクサンダー・スカルスガルド）の姿を見れば、本作がヴァイキング映画だということがわかる。

ヴァイキングとは、ウィキペディアによると、「ヴァイキング時代（Viking Age、８００年—１０５０年）と呼ばれる約２５０年間に西ヨーロッパ沿海部を侵略したスカンディナヴィア、バルト海沿岸地域の武装集団を指す」とされている。ヨーロッパの文明がギリシャ、ローマを中心に発達したのは、南ヨーロッパのそこは気候が温暖で農作物が豊か、さらに海に面していたから海の魚も豊かだったためだ。それに対して、スカンジナビア半島は寒いから、文明の発達が遅れたのは仕方ない。したがって、ヴァイキングが活躍した１０世紀頃のスカンジナビア半島やアイスランドは、なんとも野蛮な国！

ちなみに、そんな時代、主人公のアムレートたちが信仰していた宗教は？そんな目で、本作を検証してみるのも一興だ。

■□■三大悲劇の一つ『ハムレット』の原型がここに！■□■

シェイクスピアが１６０１年頃に書いたとされる、『ハムレット』は、「デンマークの王子ハムレットが、父王を毒殺して王位に就き母を妃とした叔父に復讐する物語」だが、それには本作が描く「アムレート伝説」という原型があったらしい。本作を監督したロバート・エガースは、共同脚本を書いたショーン、ロバート・エガースと共に、①スカンジナビア神話、②アイスランドの英雄譚、そして③アムレート伝説を融合した物語を、本作で完成させたわけだ。

(C) 2022 Focus Features LLC. All Rights Reserved.

しかして、本作は「導かれし復讐者」というサブタイトルのとおり、叔父のフィヨルニル（クレス・バング）に、父親のオーヴァンディル王（イーサン・ホーク）を殺されたうえ、母親のグートルン王妃（ニコール・キッドマン）まで奪われてしまった一人息子のアムレートが、フィヨルニルに復讐を果たすという物語だ。フィヨルニルはオーヴァンディル王の弟だから、なるほど、このストーリーは『ハムレット』そのものだ。

本作冒頭、凱旋して帰国したオーヴァンディル王を、国を挙げて歓迎するシークエンスが描かれるが、そこで忠誠を示していた国王の弟・フィヨルニルが、ある日突然、オーヴァンディル王を殺害。彼は１０歳の一人息子アムレートの殺害も命じたが、アムレートは何とかボートで島を脱出。その途中、彼は殺された父親の復讐と奪われた母親の救出を呪文のように唱え続けたが、１０歳の少年の力では、それはとてもとても・・・。

■□■復讐物語がスタート！同伴の美女は？■□■

(C) 2022 Focus Features LLC. All Rights Reserved.

２０２２年2月２４日のロシアによる侵攻から間もなく１年を迎えるウクライナは、広大な国土を持った穀倉地帯だが、１０世紀頃はキエフ大帝国と呼ばれていた。しかして、その当時のヴァイキングはそんな東ヨーロッパまで進出して略奪行為をしていたそうだから、今のロシア以上に野蛮だ。

父を殺された当時１０歳だった

アムレートも、それから数年後の今は、東ヨーロッパ各地で略奪を繰り返す獰猛なヴァイキング戦士の一員となっていた。そしてある日、スラブ族の預言者（ビョーク）と出会い、フィヨルニルがアイスランドで農場を営んでいることを知った彼は、己の運命と使命を思い出し、奴隷に変装して奴隷船に乗り込んで、叔父の農場に潜り込むことに成功！そんな彼の側には旅の途中で親しくなった、奴隷女のオルガ（アニャ・テイラー＝ジョイ）がいたが、さてこれからの２人の運命は？

■□■暴力と殺戮のサマと美術班に注目！前作とは大違い！■□■

本作の監督は、『ウッチ』（１５年）（『シネマ４０』未掲載）と『ライトハウス』（１９年）（『シネマ４９』４２頁）のロバート・エガー。『ライトハウス』は、孤島の中での男２人の異様な人間関係を執拗に描いた面白い映画だったが、本作はそれとは大違いの、暴力と殺戮のオンパレードだから、その違いにビックリ！しかも、ヴァイキング時代の物語だけに、宗教や祈祷のシーンにおいても、スカンジナビア神話に基づく（？）さまざまな神話が登場するので、その異様さにもビックリ！そんな本作では、美術の担当者が重要だから、その出来具合を含めてしっかり鑑賞したい。

■□■母親の救出はお門違い？男は単純だが、女は複雑！？■□■

私が本作を観ようと思ったのは、私の大好きな女優、ニコール・キッドマンが出演しているから。しかし、本作では、前半、中盤を通じて、国王の妻でアムレートの母親であるニコール・キッドマン演じるグートルン王妃は、ほんのちょっとしか登場しない。そればかりか、預言者役のビョークやアムレートと共にともにアイスランドに渡る奴隷女オルガの方が頻繁に登場するから、アレレ？ところが、やっとアムレートがフィヨルニルを探り当てて、復讐劇に着手し、フィヨルニルの館に住む、母親のグートルン王妃を救出しようとすると・・・？

そこから始まるグートルン王妃の告白は、なんとも意外なもの。なぜなら、それは、王の妻であったグートルン王妃は、王に愛想をつかし、自ら王の弟のフィヨルニルに乗り換えた、というものだったからだ。もちろん、観客にはオーヴァンディル王とフィヨルニルのどちらが国王にふさわしい人物だったのかはわからないが、両者をよく知っているグートルン王妃がそう判断したのなら、きっとそれが正しかったのだろう。すると、１０歳の時に父親が殺されるのを目

の前にしながら、命からがら逃げ出し、叔父のフィヨルニルへの復讐と母親のグートルン王妃の救出を誓って、今日まで頑張ってきたアムレートの努力は、一体何だったの？本作後半には、そんな悩ましい人間ドラマ（？）も登場するので、そこでは、それまでのアムレートの生きザマについても、じっくり考えたい。

■□■これぞ決闘！巌流島は一瞬だったが、本作は？■□■

『ハムレット』の原型になった"アムレート伝説"を映画化した本作では、スカンジナビア神話をいかに映像（美）に反映させるかについて、"美術班"が重要であることは前述した。その重要性は、本作ラストのクライマックスになる、アムレートとフィヨルニルの決闘シーンで再浮上してくるので、それに注目！

リドリー・スコット監督の『最後の決闘裁判』（２１年）（『シネマ５０』１１７頁）は、妻の強姦を巡って、中世ヨーロッパで行われていた決闘裁判に注目した面白い映画だったが、その決闘ぶりは迫力満点だった。他方、日本で有名な、宮本武蔵と佐々木小次郎が対決した「巌流島の決闘」は、"そこに至る経過"や"その後の武蔵の生きザマ"は面白いものの、決闘自体は一瞬でケリがつく、あっけないものだった。

それらの決闘に比べても、本作ラストにみる、活火山の前の溶岩が吹き出る地帯でのアムレートとフィヨルニルの、何度も何度も重い剣と盾をぶつけ合って戦う決闘は見ごたえ十分！迫力満点だ！盾もボロボロ、剣もボロボロになりながら、最後に一方は胴に、他方は首に放った剣は？白土三平の「カムイ伝」や、さいとう・たかをの「ゴルゴ１３」等の"劇画"を彷彿させる、その決闘場面の結末はあなた自身の目でしっかりと！

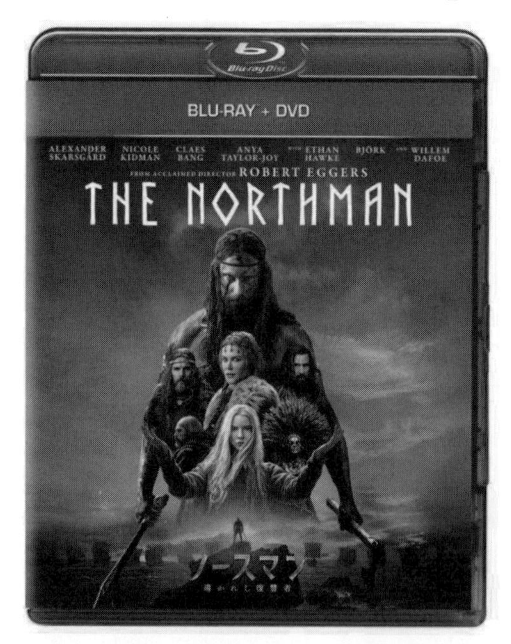

ノースマン 導かれし復讐者 ブルーレイ+DVD
発売元：NBC ユニバーサル・エンターテイメント
価格：5,280 円（税込） 発売中

こりゃ、迫力あり！こりゃ、面白い！もっとも、父王の復讐は？母親の救出は？そこらあたりの疑問点は残るが・・・。

２０２３（令和5）年2月２日記

第３章
ドイツ・フランス・イタリア・スペインなど

Data　2023－13

監督：マッティ・ゲショネック
出演：フィリップ・ホフマイヤー／ヨハネス・アルマイヤー／マキシミリアン・ブリュックナー／ジェイコブ・ディール／マルクス・シュラインツァー／ペーター・ヨルダン／ラファエル・シュタホヴィアク／サッシャ・ネイサン／フレデリック・リンケマン／ファビアン・ブッシュ／トーマス・ロイブル

みどころ

会議には閣議や役員会もあれば、弁護団会議やヤクザの幹部会もある。しかして、１９４２年1月２０日、ドイツ・ベルリンのヴァンゼー湖畔の邸宅で開催された“ヴァンゼー会議”とは？対米英戦争は、１９４１年１２月１日の御前会議で決せられたが、本作の邦題が、『ヒトラーのための虐殺会議』とされているのは、なぜ？

“ナチスの三悪人”の１人として有名な、当時３５歳のアドルフ・アイヒマンや、当時その上司だった３７歳のラインハルト・ハイドリヒはその会議でどんな役割を？そして、会議の議題は？結論は？議事録は？『１２人の怒れる男』（５７年）と同じような（？）、迫力ある会議での議論の展開はメチャ面白い。

イントロダクションには、「史上最も恐ろしいビジネス会議、開催」と書かれているが、その意義と結末をしっかり学びたい。

―――＊―――＊―――＊―――＊―――＊―――＊―――＊―――＊―――＊―――＊―――

■□■原作は議事録！ヴァンゼー会議とは？この企画に拍手！■□■

「映画製作の命綱は脚本にあり！」。これは映画づくりの大原則として昔から言われているが、その脚本は「オリジナルもの」と「原作モノ」に大別できる。他方、「原作モノ」には、一般に市販されている小説はもとより、さまざまな古典類や要点だけをまとめた原案もある。しかし、「原作モノ」の“原作”が“議事録”とは！

議事録は、会議の発言をすべて収録（記録）したものと、要旨だけをまとめたものに大別されるが、ほとんどは後者。しかし、そうなると、いかに要領よく、かつ的確に各自の発言を議事録としてまとめるかは非常に難しい作業になる。私は、１９７４年4月の弁護士登録直後から、大阪国際空港弁護団に参加し、毎回の議事録作成を担当していたから、その難しさがよくわかる。しかして、１９４２年1月２０日、１２：００～１３：３０、ドイツのベルリン、ヴァンゼー湖畔の邸宅で開催されたという、"ヴァンゼー会議"とは？タイトルは『ヒトラーのための虐殺会議』とされ、イントロダクションには「史上最も恐ろしいビジネス会議、開催」と書かれているが、それは一体なぜ？そして、その議事録は如何に？

ヴァンゼー会議の議題は「1,100万のユダヤ人絶滅政策について」。より具体的には、①移送、②強制収容と労働、③計画的殺害、の3つだ。パンフレットにある議事録（後掲資料①）には、出席者や議事録作成日、作成者等も明記されているが、肝心の（？）議事録はそこには添付されていない。

本作は、マッティ・ゲショネック監督が映画会社からヴァンゼー会議についての映画を作ろうとオファーをもらったことから企画が始まったそうだが、とにかく、その議事録に注目！そして、この企画に拍手！

■□■15名の出席者の名前と肩書きは？内部対立の有無は？■□■

会議の規模は、大人数のものから少人数のものまでいろいろだが、90分の会議で所定の議題について実質的な議論をするためには、10～20名程度の規模が適切。それ以上になると、どうしても形式的な会議になりがちだ。ちなみに、中国共産党の常務委員会は、いわゆるチャイナセブンと呼ばれる7名だし、日本の閣議は20名弱だ。また、私は約15年間、監査役として、月に一度東京で開催される株式会社オービックの取締役会に出席したが、その構成メンバーは約10名だった。

他方、閣議は、内閣総理大臣を中心に各省庁の大臣で構成されるが、ヴァンゼー会議は閣議でもなければ、ナチス党の会議でもない。あくまで、「1,100万のユダヤ人絶滅政策について」という議題を討議するために、国家保安本部長官のハイドリヒの主催で開かれた会議だから、まずは、その出席メンバーとその肩書きに注目する必要がある。しかして、ヴァンゼー会議の出席者15名の名前と肩書きは、パンフレットにある後掲資料②のとおりだ。それを大別すると、①ハイドリヒをトップとするナチス党や親衛隊の幹部、②党・首相官房局長や内務省、外務省等の官僚、③ポーランド総督府次官をはじめとする占領地の管理責任者の3グループになる。

本作導入部では、ヴァンゼー会議の出席者たちが次々と車で到着し、開始までの時間をグループ毎に軽いお喋りをしながら過ごす風景が描かれるが、それを見ていると、3つのグループの思惑がバラバラであることがよくわかる。つまり、1939年9月1日にポーランドへの侵攻を開始したナチス党率いるドイツは必ずしも一枚岩ではなく、それなりの内部対立（抗争？）もあったわけだ。

■□■37歳のハイドリヒと35歳のアイヒマンに注目！■□■

私は『ハンナ・アーレント』（12年）（『シネマ32』215頁）の評論で「ナチス・ドイツを率いたアドルフ・ヒトラーに忠誠を誓い、反ユダヤ主義を貫いた、極悪非道の「三悪人」は、まず①宣伝大臣のヨーゼフ・ゲッベルスと、②ナチス親衛隊全国指導者のハインリヒ・ヒムラーの２人が有名。そして、その３番目には、地位こそナチス親衛隊中佐と低いが、「ユダヤ人問題の最終的解決」（ホロコースト）に関与し、数百万人の人々を強制収容所へ移送するにあたって指揮的役割を担った、アドルフ・アイヒマンが挙げられる。」と書いた。

「アイヒマン裁判」は有名だから、アイヒマンに焦点を当てた「ナチスもの映画」には、①『アイヒマンを追え！ナチスがもっとも畏れた男』（１５年）（『シネマ３９』９４頁）、②『アイヒマン・ショー 歴史を映した男たち』（１５年）（『シネマ３８』１５０頁）、③『アイヒマンの後継者 ミルグラム博士の恐るべき告発』（１５年）（『シネマ３９』１０１頁）、④『ハンナ・アーレント』等がある。なぜか、ヒムラーに焦点を当てた映画を私は観ていないが、ゲッベルスに焦点を当てたナチスもの映画は、①『ナチス第三の男』（１７年）（『シネマ４３』２１０頁）と②『ゲッベルスと私』（１６年）（『シネマ４２』未掲載）等だ。他方、極悪非道の「三悪人」の中に入れられていない、ラインハルド・ハイドリヒに焦点を当てた映画は、『ハイドリヒを撃て！ 「ナチの野獣」暗殺作戦』（１６年）（『シネマ４０』１９０頁）がある。

しかして、本作が描くヴァンゼー会議の主催者になるのはそのハイドリヒだから、本作では誰よりもそのハイドリヒに注目！会議の冒頭、ハイドリヒは、「組織面、実務面、物資面で必要な準備をすべて行い、欧州のユダヤ人問題を総合的に解決せよ。関係中央機関を

参加させ、協力して立案し検討するように」とのゲーリング国家元帥の言葉を伝えて、会議目的を明確にしたうえで、さらに「ユダヤ人問題の最終解決を実施せよ」、つまり、全ユダヤ人の絶滅を目標に掲げることを示したから、彼の権限はすごい。

他方、この時ハイドリヒは３７歳だが、当時３５歳で親衛隊中佐だったアイヒマンは、会議室の設営（席順）から議事録作成に至るまで、さらには、会議中、ハイドリヒから指示された個別の事項についての説明まで、実務面をすべて担当していたから、この有能な男、アイヒマンにも注目！

■□■省庁間の権益抗争は？各自の立論は？説得力は？■□■

「省益あって国益なし。」。これは国の各部署を司る省庁が、ややもすれば自分の省庁の利益ばかりを考え、他の省庁との兼ね合いや国全体の利益を忘れてしまうことだが、このフレーズは人間や権力の本質をついた名言だ。１９４１年１２月８日に真珠湾を攻撃して、第２次世界大戦に突入した大日本帝国は、陸軍（省）と海軍（省）がそれぞれ自分の省益を主張して対立し、結局国益を誤ったが、１９３９年9月１日にポーランドを侵攻して第２次世界大戦に突入したドイツは？

本作導入部に登場するハインリヒ・ミュラー親衛隊中将が全体の座席を事前に確認する中で、気に入らない出席者を下座に移動させるシーンは面白い。ヒトラー率いるナチス党は、ヴァンゼー会議開催時は“飛ぶ鳥を落とす勢い”だったから、その会議を主催し、１，１００万人のユダヤ人絶滅政策を９０分間の会議で確立させなければならないのは当然。そんなハイドリヒやアイヒマンにとっての、鬱陶しい相手は、第１に内務省や外務省等の頭の硬い官僚たち、第2はユダヤ人の処理を受け入れる各占領地の「既に満杯です」という現実的な訴えだ。そのため、ハイドリヒとアイヒマンがまさに“異次元の対策”として打ち出したのが、“銃殺”という効率も兵士の精神にも悪いやり方に変えて、殺人ガスを使うこと。これがベストというガスの種類が決まれば、後は世界一優秀な（？）ドイツ人の気質どおり、綿密な大量殺人計画を立てればいいだけだ。どこにどうやってユダヤ人を集め、どこにどうやって移送し、どうやってガス室へ、そして、どうやってその死体処理を？そんな実務的な処理はすべてアイヒマンがお手のものだったらしい。

ちなみに、豊臣秀吉の部下には、武断派と文治派（近江派）がいた。前者の代表が加藤清正、福島正則、後者の代表が石田三成だ。石田三成は当時には珍しい有能な実務派だったから、朝鮮出兵における兵士の配置、船の手配、食糧の手配等々、すべてをやってのけたが、本作でそれと同じ能力を発揮するのがアイヒマンだから、本作ではそこに注目！

他方、会議の席で意見が食い違った場合、その場でいかなる論理を展開して相手を打ち負かすかは大切だが、それを根に持たれては困るもの。スクリーン上では、意見の対立がいくつか見られるので、それにも注目だが、最大の対立となった時に見せたハイドリヒのテクニックとは？なるほど、こんな手が！アイヒマンは実務派として優秀だったが、ハイドリヒが豊臣秀吉と同じような大所高所からの見事な判断を下す姿に脱帽！

■□■会議の意義は？閣議も役員会も虐殺会議もそれは同じ？■□■

アメリカ映画の最高傑作の１つである『１２人の怒れる男』（５７年）は、陪審員たちの陪審評議が表決に至る姿をリアルに描いたものだが、そこに見る人間ドラマは面白い。それと同じように、誤解を恐れずにハッキリ言えば、本作に見る９０分間のヴァンゼー会議の様子は実に面白い。本件はラストに、「この『ヴァンゼー会議』によりホロコーストは加速。最終的に、国民社会主義者の支配下で６００万人のユダヤ人が殺害された。」との字幕が表示される。まさに、ヴァンゼー会議は、議題とされた"１,１００万人のユダヤ人絶滅政策"を、具体化、現実化、政策化するためのものだったわけだ。そして、現実にこの会議の数年後には、字幕どおりの"成果"を出したのだから、この会議は本作の邦題とされたとおり、「ヒトラーのための虐殺会議」になったことになる。しかし、会議とはナニ？会議の意義は？それを考えると、ヴァンゼー会議は、所定の目的を達成し、その議事録は実務的に大活躍したわけだから、会議は大成功したことになる。

戦前の日本には、"御前会議"なるものがあり、日米開戦は１９４１年１２月１日の御前会議で決定されていた。また、私が監査役として約１５年間、毎月１回、東京に出張していた株式会社オービックの取締役会では、毎回一定の議題があり、毎回議事録が作成され、それに沿って会社が経営されてきた。

戦後、アメリカ式の民主主義国になった日本では、天皇は象徴であって、国政には関与しないから、閣議はもっぱら内閣総理大臣を中心に運営されるが、閣議で何をどう決定するかは、国の進路を定めるうえで極めて重要なことだ。昨年１２月には、いわゆる安保三文書の改定が閣議決定でなされたが、それをどう評価すればいいのだろうか？

このように、会議の意義を考えればいろいろあるが、所詮、会議の目的は同じだから、閣議も役員会も、弁護団会議やヤクザの幹部会も、そしてヴァンゼー会議も、その意義は同じ！？したがって、それをあえて「ヒトラーのための虐殺会議」と名付けてみても、あまり意味はないのでは？もっとも、そのことは、ヴァンゼー会議で何がどのように議論され、その結論がどのように実行されたのかを評価することの重要性を否定するものではない。そんな視点で本作をじっくり検証したい。

ちなみに、"悪の陳腐さ、凡庸さ"をテーマにした映画『ハンナ・アーレント』では、アイヒマンが世上で言われるような極悪非道の男ということに疑問が投げつけられていたが、本作のアイヒマンの有能さを見ると・・・？石田三成は天下分け目の関ヶ原の戦いで徳川家康と戦い、同じ豊臣秀吉の部下だった加藤清正、福島正則らも敵に回して敗れ、殺されたが、それに比べるとアイヒマンは？私はついそんなことも考えてしまったが、さてあなたは？

２０２３（令和5）年1月３０日記

資料①　【『ヒトラーのための虐殺会議』パンフレットより】

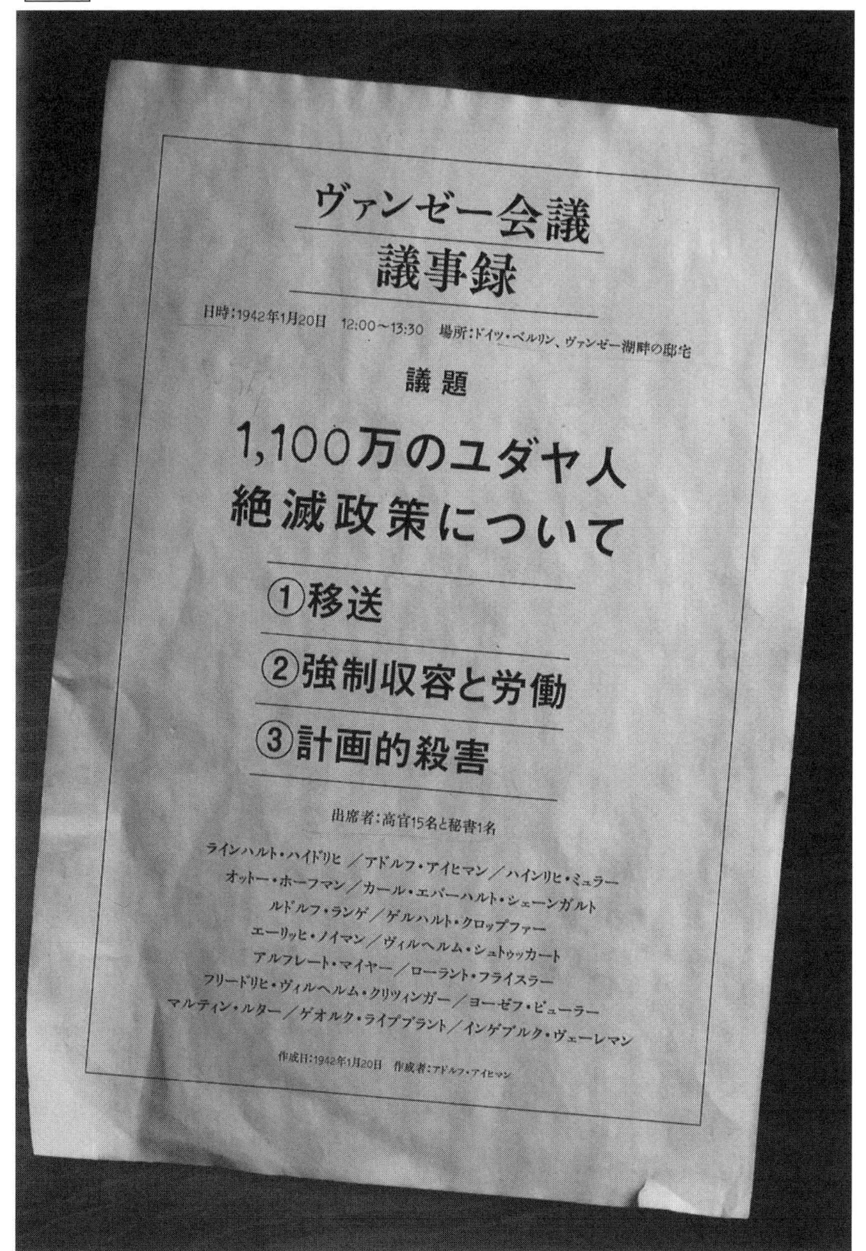

ヴァンゼー会議
議事録

日時：1942年1月20日　12:00～13:30　場所：ドイツ・ベルリン、ヴァンゼー湖畔の邸宅

議題

1,100万のユダヤ人
絶滅政策について

①移送

②強制収容と労働

③計画的殺害

出席者：高官15名と秘書1名

ラインハルト・ハイドリヒ／アドルフ・アイヒマン／ハインリヒ・ミュラー
オットー・ホーフマン／カール・エバーハルト・シェーンガルト
ルドルフ・ランゲ／ゲルハルト・クロップファー
エーリッヒ・ノイマン／ヴィルヘルム・シュトゥッカート
アルフレート・マイヤー／ローラント・フライスラー
フリードリヒ・ヴィルヘルム・クリッツィンガー／ヨーゼフ・ビューラー
マルティン・ルター／ゲオルク・ライブブラント／インゲブルク・ヴェーレマン

作成日：1942年1月20日　作成者：アドルフ・アイヒマン

資料②　【『ヒトラーのための虐殺会議』パンフレットより】

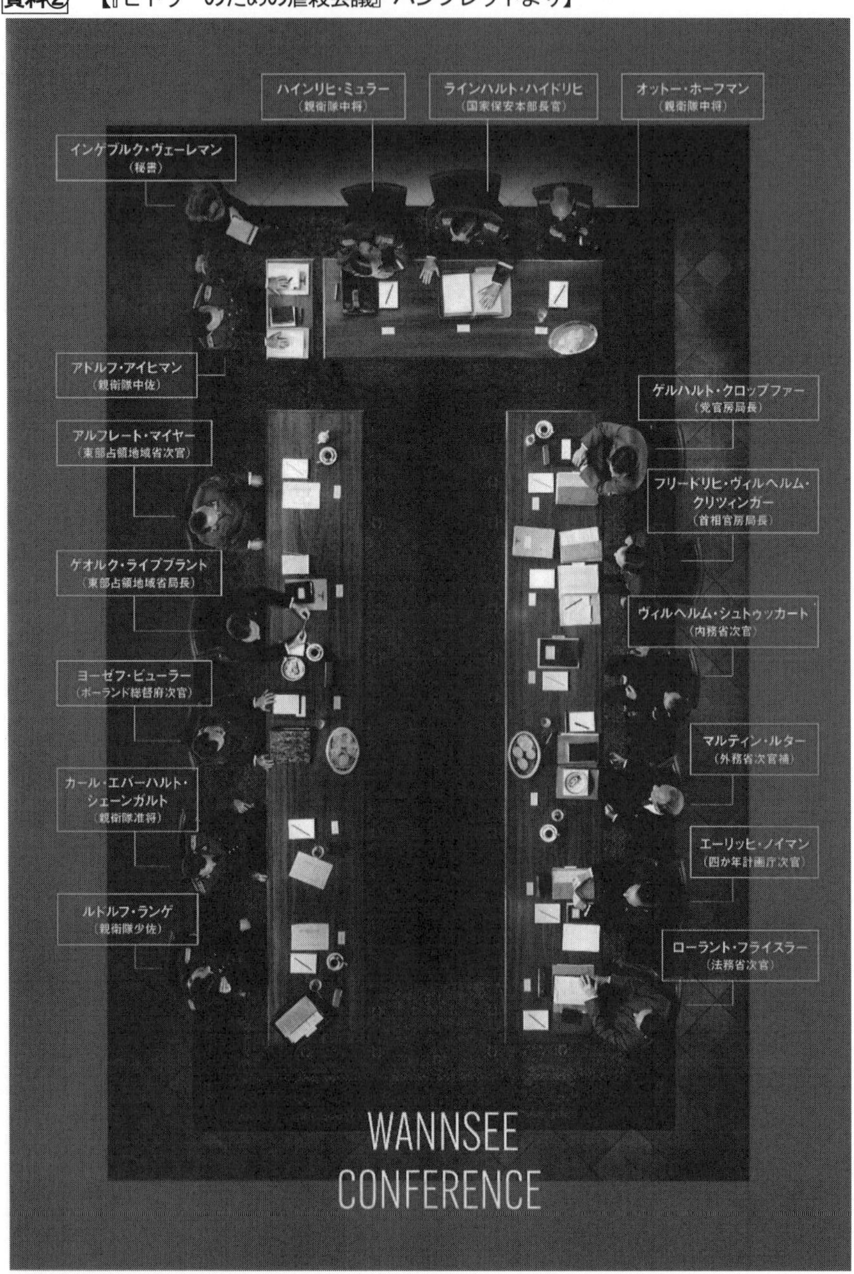

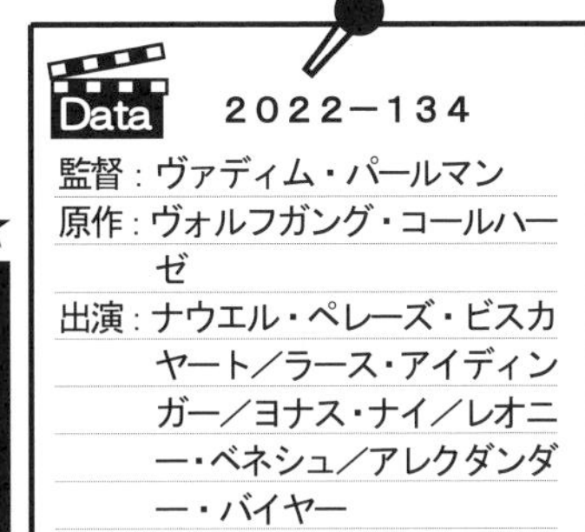

みどころ

語学の学習は難しい。ペルシャ語のマスターには努力と根気が不可欠だ。すると、ナチス親衛隊ながら、戦後テヘランでレストラン開店を目指している生真面目なコッホ大尉なら！やっと見つけた教師・ジルは本当にペルシャ人？それとも、ユダヤ人が生き延びるために真っ赤な嘘を？

構想は面白いが、それを物語とし、映画化するのは到底無理。私はそう思ったが、何の何の。違和感は全くなく、緊張の連続する物語は見応え十分だ。

『聖なる嘘つき　その名はジェイコブ』（９９年）のラストは感動の涙を誘ったが、本作のラストは？ジルの脱出成功は万々歳。他方、スーツ姿でテヘラン空港に降り立ったコッホは、「レストランを開くためにここに来た」、と自慢のペルシャ語で説明したが・・・。

——＊——＊——＊——＊——＊——＊——＊——＊——＊——＊——

■□■“ホロコーストもの”初の“バディもの”が登場■□■

私は、自著『ヒトラーもの、ホロコーストもの、ナチス映画大全集　－戦後７５年を迎えて－』（２０年）の中に計７２本を収録したが、“バディもの”は一つもなかった。今年のNHK大河ドラマ『鎌倉殿の１３人』は三谷幸喜が脚本を書いた、北条義時を主人公とした群像劇だが、彼には『笑の大学』（０４年）（『シネマ6』２４９頁）という“バディもの”の名作がある。

同作の時代は昭和１５年。治安維持法に基づく思想統制や検閲制度によって「表現の自由」が抑圧されていた嫌な時代だ。同作の一方の主人公は笑いを憎む検閲官の向坂。他方の主人公は笑いを愛する劇作家の椿だから、その相性は最悪だ。また、舞台は大衆芸能のメッカ、浅草だが、スクリーン上のほとんどは向坂と椿の対話劇で構成される密室劇だ。向坂から、「外国人の登場はダメ。」と要求されると、椿は仕方なく『ロミオとジュリエット』を「貫一とお宮」に変更したが「接吻場面はダメ。」と要求されると・・・？三谷幸喜の演出によるそんな“バディもの”は面白かったが、まさか“ホロコーストもの”に、“バディもの”が登場してくるとは！

ヴォルフガング・コールハーゼの短編にインスピレーションを受けて脚本を書いたという『ペルシャン・レッスン』と題された本作は、強制収容所に収容されたユダヤ人青年ジル（ナウエル・ペレーズ・ビスカヤート）とナチス親衛隊のクラウス・コッホ大尉（ラース・アイディンガー）の“バディもの”だ。立場が正反対のジルとコッホ大尉の間でバディものが成立したのは、ペルシャ語を学ぼうとしていたコッホ大尉が、ペルシャ人と偽ったジルからレッスンを受けることになったためだ。検閲官と劇作家の間では力関係は圧倒的に検閲官が上だが、捕虜収容所の中での優劣は当然コッホ大尉が上。しかし、ペルシャ語学習の先生と生徒という立場になれば・・・？

■□■ウソは悪い？いやいや、嘘にはいい嘘も必要な嘘も！■□■

嘘つきは泥棒の始まり！この言葉に代表されるように嘘はダメ。それは親が子供に教える最初の価値観だ。しかし、本当に嘘は悪いことなの？いやいや、嘘にもいい嘘も！さらに、必要な嘘も！そのことは、ホロコーストものの名作中の名作『聖なる嘘つき　その名はジェイコブ』（９９年）（『シネマ１』５０頁）を見れば、よくわかる。また、本作導入部のストーリーを見ても、占領下のフランスでナチス親衛隊に捕らえられたユダヤ人たちが全員射殺されていく中、咄嗟に「俺はペルシャ人だ！」と嘘をついたユダヤ人青年のジルが一命を取り留めたのは嘘のおかげ。彼は、その証拠としてペルシャ語の本を掲げたわけだが、この本はトラックの中でサンドイッチを欲しがるペルシャ人と交換して貰ったものだ。それがそんな形で役に立つとは！

さらに、収容所に連行されコッホ大尉から「ペルシャ語を喋れ！」と言われたジルは、本の持ち主から唯一聞いたて覚えていた「Bawbaw は父親」と答えたからすごい。「もっと話せ！」と要求するコッホ大尉に対して、ジルは母親は「アンタ」など、その後は咄嗟に思いつくまま、でたらめな単語を並べることで、無事その場を切り抜けることに。その結果、将来テヘランでレストランを開くべく、今からペルシャ語を学びたいコッホ大尉から「ペルシャ語を教えてくれ」という意外なお願いが！なるほど、なるほど。だから、本作のタイトルは『ペルシャン・レッスン』に。これは面白そう。

しかし、いかにもドイツ軍人らしく真面目に生きようとするコッホ大尉は、「読み書きはできなくて良い。１日４単語ずつ覚えれば、１週間で２８単語、１カ月で１２０単語、１年で約１５００単語。終戦まであと２年はかかるから、２０００単語以上は覚えられる。」というから、このレッスンは大変だ。

■□■ジルの職場は？彼のレッスン法は？■□■

第二次世界大戦中のドイツの捕虜収容所を舞台にした『大脱走』（６３年）では、野球の好きなヒルツ（スティーブ・マックイーン）はグラブとボールで遊ぶ余裕があった。しかし、アウシュヴィッツをはじめとするユダヤ人の捕虜収容所ではそれは無理。すべての捕虜収容所はガス室に通じていたが、そんな中でもユダヤ人には“ゾンダーコマンド”という職場（特殊部隊）があったことを、私は『サウルの息子』（１５年）ではじめて知った（『シネマ３７』１５２頁）。それと同じように、本作では、コッホ大尉から“ペルシャ語の教師”という身分を与えられたジルが、更に調理室での料理人という職場を与えられたのでビックリ！

中国のTV歴史ドラマを観ていると、毒殺や毒物による堕胎の物語がたびたび登場する。そのため、皇帝の食事管理は厳格で、お毒見役が配置されていたのは当然。それに比べると、本作でもジルが調理室で働くにあたっては、手洗いの徹底などのマニュアルが教えられ、違反したら処罰されると脅かされるものの、この程度のチェックなら自分の命を犠牲にする覚悟さえ決めれば、収容所長（アレクサンダー・バイヤー）を毒殺することくらいは十分可能だ。もっとも本作は、「ペルシャン・レッスン」を描くワンイッシュ映画だから、そんな脇道の話は横に置き、本作ではジルが調理係をしながら“ペルシャ語の単語を創造”していく工夫に注目！

戦後はテヘランでレストランを開きたいと願っているコッホ大尉が覚えたい単語はまず食品や調理レストラン関係。そう考えたジルは、「皿」は「ルト」、「フォーク」は「カルス」、「パン」は「ラージ」など次々と単語を“創作”し、コッホ大尉にレッスンしていくことに。しかし、単語を創作するのは容易だが、それを確実に覚えるのは大変。しかし、それが唯一の生きるすべなら文字通り必死でやらなくちゃ！調理中でも、床に就くときでも常に単語を反芻したおかげでジルは、徐々にコッホ大尉の信用を勝ち取っていったが・・・。

■□■バディ関係の対抗軸になる、若い男女も登場！■□■

『笑の大学』では、「笑い、笑い、笑い・・・そして涙」となるストーリーの中で、検閲官と劇作家との間に生まれてくる友情のような関係が興味深かった。それと同じように、本作でも偽りの言葉を積み上げていく「ペルシャン・レッスン」という教室の中で、ジルとコッホ大尉の間で奇妙な友情のような関係が創られていくので、それに注目！

他方、本作ではそんな２人のバディ関係の対立軸として、最初からジルがペルシャ人だというのは嘘だと見抜き、折に触れて、それをコッホ大尉に密告するマックス・バイヤー兵長（ヨナス・ナイ）と　、彼が惚れ込んでいる美人の女看守エルザ・シュトルンプフ（レオニー・ベネシュ）が登場し、さまざまな形で彩を添える（？）ので、それにも注目！

ある日、親衛隊員たちのピクニックに料理係として同行したジルは、その場でコッホ大尉から「木はペルシャ語で何と言う？」と聞かれ、思わずパンと同じ「ラージ」と答えたところ、「ラージはパンだ。」とジルから教えられていたコッホ大尉は激昂。自分は騙されていたと悟ったコッホ大尉はジルを激しく殴打し、マックスを監視役としてジルに過酷な労働を命じたからマックスは大喜び。新たな採石場の職場でマックスが徹底的にジルをいびり倒した結果、ジルは生死の境を彷徨う状態に。しかし、そこでもジルが誰にもわからないうわ言を口にしていると、それがペルシャ語で「母さん、家に帰りたい。」と言っていると理解したコッホ大尉は、やはりジルはホンモノのペルシャ人だと確信し、意識を取り戻した彼にレッスンを続けて欲しいと頼むことに。

そんな脚本はあまりに“出来過ぎ感”があるものの、スクリーンを観ていると、これらのストーリー展開は手に汗握るものだから、全く違和感はない。コッホ大尉とジルのバディ関係の対抗軸として登場するマックス兵長やエルザ看守も、本筋のストーリーの説得力を補強していくことに。なお、採石場で過酷な労働に従事していたジルと部隊に収容されていたイタリア人兄弟との間に生まれる“あるエピソード”も“出来過ぎ感”があるものの、きっと説得力の方が上回っているはずだ。

■□■膨大な言葉の創造は囚人の名前から！その成果は？■□■

単語や言葉の創造（＝でっち上げ）は、誰でも、いくらでもできる。また、うまくやればコマーシャルに使われたり、新語大賞を受賞することだって可能だ。しかし、コッホ大尉のような生真面目な男に、レストラン経営ができるレベルまでペルシャ語をレッスンするとなると、増えてくる言葉を覚えるのが大変。とても人間技では不可能だ。

そこでジルが思いついたのは、囚人の名前から言葉を作ること。幸いジルはコッホ大尉から囚人名簿の作成を命じられていたから、囚人に食事を配る際に名前を聞き、そのイメージの中で単語を創作すれば覚えやすいということだ。本作のパンフレットには、川本三郎氏の Review『偽の言葉による奇妙な友情』があり、そこでは「言葉に強い関心を持った作家の井上ひさしは、記憶術を売り物にする大道芸人は、モノの名前を人名になぞらえて記憶したと言っている」という話が載っている。そんな方法に気づいたジルは、例えば、「ロベルト」だと「ベルト」をとって「空腹」に、「アフラーモ」だと「ラーモ」を取って「希望」に、と人名を単語に使っていくことに。なるほど、なるほど。

■□■2人の信頼関係はこんなレベルまで！■□■

本作中盤のみどころは、何と言っても２人のレッスン風景。そのバディ関係（教師と教え子関係？）の深まりの中で生まれてくる２人の信頼関係（と言っても一方的にコッホ大尉からジルへの恩恵だが・・・）に注目！

『笑の大学』では、検閲官と劇作家との友情は結ばれることはなかったが、本作では、コッホ大尉は不安を訴えるジルに対して、生真面目なドイツ軍人らしく、「最後まで自分が守る」と約束するからビックリ。それだけでもすごいが、収容所長の命令で、すべての囚人を移動させると決まった時も、コッホ大尉は「ジルだけは残してくれ」と所長に直談判。さらに、コッホ大尉の親切が逆に重荷になったため、自ら死の行軍に加わったジルを、コッホ大尉は無理やり連れ戻そうとまでするから、その執念には驚かされる。さらに、本作ラストに向けて、ナチス・ドイツの敗色が濃くなり、収容所全体の撤退が決まり、証拠書類一切が焼却処分される時も、彼は約束通りジルを守るから、さらにビックリ！囚人名簿を含むすべての証拠を焼却処分にしている収容所からジルを連れだしたコッホ大尉は、ジルに「幸運を」と言い残して、自分は空路テヘランへの脱出を目指すことに。
長期間にわたるペルシャン・レッスンの中で、そこまでの信頼関係が築かれていたということだ。

■□■ラストにみる２人の運命は？その対比に注目！■□■

『聖なる嘘つき　その名はジェイコブ』では、隠し持っていたラジオを巡って悲しい結末を迎えたが、ナチス・ドイツに対するロシア軍の侵攻がそこまで迫っているというジェイコブの情報は、ゲットーの人々全員に生きる勇気を与えることになった。それに対して、自分はペルシャ人だと嘘をつき、コッホ大尉に対してペルシャン・レッスンをすることによって命を長らえ、さらに収容所からの脱出まで成功させたジルは、今、連合軍に保護されていた。収容所からの奇跡の脱出者だと知った連合軍の幹部は、ジルに対して、収容者名簿のことを尋ねたが、残念ながらそれはすべて焼却処分とされていた。しかし、そこでジルの口から出た驚くべき言葉は、「囚人の名前は全部覚えています。」「その数は2,８００人です。」だったからビックリ！その後、燃やされてしまった囚人名簿に変わって2,８００名あまりの囚人の名前がジルの口から次々と申告されていくので、その姿に注目！
他方、収容所から脱出させたジルと別れ、かねてからの計画どおり、一人空路でドイツを脱出したコッホ大尉は今、無事テヘラン空港に降り立っていた。テヘランに着けば、ジルに仕込んでもらったペルシャ語を使って、レストランの開店を。はるか昔にテヘランに亡命した兄と違って、自らナチス親衛隊への入隊を希望したコッホ大尉はナチス・ドイツの敗戦を想定していたわけではないが、そうかといって、ナチスの敗北は決して悪いことではない。なぜなら、既に彼のペルシャン・レッスンは完了しているから。つまり、ナチスの敗北は、彼の第２の人生のスタートを意味しているからだ。
ナチスの軍服ではなく、スーツ姿でテヘランの空港に降り立ったコッホ大尉は、入国審査場で達者なペルシャ語（?）を駆使。「レストランを開くためテヘランにやって来た。」と説明したが、さてそのペルシャ語は通じたの？そこに見る悲劇はあまりに悲惨なもの。そんなコッホ大尉の姿を見ていると、やっぱり嘘はダメ・・・？

２０２２（令和4）年１２月１２日記

みどころ

ナチス占領下のフランスで実行されたユダヤ人虐殺の実態は、『サラの鍵』（１０年）等でも明白だが、意外にもこんな実話も！誰にでも多少の秘密があるのは当然だが、フランソワ少年が体験した「ある秘密」とは！？ホントにこんなことがあり得るの？そう思わざるを得ないが、実話だからすごい。

３つの時代をクロスさせながら自由自在に、映画なればこそのテクニックを最大限駆使したストーリー構成は、クソ難しいが、メチャ面白い。しかして、本作最大の“ポイント”をあなたはどう理解？

——＊——＊——＊——＊——＊——＊——＊——＊——＊——＊——

■□■また１つ勉強！クロード・ミレール監督とは？■□■

２０２２年９月にはフランスの巨匠Ｊ・Ｌ・ゴダール監督が死去したが、“Ｊ・Ｌ・ゴダール、Ｊ・ドゥミ、Ｆ・トリュフォー・・・ヌーヴェル・ヴァーグの正統な後継者”がクロード・ミレール監督だ。へー、知らなかったなあ。もっとも、私はシネ・ヌーヴォで２０２２年１２月１７日から２０２３年１月６日まで実施している「生誕８０周年記念　クロード・ミレール映画祭」のメイン作品たる『なまいきシャルロット』（８５年）はそのタイトルだけは知っていた。しかして、シネ・ヌーヴォで公開されている『やまぶき』（２２年）の鑑賞に合わせて、１２月２９日に、そんなクロード・ミレール監督の本作を鑑賞。その理由は、下記の紹介に魅せられたからだ。

あるユダヤ人家族。父親の愛情を感じられない病弱な少年は、両親が何か隠し事をしていると疑っている。第二次大戦を生き抜いた両親の秘密が、過去と現在を往来して紐解かれていく。フィリップ・グランベールの自伝的小説が原作の、ミレール晩年期の最高傑作と評される重厚な人間ドラマ。セシル・ドゥ・フランス、リュディヴィーヌ・サニエ、マチュー・アマルリックら当時の若手実力派が顔を揃えた。

これだけではなかなかわからなかったが、ウィキペディアを調べると、これは面白そう！

■□■原作は？ストーリーは？ ウィキペディアによると■□■

本作の原作になったのは、ユダヤ人の精神科医で、作家のフィリップ・グランベールが書いた同名のベストセラー小説。そして本作は①少年期のフランソワの時代、②成人したフランソワの時代、③フランソワが生まれるまでの、若き日の父マキシム、母タニアの時代、という３つの時間軸を、自由にクロスさせながら描かれるので非常に複雑。ある程度ストーリーが頭に入っていないと、理解しづらいかもしれない。そこで、ウィキペディアに書かれているストーリーをそのまま引用すると次のとおりだ。

第二次世界大戦後のフランスで、スポーツの得意な両親を持ちながら、病弱で運動の苦手なユダヤ系の少年フランソワは、自分とは対照的な理想の兄を空想の中で作り上げていた。そんなある日、フランソワは、授業でホロコーストの映像を見ている時にユダヤ人を侮辱する言葉を口にした同級生を殴りつけてしまう。この事件をきっかけに、父の友人で家族同然の付き合いをしている独身女性ルイーズから両親が長年にわたって封印して来た過去の秘密を聞かされる。それはナチス・ドイツ占領下のフランスで起きたユダヤ人迫害の忌まわしい事実であった。

フランソワの父マキシムと母タニアは、戦争前、それぞれ別の相手と結婚していた。しかも、マキシムの妻アンナとタニアの夫ロベールは兄妹だった。マキシムはアンナとの結婚式で初めて出会ったタニアに一目で惹かれる。マキシムとアンナの間に息子シモンが生まれる。シモンは父親に似てスポーツが得意であったことから、マキシムはシモンを溺愛する。その一方でマキシムのタニアへの想いは強くなり、その想いにアンナも気付いてしまう。

ナチス・ドイツの侵攻でフランス国内のユダヤ人にも危険が迫ったことから、マキシムらはひとまず田舎に逃れることにする。先に現地に行っていたマキシムからの連絡を受け、アンナとシモン、そしてルイーズらが現地に向かう。ところがその途中で身分証の提示が求められた時、あらかじめ用意していた「フランス人」の身分証明書を提示するはずが、アンナは敢えてユダヤ人であることを示す証明書を提示し、しかもシモンを自分の息子だと言ったために２人とも掴まってしまう。そのころのアンナはマキシムのタニアへの想いや両親の行方が分からなくなっていたことなどから情緒不安定な状態に陥っていたのだ。

「フランス人」の身分証明書で逮捕を免れたルイーズはマキシムに、アンナが「間違えて」ユダヤ人の身分証明書を提示してしまったと伝える。一方、夫ロベールが収容所に入れられていたタニアも現地にやって来ていた。そして不安に沈むマキシムをタニアが慰めるうちに、２人は深い関係になってしまう。

戦争が終わり、マキシムらはパリに戻って来る。アンナとシモンの生存が絶望視される中、ロベールが収容所で病死していたことが判明する。そして、タニアがフランソワを出産すると、マキシムとタニアは結婚し、名字の綴りをフランス風に変える。
その後、成人したフランソワが、アンナと兄シモンの行方を調べると、2人はピチヴィエ収容所からアウシュビッツに送られた翌日にガス室送りになっていた。フランソワは娘にこの忌まわしい過去の話をしてやることにする。

■□■キーは美女タニアと、もう1人の独身女性ルイーズ！■□■

１９３６年8月にベルリンで開催された第１１回オリンピック競技大会はナチス・ドイツの国威発揚の絶好の舞台だったが、質実剛健を好むドイツ人は機械体操等の競技が大好き。フランソワ（マチュー・アマルリック）の父親マキシム（パトリック・ブリュエル）は、その典型だ。しかし、マキシムがアンナ（リュディヴィーヌ・サニエ）との結婚式にやってきた女性タニア（セシル・ドゥ・フランス）の美しさに目を奪われている姿を見ると、アレレ・・・？タニアの夫ロベールは、マキシムの新妻アンナの実の兄だから、なおさらだ。しかし、水泳（飛び込み）の選手として日々訓練を積んでいるタニアの際立った美しさを見ていると、それもやむなし・・・？

２０２２年2月２４日にはロシアによるウクライナ侵攻というとんでもない事件が起きたが、１９３９年9月１日のナチス・ドイツによるポーランド侵攻によって、ヨーロッパにおいて第２次世界大戦が勃発！ナチス・ドイツの破竹の進撃は、東のポーランド、西のフランスの双方に及び、ナチス・ドイツ占領下のポーランドでもフランスでも、ユダヤ人迫害をはじめとするさまざまな悲劇が起きた。

本作は、病弱で運動の苦手なユダヤ系の少年フランソワが、空想の中で自分とは対照的な理想の兄を作り上げているシークエンスから始まる。そんな彼に、両親が長年にわたって封印してきた過去の“ある秘密”を語る女性がルイーズ（ジュリー・ドパルデュー）だ。

本作のストーリー構成において、このタニアとルイーズの２人の女性がキーになるのでそれに注目。本作は前述した通り、時間軸の異なる３つの物語を自由自在にクロスさせながら描いていくので、ついていくのが難しい。しかし、これくらいの予備知識があれば大丈夫！

■□■ナチス占領下のフランスで、こんな実話があったとは！■□■

ナチス占領下のフランスで、さまざまなユダヤ人に対する悲劇が起きたことは、『ヒトラーもの、ホロコーストもの、ナチス映画大全集』（２０年）の「≪第２編　ナチス支配下のヨーロッパ各地は？≫—服従？それとも抵抗？国は？個人は？—」の「第１章　フランスでは？」に収録した、①『シャーロット・グレイ』（０１年）、②『トリコロールに燃えて（HEAD IN THE　CLOUDS』）（０４年）、③『黄色い星の子供たち』（１０年）、④『サラの鍵』（１０年）等々を読めば明らかだが、さらに本作のような実話があったことにビックリ！

ただ、私が少し不思議に思うのは、フランソワ少年が生まれる前に、ユダヤ系の父親マキシムが一足早く田舎に逃れたのは賢明だったが、妻のアンナが一人息子のシモンを連れ、ルイーズたちと一緒にその後を追うについて、フランス風の名前に偽装したり、そんなパスポートを作ったりすることが比較的容易にできていること。これなら、ナチスの蛮行が激しくなる前に、多くのユダヤ系の人たちが国外に脱出できたのでは？そんな思いも湧いてくる。もっとも、本作のテーマはそこではなく、逆に、国外脱出が可能だったにもかかわらず、身分証の提示を求められたアンナが、フランス人の身分証明書を見せず、ユダヤ人の身分証明書を見せてしまうこと。まさかそんなチョンボを犯すとは考えられないので、これはきっとアンナの意識的な行為だが、それは一体なぜ？それが本作全体を貫くテーマになる。

さらに、あえて言えば、終戦後フランスに戻ってきたマキシムがタニアと再婚し、フランソワが生まれた後の本作の物語は、一方ではシリアスそのものだが、他方ではどこかファンタジー色が強い。つまり、そんなことが本当にあり得るの？とどうしても思ってしまうわけだ。しかし、そんな物語もクロード・ミレール監督の演出にかかれば、なるほど、なるほど・・・。時系列をバラバラにして、複雑に交差させながらさまざまな事実が描かれていくからこそ、３つの時代の物語がそれぞれに緊張感を保ち、かつ説得力を持つことになったのだろう。その意味でクロード・ミレール監督の手腕に拍手！本作の完成度の高さに拍手！！

２０２３（令和5）年1月１３日記

みどころ

世界文学全集は多い。しかし、『テス』は『戦争と平和』ほど有名ではないから、あっと驚くラストの展開を知らない人も多いのでは？

時代は１９世紀末、舞台はイギリスの小さな村。インチキ貴族のアレックのもとへ奉公に出た美しい村娘テスとの間の恋物語からは、“身分格差”が大きく浮上！

失意の中で出会った“第２の男”エンジェルは、“第１の男”とは正反対の進歩派で善良だが、結婚に向けてテスの暗い過去の告白は・・・？ナポレオンは英雄か否か？そんな世界観の中で、ナターシャと２人の男との恋物語が高らかにうたわれた『戦争と平和』に対して、『テス』にはかなりドロドロ感が！

テス役を“イングリッド・バーグマンの顔とブリジット・バルドーの体を持った８０年代最も有望な新スター”たる、当時１７歳のナスターシャ・キンスキーが演じたことが本作最大の話題。その美しさと悲しい恋の結末を４５年前に戻り、１７２分の長尺でじっくりと！

——＊——＊——＊——＊——＊——＊——＊——＊——＊——＊——

■□■英国の文芸大作をポランスキー監督が英仏で共同制作！■□■

私は世界文学全集を小学生の時にほとんど読んだが、トルストイの『戦争と平和』に比べると、１８９１年に出版されたイギリスの文豪、トマス・ハーディの『テス（ダーバヴィル家のテス)』は、有名度でかなり劣るはず。したがって、そのストーリーを知っている日本人は少ないのでは・・・？それを、ポーランド人でフランス生まれのロマン・ポランスキー監督が、全編英語のセリフで、英仏共同制作で監督したのが本作だ。

ユダヤ教徒でポーランド人の父と、カトリック教徒でロシア生まれの母との間で１９３３年に生まれたポランスキーは、１９６０年代にフランスで成功を収めた後ハリウッドに進出し、『ローズマリーの赤ちゃん』（６８年）でハリウッドでも大成功した。しかし、１９６９年には愛妻で女優のシャロン・テートが殺害されたり、１９７７年には未成年の少女に性的暴行を加えたとして有罪判決を下される等の不幸を経てフランスに逃亡を余儀なくされた。その時期に、彼は以前にシャロンから映画化を薦められていたトマス・ハーディの『テス』を作ることを決意したらしい。そのため、本作には「シャロンに捧ぐ」との一文が。

２０２２年2月２４日にはロシアによるウクライナ侵攻が起きたが、１９３９年9月１日に起きたのがナチスドイツによるポーランド侵攻。６歳の時にその危機に直面したポランスキー少年の体験が、彼の代表作である『戦場のピアニスト』（０２年）を生んだわけだが、彼はなぜ１９７８年に本作を監督したの？

■□■誰がテスを演じるの?それはナスターシャ・キンスキー！■□■

ヒロインの名前をタイトルにした文芸大作を映画化するについて、最大の話題はヒロイン役を誰が演じるのかになる。ヒロイン役をタイトルにしていなくとも、①『風と共に去りぬ』（３９年）のヴィヴィアン・リー、②『誰がために鐘は鳴る』（４３年）のイングリッド・バーグマン、③『戦争と平和』（５６年）のオードリー・ヘップバーン等はとりわけ注目されるヒロイン役だが、ヒロインの名前をタイトルにした映画の代表は『クレオパトラ』（６３年）のエリザベス・テイラーだ。

ポランスキー監督の妻であったシャロン・テートが『テス』の映画化を夫に薦めた際に考えられていたテス役は、当然女優でもあるシャロンだったが、シャロンの死亡後１０年を経た１９７８年に本作のヒロインに抜擢されたのは、西ドイツ生まれの新進女優、ナスターシャ・キンスキーだ。本作の「プロダクションノート」によると、難航していたテス役に彼女を推薦したのはポランスキーだったそうだ。もっとも、当時の彼女は映画出演経験こそあれど、国際的にはまだ無名の存在だった。さらに当時のイギリス映画界はユニオン（組合）によって“機会の均等”に対し厳しく規制していた時代で、フランスとの共同製作を承認してもらうためには、政府の認可をもらうだけでは不十分で、組合の認可が必要だったらしい。そこで組合側は、主役がイギリス人にとって外国人である「ドイツ人の少女」＝「ナスターシャ・キンスキー」であることに抵抗を示したらしい。さらに、ドイツ語訛りの英語しか喋れない西ドイツ生まれのナスターシャは、全編英語の本作に臨むについて、イギリス英語をマスターするため、イギリスの田舎で実際に暮らし、仕事もしたらしい。

本作出演当時１７歳だったナスターシャは、本作を特集した地元フランスの雑誌の表紙を飾り、その記事では「イングリッド・バーグマンの顔とブリジット・バルドーの体を持った８０年代最も有望な新スター」と称されて熱狂的に迎えられたらしい。１９７９年といえば、１９７４年に弁護士登録した私が独立した年。そんな、人生で最も忙しい時期に公開された本作を私は見ていないから、そこまで言われると、今更ながら4K リマスター版で復活した本作は必見！

■□■あの時代状況の下、テスを巡る２人の男のキャラに注目■□■

２１世紀の今は、未だ実現にはほど遠いものの、人間は皆平等の時代、そして男女同権の時代だ。しかし、１９世紀末の日本は士農工商という身分制度の中での武家支配の時代だったし、男女の格差は当たり前だった。それと同じように、世界に先立って近代化を進めた１９世紀末のイギリスでも、なお貴族の権威が残っていたし、男女の格差は当たり前だった。

本作冒頭の舞台はイギリスのドーセット地方にある美しいマーロット村。その村で、ささやかな行商を営む酒飲みおやじのジョン・ダービフィールド（ジョン・コリン）が、偶然すれ違った村のトリンガム牧師（リチャード・ピアソン）から「サー・ダービフィールド」と呼びかけられるところから、貴族にまつわる興味深い話が展開していく。同じく本作冒頭で注目すべきは、夕闇の濃くなり始めた草原で、村の娘たちがダンスを楽しむ風景。髪に花飾りをつけ、白いドレスをまとって大地の上を舞う乙女たちの中の、一際目立って美しい娘がジョンの長女のテス（ナスターシャ・キンスキー）。その娘たちの中に入って一緒に踊る、通りすがりの旅の若い男たちの一人が、後にテスの２番目の男として登場する、エンジェル（ピーター・ファース）だ。

そんな２つの導入部を終えた後、貴族のダーバヴィル家と親戚関係にあることが分かったジョンが、ダーバヴィル家と接点を持つべく、テスをダーバヴィル家に赴かせるところから、本作の本格的ストーリーが始まっていく。美しいテスを“従妹”と呼び、何かとモーションをかけてくるのが、テスの１番目の男となるダーバヴィル家の息子アレック（リー・ローソン）。彼は、ある日テスを馬に乗せることに成功。そして、人里離れた森の中にテスを連れ込み、強引にモノにしてしまうことにも成功！以降、アレックの“情婦”という立場になったテスは、さあ、それからどう生きていくの？

本作の主人公はもちろんテスだが、テスに絡まる２人の男が、アレックとエンジェルの２人だ。本作におけるテスのキャラは際立っているが、３時間に及ぶ本作のストーリーの準主人公となるこの２人の男のキャラにも注目！

■□■二重三重の悲運を克服！新たな恋から結婚へ進むの？■□■

アレックはホンモノの貴族ではなく、カネで買った貴族だが、それを自覚しているだけマシ。“従妹”と呼んで目をつけたテスを腕ずくで暴行したのはいただけないが、２１世紀の今ではなく、１９世紀末のイギリスともなれば、それも仕方なし？

そうかどうかは別として、そこでテスがアレックの“情婦”に甘んじることなく、実家に戻る決心をしたのは偉い。これも２１世紀の自立した女性なら別だが、１９世紀末のイギリスの若い女性ではまず考えられないことだ。さらに、神様は残酷なことに、実家に戻ったテスに対して“妊娠”という運命を突きつけたうえ、生まれてきた赤子もわずか数週間で病死してしまうという過酷な運命に。そんな恥辱と絶望の果てに、テスは故郷から遠く離れた酪農場で働き始めたが、そこで出会ったのが牧師の息子であるエンジェルだ。テスを見て激しい恋の炎を燃やしたエンジェルは、進歩的で因習にとらわれない心の優しい青年だったから、テスはエンジェルからの結婚申し込みを承諾したが、そこでテスにとって最大の難関は、自らの暗い過去を告白すべきか否かということだ。２０世紀から２１世紀を生き、今や７４歳になった私には、「誰だって秘密の１つや２つはあるのだから、アレックとの暗い過去や子供を産んだことなどは黙って、エンジェルと結婚して幸せになればいい」と（ずるく）考えてしまうのだが、さてテスは？

■□■告白の手紙の開封は？新婚旅行での告白合戦の結末は？■□■

本作が３時間の長編になっているのは、テスを巡る２人の男との恋模様の展開が複雑かつ劇的なものになるためだ。テスとアレックとの関係は弱者 VS 強者だったが、テスとエンジェルとの関係はまさに相思相愛。テスは自らの暗い過去を告白する手紙をエンジェルの部屋のドアの下に忍び込ませて彼の返事を待ったが、なぜか返事はなし。それを吉ととるか凶ととるかは微妙だが、少なくとも怒っているのではないと判断したテスは、エンジェルとの結婚を承諾。ところが、何と結婚式の前日にテスはその手紙が床とカーペットの間に挟まれたまま読まれていないことを発見したから、アレレ。そうなれば、今更ながら直接告白するしかないが、ハネムーンを過ごすためにやってきた別荘で、まずはエンジェルから過去の女性関係を告白してくれたから、これは絶妙なシチュエーション。エンジェルのそんな過去を「すべて許す」と宣言したテスは、次は自分の過去を告白し、エンジェルの大きな心での“許し”を期待したが、さてその結末は？

■□■テスとエンジェルに意外な展開が次々と！■□■

私は、シャーシャーと正論を吐き、理想論を語る人間を基本的に信用しない。とりわけ、「僕は女性差別などしないよ」などと公言するような男は全然信用しない。したがって、本作のエンジェルを見ていると、１８世紀末にこれほど進歩的かつ理想主義的な男がいることに驚いていたが、テスの“告白”を聞いて手のひらを返したように翻意したエンジェルを見ると、アレレ・・・？幸せいっぱいだったテスとエンジェルのハネムーンは、そこから一気に崩れてしまうので、それに注目！その結果、エンジェルはブラジルの農場で働くためイギリスを離れ、テスは酪農場時代の友人マリアン（キャロリン・ピックルズ）のもとに身を寄せて働くことに。

これにて、テスとエンジェルは二度と会うことはないのだろうか？そう思っていると、本作はラストに向けて、エンジェルがブラジルからイギリスに戻り、テスを探すために故郷のマーロット村を訪れるストーリーが展開していくので、その行方に注目！エンジェルはあの時の自分の行動を反省し、テスに許しをこう気持ちになったのだろうか？

■□■アレレ、殺人事件まで！こんな結末をどう考える？■□■

トルストイの名作『戦争と平和』（１８６９年）は、貴族の令嬢ナターシャと、彼女を巡る２人の男、すなわち律儀な高級軍人のアンドレイ、最初は英雄ナポレオンに憧れていた貴族の息子ピエールを巡る壮大な歴史を踏まえた恋物語。『テス』もそれと同じように、テスを巡る２人の男、すなわち、アレックとエンジェルとの恋物語だ。『戦争と平和』はアンドレイ亡き後、死の淵をくぐる中でナポレオンに幻滅し、ナターシャへの愛に目覚めたピエールと、いくつかの恋を経て、やっとピエールへの愛に気付いたナターシャが、愛を確認し合うという幸せな幕切れになっていた。しかし、『テス』は、激しい自責の念に駆られてテスを探すためにイギリスに戻ってきたエンジェルが、最悪な形でテスと再会するクライマックスに向かって進んでいくので、それに注目！

今テスが住んでいるのは、避暑地サンボーンの高級アパートだが、それは全面的にアレックの庇護下でのこと。豪華な部屋着を着たテスは家の中に入ってきたエンジェルを見て驚いたが、そこでテスから出た言葉が「トゥーレイト」、「来るのが遅すぎた。二度とここに来ないで」というものだ。『戦争と平和』では、婚約していたアンドレイとしばらく離れている間に、モスクワの遊び人軍人の誘惑に負けてしまった若き日のナターシャが、アンドレイに対して、「オール・イズ・オーバー」、「すべてが終わった」と叫ぶセリフが印象的だったが、「トゥーレイト」は、それと同じように印象的なセリフだ。何が「トゥーレイト」なのかは明白だが、エンジェルが去った後、一人泣き崩れるテスを見て、アレックは彼女に見捨てられたエンジェルを嘲笑したが、そこでテスがアレックに対してとった行動とは？

まさか、そこで殺人事件が発生するとは！しかして、本作ラストはエンジェルとテスの“愛の逃避行”となるわけだが、こんな悲しい結末をあなたはどう考える？少なくとも、あまり後味の良いものでないことは確かだが・・・。

２０２３（令和５）年３月２８日記

Data　2023－26

監督・脚本：ポール・ヴァーホーベン
原案：ジュディス・C・ブラウン『ルネサンス修道女物語－聖と性のミクロストリア』
出演：ヴィルジニー・エフィラ／シャーロット・ランプリング／ダフネ・パタキア／ランベール・ウィルソン／オリヴィエ・ラブルダン／ルイーズ・シュヴィヨット

みどころ

私は韓国の故キム・ギドク監督と同じように、ポール・ヴァーホーベン監督が大好き！『氷の微笑』（９２年）、『ブラックブック』（０６年）、『エル　ＥＬＬＥ』（１６年）で見た、あの衝撃、あのシーンは今でもハッキリ目に焼きついている。それは本作も同じだから当然、星５つ。しかして、ベネデッタとは？なぜカンヌが騒然？

愛光学園という中高一貫進学校育ちの私は、キリスト教関連への興味が強く、イエス・キリストの奇蹟の数々を概ね信じている。しかし、ベネデッタの「私はイエスを見た」との告白はホント？彼女が身体に受けたという“聖痕”の真偽は？神秘体験が幅を利かせていた１７世紀とはいえ、若くして修道院長の地位と禁断の愛を入手したベネデッタはお見事だが、他方で、猛反発も！しかして、フィレンツェの教皇大使がベネデッタの審問に乗り込んでくると・・・？

ペスト禍における“ロックダウン”という面白い状況設定を含め、ポール・ヴァーホーベン監督の、あっと驚くストーリー作りの才覚はすごい。ラストのこんな展開は誰が予想できるだろう。こりゃ面白い！こりゃ必見！

――＊――＊――＊――＊――＊――＊――＊――＊――＊――＊――

■□■ベネデッタとは？カンヌ騒然！１７世紀の教会は？■□■

ポール・ヴァーホーベン監督と言えば、私はすぐに、第１に『氷の微笑』（９２年）を、第2に『ブラックブック』（０６年）（『シネマ１４』１４０頁）を、第3に『エル　ELLE』（１６年）（『シネマ４０』３１頁）を思い出す。これらは、いずれも物語の中心に女性を据えた名作中の名作だった。そして、２０２１年のカンヌ国際映画祭を騒然とさせた映画が、暴力とセックスと教会の欺瞞を挑発的に描いた、ポール・ヴァーホーベン監督の最新作たる本作だ。そして、本作も、そのタイトルどおり、上記３作の系譜に並ぶ修道女を物語の中心に据えたもの。しかして、ベネデッタとは？

ベネデッタ・カルリーニは１７世紀に実在した女性で、同性愛主義で告発された修道女だ。修道女を主人公にした映画の代表は、オードリー・ヘプバーン主演の『尼僧物語』（５９年）。ちなみに、私が高校時代に７回も観た『サウンド・オブ・ミュージック』（６５年）も、前半は修道女の物語だった。しかして、ベネデッタはどんな修道女？

■□■神秘体験あれこれ！狂言か奇蹟か？信仰か権力か？■□■

私が中高時代の６年間を過ごした愛光学園はカトリック系の進学校だったから、神父の授業や宗教画を描く授業等があった。また、映画鑑賞は原則禁止だったが、『十戒』（５６年）、『ベン・ハー』（５９年）、『キング・オブ・キングス』（６１年）等の宗教（関係）映画は推薦されていたから、私はすべて鑑賞している。そのため、普通の日本人以上にキリスト教関連の知識を有しているし、どちらかというと、イエス・キリストの存在も信じている方だ。そのため、イエス・キリストが起こした数々の奇蹟はよく知っているが、寡聞にして、ベネデッタが体験したというさまざまな"神秘体験"は知らなかった。また、本作のキーワードになっている、聖痕、臨終の秘跡、苦悩の梨、等も知らなかった。

私は本作の予告編を何度も観たが、そこでは修道女ベネデッタ・カルリーニ（ヴィルジニー・エフィラ）が、「私はイエスを見た！」と叫ぶシーンが印象的だった。しかして、本作には、ベネデッタがイエスとの間で体験したと告白する、さまざまな神秘体験が映像として登場するので、それに注目！私がイエス・キリストの姿をはじめてスクリーン上で見たのは、『キング・オブ・キングス』を観た時。『ベン・ハー』では、イエス・キリストの姿は真正面から見せていなかった。ところが、本作でベネデッタが見たというイエスは、長髪のイケメン。しかも、ある時は、蛇に襲われて危機に瀕したベネデッタを救うため、剣を振るって八面六臂の大活躍をしたり、ある時は偽物のイエスが登場し、ベネデッタを我がモノにしようとしたり・・・。こんな神秘体験ってホントにホントなの？

ベネデッタは夢で、イエスに「私の花嫁。私の元へ」と呼ばれたため、「自分はイエスの花嫁だ」と信じていたそうだが、それってホント？また、聖痕もホント？本作のチラシには、「狂言か奇蹟か　信仰か権力か」の見出しが躍っているから、そんな論点整理をしたうえで、しっかり本作を鑑賞したい。

■□■バルトロメアとの仲は？修道院長の目は？■□■

本作は６歳の時に両親に連れられてテアティノ修道院に入るベネデッタの姿から始まるが、瞬く間に美しく成長し、今は『尼僧物語』でのオードリー・ヘプバーンと同じような敬虔な修道女として、修道院長のシスター・フェリシタ（シャーロット・ランプリング）の下で日々の勤めを果たしていた。そんなある日、家族から逃れるため修道院に逃げ込んできた若い女性バルトロメア・クリヴェッリ（ダフネ・パタキア）を助けたことから、２人は共に修道院で生活することに。修道院での女ばかりの生活がどんなものか、私には大いに興味があるが、ポール・ヴァーホーベン監督は、その実態（?）を、①お金大好き人間で、まるで“銭ゲバ”のような行動をとる修道院長の姿、②プライバシーがない修道院のトイレで、ベネデッタとバルトロメアが並んで用を足した後、トイレットペーパー代わりに備え付けの藁を使う姿、等が登場するのでビックリ！

もっとも、それは些細な問題で、本作前半のハイライトは、夢でイエスに「私の花嫁。私の元へ」と呼ばれ、自分はイエスの花嫁だと信じたベネデッタが、そのことを神父に懺悔したところ、神父から「痛みこそキリストを知る唯一の方法」と言われたことを契機に、激しい痛みがベネデッタの全身を覆い、町中に響き渡るほどの叫び声で毎晩うなされるようになったことをどう解釈するか、という問題になってくる。それを見かねた院長は、バルトロメアを同室にして、身の回りの世話をさせたが、ある晩、ベネデッタに聖痕が現れたからビックリ！さあ、院長はそれを信じるの？それとも・・・？修道院長の目は如何に？

■□■修道院長に抜擢！権力も禁断の愛も、両方ゲット！■□■

イエス・キリストの「復活」をはじめとする奇蹟の数々は聖書や福音書の中で語られ続けているから、「それはきっとホント！」と思える可能性が高い。しかし、１６１７年にベネデッタが受けた（と主張する）聖痕の真偽は？

修道院長はそんなベネデッタの姿に疑いの目を向けていたが、聖女として民衆から崇められ、司祭の前でも奇蹟を起こしたベネデッタを、司祭はシスター・フェリシタに代わる新たな若き修道院長に任命したからすごい。これによって、ベネデッタは、テアティノ修道院における権力と、バルトロメアとの“禁断の愛”の両者をゲットしたから、しばらくは“我が世の春”を謳歌することに。しかして、本作では、ポール・ヴァーホーベン監督が演出する、大胆な女同士の“禁断の愛”の生々しい生態（性態）をタップリ堪能したい。

ところが、翌１６１８年、修道院の上空に“神からの警告”と意味される彗星が出現すると、以前からベネデッタに疑惑と嫉妬の目を向けていた元院長の娘シスター・クリスティナ（ルイーズ・シュヴィヨット）の身に“ある悲劇”が起きるので、それに注目！これらはすべて、ベネデッタの仕組んだもの・・・？

そこで、シスター・フェリシタとシスター・クリスティナは、ベネデッタの悪魔のような所業を教皇大使ジリオーリ（ランベール・ウィルソン）に訴えるべく、教皇大使のもとに向かったが、２人がそこで目にしたのは、町中ペストの死体で溢れかえる姿だった。その惨状の中で、２人からベネデッタのインチキ性をタップリと聞かされた教皇大使は、ベネデッタを糾弾すべくペシアの町に向かったが。さあ、ベネデッタはどうなるの？

■□■教皇大使の権力の行使は？ベネデッタへの審問は？■□■

韓国のキム・ギドク監督の映画もあっと驚く（どぎつい？）展開が特徴だったが、ポール・ヴァーホーベン監督の映画もそれと同じ。『氷の微笑』でシャロン・ストーンが妖艶に見せてくれた“足の組みかえシーン”には全世界の男たちが生ツバを飲み込んだはずだ。また、『ブラックブック』で見せた、終盤２０分のハイライトには、とにかく驚かされた（『シネマ１４』１４０頁）。さらに、『エル　ELLE』での、ハリウッド女優が軒並み尻込みしたレイプシーンへのフランス人女優、イザベル・ユペールの挑戦（＝度胸の良さ）にもびっくりさせられたが、その演出をしたのはあくまでポール・ヴァーホーベン監督だ。

しかして、本作では元院長シスター・フェリシタとその娘クリスティナの訴え（讒言？）を受けて、ベネデッタを糾弾するべくペシアの町を訪れた教皇大使は、既に棺に入り、天に召されてしまったベネデッタの姿を目の当たりにしてビックリ！続いて、自らが行ったベネデッタの葬儀のミサの最中に、突然「天国から引き戻された」とベネデッタが目を覚ましたから２度目のビックリ！イエス・キリストの復活はきっとホントだろうが、聖女ベネデッタ、修道院長ベネデッタにも、イエスと同じような“復活”がホントにあるの？さらに、その場でベネデッタが「大勢の人がペストで死ぬ」とキリストからの預言を伝えたから、教皇大使のビックリはついに３度目に。

それはそれとして、本作では教皇大使が翌日から開始した、ベネデッタとバルトロメアの女同士の情欲についての審問風景に注目！もっとも、当時の審問は、近代刑法に基づく現在の裁判とは全く異質のルール。つまり、そこではバルトロメアから女同士の同性愛についての“自白”を拷問によって引き出すのが当然のルールとされていたわけだ。私が本作ではじめて目にした、女性に対する拷問器具が“苦悩の梨”。これは洋梨の形をした拷問器具で、口や肛門、膣などの器官に器具を挿入し、ねじを巻くことで器具を広げ、内部から器官を破壊するものだから大変。その対象になったのは、魔女や同性愛者、神を冒涜した異端者などで、器具が広げられていく途中で痛みに耐えきれず自白する者も多かったそうだ。

そんな拷問を生身の体で受けさせられたバルトロメアが（あっさりと？）ベネデッタとの情欲を自白してしまったのは仕方ない。しかも、教皇大使が探し求めていた、女同士の同性愛に不可欠な道具として使っていたマリア像の在り処まであっさり（？）自白してしまったから、ベネデッタは万事休すだ。下手するとエロ・グロ・ナンセンスのピンク映画になりかねない、そんなストーリーを、ポール・ヴァーホーベン監督は何とも見事な芸術作品に仕上げていくので、その手腕に注目！

教皇大使が下したベネデッタに対する判決は有罪。その結果、火刑の刑はすぐに執行されることになったから、さあ、本作ラストは、ジャンヌ・ダルクの火刑と同じようなものに・・・？

■□■ロックダウンは誰が指示？ペスト禍は？民衆の反乱は？■□■

３年間も続いたコロナ禍がやっと収まってきたのは幸いだが、最初に見た中国・武漢のロックダウン風景には全世界が驚かされた。しかし、本作を見ていると、１７世紀に蔓延したペスト禍を逃れるため、テアティノ修道院の院長たるベネデッタがペシアの町のロックダウンを明示、それによってペシアの町がペストから救われる姿が登場するので、それにも注目！

もっとも、フィレンツェからペシアを訪れた教皇大使は、自らがロックダウンのとばっちりを受けたことに激怒。そのあまりの凄まじさに負けた門番はシスター・フェリシタとクリスティナを含む“教皇大使ご一行様”が町の中へ入ることを許してしまったが、ある日、シスター・フェリシタがペストにかかってしまったからアレレ。さらにその後、教皇大使自身にも体の異変が！まさか、教皇大使もペストに・・・？

そんな状況下、ベネデッタは火刑台に向かうことに。そして、まさに今、火がつけられてしまったが、そこから起きる、あっと驚く本作ラストの大騒動はあなた自身の目でしっかりと！ジャンヌ・ダルクは火あぶりの刑で死んでしまったが、さて、ベネデッタは？

２０２３（令和5）年3月3日記

Data　2022−136

監督・脚本：オードレイ・ディヴァン
原作：アニー・エルノー『事件』
出演：アナマリア・ヴァルトロメイ/ケイシー・モッテ・クライン/ルアナ・バイラミ/サンドリーヌ・ボネール／ルイーズ・オリー・ディケロ／アナ・ムグラリス／ファブリツィオ・ロン・ジョーネ

みどころ

なぜか「人工妊娠中絶モノ」は傑作揃い。『ヴェラ・ドレイク』（０４年）は２００４年のヴェネチア国際映画祭で金獅子賞を受賞し、『４ヶ月、３週と２日』（０７年）は２００７年のカンヌ国際映画祭でパルムドール賞を受賞している。

そんな２つの名作に続いて、２０２１年の第７８回ヴェネチア国際映画祭で、ポン・ジュノ率いる審査員から絶賛され、審査員全員一致で金獅子賞を受賞したのが本作だ。このように、「中絶モノ」が次々と最高賞を受賞しているのは一体なぜ？

折りしも、米国では連邦最高裁判所判事の保守派 VS リベラル派の比率変化によって、それまで認められていた人工妊娠中絶の権利が狭められたが、本作の主人公やノーベル文学賞を受賞した原作者アニー・エルノーが生きていた１９６０年代のフランスでは？

堕胎天国の日本では考えられない中絶のための壮絶な戦いを、少し怖いけれども、しっかり目に刻み付けたい。

——＊——＊——＊——＊——＊——＊——＊——＊——＊——＊——

■□■“あのこと”とは何のこと？超話題作のテーマは？■□■

じいさん、ばあさんになってくると、誰でも物忘れがひどくなってくるため、「あれ、あれ！」とか「あのこと」という言い方が増えてくるが、まさか、それがそのまま邦題になるとは！１９８０年生まれのフランス人女性監督オードレイ・ディヴァンが監督、脚本した本作は、２０２２年にノーベル文学賞を受賞したフランスの女性作家アニー・エルノーの小説『事件』を映画化したものだ。

この原作は、アニー・エルノー自身の大学時代の人工妊娠中絶体験を題材にした自叙伝的小説だが、そのタイトルがなぜ『事件』なの？また、本作はそれを原作として、オードレイ・ディヴァンが監督、脚本したものだが、なぜそのタイトルが「あのこと」なの？そして、"あのこと"とは一体ナニ？また超話題作たる本作のテーマはナニ・・・？

■□■「中絶モノ」は傑作揃い！次々と最高賞！それはなぜ？■□■

なぜか人工妊娠中絶をテーマにした映画は傑作揃いだ。『ヴェラ・ドレイク』（０４年）（『シネマ８』３３５頁）は２００４年のヴェネチア国際映画祭で金獅子賞を受賞し、『４ヶ月、３週と２日』（０７年）（『シネマ１８』３３４頁）は２００７年のカンヌ国際映画祭でパルムドール賞を受賞している。

『ヴェラ・ドレイク』は、中絶が禁止されていたイギリスで、医師免許のない労働者階級の"ヴェラおばさん"が"若い娘さんたちの人助け"をする物語だが、ある日、施術した娘さんの身体に異変が起きたことから大事件に。他方、『４ヶ月、３週と２日』は、一人っ子政策の中国と違って、「産めよ増やせよ」の政策を取っていた、１９８０年代のルーマニアが舞台だ。そこでは、当然、中絶は厳禁。中学生にまで出産奨励をしていたらしい。そんな時代状況下、寮生活中の大学生が望まない妊娠をしてしまうのは本作と同じ設定だが、そんな級友のために、非合法の中絶手術に協力する親友が主人公になる。後述のようなノー天気な堕胎天国の日本とは違い、同作の中絶問題には、悪名高き秘密警察まで登場するからビックリ！どこかあなた任せの雰囲気が強い当事者に代わって、医師の選定、手術の場所、費用の段取り、必需品の準備など、秘密の作業にテキパキと働く主人公の姿は感動的だが、何かと手違いも生じるから大変。これほどまでに親友の中絶に協力、奮闘する原動力は一体ナニ？それが同作の真のテーマだった。

そんな２つの名作に続いて、本作は２０２１年の第７８回ヴェネチア国際映画祭で、ポン・ジュノ率いる審査員から絶賛され、審査員全員一致で金獅子賞を受賞！このように、「中絶モノ」が次々と最高賞を受賞しているのは一体なぜ？

■□■中絶の自由は？６０年代のフランスは？日本・米国は？■□■

東欧側のルーマニアはともかく、『ヴェラ・ドレイク』を見れば、西欧先進民主主義国たるイギリスでも長い間、人工妊娠中絶は厳禁だったことがよくわかる。その最大の根拠は、キリスト教が堕胎を禁止しているためだ。したがって、自由の国アメリカでも、中絶を認めるか禁止するかについては大変な論争がある。２０２０年１１月のトランプ（共和）VSバイデン（民主）の大統領選挙は微少差でバイデンが勝利した。そんな派手さはなくとも、それと同じように興味深かったのは、アメリカの連邦最高裁判所判事９名の人事を巡る争いだ。だって、その人事が保守派になるか、リベラル派になるかによって、中絶がOKになるか、NOになるかが決まるのだから。

それはともかく、フランスでは１９２０年以来、法律で避妊・中絶とそれに関する情報の流布を禁じており、違反者には刑罰もあり、妊娠を回避するには粗悪なコンドームに頼るか、運に頼るしかなかった、そうだ。しかし、１９６０年代以降のボーヴォワールをはじめとする有名女性たちを先頭にした各種の中絶を認めさせる運動の中、ついに１９７５年のヴェイユ法によって中絶は医療行為としてようやく合法化された、そうだ。その経緯や問題点については、パンフレットにある髙崎順子氏のコラム「『あのこと』でアンヌが生きた時代と、それから。」に詳しいので、それを熟読する必要がある。

他方、そんな西欧先進民主主義諸国に比べ、日本にはキリスト教的視点から「中絶はダメ」という発想はないから、法律上の建て付けはともかく、基本的に中絶天国になっている。私の大学時代にも、何人かの友人がそのために医者に行ったり、カンパを募る姿があった。ちなみに、２０２２年１１月に実施されたアメリカ上下院の議員を選ぶ中間選挙は予想を大きく裏切り“赤い波”旋風は起きず、トランプ人気の翳りが顕著になった。しかし、そんな動きの中でも、２０２２年には女性の人工妊娠中絶権は合憲だとしてきた１９７３年の「ロー対ウェイド」判決が覆るという衝撃の事態が起きている。しかし、２０２４年の大統領選挙で再びトランプが大統領につけばそれが維持されるだろうが、バイデンの再選、もしくはバイデン以外の民主党候補が勝利すれば、連邦最高裁判所判事の構成が変わり、再び中絶についての判断の逆転も・・・？

■□■本作は原作以上に、トコトン主人公本人の視点から！■□■

本作の主人公アンヌ役でセザール賞有望若手女優賞を受賞した女優は、アナマリア・ヴァルトロメイ。朝鮮戦争のおかげで戦後復興を早期に完了させた日本は、一方では日米安保条約（６０年）を締結して、軽武装・経済重視政策を取り、他方では高度経済成長政策を目指したことによって、戦前は“象牙の塔”だった大学が大衆（庶民）に開放され、大学生の数が飛躍的に増えていった。１９６７年に大阪大学に入学した私は、そんな団塊世代の一人だ。

アナマリア・ヴァルトロメイが演じる本作の主人公アンヌはそれより少し前の１９６３年のフランスの大学生だが、大学の大衆化現象は日本と同じだったらしい。そのため、労働者階級の娘に過ぎないアンヌが大学に入ることができたわけだ。そのうえ、アンヌは教授からも特別視されるほど頭脳明晰だったから、学位を取って教師になる夢はすぐ目の前に近づいていた。

(C) 2021 RECTANGLE PRODUCTIONS - FRANCE 3 CINÉMA - WILD BUNCH - SRAB FILMS

私の大学時代は学生運動が吹き荒れていたため、授業に出席したのは１回生の春から夏休みまでの２ヶ月程度、しかもホンの少しだけで、あとは全く授業に出ていない。それに対して、本作で寮住まいをしながらアンヌが過ごしている大学は結構厳しいようだ。しかし、教授に指名されて質問されてもアンヌの回答はパーフェクトだから、すごい。

本作冒頭、寮友のブリジット（ルイーズ・オリー・ディケロ）とエレーヌ（ルアナ・バイラミ）と楽しそうに語り合いながら学校に通う自信満々のアンヌの姿が描かれるが、目下の心配事は生理が遅れていること。これは、ちょっとした体調の問題・・・？そうであればなんの問題もなかったが、思い切ってかかりつけの病院に行くと、あっさり「妊娠している」と宣告されたからアレレ。アンヌはその場で「何とかして！」と頼んだが、それも「違法行為になる。加担したら刑務所行きだ。君もね」と即座に拒絶されたから、さあ、アンヌはどうするの？

ここまでが導入部、ここからが本筋突入だが、以降本作は予期せぬ妊娠問題の“処理”を、とことんアンヌの視点から描いていくので、それに注目！

■□■キネ旬の３氏も絶賛、新聞各紙も絶賛！■□■

本作については、『キネマ旬報』１２月下旬号（８４頁）の「REVIEW 日本映画&外国映画」では３人の映画評論家がそれぞれ星４つ、４つ、５つをつけて絶賛！新聞各紙の評論でも本作はそれぞれ絶賛されている。そこで語られているのは、概ね次の諸点だ。

①中絶に伴う主人公の肉体的な痛み

②妊娠週の表示に象徴される産む性の恐さ

③ヒロインの重さと、それに対比される男たちの軽さ

④手持ちカメラやスクリーンサイズが生む緊張感

⑤原作との対比

等々。

私は多くの評論家諸氏が書いている本作についてのそんな視点に何の異論もない。したがって、それと同じ事をここに書いても意味がないので、諸氏が全く触れていない本作の特徴（欠点）について、以下私なりにいくつか書いておきたい。

■□■“予期せぬ妊娠”は甘すぎるのでは！？■□■

本作のストーリー紹介では、ある日“予期せぬ妊娠”が発覚するという表現が使われている。人類史上最も“予期せぬ妊娠”はヨセフの妻マリアの処女受胎だが、それによって生まれてきた男の子は、通説では、人の子ではなく神の子イエス・キリストだから、これは唯一無二の例外だ。他方、処女であるのに妊娠するという、“想像妊娠”もあるそうだが、私はその実態を知らない。“予期せぬ妊娠”はレイプによって発生する可能性もある。ちなみに『灼熱の魂』（１０年）（『シネマ２８』６２頁）はそのレイプによる妊娠が大きなテーマだった。それに対して、本作に見る“予期せぬ妊娠”とは？

生理が来ないことを心配したアンヌが医師に診察してもらうと、あっさり「妊娠している」と告げられたが、その時アンヌは、医師からの「男性経験は？」の質問に対して「NO」

と答えていた。大学生として懸命に勉学に励んでいるアンヌの姿を見て、私は「さもありなん」と思いつつ、それならなぜ妊娠したの？と思っていたが、本作中盤に登場してくるお腹の子の父親であるボーイフレンドの姿を見ると、アレレアレレ・・・。このヒロインは、このボーイフレンドと何度性交をしたの？（楽しんだの？）その時どんな避妊措置をとったの？避妊における彼女の役割は？男性の役割は？

(C) 2021 RECTANGLE PRODUCTIONS - FRANCE 3 CINÉMA - WILD BUNCH - SRAB FILMS

本作のパンフレットには、女友達が多いと見込んだ同級生のジャン（ケイシー・モッテ・クライン）に、自分と同じ経験のある女性を紹介してもらおうと近づいたところ、「妊娠中ならリスクはないだろう」と逆に迫られるストーリーが紹介してある。これは、いかにも女友達のブリジットやエレーヌに相談する勇気のなかったアンヌらしい行動だが、私に言わせればまったくナンセンス。まず誰よりも最初に相談すべきは、お腹の子の父親であるはずの、自分が何度も性行為をしたボーイフレンドではないの？そうすれば、場合によれば「子供を産もう。」「結婚しよう。」という提案が出たかもしれないし、逆に「中絶しよう。」となれば、その方法や費用等、何かと親身になってくれたかも・・・？しかるに、アンヌは、そしてまた原作者であるアニー・エルノーは、なぜそうしなかったの？本作のパンフレットにはこのボーイフレンドについてはキャスト紹介すらされていないが、それは一体なぜ？そんなことをあれこれ考えると、アンヌの妊娠は決して“予期せぬ妊娠”とは言えず、“予期すべき妊娠”だ。しかも、それはアンヌとそのお相手男性、２人の怠慢によるものではないの？

■□■『チタン』の出産シーンVS本作の中絶シーン■□■

２０２１年第７４回カンヌ国際映画祭でパルムドール賞を受賞したフランス映画『TITANE　チタン』（２１年）は、カーセックスで快感に浸った挙句、妊娠してしまった主人公というストーリーがハチャメチャなら、同作に見る主人公の出産シーンはまさかの感動だった（『シネマ５０』５０頁）。そして、それは『ジャスミンの花開く』（０４年）で観た、チャン・ツィイーの雨の中での出産シーン（『シネマ１７』１９２頁）をはるかに上回る衝撃だった。しかして、本作に観るアンヌの中絶シーンは？

中国のTV歴史ドラマを観ていると、よく皇帝の寵愛を受けた女が妊娠すると、それに嫉妬した女が流産を狙って、いろいろな堕胎薬を飲ませるストーリーが登場する。それと同じように、中絶が法律で禁止されていたフランスでも、流産のための薬や方法はいろいろあったようだから、アンヌも一通りそれを勉強したのは当然。その結果、最初の病院であっさり中絶を拒否されたアンヌは、電話帳で調べた病院へ行き、食い下がった結果、注射液を処方してくれたからラッキー。私はそう単純に思い込むアンヌの知能レベルを疑わざるを得ないが、そんな思い切った行動をとってまで医師の診察を受けたにもかかわらず「流産はしていない」とのこと。そこでの、「出血したはずなのに」、「それは、粘膜を傷つけただけだ」との会話を聞いていても、私はアンヌの知能レベルを疑わざるを得ない。日に日に中絶期限の限界が近づいているアンヌだが、そこでやっと“闇の中絶手術”をしてくれる「ヴェラ・ドレイクおばさん」のような人を紹介してもらえたから、これはラッキー！？そこに見るアンヌの中絶手術は如何に？さらに、それでも中絶が成功しなかったため、最後の手段として何とも壮絶な命がけの中絶手術に及ぶことに。

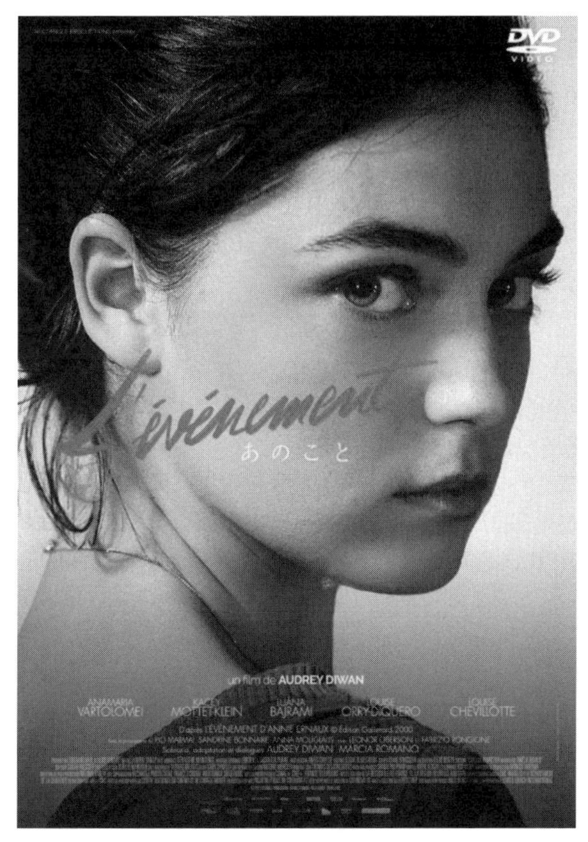

2023年5月10日発売 『あのこと』
¥4,290（税込）
発売・販売元：ギャガ
(C) 2021 RECTANGLE PRODUCTIONS - FRANCE 3 CINÉMA - WILD BUNCH - SRAB FILMS

女性にとって妊娠と出産は一生の大事だが、本作全編を通じて何度も登場する中絶シーンは、男の私には少しウンザリだし、少し恐ろしい。さあ、あなたの目には「チタンの出産シーン」VS「本作の中絶シーン」は如何に？

２０２２（令和4）年１２月２０日記

みどころ

『海を飛ぶ夢』（０４年）をはじめ、“尊厳死”をテーマにした名作は多い。洋の内外を問わず、それを望む人は多いが、“安楽死”との異同を含め、各国の法的対応は？下手をすれば、手を貸した医師等は殺人幇助罪になってしまうから、本人も支援者もしっかりお勉強を！

『ファーザー』（２０年）を観れば、認知症の父親を世話する娘も大変だが、いきなり「終わらせて欲しい」と言われた娘も大変。１３歳の時に『ラ・ブーム』（８０年）でスーパーアイドルになった女優ソフィー・マルソーが、本作ではフランソワ・オゾン監督とはじめてタッグを組んで大奮闘！

わがまま親父と、妻やかつての恋人（？）との距離感や人間関係はいかにもフランス的だが、本作はすべてエマニュエル・ベルンエイムの自叙伝的な原作に基づくもの。ジャン＝リュック・ゴダール監督や保守思想家の西部邁先生のケースとも対比しつつ、前向きに尊厳死のあり方を考えたい。

―――＊―――＊―――＊―――＊―――＊―――＊―――＊―――＊―――＊―――＊―――

■□■オゾン監督×原作者×女優ソフィー・マルソーが実現！■□■

フランスのフランソワ・オゾン監督は、『婚約者の友人』（１６年）（『シネマ４１』２８９頁）、『しあわせの雨傘』（１０年）（『シネマ２６』１６６頁）、『危険なプロット』（１２年）（『シネマ３２』１８０頁）、『グレース・オブ・ゴッド　告発の時』（１８年）（『シネマ４７』１４２頁）等で超有名。それに対して、オゾン監督が当時のエージェントを通じて、２０００年に出会ったという、フランス人作家、エッセイスト、脚本家であるエマニュエル・ベルンエイムを私は全く知らないし、その自伝的小説である『Tout s'est bien passé』も全く知らないもの。他方、１３歳の時にオーディションで７００人の中から選ばれて主演を務めた映画デビュー作『ラ・ブーム』（８０年）の世界的大ヒットでスーパーアイドルとなり、続編『ラ・ブーム２』（８２年）でセザール賞有望若手女優賞を受賞したフランス人女優ソフィー・マルソーは超有名。彼女は、その後、『００７／ワールド・イズ・ノット・イナフ』（９９年）等のハリウッド超大作にも出演し、今ではフランスの国民的俳優として敬愛されている。さらに監督業にも進出した彼女は５作を監督している有名な才女だ。

ところが、そんなオゾン監督と女優ソフィー・マルソーは、「一緒に仕事をしたい」という希望はどちらも持っていたにもかかわらず、タイミングが合わない、役柄が合わない等の理由でこれまで実現しなかったらしい。しかし、女流作家エマニュエル・ベルンエイムの原作の映画化を決めたオゾン監督が、直感的に「これが最後のふさわしい企画だ」と感じて、ソフィー・マルソーにエマニュエルの本を送ったところ、彼女の出演が決まったそうだ。そんな企画が進行している過程の２０１７年にエマニュエル・ベルンエイムはがんのため死去してしまったが、そんなこんなの経過によって、オゾン監督×原作者エマニュエル×女優ソフィー・マルソーの本作が実現！しかして、『すべてうまくいきますように』と題された本作の内容は？

■□■テーマは尊厳死！“あの名作”との対比も一興！■□■

本作のテーマは尊厳死。それを描く視点は、尊厳死を願う父親アンドレ（アンドレ・デュソリエ）の世話をする長女エマニュエル（ソフィー・マルソー）のものだ。もちろん、このエマニュエルの視点は、原作者エマニュエル・ベルンエイムの視点と重なるもの。なぜなら、美術コレクターのアンドレ・ベルンエイムと彫刻家のクロード・ド・ソリアの娘として生まれたエマニュエル・ベルンエイムの原作『Tout s'est bien passé』は、エマニュエル・ベルンエイムの自叙伝的小説だからだ。

尊厳死をテーマにした映画は多いが、その（古典的？）名作は、アレハンドロ・アメナーバル監督の『海を飛ぶ夢』（０４年）（『シネマ７』１９７頁)。同作の主人公ラモンは、家族に支えられて２６年間、手も足も動かせないままベッドの上だけで生きてきたが、遂に尊厳死の決断を！しかし、その実行は難しいものだった。

他方、ラモンは介護する家族にも恵まれていたが、彼らは「尊厳死を認める立場」と「人間が自らの意思で死ぬことなど絶対に認めないという立場」に分かれていた。また、同作には、主人公を巡って、①尊厳死を法的に支援する団体の活動家の女性ジュネ、②自分自身も不治の病を宣告されている女性弁護士フリア、③テレビで見た主人公の姿に感動したと言って主人公に会いにやってきた女性ロサ、が登場し、主人公のためにさまざまな役割を果たす姿が興味深かった。

それに対して、本作には、スイスの「安楽死を支援する協会」の女性（ハンナ・シグラ）をはじめとしてアランの尊厳死に関わる弁護士や公証人等が登場するが、それらはあくまで脇役。本作ではとことんエマニュエルの視点にこだわっているので、観客もそれにこだわりたい。すると、そんな視点で本作VS『海を飛ぶ夢』を対比してみるのも一興だ。

■□■８４歳で尊厳死を決定！VS『ファーザー』は認知症！■□■

アンソニー・ホプキンスが８３歳で主演男優賞を受賞した映画が『ファーザー』（２０年）（『シネマ４９』２６頁）。同作は、認知症が進行している父親と、彼の面倒をみる長女との人間模様が興味深かった。それに対して、本作では冒頭、脳卒中で入院した８４歳のアンドレが、命に危険はなかったものの、身体に麻痺が残り、そのまま入院することになるところから物語が始まる。

急遽駆けつけてきた姉のエマニュエルと妹のパスカル（ジェラルディーヌ・ペラス）は、ベッドから起き上がれない父の姿にショックを受けるが、元実業家で自分の手でひと財産を築き上げた自信家のアンドレは、同室の入院患者を口撃するなど毒舌ぶりは健在。そのうえ、得意のシニカルなユーモアで娘たちを笑わせることも忘れないから、これなら大丈夫・・・？そう思っていると、MRI 検査の結果、脳梗塞が確認され、回復が見られないため転院することに。そして、新しい病院のベッドに落ち着いたアンドレは、エマニュエルの手を取ると「終わらせてほしい」と頼んだが、その意味は？

『ファーザー』では、認知症の父親は、「あの男は誰だ？」「お前は誰だ？」「家を奪うつもりか？」「ここは病院？俺は誰？」等、認知症特有の症状（混乱）で、せっかくのいい父娘関係もハチャメチャになりかけた。それに対して本作では、妹がいないところで自分だけに尊厳死への協力を頼まれたエマニュエルは、さあどうするの・・・？

■□■合法？違法？誰に相談？協力者は？本人の動静は？■□■

本作はエマニュエルを主人公にしながら、フランソワ・オゾン監督がはじめて女優ソフィー・マルソーとコラボした作品だから、ソフィー・マルソー演ずるエマニュエルの存在感が大きくなるのは当然。また、原作も原作者でもあるエマニュエル・ベルンエイム氏の立場から書かれたものだから、彼女の視点から父親の尊厳死の要請にどう答えるべきかに対する試行錯誤をメインに物語が構成されているのも当然だ。

当初、「終わらせてほしい」と言われたエマニュエルは、父親の手を振りほどいて病室から逃げ出してしまうほど動揺したが、主治医に相談すると、「私にもおっしゃいました。よくある反応だから、気持ちが前向きになるように励ましましょう。」と言われたから少し安心・・・？他方、本作では「なぜ妹ではなく私に？」というエマニュエルの戸惑いが詳しく描かれる。さらに、①エマニュエルからの相談を聞いた妹のパスカルの反応、②エマニュエルの夫セルジュ（エリック・カラヴァカ）の反応、さらに、③夫が尊厳死を望んでいたという友人に話を聞きに行った時の友人の反応、にも注目したい。

しかし、エマニュエルにとって何よりも大切なことは、父親の要請を受け入れるための手続を勉強をし、その段取りを進めていくことだ。「安楽死を支援する協会」を訪ね、フランスでは法律的に尊厳死は難しいと知ったエマニュエルは、スイスの協会とコンタクトをとることに。このように父親の要請を実現するべく、エマニュエルは着々と準備を進めていたが、ある日病院を訪れると、父はベッドから起き上がり、椅子に座れるところまで回復していたからアレレ・・・。もちろん、これはエマニュエルにとって想定外の良い方向への変化だが、そこでも頑固者のアンドレの決意は変わらなかったから仕方なし。

■□■“クソ野郎”って誰？この物語に必要なの？■□■

長女のエマニュエルが急いで父親のもとに駆けつける本作の冒頭のシークエンスは、『ファーザー』と同じ。また、父親の世話をするのが長女と次女の２人というのも『ファーザー』と同じ（?）。しかし、『ファーザー』には妻が登場しなかったのに対し、本作にはアンドレの妻クロード（シャーロット・ランプリング）が登場してくるうえ、後半からは、エマニュエルが「あのクソ野郎」と称する男ジェラール（グレゴリー・ガドゥボア）も登場してくるのでそれに注目！

アンドレの妻、そしてエマニュエルとパスカルの母親クロードを演じるのは、オゾン監督の常連の女優シャーロット・ランプリングだ。このクロードは彫刻家だが、見舞いに訪れた彼女は夫の顔を見て、「重症じゃなさそうね。」と呟くとすぐに帰ってしまったから、アレレ。この２人は何年も別居しているのに離婚しない、という不思議な関係らしいが、こりゃいかにもフランス的・・・？

夫と友達がエマニュエルの誕生日を祝ってくれた夜、パスカルから「クソ野郎が来た」という電話が入ったので駆けつけてみると、ケンカ別れした、父親のかつての恋人（の男）ジェラール（グレゴリー・ガドゥボア）が無理矢理病室に入っていたからビックリ！何とかその場を収めたエマニュエルが別室で、「父はもう会いたくないと言っている」と告げたが、彼は納得しないから、アレレ・・・。この男は一体ナニ？そして、父親との関係は一体ナニ？これもいかにもフランス的だが、本作にこんなストーリーまで登場させる必要があるの？

そう思っていると、本作は後半からクライマックスにかけて、アンドレの尊厳死が警察に通報されたため、予想もしなかったトラブルが発生！ひょっとして警察への通報者はこの男、ジェラールなの・・・？そう考えると、やっぱりこの男は本作には不可欠・・・？

■□■スイスへの脱出劇にハラハラドキドキ！それはなぜ？■□■

私は、TV で放映されている中国の歴史ドラマを毎日録画して観ているが、そこでは皇帝の座と後宮のトップの座を巡る権謀術策がうごめいている。そのため、謀反や反乱、暗殺や毒殺が横行し、肉親を含む人間相互の愛憎ドラマが生々しい。１つの方針を巡って朝議で賛否が分かれれば、毎度のことながら、その方針を実行しようとする勢力と反対派の妨害活動が激しく対立するのも当然だ。

しかして、当初は、「終わらせて欲しい」の言葉に一瞬身を引いたエマニュエルも、その後の学習の積み重ねの中、やっと父親への協力を決意。そのための実務的な準備を着々と進めていったのはさすがだ。ところが、アンドレが尊厳死を願っているらしいとか、エマニュエルがそれに協力しているそうだとかの情報がどこからともなく漏れていくと・・・。

さらに、ジェラールの登場によって、アンドレとジェラールの確執（?）が改めて浮き彫りになる中、尊厳死に対するジェラールの考え方が明確になってくると・・・?

後述の西部邁先生のケースでは、警察の捜査は自裁死の決行後になったが、本作ではかねてからの計画どおり、救急車にアンドレを乗せ、スイスへの尊厳死の旅に向かおうとする直前に警察が病室を訪れてきたから、アレレ、アレレ・・・。「ちょっと事情を・・・」という形で尊厳死の計画がバレてしまえば、フランスの法体系の下では、スイス行きはアウトになってしまうはずだ。本作後半からラストにかけては、否応なく思いもかけないハラハラドキドキの展開になっていくので、それに注目！

■□■本作は尊厳死！VS西部邁先生は？ゴダール監督は？■□■

尊厳死と安楽死はよく似た概念だが違う。すなわち、尊厳死は、延命治療を中止して苦痛緩和ケアをしながら至る自然死のことで、安楽死は、患者の希望により医師が薬物を使用して人為的に死に至らせること。しかし、日本では法律的には認められていないから、両者とも刑法の嘱託（同意）殺人罪になる可能性がある。また、人の自殺を助けると自殺幇助罪になる。この点は、フランスもほぼ同様だ。

しかし、自分の人生の最後を自分でコントロールしたいと願う人間の気持ちは尊重されるべきだ。そのため、ヨーロッパの一部の国やアメリカの一部の州では、一定の厳しい要件の下に、安楽死や尊厳死が認められている。本作後半は、エマニュエルがスイスの「安楽死を支援する協会」の女性とコンタクトを取り、アンドレの尊厳死を実行に移していくストーリーになるので、それに注目！

なお、フランスでは、２０２２年9月１３日にジャン＝リュック・ゴダール監督（９１歳）が、自殺幇助団体の助けを借りて自死したことが大きな話題になった。また、日本では、５５歳頃から“自死”への決意を固めていた保守思想家の西部邁先生が、２０１８年1月２１日、社員 K の助けを借りて“自裁死”を遂げたことが大きなニュースになった。彼の自裁死については、それに関わった２人の男性が自殺幇助の罪で起訴され、執行猶予付きながらも有罪判決を受け、それが確定したから、その社会的影響は大きかった。しかして、本作に見る尊厳死の実行は？前述のとおり、本作はラストに向けて、とんだ妨害が入ってくるため、そのスリリングな展開にエマニュエルと共にハラハラドキドキしながら、その成否を見守りたい。

２０２３（令和5）年2月２０日記

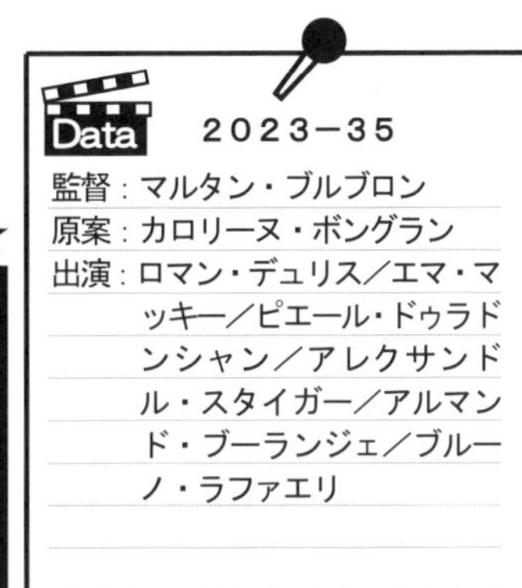

みどころ

『エッフェル』というシンプルな原題を見れば、本作はエッフェル塔建設秘話！そう思ったが、『エッフェル塔　創造者の愛』とは一体ナニ？これは"史実を基に自由に作った物語"なればこその邦題だ。

１９７０年の大阪万博は日本人の誇りだが、１８８９年のパリ万国博はそれ以上のパリ市民の誇り。そのモニュメントとしてコンペで決定したのが高さ３００mの鉄塔を造る計画だが、なぜそれは東京タワーや通天閣そして京都タワーとは全く違うエッフェル塔と呼ばれているの？

なるほど、自由な発想と創造力をたくましくする作業は面白い。それを本作でしっかり確認しよう！

―――＊―――＊―――＊―――＊―――＊―――＊―――＊―――＊―――＊―――＊―――

■□■本作はなぜ"史実を基に自由に作った物語"に？■□■

「Based on the true story」＝"史実に基づく物語"は多いが、本作はそれではなく、"史実を基に自由に作った物語"だ。また、本作の邦題は『エッフェル塔　創造者の愛』と説明調で長ったらしいが、原題はシンプルに『エッフェル』。１８８９年に開催されたパリ万国博覧会の最大の呼び物として建設された「エッフェル塔」は、なぜエッフェル塔と呼ばれているの？それはギュスターヴ・エッフェルが建設したからだ。そのため、本作の原題は『エッフェル』だが、その内容は"史実を基に自由に作った物語"とされているらしい。

世の中に"伝記モノ映画"は多いが、その場合、ドキュメンタリー映画になることもあれば、史実に基づく物語になることもある。しかし、『エッフェル』と題して、エッフェル塔を建造したギュスターヴ・エッフェルの伝記モノ映画を作るについて、"史実を基に自由に作った物語"としたのはなぜ？それは、なぜかエッフェル氏についての資料が極端に少ないためらしい。つまり、エッフェル塔建造にまつわるギュスターヴ・エッフェル氏の伝記モノ映画を作ろうとすると、ドキュメンタリーは無理だし、“史実に基づく物語”もしんどいため、映画史上はじめて（?）“史実を基に自由に作った物語”として本作にチャレンジしたらしい。時あたかも、２０２３年のNHK大河ドラマとして『どうする家康』が放映されているが、これもハッキリ言って“史実を基に自由に作った物語”になっている。しかしそれは、本作とは逆に徳川家康についてはあまりにも膨大な資料が残っているため、逆にそれにとらわれず、自由な発想で新たな家康像の構築を狙ったためだ。なるほど、なるほど・・・。

■□■建築家・エッフェルvs建築家・安藤忠雄■□■

建築家として有名な日本人には、丹下健三、黒川紀章、隈研吾、安藤忠雄等がいるが、一流大学卒のエリートではなく、叩き上げの建築家として有名なのが大阪出身の安藤忠雄。「住吉の長屋」から始まった彼の建築家としてのサクセス・ストーリーは、まさに日経新聞の「私の履歴書」にふさわしいものだが、安藤忠雄建築の特徴の一つは“コンクリートの打ちっ放し”にある。

本作の主人公たる建築家、エッフェルは謎が多いから「私の履歴書」は書けないようだが、ハッキリしているのは、彼もエリート（貴族）ではなく、労働者階級出身の男だったということ。そんな男がどのように建築を勉強したのかは知らないが、パンフレットにある杉原賢彦氏（映画批評／目白大学メディア学科准教授）のEssay「ギュスターヴ・エッフェル　その人と仕事」によれば、エッフェルの名のもとに建造された主な建築物は、①ボルドー橋（１８５８－６０）、②ブダペスト西駅（１８７５／ハンガリー）、③マリア・ピア橋（１８７５／ポルトガル）、④ガラビ橋（１８８４）、⑤ボン・マルシェ（１８８７）があるらしい。そんな彼の建築の本質は鉄橋の建築家、さらには鉄骨組の美学だ。本作では彼のことを「鉄の魔術師」と呼んでいるので、それに注目！

もっとも、１９世紀末のヨーロッパでは鋳鉄は脆すぎるので使われなくなっていたし、彼が「未来の金属」と呼ぶ鋼鉄はまだわずかしか使われていなかったそうだ。そんな素材である鋼鉄に目をつけて、高さ３００メートルのエッフェル塔をすべて鋼鉄で作ると宣言し、それを実行した彼の先見性と実行力に注目！

■□■この“再会”に注目！再会後は仕事も恋も一途に！■□■

かつて松尾和子が歌った『再会』（６０年）は、監獄にいる男性との再会を待ちわびる女性の気持ちを歌った悲しい曲だった。しかし、本作導入部のパーティーの場面で、パリ万国博のシンボルとなるモニュメント建設について熱く議論されている時、久しぶりに会った友人の記者、アントワーヌ・ド・レスタック（ピエール・ドゥラドンシャン）の妻アドリエンヌ・ブールジュ（エマ・マッキー）と再会したエッフェルはビックリ！

彼女は、１８６０年にはじめて出会った後すぐに相思相愛の仲となり、互いに結婚の決心まで固めた女性だったのだ。それが成就しなかったのは、上流階級だったアドリエンヌの両親が、労働者階級であるエッフェルとの結婚を許さなかったためだ。もっとも、エッフェルにとっては、そんなプライベートな面における失意の体験が、アメリカの“自由の女神像”の製作に協力したことで名声を上げて、“鉄の魔術師”と言われるまでに成長し、１８８６年の今、パリ万国博のシンボル建設に関するパーティーに加わる原動力になっていたわけだ。

建築に関するエッフェルの“持論”は、「人の役に立ち、後世に残るものでなければ！」というもの。当時珍しかった鋼鉄に目をつけた彼が次々と鉄橋を建設していたのは、その持論に沿ったものだ。そんな彼の持論によれば、「モニュメントのために莫大な費用をかけるのはムダ」というものだったから、パーティーの席で、大臣が「戦争に敗れた今、我が国に必要なのは自由の女神のようなシンボルだ」と挨拶しても彼は退屈そうだった。ところが、それに続いてアドリエンヌが、「大臣と同感です。ぜひ見てみたい。野心作を」と述べると、突然エッフェルは翻意し、「ブルジョアも労働者も皆が楽しめるように、パリの真ん中に３００ｍの塔を、すべて金属で造る！」と宣言したからすごい。

もちろん、コンクールはコンペ方式だから、すべて鉄で３００ｍの塔を造るエッフェル案が採用されるかどうかは、これからの課題だが、そうと決まった今、エッフェルはいかにして仕事の面でも恋の面でも新たな己の目標に向かって突き進んでいくの？

■□■建設反対の大合唱に敗北？それとも・・・？■□■

大阪市の中心部を南北に走る道路“御堂筋”は今でこそ世界に誇る道路とされ、近時は全面歩行化計画も現実化しているが、１９２３年に大阪市長に就任した関一（せき・はじめ）が「道こそ街の動脈」だとして、幅４４ｍ、長さ約4kmの御堂筋構想をぶち上げた時は、「市長は船場の真ん中に飛行場でもつくる気か」と市民は肝をつぶしたそうだ。また、１９６４年に開館された、高さ１３１ｍの京都タワーは、「東寺よりも高いものは建てない」

ことが不文律とされていた京都市では、歴史的景観との調和のありようが大問題となり、反対運動が起きた。旧約聖書における"バベルの塔"のお話（教訓）を持ち出すまでもなく、どこまでも天に向かって高くそびえる建物を作りたいという人間の欲求は根強い。荘厳な安土城を築いた織田信長の狙いがどこにあったかは明白だが、１８８９年のパリ万国博に向けて、「戦争に敗れた今、我が国に必要なのは自由の女神のようなシンボルだ」とはいえ、モニュメントとして３００m の鉄塔を造ることにホントに意味があるの？そもそも建設費は一体いくらかかるの？

そんな私の心配どおり、せっかくエッフェルが心血を注いで臨んでいるエッフェル塔建設プロジェクトに対して、地元のパリ市民から反対運動が起きたから、アレレ。そのうえ、バチカンの教皇は「ノートルダム大聖堂より高いのは侮辱だ」と怒り、醜悪だと主張する芸術家たちからは連名の抗議文が送られてきたから大変だ。状況がそうなると、最初にビビるのが銀行。そして、資金不安が広がると、賃金不払いを心配する労働者たちからも反対の声が！第１期工事を完成するまであとわずか！ここでヘタってはすべてが水のアワに！エッフェルは、自ら建設中の塔の上に登って声を振り絞って団結を訴え、建設続行を訴えたが、その成否は？

本作の撮影については、エッフェル塔の土台が実物大で再現されたらしい。一部とはいえ、CG ではないそんなホンモノの姿を確認しながら、エッフェルの力強くかつ確信に満ちたメッセージをしっかり受け止めたい。

■□■再会した人妻との恋は、運命に引き裂かれた悲恋に！？■□■

エッフェルがあのパーティーの席で、今や友人の人妻になっているアドリエンヌと再会したのは全くの偶然だが、そこから回想される若き日の２人の出会いと結婚への決意は一直線！互いにあれほどの情熱を重ね合わせれば、結婚こそ親から拒否されても、アドリエンヌが思わぬ妊娠でもすれば、２人のその後の人生は大きく変わっていたはずだ。しかし、その後、アドリエンヌはレスタックと結婚し、エッフェルも所帯を持ち子供を設けていたから、あの時の情熱は２人だけの思い出として封印されていたらしい。

しかして、パーティーの席で思わぬ再会を果たしたアドリエンヌに対して、エッフェルは再びモーションをかけていくの？それこそが本作を"史実を基に自由に作った物語"にした最大の理由だから、自由な発想と自由な想像力を働かせて、エッフェルとアドリエンヌとの不倫の恋の行方を展望したい。もっとも、本作の原題は、『エッフェル』だから、エッフェル塔建設秘話がメインで、２人の恋物語はサブのはず。『エッフェル塔　創造者の愛』という邦題もそんなような意図で付けられたはずだ。さらに、パンフレットにある本作のストーリー紹介の見出しは、「＜エッフェル塔＞だけが見ていた、運命に引き裂かれた恋の結末。」とされているので、その悲恋物語の展開はあなた自身の目でしっかりと。

２０２３（令和5）年3月２４日記

2023−8

監督：ジュゼッペ・トルナトーレ
出演：エンニオ・モリコーネ／クエンティン・タランティーノ／クリント・イーストウッド／ウォン・カーウァイ／オリバー・ストーン／ハンス・ジマー／ジョン・ウィリアムズ／ブルース・スプリングスティーン／クインシー・ジョーンズ

みどころ

松山の愛光学園は、東大・京大への多数の合格者を誇る中高一貫の“ザ・名門校”。同校の第９期卒業生たる私が１９６４年に映画館で観たのが、セルジオ・レオーネ監督の『荒野の用心棒』。そこで、あの音楽、あのガン捌き、あの映画にゾッコン！それは一体なぜ？

クラシック音楽の素養を身につけたエンニオ・モリコーネにとって、映画音楽は邪道とは言えないまでも、所詮はワキ道！ところが、世界中で次々と彼の映画音楽が大ヒットしていくと・・・。

小学校時代の旧友だったセルジオ・レオーネ監督に続いて、３０歳近く若いジュゼッペ・トルナトーレ監督が『ニュー・シネマ・パラダイス』（８８年）以降は、全作品でタッグを組む盟友に。モリコーネは「ジュゼッペが撮るならやってもいいが、彼以外ならダメだ」と述べて、本作の監督を彼に委ねることに。

映画音楽は素晴らしい。あの名作、この名作の、あのシーン、このシーンが映画音楽と共に次々と！モリコーネの映画音楽の素晴らしさを、本作でたっぷり堪能しよう。

——＊——＊——＊——＊——＊——＊——＊——＊——＊——＊——

■□■高校時代、あの音楽あのガン捌き、あの映画にゾッコン■□■

日本の高度経済成長とテレビの普及が始まったのは、１９５９年4月の皇太子殿下と美智子様のご成婚と１９６４年１０月の東京オリンピック開催を契機としたものだ。その当時、日本のTV上では「幌馬車隊」や「ボナンザ（カートライト兄弟）」等の人気西部劇が大人気だった。私は「隊長アダムスの指揮の下、時には憎しみまた愛し合い・・・」と歌う主題歌や、「ホールドアップ、ホールドアップ、ボナンザ・・・」と歌う主題歌を今でもよく覚えている。他方、映画館では本場感タップリのさまざまな西部劇が次々と上映され、そこでは西部劇の男、ジョン・ウェインの圧倒的な存在感が際立っていた。

そんな時代状況の中で、１９６４年４月に高校１年生になった私が映画館で見たのが『荒野の用心棒』（６４年）。当時、カレーライスやチャーハンは一般的になっていたが、フランス料理はもとより、マカロニやスパゲッティ等のイタリア料理はまだ珍しかった。そんな時代、いきなり“マカロニ・ウエスタン”が大ヒット！その要因は、それまでの本格的西部劇とは全く異質な、若き日のクリント・イーストウッド演じるニヒルかつ非情なガンマンを主人公にしたストーリー構成が第一だが、もう一つ大きな理由は、口笛を交えたあの音楽にある。そこで一躍有名になったのが、イタリア生まれの音楽家エンニオ・モリコーネだ。同作は彼が１９２９年生まれの小学校時代の旧友、セルジオ・レオーネ監督と再会したことによって誕生したが、以降モリコーネが作る映画音楽は大ヒット！しかし、本作を見れば、モリコーネが映画音楽だけでなく、クラシックの分野でもすごい音楽家だったことを、はじめて知ることに。

■□■ジュゼッペが撮るならやってもいいが、彼以外ならダメ■□■

イタリア映画はフランス映画ともドイツ映画とも違う独特な雰囲気と面白さを持っている。その代表の１つがイタリアのシチリア生まれのジュゼッペ・トルナトーレ監督の『ニュー・シネマ・パラダイス』（８８年）（『シネマ１３』３４０頁）だ。

モリコーネは同作の映画音楽ではじめてジュゼッペ・トルナトーレ監督とタッグを組んだ。１９２８年生まれのモリコーネと１９５６年生まれのジュゼッペ監督は３０歳近く年が離れているのに、以降、ジュゼッペ監督作品の音楽はすべてモリコーネがタッグを組んでいるから、この２人はよほど気が合ったらしい。モリコーネが最も信頼する監督は小学校時代の旧友で、共に『荒野の用心棒』を世に送り出したセルジオ・レオーネ監督だが、それと並ぶ信頼を置いているのが、ジュゼッペ監督だ。

モリコーネのドキュメンタリー映画を作ろうと企画したのは若い２人のプロデューサーだが、モリコーネにその気があるかどうかを尋ねると、モリコーネは、「ジュゼッペが撮るならやってもいいが、彼以外ならダメだ」と答えたそうだ。そう聞いたジュゼッペ監督が本作の監督を快諾したのは当然。以降、本作のアイデアはトントン拍子で進んだらしい。そこで、最初にジュゼッペ監督がプロデューサーに頼んだのは、実際の映像を使うことだった。そのため、本作では、懐かしいあのシーン、このシーンが、モリコーネ音楽と共にふんだんに登場することに。

■□■主題曲、サントラ、テーマ、序曲あれこれ！主題歌も！■□■

私のiPodにダウンロードされている資料①の「淀川長治　映画音楽館」CD全１０巻は、私が大腸ガンで入院した２０１５年９月と胃ガンで入院した２０１６年１１月に大いに役立った。それは、入院期間中ずっとベッドで流し続けていたからだ。『エデンの東』から始まるそれは、今も私が眠る時に、中国語単語帳や中国語のNHKラジオ講座らと共に、いつもiPodから流れている。

映画音楽には、①『エデンの東』（５５年）や『太陽がいっぱい』（６０年）、『ひまわり』（７０年）等の主題曲、②『ウエスト・サイド物語』（６１年）、『サウンド・オブ・ミュージック』（６５年）等のサウンドトラック（サントラ）、③『風と共に去りぬ』（３９年）の「タラのテーマ」や『ドクトル・ジバゴ』（６５年）の「ララのテーマ」、『ロッキー』シリーズの「ロッキーのテーマ」等のテーマ曲、④『ベン・ハー』（５９年）の「ベン・ハー序曲」等の序曲、そして『００７／ゴールドフィンガー』（６４年）、『００７／ロシアより愛を込めて』（６３年）等の主題曲等、さまざまなものがある。ちなみに『卒業』（６７年）の「サウンド・オブ・サイレンス」や「ミセス・ロビンソン」、『明日に向かって撃て！』（６４年）の「雨にぬれても」等は劇中の挿入歌だ。

「淀川長治　映画音楽館」はそれらを含めた合計１８７曲が収録されているから、その充実ぶりはすごい。そこには当然本作の「さすらいの口笛」や『死刑台のメロディ』（７１年）でジョーン・バエズが歌った「勝利への讃歌」等も収録されている。それらを聴いていると、あの映画のあのシーン、このシーンと共にあの音楽、この音楽が。

資料①

淀川長治　映画音楽館　(1)

No.	映画名（収録曲名）	演奏	時間
1.	エデンの東（エデンの東）	ビクター・ヤング・オーケストラ	3:16
2.	カサブランカ（時の過ぎ行くまま）	オリジナル・サウンドトラック（ドゥーリー・ウィルソン）*	2:38
3.	旅　愁（セプテンバー・ソング）	オリジナル・サウンドトラック（ウォルター・ヒューストン）*	2:27
4.	ライムライト（テリーのテーマ）	ビクター・ヤング・オーケストラ	2:56
5.	80日間世界一周（アラウンド・ザ・ワールド）	オリジナル・サウンドトラック（ビクター・ヤング・オーケストラ）	3:04
6.	誰がために鐘は鳴る（誰がために鐘は鳴る）	ビクター・ヤング・オーケストラ*	3:04
7.	哀　愁（哀愁のテーマ）	ビクター・ヤング・オーケストラ*	2:48
8.	ピノキオ（星に願いを）	オリジナル・サウンドトラック（クリフ・エドワーズ）*	3:10
9.	愛情物語（トゥ・ラブ・アゲイン）	オリジナル・サウンドトラック（カーメン・キャバレロ）	2:58
10.	リリー（ハイ・リリー、ハイ・ロー）	ビクター・ヤング・オーケストラ*	2:30
11.	嵐が丘（キャッシーのテーマ）	オリジナル・サウンドトラック	3:16
12.	我が道を往く（アイルランドの子守歌）	オリジナル・サウンドトラック（ビング・クロスビー）*	3:12
13.	スティング（エンターテイナー）	オリジナル・サウンドトラック	3:02
14.	ハロー・ドーリー！（ハロー・ドーリー！）	ルイ・アームストロング	2:23
15.	抱　擁（オール・ザ・ウェイ）	カーメン・キャバレロ	3:56
16.	地上より永遠に（地上より永遠に）	オリジナル・サウンドトラック	3:18
17.	ある愛の詩（ある愛の詩）	オリジナル・サウンドトラック	3:22
18.	タミーと独身者（タミー）	オリジナル・サウンドトラック（デビー・レイノルズ）*	3:04
19.	追　想（アナスタシア）	パット・ブーン	2:53

※映画名（収録曲名）　＊モノラル

淀川長治　映画音楽館　(2)

No.	映画名（収録曲名）	演奏	時間
1.	風と共に去りぬ（タラのテーマ）	オリジナル・サウンドトラック（マックス・スタイナー指揮オーケストラ）	2:31
2.	南太平洋（バリ・ハイ）	オリジナル・サウンドトラック（ブラディ・メリーとケン・ダービー・シンガーズ）	3:42
3.	ウエスト・サイド物語（トゥナイト）	ボストン・ポップス・オーケストラ	2:39
4.	ティファニーで朝食を（ムーン・リヴァー）	オリジナル・サウンドトラック（ヘンリー・マンシーニ楽団）	2:40
5.	酒とバラの日々（酒とバラの日々）	オリジナル・サウンドトラック（ヘンリー・マンシーニ楽団）	2:07
6.	シャレード（シャレード）	オリジナル・サウンドトラック（ヘンリー・マンシーニ楽団）	2:35
7.	ピンクの豹（ピンク・パンサーのテーマ）	オリジナル・サウンドトラック（ヘンリー・マンシーニ楽団）	2:36
8.	野生のエルザ（ボーン・フリー）	ジョニー・ダグラスとリヴィング・ストリングス	3:37
9.	ブラザー・サン、シスター・ムーン（ブラザー・サン、シスター・ムーン）	ジャン・クレール・グランド・オーケストラ	3:09
10.	カッコーの巣の上で（カッコーの巣の上で）	ジャン・クレール・グランド・オーケストラ	3:13
11.	黄色いリボン（黄色いリボン）	ジョニー・ハート楽団	3:01
12.	その男ゾルバ（その男ゾルバ）	クラウス・オーゲルマン楽団	1:58
13.	戦場にかける橋（戦場にかける橋）	ボストン・ポップス・オーケストラ	3:07
14.	荒野の用心棒（さすらいの口笛）	オリジナル・サウンドトラック（エンニオ・モリコーネ・オーケストラ）	2:53
15.	帰らざる河（帰らざる河）	オリジナル・サウンドトラック（マリリン・モンロー）	2:15
16.	シェナンドー河（シェナンドー）	ボストン・ポップス・オーケストラ	3:56
17.	河は呼んでる（河は呼んでる）	ジャン・クレール・グランド・オーケストラ	3:18
18.	死刑台のエレベーター（死刑台のエレベーター）	ファッツ・フィールド楽団	3:46
19.	死刑台のメロディ（勝利への讃歌）	オリジナル・サウンドトラック（ジョーン・バエズ・ウィズ・エンニオ・モリコーネ・オーケストラ）	3:08
20.	家族の肖像（協奏交響曲変ホ長調）	アマデウス室内管弦楽団	4:08

※映画名（収録曲名）

淀川長治　映画音楽館　(3)

No.	映画名（収録曲名）	演奏	時間
1.	雨に唄えば（雨に唄えば）	シネマ・オール・スターズ	2:42
2.	巴里のアメリカ人（ス・ワンダフル）	シネマ・オール・スターズ	2:10
3.	駅馬車（駅馬車）	ルース・ウェルカム	3:28
4.	誇り高き男（誇り高き男）	ネルソン・リドル	2:45
5.	大いなる西部（大いなる西部）	シネマ・オール・スターズ	3:11
6.	ジャイアンツ（ジャイアンツ）	オリジナル・サウンドトラック*	2:11
7.	007/ロシアより愛をこめて（ロシアより愛をこめて）	オリジナル・サウンドトラック（マット・モンロー）	2:32
8.	007/ゴールドフィンガー（ゴールドフィンガー）	オリジナル・サウンドトラック（シャーリー・バッシー）	2:47
9.	ベン・ハー（ベン・ハー序曲）	シネマ・オール・スターズ	3:24
10.	地獄の黙示録（ワルキューレの騎行）	ベルリン・フィルハーモニー管弦楽団	3:13
11.	2001年宇宙の旅（ツァラトゥストラはかく語りき）	フィラデルフィア管弦楽団	1:45
12.	ドクトル・ジバゴ（ララのテーマ）	シネマ・オール・スターズ	3:31
13.	冒険者たち（愛しのレティシア）	オリジナル・サウンドトラック（アラン・ドロン）	2:22
14.	巴里の空の下セーヌは流れる（パリの空の下）	リーヌ・ルノー*	3:00
15.	恋人たち（弦楽六重奏曲第1番変ロ長調）	メニューイン・アンサンブル	4:26
16.	幸　福（クラリネット五重奏曲第5番イ長調）	ザビーネ・マイヤー（クラリネット）/ウィーン弦楽六重奏団員	4:03
17.	ネバーエンディング・ストーリー（ネバーエンディング・ストーリーのテーマ）	オリジナル・サウンドトラック（リマール）	3:31
18.	トップガン（愛は吐息のように）	シネマ・オール・スターズ	4:14
19.	ラストエンペラー（ラストエンペラーのテーマ）	シネマ・オール・スターズ	3:58

※映画名（収録曲名）　＊モノラル

淀川長治　映画音楽館　(4)

No.	映画名（収録曲名）	演奏	時間
1.	街の灯（街の灯）	フィルム・シンフォニック・オーケストラ	2:34
2.	モダン・タイムス（スマイル）	シネマ・サウンド・オーケストラ	2:10
3.	終着駅（ローマの秋）	サタデー・トゥ・マンデーズ・オーケストラ	2:35
4.	旅　情（ベニスの夏の日）	シネマ・サウンド・オーケストラ	3:19
5.	昼下りの情事（魅惑のワルツ）	シネマ・サウンド・オーケストラ	2:22
6.	チャップリンの独裁者（チャップリンの独裁者）	フィルム・シンフォニック・オーケストラ	3:31
7.	太陽がいっぱい（太陽がいっぱい）	シネマ・サウンド・オーケストラ	1:37
8.	ブーベの恋人（ブーベの恋人）	シネマ・サウンド・オーケストラ	2:34
9.	シェルブールの雨傘（シェルブールの雨傘）	シネマ・サウンド・オーケストラ	2:24
10.	いそしぎ（いそしぎ）	フィルム・シンフォニック・オーケストラ	2:56
11.	ペーパー・ムーン（ペーパー・ムーン）	フィルム・シンフォニック・オーケストラ	3:17
12.	ファイブ・イージー・ピーセス（前奏曲第4番ホ短調）	アリシア・デ・ラローチャ	1:56
13.	フォロー・ミー（フォロー・ミー）	フィルム・シンフォニック・オーケストラ	3:28
14.	放浪紳士チャーリー（放浪紳士チャーリー）	フィルム・シンフォニック・オーケストラ	2:35
15.	鬼　火（ジムノペディ第1番）	イレーナ・ヴェレッド	2:58
16.	木靴の樹（フーガト短調）	ピーター・ハーフォード	4:13
17.	ワンス・アポン・ア・タイム・イン・アメリカ（アマポーラ）	シネマ・サウンド・オーケストラ	4:58
18.	フェーム（フェーム）	オリジナル・サウンドトラック（アイリーン・キャラ）	5:14
19.	ゴースト/ニューヨークの幻（アンチェインド・メロディー）	オリジナル・サウンドトラック（ライチャス・ブラザーズ）	3:38

※映画名（収録曲名）

淀川長治 映画音楽館 (5)

1. 禁じられた遊び (禁じられた遊び) …… オリジナル・サウンドトラック (ナルシソ・イエペス〈ギター〉) 2:24
2. 鉄道員 (鉄道員) …… オリジナル・サウンドトラック 2:23
3. 汚れなき悪戯 (マルセリーノの歌) …… オリジナル・サウンドトラック 3:07
4. 波止場 (波止場) …… イル・ベリオド 6:23
5. 第三の男 (第三の男) …… オリジナル・サウンドトラック (アントン・カラス〈チター〉) 3:57
6. ボルサリーノ 2 (ボルサリーノ 2) …… オリジナル・サウンドトラック (ミッシェル・バック) 2:59
7. 山　猫 (山猫) …… オリジナル・サウンドトラック 2:43
8. 世界残酷物語 (モア) …… オリジナル・サウンドトラック 3:48
9. OK牧場の決斗 (OK牧場の決斗) …… スクリーン・ポップス 2:42
10. ヘッドライト (ヘッドライト) …… オリジナル・サウンドトラック 2:52
11. 朝な夕なに (真夜中のブルース) …… オリジナル・サウンドトラック＊ 3:06
12. 誘惑されて棄てられて (誘惑されて棄てられて) …… オリジナル・サウンドトラック 2:19
13. 刑　事 (死ぬほど愛して) …… カルロ・ルスティケリ・オーケストラ 3:56
14. ローマの休日 (ローマの休日) …… レオン・ポップス 2:16
15. 地下室のメロディー (地下室のメロディー) …… オリジナル・サウンドトラック 2:32
16. 河の女 (マンボ・バカン) …… レオン・ポップス 1:57
17. みじかくも美しく燃え (ピアノ協奏曲第21番ハ長調) …… ラリー・ネルソン・オーケストラ 3:09
18. 白い恋人たち (白い恋人たち) …… オリジナル・サウンドトラック 4:06
19. 愛と青春の旅だち (愛と青春の旅だち) …… ラリー・ネルソン・オーケストラ 4:17

＊映画名(収録曲名)　＊モノラル

淀川長治 映画音楽館 (6)

1. 慕　情 (慕情) …… ピクチャー・サウンド・オーケストラ 3:02
2. 王様と私 (シャル・ウィ・ダンス) …… ピクチャー・サウンド・オーケストラ 1:57
3. 上流社会 (トゥルー・ラブ) …… ジュエリー・フィル・オーケストラ 3:12
4. 屋根の上のバイオリン弾き (サンライズ・サンセット) …… ジュエリー・フィル・オーケストラ 3:51
5. ロミオとジュリエット (ロミオとジュリエット) …… ジュエリー・フィル・オーケストラ 3:17
6. パピヨン (パピヨンのテーマ) …… アトランティック・サウンド・オーケストラ 2:16
7. 素晴らしい風船旅行 (素晴らしい風船旅行) …… アトランティック・サウンド・オーケストラ 3:10
8. カラーパープル (カラーパープル) …… ピクチャー・サウンド・オーケストラ 3:29
9. プラトーン (弦楽のためのアダージョ) …… ピクチャー・サウンド・オーケストラ 4:17
10. 真夜中のカーボーイ (うわさの男) …… モダン・ビジョン 2:44
11. 俺たちに明日はない (フォギー・マウンテン・ブレイクダウン) …… マスターピース・ブラッグ 2:23
12. ロッキー (ロッキーのテーマ) …… モダン・ビジョン 2:46
13. スター・ウォーズ (スター・ウォーズのテーマ) …… ピクチャー・サウンド・オーケストラ 2:23
14. 愛と追憶の日々 (愛と追憶の日々) …… アトランティック・サウンド・オーケストラ 3:31
15. 日曜はダメよ (日曜はダメよ) …… ビーナス・プロジェクト 2:40
16. アメリカ物語 (サムウェア・アウト・ゼア) …… モダン・ビジョン 3:51
17. オペラ座の怪人 (オール・アイ・アスク・オブ・ユー) …… モダン・ビジョン 3:45
18. イルカの日 (イルカの日のテーマ) …… ビーナス・プロジェクト 2:21
19. ゴッドファーザー (ゴッドファーザー/愛のテーマ) …… アトランティック・サウンド・オーケストラ 2:49

＊映画名(収録曲名)

淀川長治 映画音楽館 (7)

1. アラビアのロレンス (アラビアのロレンス序曲) …… シネマ・サウンド・オーケストラ 4:22
2. 恐怖の報酬 (恐怖の報酬) …… フィルム・シンフォニック・オーケストラ 2:46
3. リオ・ブラボー (皆殺しの歌) …… フィルム・シンフォニック・オーケストラ 2:12
4. 荒野の七人 (荒野の七人) …… シネマ・サウンド・オーケストラ 2:15
5. 明日に向って撃て! (雨にぬれても) …… シネマ・サウンド・オーケストラ 2:48
6. メリー・ポピンズ (チム・チム・チェリー) …… シネマ・サウンド・オーケストラ 3:06
7. マイ・フェア・レディ (踊り明かそう) …… シネマ・サウンド・オーケストラ 2:51
8. サウンド・オブ・ミュージック (エーデルワイス) …… シネマ・サウンド・オーケストラ 2:14
9. コーラスライン (ワン) …… シネマ・サウンド・オーケストラ 3:58
10. エンドレス・ラブ (エンドレス・ラブ) …… シネマ・サウンド・オーケストラ 4:20
11. if もしも… (if もしも…) …… モダンポップス・オーケストラ 3:01
12. 華麗なるヒコーキ野郎 (華麗なるヒコーキ野郎) …… フィルム・シンフォニック・オーケストラ 2:23
13. ダウンタウン物語 (バグジー・マローン) …… オリジナル・サウンドトラック (ポール・ウィリアムス) 2:30
14. グッバイガール (グッバイガール) …… フィルム・シンフォニック・オーケストラ 2:36
15. ポセイドン・アドベンチャー (モーニング・アフター) …… シネマ・サウンド・オーケストラ 2:22
16. キングコング (キングコング) …… フィルム・シンフォニック・オーケストラ 2:34
17. 炎のランナー (炎のランナー) …… シネマ・サウンド・オーケストラ 3:29
18. レイダース/失われた聖櫃 (レイダースマーチ) …… シネマ・サウンド・オーケストラ 5:38
19. ターミネーター 2 (T2) …… シネマ・サウンド・オーケストラ 1:54
20. ダンス・ウィズ・ウルブズ (ダンス・ウィズ・ウルブズ) …… シネマ・サウンド・オーケストラ 2:20

＊映画名(収録曲名)

淀川長治 映画音楽館 (8)

1. ひまわり (ひまわり) …… レオン・ポップス 1:59
2. 悲しみは星影と共に (悲しみは星影と共に) …… オリジナル・サウンドトラック 2:39
3. 追　憶 (追憶) …… モーリス・ローラン・オーケストラ 2:38
4. ガラスの部屋 (ガラスの部屋) …… オリジナル・サウンドトラック (ペピーノ・ガリアルディ) 3:34
5. ベニスの愛 (ベニスの愛) …… オリジナル・サウンドトラック 3:54
6. アルフレード・アルフレード (アルフレード・アルフレード/愛のテーマ) …… オリジナル・サウンドトラック 2:47
7. メリーゴーラウンド (メリーゴーラウンド) …… オリジナル・サウンドトラック 3:06
8. イタリア式離婚狂想曲 (黙って愛して) …… オリジナル・サウンドトラック (ピーノ・フェラーラ) 2:08
9. 愛のアンジェラス (愛のアンジェラス) …… オリジナル・サウンドトラック 2:39
10. ディア・ハンター (カヴァティーナ) …… ラリー・ネルソン・オーケストラ 3:57
11. 青春群像 (青春群像) …… スクリーン・ポップス 2:39
12. 道 (ジェルソミーナ) …… ニーノ・ロータ・グランド・オーケストラ 3:29
13. 甘い生活 (甘い生活) …… オリジナル・サウンドトラック 4:01
14. フェリーニの 8½ (フェリーニの 8½) …… ニーノ・ロータ・グランド・オーケストラ 4:27
15. 魂のジュリエッタ (魂のジュリエッタ) …… ニーノ・ロータ・グランド・オーケストラ 4:06
16. 天使の詩 (天使の詩) …… オリジナル・サウンドトラック 2:37
17. ベニスに死す (交響曲第5番嬰ハ短調) …… デンマーク王立管弦楽団 7:36

＊映画名(収録曲名)

淀川長治 映画音楽館 (9)

1. オズの魔法使 (虹の彼方に) …… ウェルナー・ミューラー・オーケストラ 3:06
2. 赤い風車 (ムーラン・ルージュの歌) …… ジョージ・グリーリー (ピアノとオーケストラ) 2:58
3. めぐり逢い (過ぎし日の恋) …… ジョージ・グリーリー (ピアノとオーケストラ) 3:54
4. 避暑地の出来事 (夏の日の恋) …… ジョージ・グリーリー (ピアノとオーケストラ) 2:24
5. アパートの鍵貸します (アパートの鍵貸します) …… ジョージ・グリーリー (ピアノとオーケストラ) 3:00
6. 夜霧のしのび逢い (夜霧のしのび逢い) …… ピーター・シムカス〈ギター〉 2:59
7. 男と女 (男と女) …… フランシス・レイ・オーケストラ 3:55
8. 個人教授 (愛のレッスン) …… フランシス・レイ・オーケストラ 3:49
9. エマニエル夫人 (エマニエル夫人) …… オリジナル・サウンドトラック (ピエール・バシュレ) 3:06
10. 時計じかけのオレンジ (時計じかけのオレンジ) …… クラビエ・バントル 2:25
11. 栄光への脱出 (栄光への脱出) …… ウェルナー・ミューラー・オーケストラ 3:32
12. グレン・ミラー物語 (ムーンライト・セレナーデ) …… ウェルナー・ミューラー・オーケストラ 3:24
13. 黒いオルフェ (黒いオルフェ) …… ピーター・シムカス〈ギター〉 2:58
14. 映画に愛をこめて・アメリカの夜 (映画に愛をこめて・アメリカの夜) …… オリジナル・サウンドトラック＊ 2:21
15. 燃えよドラゴン (燃えよドラゴン) …… オリジナル・サウンドトラック 2:21
16. スーパーマン (スーパーマン) …… オリジナル・サウンドトラック 4:25
17. ミスター・アーサー (ニューヨーク・シティ・セレナーデ) …… オリジナル・サウンドトラック (クリストファー・クロス) 3:52
18. スタンド・バイ・ミー (スタンド・バイ・ミー) …… オリジナル・サウンドトラック (ベン・E・キング)＊ 2:54

＊映画名(収録曲名)　＊モノラル

淀川長治 映画音楽館 (10)

1. シェーン (遥かなる山の呼び声) …… ビクター・ヤング・オーケストラ 3:01
2. 真昼の決闘 (ハイ・ヌーン) …… ディミトリ・ティオムキン・オーケストラ＊ 2:53
3. 大砂塵 (ジャニー・ギター) …… オリジナル・サウンドトラック (ペギー・リー)＊ 2:58
4. 黄金の腕 (黄金の腕) …… オリジナル・サウンドトラック＊ 4:54
5. 愚かなり我が心 (愚かなり我が心) …… ビクター・ヤング・オーケストラ＊ 3:15
6. 愛の泉 (愛の泉) …… フォア・エイセス 2:59
7. ピクニック (ムーン・グロウとピクニックのテーマ) …… オリジナル・サウンドトラック 3:45
8. シーウルフ (ワルソー・コンチェルト) …… カーメン・キャバレロ 3:06
9. イージー・ライダー (ワイルドで行こう) …… オリジナル・サウンドトラック (ステッペンウルフ) 3:36
10. 暴力教室 (ロック・アラウンド・ザ・クロック) …… オリジナル・サウンドトラック (ビル・ヘイリーと彼のコメッツ)＊ 2:11
11. ジーザス・クライスト・スーパースター (スーパースター) …… オリジナル・サウンドトラック 3:56
12. E.T. (E.T.のテーマ) …… オリジナル・サウンドトラック 3:21
13. ジョーズ (メイン・タイトル) …… オリジナル・サウンドトラック 2:18
14. ビバリーヒルズ・コップ (アクセル F) …… オリジナル・サウンドトラック (ハロルド・フォルターメイヤー) 3:01
15. ゴーストバスターズ 2 (オン・アワー・オウン) …… オリジナル・サウンドトラック (ボビー・ブラウン) 4:54
16. バック・トゥ・ザ・フューチャー (バック・トゥ・ザ・フューチャー) …… オリジナル・サウンドトラック (アウタタイム・オーケストラ) 3:17
17. ストリート・オブ・ファイヤー (今夜は青春) …… オリジナル・サウンドトラック (ファイヤー・イング) 6:58

＊映画名(収録曲名)　＊モノラル

■□■本作に登場する映画音楽は？■□■

本作に登場する映画音楽は資料②のとおりだ。

資料②

MUSIC LIST ※本編登場順 ※作曲年は本編に準じる

『モリコーネ 映画が恋した音楽家』に登場する音楽

モリコーネが手掛けたポップス、主題歌、合唱曲

「恋のからまわり」 歌:ジャンニ・メッチア
IL BARATTOLO Gianni Meccia(1960)

「水中メガネと鉄砲と水かき」 歌:エドアルド・ヴィアネッロ
PINNE, FUCILE ED OCCHIALI Edoardo Vianello(1962)

「恋は塩味」 歌:ジーノ・パオリ
SAPORE DI SALE Gino Paoli(1963)

「デイト・タイム」 歌:ジャンニ・モランディ
ANDAVO A 100 ALL'ORA Gianni Morandi(1962)

「愛をあなたに」 歌:ジャンニ・モランディ
NON SON DEGNO DI TE Gianni Morandi(1966)

「君の瞳の中に書いてある」 歌:ディーノ
TE LO LEGGO NEGLI OCCHI Dino

「限りなき世界」 歌:ジミー・フォンタナ
IL MONDO Jimmy Fontana(1965)

「愛の言葉」 歌:エドアルド・ヴィアネッロ
PARLAMI DI TE Edoardo Vianello(1966)

「太陽の中の恋」 歌:ポール・アンカ
OGNI VOLTA Paul Anka(1964)

「恋のシーズン・オフ」 歌:エドアルド・ヴィアネッロ
ABBRONZATISSIMA Edoardo Vianello(1963)

「夜の声」 歌:ミランダ・マルティーノ
VOCE 'E NOTTE Miranda Martino(1963)

「チリビリビン」 歌:ミランダ・マルティーノ
CIRIBIRIBIN Miranda Martino(1964)

「貴方にひざまづいて」 歌:ジャンニ・モランディ
IN GINOCCHIO DA TE Gianni Morandi(1964)

「夕陽の用心棒」 歌:マウリツィオ・グラフ
ANGEL FACE - UNA PISTOLA PER RINGO Maurizio Graf(1965)

「束の間に燃えつきて」 歌:ミーナ
SE TELEFONANDO Mina(1966)

「死刑台のメロディ」 歌:ジョーン・バエズ
LA BALLATA DI SACCO E VANZETTI Joan Baez(1971)

「勝利への讃歌」 歌:ジョーン・バエズ
HERE'S TO YOU Joan Baez(1971)

語り手、テープ、合唱、管弦楽のための「沈黙からの声」
VOCI DAL SILENZIO per voce recitante, voci registrate, coro e orchestra(2002)

合唱、金管、打楽器、ピアノ2台、弦楽のための神秘的カンタータ「満たされた魂の隙間」
VUOTO D'ANIMA PIENA Cantata mistica in tre navate per coro, ottoni, percussioni, due pianoforti e archi(2012)

二重合唱と管弦楽のための「教皇フランシスコのためのミサ曲」
MISSA PAPAE FRANCISCI per doppio coro e orchestra(2015)

【『モリコーネ　映画が恋した音楽家』パンフレットより】

■□■交友の広さにビックリ！■□■

本作のパンフレットには、「絆、屈辱、映画音楽のリベンジ……『モリコーネ　映画が恋した音楽家』について」と題する、前島秀国氏（サウンド&ヴィジュアルライター／本編字幕監修）のREVIEWがある。そこでは冒頭、「音楽が“運命”になると思っていなかった。私は医者になりたかったが“トランペットを学べ”と父が言い、私を音楽院に入学させた。トランペット奏者にすると決めたのは父だ」と書かれているが、これは本作の字幕に登場するもので、モリコーネ自身の本心を語ったものらしい。それによると、音楽はモリコーネが本来望んだ仕事でなかったことは確かだし、それ以上に、映画音楽は彼が本来望む仕事でなかったというのが面白い。まさに、“運命の皮肉”とはこのことを言うのだろう。前島氏のレビューは、そんな視点で映画音楽に偉大な功績を残したモリコーネのことを、そして本作のことをレビューしているので、これは必読！さらにパンフレットには、「“乾いた”前衛と“泣ける”メロディが共存する世界」と題する富貴晴美氏（作曲家・ピアニスト）のCOLUMNと「語り切れないモリコーネの足跡」と題する江守功也氏（映画音楽ライター）のCOLUMNがあり、これも必読だ！

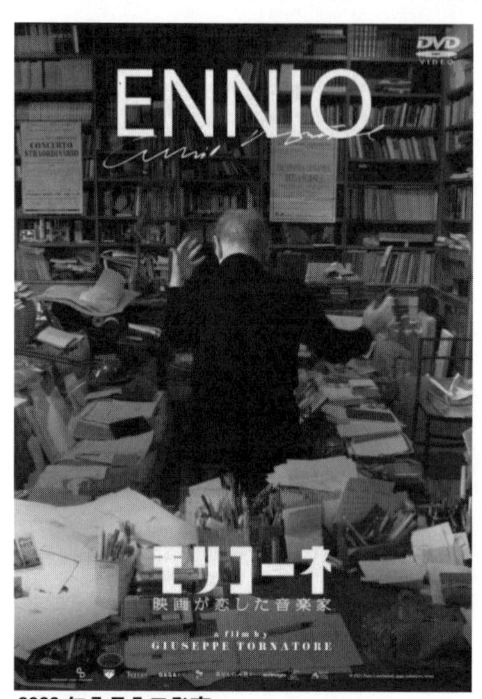

2023年7月5日発売
『モリコーネ 映画が恋した音楽家』
Blu-ray：¥5,390（税込）DVD：¥4,290（税込）
発売・販売元：ギャガ
(C)2021 Piano b produzioni, gaga, potemkino, terras

私は２５歳で弁護士登録してからもうすぐ５０年になるが、弁護士一筋ではなく、２００１年からは映画評論家活動を始め、今や“二足のわらじ”が定着している。また、弁護士としての法廷活動は今はほとんどなくなったが、執筆活動はますます増えている。さらに、２００１年からはじめた中国旅行以降の中国関連の仕事、遊び、交流は、どんどん広がっている。このように、私の活動領域もあっちこっちに広がっているから、それにつれて交友関係も広がっている。しかし、これだけ多くの回り道（？）をしながら、映画音楽で偉大な功績を残したモリコーネの人脈は驚くほど広い。本作のパンフレットには、各界毎にそれらの名前と顔写真が掲載されているので、しっかり確認したい。

２０２３（令和５）年２月１日記

Data　2022－129

監督・脚本：ペドロ・アルモドバル
出演：ペネロペ・クルス／ミレナ・スミット／イスラエル・エレハルデ／アイタナ・サンチェス＝ギヨン／ロッシ・デ・パルマ／フリエタ・セラーノ

みどころ

母と娘を描く映画は、『八日目の蝉』（１１年）をはじめとして名作が多い。また、子供の取り違え事件を描く映画も、『そして父になる』（１３年）等たくさんある。しかして、同じ日に、同じ病院で、２人の女性が女の子を出産した本作の物語は如何に？

中国映画『ジャスミンの花開く（茉莉花開／Jasmine Women）』（０４年）は「チャン・ツイィーの、チャン・ツイィーによる、チャン・ツイィーのための映画」だったが、本作は「ペネロペ・クルスの、ペネロペ・クルスによる、ペネロペ・クルスのための映画」。今なお、若さと美貌と美しいスタイルを保っている彼女が、第７８回ヴェネチア国際映画祭・最優秀女優賞を受賞したのは当然だ。

しかし、しかし・・・。スペインの巨匠ペトロ・アルモドバルが描く本作は、ラストに向けて、本筋（？）とは違う全く別のテーマが登場してくるので、それにも注目！もっとも、その賛否は・・・？

——＊——＊——＊——＊——＊——＊——＊——＊——＊——＊——

■□■この監督に注目！この女優に注目！■□■

最新作『ペイン・アンド・グローリー』（１９年）（『シネマ４７』７９頁）はイマイチだったが、ペドロ・アルモドバル監督は１９５１年生まれのスペインの巨匠。『トーク・トゥ・ハー』（０２年）（『シネマ３』２０８頁）も、『ボルベール―帰郷―』（０６年）（『シネマ１３』１９８頁）も素晴らしい映画だった。

そのペドロ・アルモドバル監督のミューズとも言うべき美人女優が、ペネロペ・クルス。年を経るにつれて娘役から母親役に移っていくのは当然だが、本作冒頭に見るカメラウーマン、ジャニス（ペネロペ・クルス）のスタイルは抜群。まだまだ母親役でなく娘役でも十分務まると思うのだが、本作に見るジャニスはカメラウーマン活動の中で、撮影対象であったはずの男アルトゥロ（イスラエル・エレハルデ）との間に子供が生まれることに。しかし、アルトゥロは妻帯者だったから、その仲はいわゆる不倫。したがって、女の子が生まれたジャニスは、シングルマザーとしてカメラウーマンを続けることに。

こんな場合、日本なら離婚がどうなる？認知はどうなる？養育費はどうなる？等々の問題が発生するはずだが、本作ではそんな些細な（？）問題は一切描かれない。本作でペネロペ・クルスは、第７８回ヴェネチア国際映画祭・最優秀女優賞を受賞したが、それはペドロ・アルモドバル監督が本作に求めたテーマと、ペネロペ・クルスの演技がピッタリ合致したためだ。本作に見るペネロペ・クルスのシングルマザーとして、またカメラウーマンとしての活発な活動に注目！

■□■同じ日に同じ部屋で、２人の女性が女の子を出産！■□■

出産シーンがスクリーンに登場する映画は多い。私が最も印象に残っているそれは、「チャン・ツイィーの、チャン・ツイィーによる、チャン・ツイィーのための映画」と私が称した『ジャスミンの花開く（茉莉花開／Jasmine Women）』（０４年）（『シネマ１７』１９２頁）における雨の中での出産シーンだ。それに比べれば、個室でなく２人部屋ながらも、病院の中で出産できるジャニスは幸せだ。同室の妊婦は想定外の妊娠に戸惑っている１７歳のアナ（ミレナ・スミット）。２人の出産シーンはそれなりの迫力があるが、ペネロペ・クルスが主演女優賞をゲットしたのは、もちろんその演技によってではない。

出産を無事に完了した二人は「また、いつかどこかで・・・。」と、言葉をかけ合い、互いに自分が産んだ赤ん坊を抱いて病院を後にし、それぞれの人生に向かっていったが、同じ日に、同じ部屋で２人の女性が女の子を出産したのは全くの偶然。この２人が再度出会うことはないだろう。普通はそうだが、さて本作では・・・？

■□■母は強し！この奮闘に注目！なぜＤＮＡ親子鑑定を？■□■

かつてのアグネス・チャンを見ても、松田聖子を見ても、第一線での歌手活動を維持しながら母親の役割をしっかり果たす姿を見ていると、つくづく、「母は強し！」と思えてくる。ましてや、本作のジャニスはカメラウーマンとして自力で稼ぎながらシングルマザーとして、愛娘セシリアを立派に育てていたから、その奮闘はすごい。一気に“母性本能”が花開いたそんなジャニスに注目だが、アルトゥロから、「僕にあまり似ていない！」と言われると、たしかに・・・？

このアルトゥロは有名な考古学者で、ジャニスがポートレート撮影の対象としていた男。しかし、なぜそんな妻帯者で初老の男（？）アルトゥロがセシリアの父親になっているの？そんな疑問も湧くが、写真撮影中にジャニスが「スペイン内戦で殺害された自分の曽祖父ら９人の男性の集団墓地を発掘することは可能か？」と質問するシークエンスがあり、これが本筋のストーリーとは別の、ある伏線になるので、それにも注目！

認知をめぐる裁判では、父子関係の存否を判断するために DNA 鑑定が行われることがあるが、近時はコロナの簡易検査キットと同じような、DNAの親子鑑定キットなるものがあるらしい。そこで、ある日、意を決してジャニスがそれをやってみると・・・？母子関係の確定がこんなに簡単なキットでできることにビックリだが、それって本当に信用できるの？そればかりか、後に登場するストーリーの中では、この簡易キットの鑑定によって、母子関係の存在が１００％近い確率で認められたそうだから、それにもビックリ！

■□■そんなバカな！この子の真の母親は？すると父親は？■□■

病院内での新生児の取り違え。そんなことが度々あっては困るが、稀にそういうことがあることは、『そして父になる』（１３年）（『シネマ３１』３９頁）を観ればわかる。6年間育ててきた息子が他人の子供だった？そんなバカな！そんな現実を前に、「血を優先？それとも時間を優先？」をテーマに、是枝裕和監督が問題提起した同作は興味深かった。

同作は２組の夫婦の葛藤を中心に描いていたが、本作では、セシリアとの母子関係がないことを知らされたジャニスがある日、偶然、アナと再会するところから、全く想定外の物語が進展していく。そこでのポイントの第１は、再会したアナから、アナが生んだ子が乳児突然死なるもので亡くなったと知らされたこと。第２は、レストランでバイトをして食い繋いでいるアナを、ジャニスがベビーシッターとして雇いいれること。第３は、母性本能がないと自覚し、売れない女優業を続けていたアナの母親、テレサ（アイタナ・サンチェス＝ギヨン）が、あるオーディションに合格したことをきっかけに自立の道を選んだため、再びアナが独りぼっちになってしまうことだ。

１人の女の子育てを共通の目的とするジャニスとアナがある日、同性愛に陥っていく姿は意外だが、なるほど、性行動が自由なヨーロッパではそれもあり！しかし、今、ジャニスが育てている女の子セシリアがホントにアナの子供だとすると、その父親は誰？その肝心のテーマがどうなるかについて、本作のアプローチは如何に？

他方、ベビーシッターとして頑張っているアナはセシリアがジャニスの子供だと信じていたが、ジャニスは、いつ、真相をアナに打ち明けるの？前述のとおり、私は簡易キットによる鑑定結果についていささか疑問があるため、本作の脚本にも疑問があるが、それはともかく、ジャニスから“あっと驚く真相”を聞かされたアナの対応は？

■□■母娘の物語あれこれ。子供の取り違えあれこれ。■□■

近時、母娘の物語をテーマにした映画は多い。私は井上真央と石田エリ共演の『わたしのお母さん』（２２年）や湊かなえの原作を映画化した『母性』（２２年）を相次いで観たし、中国映画『こんにちは、わたしのお母さん』（２１年）（『シネマ５０』１９２頁）の面白さに感動した。また、前述した『そして父になる』（１３年）は、父親を主人公にした新生児の取り違え事件だったが、本作は同じ日に、同じ病院内で、同時に母親になったジャニスとアナの視点による子供の取り違え事件だから、ジャニスのショックはより大きいはずだ。したがって、アルトゥロからの言葉を受けた行動によってその事実を知ったジャニスがどうするか？つまり、アナにその事実を打ち明けるのか否か？打ち明けるとしたら、いつどういうタイミングで？それが最大のポイントになるはずだ。

私はそんな思いで本作中盤を観ていたが、ジャニスはセシリアが自分の子供ではなく、アナの子供だとわかった後も、なかなかそれを打ち明けず、アナをベビーシッターとして雇い続けた上、同性愛の関係にハマったままだったからアレレ・・・。これは一体どうなっていくの？

■□■スペイン映画は奥が深い。巨匠の想いはこんなに複雑！■□■

本作は２人の母親の物語だから、男（夫）の存在感が薄いのは仕方がない。セシリアの父親であるはずのアルトゥロは、「この子は僕に似ていない。」などと平気で言うし、アナの父親については、アナが告白した通り、三人の男によるレイプ事件による妊娠だから、父親が誰かはアナ自身もわからないらしい。また、セシリアがジャニスの子供ではなくアナの子供であることがわかったということは、乳児突然死で死亡した子供がジャニスとアルトゥロの子供だったということになるから、そんな事実がわかれば、アルトゥロも涙の１つくらい流しそうなものだが、本作にはそのような描写は一切ないからアレレ・・・。

しかし、それに代わって（?）スペイン生まれの巨匠ペドロ・アルモドバルらしく、本作後半はフランコ内戦時代の“ある悲劇”が描かれていくので、それに注目！セシリアの父親がかっこいい若者ではなく、考古学者のアルトゥロだったのはその伏線だ。つまり、セシリアの母親は誰？父親は誰？という問題とは全く別に、本作導入部で「スペイン内戦で殺された自分の曽祖父ら９人の男性の集団墓地を発掘することは可能か？」と質問していた答えらしきものが、アルトゥロからもたらされる中、本作ラストにかけて意外な展開を見せていくので、それにも注目！集団墓地の情報を得たジャニスは、直ちにジャニスを育ててくれた祖母のいる田舎を訪れたが、そこで、祖母から聞いたのは、自分の父親は街の男たちと一緒に殺害され、戻ってこなかったという話。その時、祖母はまだ赤ん坊で、父親は赤ん坊のガラガラオモチャを抱いて亡くなったらしい。なるほど、なるほど。しかし、ペドロ・アルモドバル監督は本作にそんなストーリーを持ち込んだの？

『キネマ旬報１１月下旬号』の「REVIEW 日本映画&外国映画」（８８頁）では、本作に３人の評論家が星４つ、５つ、４つをつけており、その１人は「一方の母親の個人史を形成するスペイン内戦の民族的記憶がかえって話を薄めてしまったようだ。」「バランス悪く傑作になりそびれた感。」と、書いている。他方、もう１人は「『親子の取り違え』という主題もアルモドバルの手にかかると、苦い勝利を落とし所とする家族劇からは遠く離れて、フランコ政権の暗い記憶さえも踏み越える力強い肯定の歩みへと変わる。」と、絶賛している。私は本作の描き方にあまり賛成できないが、さて、あなたは？

２０２２（令和4）年１１月２８日記

みどころ

映画製作をネタにした邦画の名作は『蒲田行進曲』（８２年）だが、アルゼンチン出身の監督コンビが、スペインの至宝ペネロペ・クルスとスペインの名優アントニオ・バンデラスを初共演させて、そんな本作を！「ライバル」として彼に絡むのは、アルゼンチンの名優オスカル・マルティネスだが、女流監督はまさに“水と油”の２人の俳優をいかに演出？

もっとも、本作で描かれるのは監督と２人の俳優とのリハーサル風景だけ。しかし、９回も繰り返されるそれは、まさにハプニングの連続でメチャ面白い。クランクインの２日前には、ある“とんでもない事件”も！

しかして、映画の完成は？それは心配無用。映画作りとは何とも便利なもの。『影武者』（８０年）だって、『仮面の男』（９８年）だって、ちゃんと完成しているじゃないの！

——＊——＊——＊——＊——＊——＊——＊——＊——＊——＊——

■□■映画製作とは？芸術？エンタメ？その前にまずカネ！■□■

映画作りは芸術！日本が世界に誇る巨匠・黒澤明監督の映画作りは正にそれだ。他方、私の大好きな米国のクエンティン・タランティーノ監督の映画作りは、徹底的に“映画はエンタメ”という考え方に基づいている。それに対して、ある時期から監督に転身し、長い間、俳優と監督の“二刀流”を実践しながら、“映画は芸術だが、同時にエンタメだ”と“芸術とエンタメの二刀流”を実践しているのがクリント・イーストウッドだ。

しかし、本作冒頭、製薬業界トップに君臨する大富豪（老人）が功成り名遂げたうえ、腐るほどのカネを持った今、「自分の名前を後世に残したい」という気まぐれ（？）の中で、思い立ったのが映画製作。それも「ただの映画じゃない、偉大な作品を作る」と宣言したから、アレレ。映画製作ってそれでいいの？こんな男のこんな発想の下でホントにいい映画が作れるの？誰もがこの男に反発し、そう思うはずだが、机上の空論ではなく現実論に立つと、映画製作には膨大なカネがかかるから、映画は芸術？それともエンタメ？という議論をする前に、まずはカネだ！

アルゼンチン出身のガストン・ドゥプラットとマリアノ・コーンの監督コンビは、まず本作冒頭でそんな悲しい（?）映画作りの現実を皮肉タップリに提示することに！

■□■監督の選定は？出資者と監督の打ち合わせは？■□■

侍ジャパンは、２０２３年のWBC（ワールド・ベースボール・クラシック）で、全戦全勝の完全優勝を成し遂げたが、その監督として大きな役割を果たした栗山英樹は、どうやって監督に選定されたの？それはさまざまな形で報道されているが、本作で「ただの映画じゃない。偉大な作品を作る」ためのプロジェクトにローラ・クエバス監督（ペネロペ・クルス）が選定されたのは、側近とのちょっとした会話とアドバイスによるものだ。そもそも、カネ儲けはうまいけれども、芸術面には全く関心のないこの老人は、ローラ監督が取材を全く受けない変わり者ながら、映画賞を総なめにしている、今最も注目されている監督、ということすら知らないはずだ。

したがって、続いて登場する、出資者の老人と監督に選任されたローラとの打ち合わせのシークエンスもかなり奇妙な風景になる。口達者なローラ監督は、出資者からの「どんな映画に？」との質問に対して、ノーベル賞を受賞した小説『ライバル』を原作にすることを説明したが、老人はその原作を読んだこともないうえ、読む気もないようだから、アレレ。もっとも、よく考えてみれば、それ（つまり、カネだけ出して口を出さないやり方）は悪いことではないかもしれない。黒澤明を監督に起用するについては、多分そんなやり方がベストだろうから、ローラ監督を起用するについても、結果的にはこの老人のやり方がベストかも？

この２人の打ち合わせでは、ストーリーだけでなく、兄弟役として主演する２人の男優についても、ローラ監督の興味深いアイデアが披露されるが、それについても老人はローラ監督に全面的にお任せらしい。こうなれば、新作映画『ライバル』の製作については、ローラ監督が唯一無二の絶対的な権限を獲得？

■□■ローラ監督と２人の主演男優との脚本の読み合わせは？■□■

１９７４年生まれの女優ペネロペ・クルスは、長い間“スペインの至宝”と呼ばれている美人女優だが、５０歳になった今、本作ではこんな絶対的な権限を持った女性監督ローラ役をものの見事に演じている。本作の衣装はすべてシャネル製らしいが、それがすべてのシーンでピッタリ決まっているから、それにも注目！

そんなローラ監督と新作映画『ライバル』で兄弟役を演じる２人の男優とのリハーサル風景は緊張感いっぱいで面白い。兄役を演じるイバン・トレス（オスカル・マルティネス）は格式高い演技で知られる超一流のベテラン俳優。それに対して、弟役を演じるフェリックス・リベロ（アントニオ・バンデラス）はエンタメ作品で世界的に人気を獲得した大スター。つまり、この２人は、キャリアから演技メソッド、さらには私生活まで全く真逆のタイプで、ハッキリ言って、水と油だから、果たして、この２人の“共演”はうまくいくの？ちなみに、黒澤明監督は、『影武者』（８０年）の撮影で衝突した大スター勝新太郎を主演から外し、代わりに仲代達矢を起用したが、本作での２人の共演は大丈夫？ローラ監督は、それを十分承知のうえで、むしろ２人の緊張感がプラスになるはずと企んでいたわけだが、さて・・・？

脚本の読み合わせというリハーサル風景は、第７４回カンヌ国際映画祭で脚本賞を受賞した濱口竜介監督の『ドライブ・マイ・カー』（２１年）（『シネマ４９』１２頁）にも登場していたが、あれは“濱口メソッド”に基づくものだった。それに対して、本作に見る“イバン・メソッド”と“フェリックス・メソッド”との相違は？日本の俳優を見ても、一般的に劇団出身者は役柄の分析に重点を置くタイプが多いが、歌手から俳優に転身した人気者の演技は感性やひらめきに重点を置くタイプが多い。イバンとフェリックスの違いもそれと同じようなものだが、リハーサルの初日から２人がそれで対立するのはまずいのでは？

ついつい私はそんな要らざる心配をしてしまったが、ローラ監督はそんな心配などお構いなしに、今度は、天下の俳優フェリックスに対して、「こんばんは」のセリフを何度もトライさせたうえ、「ダメよ。何かが違う」とマウントをかけてきたからすごい。さらに2回目のリハーサルでは、イバンに対して泣く演技を求め、イバンが「本番でやる」とそれを拒否すると、「見ないと演出できない」と迫ったから、これもすごい。ここまで天下の名優２人に対して高圧的な演技指導（演出）ができるのは、あの無知な出資者の信頼のお陰だが、大ゲンカ寸前になるまで、こんなリハーサルを続けて大丈夫なの？ガストン・ドゥプラットとマリアノ・コーンの監督コンビが、ローラ監督を通じて演出する、こんな新しい映画製作のリハーサル風景を、本作中盤ではしっかり楽しみたい。

■□■ここまでやるか！３人のプロの“やり口”にビックリ！■□■

諸葛孔明は当時の気象予報士だったから、「赤壁の戦い」では、あらかじめ東南の風が吹くことを予測した上で火攻めの計を決行した。しかし、黒澤明監督は、撮影のために必要な嵐が吹くまでスタッフと俳優陣を待機させ続けたそうだからビックリ！嵐が来なければ撮影は翌日に持ち越しだから、そこでの損失はHow much？

ローラ監督は女性ながら、そんな“世界の巨匠”クロサワと同じような演出が得意らしい。その一つとしてローラ監督はある日、物語の重みを感じながら演じさせるため、天下の名優２人に、「クレーンで吊り上げられた５トンの岩の下で演じろ」と命じたからすごい。そんな“エクササイズ”にもビックリだが、さらに驚くのは、ある日ローラが２人に対して、賞でもらったトロフィーを持ってくるように命じたこと。それは何と、身動きできないようにサランラップでぐるぐる巻きにされた２人の目の前で、そのトロフィーを次々と粉砕機に投げ込む、という“暴挙”のためだったからすごい。そんな仕打ちに「ざけんな、ビッチ！」と思わず罵るフェリックスに対して、ローラは平然と「テーマは“転換”よ」と応じていたから、それもすごい。

そんな仕打ちを続けるローラに対するフェリックスの反撃は、ある重大な嘘（の告白）。その内容とあっと驚く展開は見てのお楽しみだが、それにすっかり騙されたローラとイバンに対して、フェリックスは、それは自分の名演のなせる技だと開き直ったから、こちらもすごい。まんまとフェリックスの真に迫った演技に騙され、振り回されたローラとイバンはまさに怒り心頭！すると、それを根に持った（？）ローラとイバンの、フェリックスに対するプロらしい反撃は？

■□■ついに大事件が勃発！映画の完成は？■□■

プロデューサーは無名だが、大枚をはたいて有名監督を招聘し、「好きにやっていい」という条件で、性格が正反対の（水と油の？）２人の俳優を兄弟役に起用した新作『ライバル』は話題沸騰！本作中盤で描かれるのは、ローラ監督と２人の主役による計９回のリハーサル風景だけだが、映画の完成に向けては、その他大勢のスタッフが全力を傾注したのは当然だ。

しかして、クランクインを２日後に控えた今日は、盛大なパーティーの日。華やかな会場には、例によってシャネルの衣装に身を包んだローラ監督を中心に多くの人が集まっていた。しかし、１人イバンだけは荒れていたからアレレ・・・。これはローラからフェリックスの今回のギャラが自分の数倍も多いと聞いてしまったためらしい。イバンほどの名優でも、やっぱりギャラには固執するの？また、情報公開が叫ばれている昨今、野球界では、大谷翔平の２０２３年の年収が６５００万ドル（約８５億円）、今年大リーグに移籍した吉田正尚が５年総額で約１２０億円と公表されているが、映画界では『ライバル』ほどの話題作でも主役のギャラは秘密事項なの？

それはともかく、普段から怒りを外に出さず内に秘めてしまうタイプのイバンが、ギャラのことでこれほど怒り狂うのは私には意外だったが、その後会場で起きた"あっと驚く事件"は、まさに"あってはならないこと"だったから大変！そのサマは、あなた自身の目でしっかりと！

■□■それでも映画は完成！その主役は？記者会見は？■□■

本作の話題は、何と言ってもペネロペ・クルスとアントニオ・バンデラスとの共演。そしてガストン・ドゥプラットとマリアノ・コーンの監督コンビによる本作の"売り文句"は、「現代映画界を爽やかに皮肉った業界風刺エンターテイメントが日本上陸！誰もが憧れる華やかな映画業界の裏側で本当に繰り広げられているかもしれない、天才監督と人気俳優２人の三つ巴の戦いを描き、アイロニカルでスタイリッシュな傑作が誕生した。」だ。

本作は、リハーサル風景だけを追ったものながら、そんな"売り文句"に十分値する皮肉タップリの面白いストーリーが続いていく。フェリックスは何でも表に出るタイプだから、前述のように、ローラもイバンもフェリックスがついたある"重大な嘘"に完全に騙されてしまうストーリーには唖然。他方、イバンの方は内に秘めるタイプだから、アカデミー賞等の有力な賞をバカにしながら、一人鏡の前で受賞スピーチの練習をしている姿は皮肉いっぱいで面白い。そんな２人の現役最高の男優を女流監督ローラが５トンの岩の下で演技させたり、受賞したトロフィーをすべて粉砕機に投げ込んだりする演出も、誰もが「そりゃないだろう！」と思うほど迫力タップリかつ皮肉タップリだ。しかし、クランクイン２日前のパーティーで起きた、あの"あってはならない出来事"によって、そんな映画製作も遂に物理的に不可能に！

誰もがそう思ったはずだが、アレレ・・・。本作ラストは、ローラ監督の新作『ライバル』発表の記者会見のシークエンスになるから、それに注目！その主役はフェリックスだが、なぜフェリックス一人で兄弟間の確執をテーマにした映画『ライバル』の公開が可能になったの？それは、例えば黒澤明監督の『影武者』（８０年）や、レオナルド・ディカプリオが一人二役を演じた『仮面の男』（９８年）等々を考えてみれば明らかだが・・・。

２０２３（令和5）年4月5日記

みどころ

日本では身代金目的の誘拐は成功の確率が低いが、メキシコでは？彼の国はなぜ誘拐大国なの？誘拐されたら金が先？それとも警察が先？

ドキュメンタリー？それともフィクション？テオドラ・アナ・ミハイ監督はその選択に悩んだが、結局ドキュメンタリータッチのフィクションに。しかし、本作中盤以降の、軍のパトロール部隊の登場には少し違和感が。なぜ軍が“母の聖戦”に協力するの？

しかして、本作のエンディングは絶望？それとも希望？本作の原題が『市民』とされていることと合わせて、それをしっかり考えたい。

――＊――＊――＊――＊――＊――＊――＊――＊――＊――＊――

■□■テーマは？舞台は？監督は？プロデューサーは？■□■

邦題を『母の聖戦』とする本作のテーマは、「誘拐ビジネスが蔓延するメキシコ。激昂した母は、娘を取り返すために修羅と化した―」というもの。チラシには、「娘は私が取り返す―」のセリフと共に、本作の主人公となる母親シエロ役を演じたアルセリア・ラミレスの顔が大きく写っている。

本作は、ルーマニア生まれで、ベルギーを拠点に活躍するテオドラ・アナ・ミハイ監督の劇映画デビュー作ながら、２０２１年カンヌ映画祭ある視点部門で“勇気の賞”を、２０２１年東京国際映画祭で“審査委員特別賞”等を受賞しているからすごい。しかし、ルーマニア生まれのテオドラ・アナ・ミハイ監督が、なぜメキシコを舞台にした誘拐事件をテーマにした本作を監督したの？それは、ルーマニアで生まれてアメリカで学び、今はベルギーに住んでいる彼女が、サンフランシスコに住んでいた時にメキシコにルーツを持つたくさんの友達ができたことと、メキシコとメキシコ文化への興味をずっと持ち続けていたため。要するに、後述のとおり同監督が被害者女性から聴き取った生々しい事実を何とか映画化したいと願った熱意によるものだ。
他方、本作で注目すべきは、本作の共同プロデューサーとして、そうそうたる次の３人、すなわち、①ダルデンヌ兄弟（ベルギー）、②クリスティアン・ムンジウ（ルーマニア）、③ミシェル・フランコ（メキシコ）が名前を連ねていることだ。この３人がテオドラ・アナ・ミハイ監督の前述の熱意をしっかりと感じとったため、ヨーロッパ、ルーマニア、メキシコを結ぶ国際的プロジェクトが実現したわけだ。そう考えると、本作が各界から絶賛されているのも当然！国際的にこれほど注目されている本作は必見！

■□■メキシコは誘拐大国！その実態は？■□■

黒澤明監督の『天国と地獄』（６３年）を観ても、リドリー・スコット監督の『ゲティ家の身代金』（１７年）（『シネマ４２』１７２頁）を観ても、身代金目的の誘拐事件は割に合わないことがよくわかる。他方、１９６３年の吉展ちゃん誘拐事件の身代金は５０万円、『６４―ロクヨン―前編』『６４―ロクヨン―後編』（１６年）（『シネマ３８』１０頁、１７頁）のそれは2,０００万円だったが、『ゲティ家の身代金』は1,７００万ドル（５０億円）とケタ違い。しかして、身代金のアップぶりは如何に？
リドリー・スコット監督の『悪の法則』（１３年）（『シネマ３２』２６０頁）を観れば、メキシコが誘拐大国であることがわかるが、その原因は、２００６年１２月にメキシコで「麻薬戦争」が宣言されたこと。以来、麻薬密輸組織間の抗争が激化し、抗争資金獲得のための犯罪が多角化する中、一般市民を対象とした犯罪も増加し、誘拐ビジネス、恐喝・みかじめ料の取り立て、人身売買・強制売春、石油パイプラインからの燃料窃盗などの事件が急増したらしい。本作のパンフレットには、山本昭代氏（慶応義塾大学非常勤講師）の「映画『母の聖戦』の背景　メキシコ麻薬戦争と行方不明者」があり、メキシコでの誘拐や、誘拐大国メキシコの実態がまとめられているので、これは必読！
それにもかかわらず、メキシコの各都市で市民が普通の生活を営んでいるのは当然だ。本作冒頭、シングルマザーのシエロ（アルセリア・ラミレス）と暮らしている１０代の一人娘ラウラ（デニッセ・アスピルクエタ）が、やけにおめかしをしている姿が登場する。母親がそれを手伝っている風景は微笑ましいが、これは、これからボーイフレンドに会うためらしい。なるほど、なるほど。
ところが、その後事態は一変！ラウラを誘拐したことを告げた電話があった後、シエロの前に現れた若い脅迫者の男（ダニエル・ガルシア）は、ラウラを誘拐したことを告げて１５万ペソの身代金を要求したから、さあ大変。シエロはどうするの？

■□■カネが先？警察が先？日本と比べて彼の国は？■□■

日本は世界一安全な国であるうえ、警察への信頼も厚いから、万が一誘拐事件が起きれば、まず警察へ！犯人は「カネを払えば釈放してやる」というのが常だが、犯人にそれをきっちり履行させるためにも、日本では警察への相談が不可欠だ。ところが、日本と比べて治安が悪く、警察への信頼も薄い彼の国では？

「私にはそんな金はない」と言うシエロの言葉は嘘偽りのないものだが、「カネを準備しなければラウラの命がない」となれば、頼る先は元夫のグスタボ（アルバロ・ゲレロ）しかいない。今グスタボは、若い愛人と一緒に暮らしている頼りない男だが、カネは準備してくれたから、決して悪い男ではなさそうだ。翌日、シエロからカネを受け取った脅迫者の男は、「１５分後に墓地の前で解放する」と言って立ち去ったが、アレレ、その約束は全然守られなかったからひどい。それぱかりか、男から追加の身代金５万ペソを要求されたシエロは、地元の実力者である知人のドン・キケ（エリヒオ・メレンデス）にカネを用立ててもらったが、またしてもラウラは帰ってこなかった。さあ、シエロはどうするの？

■□■ドキュメンタリー？or フィクション？その選択は？■□■

１月３日に観た『理大囲城』（２０年）はドキュメンタリーだったのに対し、『少年たちの時代革命』（２１年）はフィクションだった。ドキュメンタリーor フィクション、どちらが好きかは人それぞれだが、本作はテオドラ・アナ・ミハイ監督が、犯罪組織に誘拐された娘を奪還するため、命懸けの闘争に身を投じた女性の実話をベースにしたフィクションだ。私はどちらかというとノンフィクションよりフィクションの方が好きだから、本作のストーリー展開には全く違和感なく入り込むことができた。

パンフレットにある同監督のインタビューでは、「当初のアイディアではドキュメンタリーを撮るつもりだったけれど、制作を始めるうちにフィクションにした方がいいと気がついたの。この物語とセンシティブな情報の特性上、観察する形式のドキュメンタリーを撮るのは極めて難しかった。フィクションにすることで、私たちが言いたいことを正確に言う自由が得られると考えた」と語っている。もっとも、本作はフィクションながら限りなくドキュメンタリータッチになっているので、その点にも注目！

■□■警察はダメ！ならば自力救済は？それは大失敗！■□■

本作を見ていると、メキシコという国の治安の悪さと警察の無力さが際立っている。ルーマニア生まれながら、サンフランシスコに移り住んでいたテオドラ・アナ・ミハイ監督なればこそ、メキシコで自分の娘を誘拐されたという母親の話を聞いて、それをリアルに理解できたのだろう。

警察は頼りにならない！そう思い知らされたシエロは、人はいいものの若い女に入りびたりで、ラウラ救出のための行動を何もとらない元夫と違って、超行動的。若い女性の切断死体が発見されたと知らされた時は驚かされたが、恐る恐る確認した生首はラウラではなかったから一安心だ。その後も、シエロは警察には頼らず、①犯罪組織が出入りしている葬儀社の前で張り込み、②そこにやってきた怪しげな一味を尾行し、③半年前に息子を誘拐された食料品店の女性から、“イネス”という若い赤毛の女が誘拐グループのリーダーであるとの情報を聞き出していくから、探偵以上の大活躍だ。しかしある日、それに気づいた犯罪組織が、シエロの自宅に発砲、放火し、容赦ない脅しをかけてくると、否応なく彼女は恐怖のどん底に！

そこまでやられたことで、治安が悪く警察の力もあてにならないメキシコでは、これにてシエロの娘探しの執念もジ・エンド！そう思ったが、本作では、そこから軍のパトロール部隊を率いるラマルケ中尉（ホルヘ・A・ヒメネスラマ）がシエロに対して意外な提案をしてくるのでビックリ！それは、この町に着任して間もないラマルケ中尉は、シエロが収集した犯罪組織の情報と引き換えにラウラの捜索を助けるということだが、なぜ軍がそんなことを？

私にはそれが全く理解できないから、いかに聴き取りに基づくドキュメンタリータッチの実話に近い物語だと聞いても、以降のストーリー展開には違和感が。

■□■なぜ軍の部隊がこんな行動を？上官や軍全体の意向は？■□■

日本の自衛隊は建前上は軍隊ではないが、理論的にはどこの国にも警察と軍隊がある。それはメキシコでも同じだが、どこの国でも警察の役割・任務と軍隊のそれは根本的に違うものだ。しかして、本作に見る、ラマルケ中尉の部隊の任務は町のパトロールだが、彼には上官がいるし、軍全体の指揮命令系統があるはずだ。ラマルケの階級は中尉だが、その上官は誰で、どこにいるの？

そんな疑問が解決されないまま、本作中盤のスクリーン上では、シエロからの情報に従って（鵜呑みにして？）、ラマルケの部隊が、①イネスとその仲間を拘束して尋問、②激し

い銃撃戦の末に一味のアジトを制圧し、監禁されていた数人の少女を救出、という形で、ラウラ探しが急速に進展していく。さらに、③ドン・キケが誘拐事件に関与していたという思わぬ情報が判明したため、キケを拘束したラマルケ中尉は、シエロに直接尋問するよう促したからビックリ！そこで怒りを爆発させたシエロは、何度もキケを殴りつけながら、「このクソ野郎！私の娘はどこなの？」と問い詰めた結果、“プーマ”という誘拐の主犯格の名前と、ラウラが囚われた場所を白状したから、すごい成果だ。

しかし、ラマルケは軍人だから転勤がつきもの。ある日、別の任務のため、別の地域に移動してしまうと、ラマルケとシエロの協力関係は・・・？しかも、キケが白状した現場をシエロが訪れてみると、そこは既にもぬけの殻で、血生臭い監禁と拷問の痕跡だけが残されていたからアレレ。ラマルケ中尉の協力によって次々とラウラ誘拐事件の黒幕やその組織性が明らかになっていったが、今やラウラの生存はほぼ絶望的。そんな中、シエロのさらなる行動は？

■□■エンディングは絶望？それとも希望？原題は？■□■

本作は、当初、娘とたわいないお喋りをするだけの中年女だったシエロが、元夫も地元の有力者も、そして警察も頼れないと思い知らされる中で、少しずつ“母の聖戦”にのめり込んでいく姿がよく描かれている。したがって、その邦題はグッドだが、本作の原題は『市民』という意味だから、アレレ・・・。本作はなぜそんな原題なの？そのヒントの1つが、パンフレットにある藤原章生氏（記者・作家）の「映画「母の聖戦」～運命にあらがう個の物語、そこにあるメキシコ性」にあるので、本作では“市民”という言葉の意味をしっかり考えたい。

絶望的な状況下でもなおシエロの意志は揺るがず、元夫のグスタボともに、広大な牧場の空き地を探ったシエロは、そこに大量の死体が埋められていることを突き止めたからすごい。そこで、ラウラの死体が発見されれば、シエロの我が子を探す旅（＝執念）もジ・エンドだが、そうでない以上は希望がある。たしかに、理論的にはその通りだが、確率的には・・・？私はついそう考えてしまうが、さてシエロは？

パンフレットにある、テオドラ・アナ・ミハイ監督のインタビューを読むと、「ラストシーンを決めるのは本当に難しい選択だった。今のシーンに決まったのは編集の本当に最後の段階であのようなラストにしようと決まった。」と語っている。その結果、「オープンエンドにして、皆さんの解釈に任せようと決めた。」そうだが、その是非は？このエンディングは絶望？それとも希望？「市民」という原題とともに、それをしっかり考えたい。

２０２３（令和5）年2月１０日記

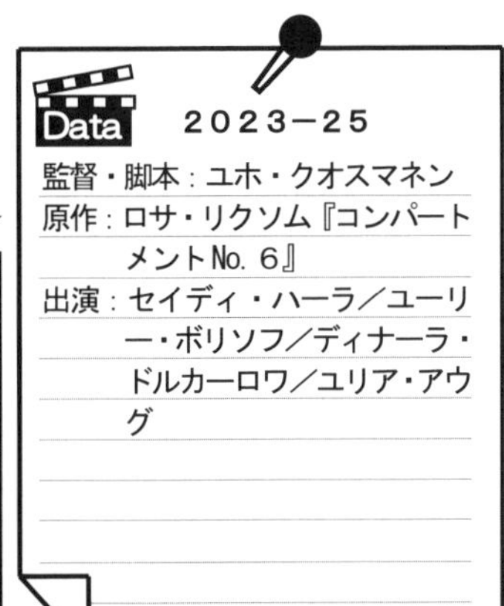

みどころ

本作の邦題は寝台列車のことだが、ヒロインがモスクワから世界最北端の駅を目指すのは、ペトログリフ（岩面彫刻）を見学するため。まずは、石川さゆりの名曲『津軽海峡・冬景色』の世界との“異同”をしっかりと！

二昼夜もかけた寝台列車の旅では相棒が大問題。それが“最悪の男”だったら・・・？本作前半は途中下車まで決意した最悪の相棒との会話を味わいたい（？）が、次第にそれが変化！そして、アレレ、ある時、２人はキスを交わすまでに？それは一体なぜ？

目的地に到着すれば乗客同士はお別れ！それが本来のルールだが、本作ではそこからクライマックスの物語が始まっていく。しかし、この物語はどこかヘン！私には違和感がいっぱいだから、カンヌ国際映画祭でのグランプリ受賞に、異議あり！

――＊――＊――＊――＊――＊――＊――＊――＊――＊――＊――

■□■第１作もカンヌで受賞！本作もグランプリ！その出来は■□■

本作は、フィンランド人の監督ユホ・クオスマネンによる長編第２作。その第１作は、フィンランド初のボクシング映画にして、第１９回カンヌ国際映画祭でのある視点部門でグランプリを獲得した『オリ・マキの人生で最も幸せな日』（１６年）（『シネマ４６』３０３頁）だ。そんな彼の長編第２作たる本作は、２０２１年のカンヌ国際映画祭のコンペ部門でグランプリを獲得した他、世界中で１７冠を達成！新聞紙評でも絶賛されているから、こりゃ必見！『キネマ旬報』２０２３年２月下旬号の「REVIEW 日本映画&外国映画」でも、２人の評論家が星４つだから、こりゃ必見！

そう思ったが、鑑賞後の私の評価は、はっきり言ってイマイチ。「REVIEW 日本映画&外国映画」で、１人だけ星２つだった評論家と同じく、私の評価は低い。それは一体なぜ？

■□■タイトルの意味は？主人公はなぜこの列車に？■□■

「上野発の夜行列車　おりた時から　青森駅は雪の中　北へ帰る人の群れは　誰も無口で　海鳴りだけをきいている　私もひとり連絡船に乗り　こごえそうな鴎見つめ泣いていました　ああ津軽海峡・冬景色」（作詞：阿久悠）。これは、石川さゆりが歌った名曲『津軽海峡・冬景色』の歌詞。これは、東京の上野駅から本州最北端の青森駅までたどり着き、青函連絡船に乗って津軽海峡を越えて北海道へ渡る人々を描いた名曲中の名曲。そこには、竜飛岬等の地名が散りばめられているが、アイドル歌手だった石川さゆりが、切々と女心を歌う演歌歌手に転換した記念すべき曲だ。それに対して、『コンパートメントNo.６』と題された本作は、モスクワから世界最北端の駅ムルマンスクへ向かう寝台列車の旅がテーマだから、まずは、それらの位置と距離関係をしっかり確認したい。

本作のストーリーは、１９９０年代、モスクワに留学中のフィンランド人の女子学生ラウラ（セイディ・ハーラ）が、恋人関係にある同性の大学教授イリーナ（ディナーラ・ドルカーロワ）にドタキャンされたため、一人でムルマンスクへ古代のペトログリフ（岩面彫刻）を見に行く旅に出るところから始まっていく。ペトログリフに一体どんな価値があるのか、私にはサッパリわからないが、考古学を研究しているラウラにとって、それは非常に重要らしい。本作のタイトルになっている「コンパートメント」とは、ソ連（ロシア）の寝台列車のこと、そして、“No.６”とはその６号室のことだが、日本にある寝台列車とはかなり様相、作りが違っているので、それに注目！２等、３等の区分けがあるのは日本と同じだが、モスクワからムルマンスクまでは、二昼夜もかかるらしいから、女の一人旅だと同行者の相棒が誰になるかが大問題だ。

■□■こりゃ最悪！下車して乗り換えまで決意！ところが！■□■

日本の新幹線は快適だが、それは新幹線を経営しているJR（昔は国鉄）という企業の優良性と共に、それを利用する多くの日本人の国民性にある。つまり、日本人は概ねマナーがいいということだ（もちろん、例外はあるが）。それに比べると、１９９０年代のソ連（ロシア）の長距離寝台列車の利用客のマナーの悪さは、ラウラの同室になった男リョーハ（ユーリー・ボリソフ）の行動を見、ラウラに対する言葉を聞けばよくわかる。

敢えてそれをここでは書かないが、それは今の日本の基準によれば、迷惑行為（セクハラ？）として訴えることができるレベルだから、まずはそれに注目。そのため、ラウラは車掌に座席の変更を申し出たが、それが無理だとわかると、ある駅で列車を降り、大損を承知のうえで、次の列車に乗り換えようとまで・・・。もっとも、そこで恋人のイリーナに電話したところ、やけにつれない対応をされてしまったため、結局、ラウラは・・・？

列車に戻れば、またあの嫌な男が嫌な態度を示してくるが、これからはとにかく我慢、我慢。ラウラは自分にそう言い聞かせたが・・・。

■□■女心の微妙な変化は？その点が絶賛だが、さて？■□■

リョーハの自己紹介（？）によると、彼は炭鉱労働者。つまり、ある現場に向かうため、この列車に乗っているわけだ。それに対して、ラウラはペトログリフを見学するため（だけ）に、二昼夜もかけて、ムルマンスクに向かっている学者の卵だから、いわゆるインテリ。冒頭に見る、アカデミー関係者のパーティー風景を見ても、ラウラがそんな世界に憧れていることがよくわかる。ただ、恋人との関係が微妙にうまくいっていない点が気がかりだが・・・。

しかして、本作はコンパートメント６号室という寝台列車（＝密室）の中で織りなされる、出発時は相性最悪だった男女の心の変化を描くロードムービーとして絶賛されている。たしかに、映画としては、いろいろなシチュエーションを用意し、その一つひとつの過程の中で微妙に変化していくラウラの女心、リョーハの男心をうまく表現している。しかし、一晩列車が停車する時、リョーハの車にラウラが乗り込む姿を見ると、アレレ。こりゃヤバいのでは？誰でもそう思うはずだ。他方、車掌から質問されている（３等車の？）怪しげな（？）男性客をラウラがコンパートメント６号室に引っ張り込む（？）風景も、第１に乗車システム上の問題として理解できないし、第２にラウラとの雰囲気が良くなっていくこの男の登場で、リョーハが明らかに拗ねていくストーリーが理解できない。

その他、私には本作の肝のストーリーであり、評論家諸氏が絶賛する中盤の展開にあまり納得できない。その不満がピークに達するのは、まさかまさか、２人がコンパートメント６号室内で抱擁しあい、キスを交わすシーンの登場だ。えー、嘘だろう。私はそう思わざるを得なかったが・・・。

■□■2人の縁は到着まで！岩面彫刻見学は一人で！ところが■□■

列車の旅で相席になった者同士が会話を交わし、親しくなるのは、世上よくある風景。二昼夜も要する寝台列車の旅ともなれば、それはなおさらだ。したがって、当初最悪だったラウラとリョーハの２人が、目的地のムルマンスクに到着する頃には打ち解けていても何ら不思議ではないが、キスまで交わす仲になるのは、よほどのことだ。その１つの要因は、ラウラが引っ張り込んだ（?）、一見人の良さそうな青年が、実はとんでもない窃盗犯だったことだが、そのバカバカしい展開（?）はあなた自身の目でしっかりと。

もっとも、いくら親しくなっても、目的地に列車が到着すれば、リョーハは炭鉱の現場に、ラウラはペトログリフの見学に、と分かれていくのは当然。ところが、「雪の厳しい今の季節にペトログリフの見学はできない」と言われたラウラが、何を思ったのか、炭鉱現場にリョーハを訪ねていくところから、本作ラストの物語が始まっていく。思いがけないラウラの訪問にリョーハはビックリだが、そこから車の手配をし、極寒の雪の中をペトログリフに向けて進んでいくリョーハの姿はたくましい。しかし、一介の出稼ぎ炭鉱労働者に過ぎないリョーハが、なぜこんなに金に糸目もつけず、猛吹雪の中を命の危険さえ冒して、ペトログリフ見学のため車を進めていくことができるの？それが私には全く不可解だ。現に２人の会話の中には、「このまま死んでしまうの？」という恐ろしいものさえ登場してくるから、この旅がかなり危険なものであることは明らかだ。

本作は期せずして、２人の評論家が「いい意味で裏切られた」と書いている。しかし、そんなラストに向けての物語を見ていると、私は「悪い意味で裏切られた」と言わざるを得ない。

■□■2つの伏線に注目！それが洒落た結末に？■□■

フィンランド人のラウラとロシア人のリョーハとの間には、元々会話が十分通じないという問題があった。そのため、コンパートメント６号室内では、「フィンランド語で愛しているは何と言うんだ」と絡んでくるリョーハに対して、ラウラは、「ハイスタ・ヴィットウ（Haista vittu）」（ホントは「Fuck you」という意味）と答えて、変な言葉を教えていたが、本作ラストでは、それと同じシーンが２人の間に登場するので、それに注目！また、２人が食堂車で食事をしながら会話をしている時、ラウラが描いたリョーハの似顔絵を見せて、「あなたも私の似顔絵を描いて」とおねだりをするシーンが登場する。その時、結局リョーハは「描けない」と断ったが、この会話はそれまで最悪だった２人の関係を"融和"に向かわせる大きな契機になったのはまちがいない。しかして、本作ラストで、リョーハが描いたラウラの似顔絵をタクシーの運転手がラウラに手渡すので、それにも注目！

本作がカンヌ国際映画祭のグランプリを受賞した理由の１つとして、そんな伏線が最後に洒落た形で結ばれるシーンが挙げられているが、私にはそれも取ってつけたようで、イマイチ。そのため、残念ながら私の本作の評価は星３つ。

２０２３（令和5）年2月２７日記

第4章　邦画

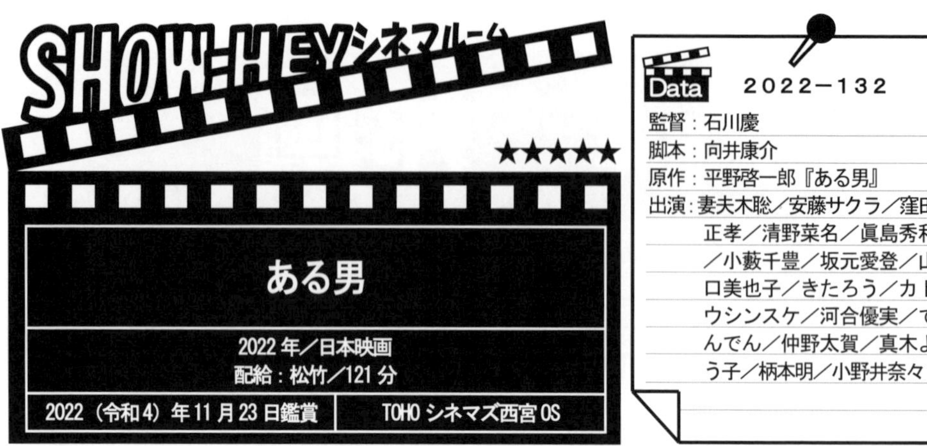

みどころ

近時の邦画は単純そのものやバカバカしいものが多いが、たまには「骨太もの」や「これは傑作！」と思えるものもある。「原作もの」が多い昨今だから、原作の良し悪しにも影響されるが、平野啓一郎の原作『ある男』は大傑作。まずは、冒頭に提示される二人の男の絵はナニ？

本作はタイトル通り「ある男」の調査から始まるが、ポイントは戸籍交換。その"取材者"は城戸弁護士だが、彼も在日３世だというのがミソだ。「え！そんな！？」と思える展開を含めて、中盤のミステリアスな展開は興味深い。そこで次第に浮上してくるテーマが"宿命"。そう聞くと、邦画の最高傑作『砂の器』（７４年）と相通じるものが。

弁護士としては、なぜ日本は夫婦別姓ではないの？という問題意識を持ってしまうが、大人たちの事情で姓がコロコロとかわる子供の立場からは、それをどう考えればいいの？

---＊---＊---＊---＊---＊---＊---＊---＊---＊---＊---

■□■湊かなえVS平野啓一郎、原作と映画の優劣は？■□■

本作と相前後して観た『母性』（２２年）は湊かなえの原作を映画化したもの。それに対して、本作は平野啓一郎の原作を映画化したものだ。両者ともトップを走るベストセラー作家だが、私の評価では『母性』は全然ダメだったが、本作はメチャ面白かった。したがって、その優劣は明らかだ。『母性』は冒頭、女子高生の自殺シーン（？）から始まったが、『ある男』と題された本作の冒頭は、黒いスーツを着た２人の男の背中が描かれた絵のクローズアップから始まる。これは一体ナニ？

本作のストーリーは、成文堂文具店の店番をしているシングルマザー・里枝（安藤サクラ）と何度もその店を訪れて画材を購入する男・谷口大祐（窪田正孝）との会話から始まっていく。チェーンソーで大木を切る林業の仕事に従事していた大祐は、そんなきっかけから里枝と再婚し、女の子までもうけて幸せに暮らしていたが、ある日、大木を切っていた大祐が不慮の事故で即死。悲しみの中で葬儀を終えた里枝は、長年疎遠になっていた大祐の兄・谷口恭一（眞島秀和）と法要の席ではじめて会ったが、遺影を見た兄は、「これ、大祐じゃないです！」と衝撃の告白を！これは一体ナニ？こりゃ面白くないわけがない！

■□■主人公は“ある男”ではなく、城戸弁護士！■□■

大祐の兄・恭一の言葉に里枝が絶句する導入部に続いて、飛行機に乗って横浜から熊本に向かう弁護士、城戸章良（妻夫木聡）の姿が映される。城戸はかつて横浜で里枝の離婚調停事件を担当した弁護士だが、今回の里枝からの依頼は“真相の解明”。それはとてつもなく難しい依頼だが、彼は、「あなたの亡くなったご主人をXと呼ぶことにします。」と述べて動きはじめたから偉い。着手金のことも報酬のことも話していないから、これひょっとして“人権派弁護士”としてのボランティア・・・？

そんな私流の下衆の勘ぐり（？）はともかく、本作最大のポイントは、言うまでもなく城戸が同僚の中北（小藪千豊）と共に行う真相究明の行方。しかし、もう一つのポイントは、城戸弁護士の出自、つまり彼が在日３世ということだ。Xのことを知る男・小見浦憲男（柄本明）にはじめて刑務所内で面会した城戸が、「あんた在日３世でしょう。顔を見ればすぐにわかる。」と言われるシークエンスも面白いが、人権派弁護士でありながら、美人妻・香織（真木よう子）と結婚し、香織の両親の手厚い庇護を受けている姿も面白い。

城戸がX探しを続ける中、妻との確執がいろいろと表面化し、城戸はいかに自分と向き合うのか、という問題が提起されるので、それに注目！そのため、『ある男』と題された本作では、本来「ある男」が主人公のはずだが、実は城戸弁護士が主人公になるので、それにも注目。

■□■調査は難航！しかし、ある事件との繋がりが！■□■

松本清張の原作を映画化した邦画の最高傑作『砂の器』（７４年）は、ベテランと若手の刑事コンビによる執念の捜査が、今は有名ピアニストとして活躍し、今日は晴れのリサイタルで演奏している殺人犯、和賀英良の逮捕に結実した。しかし本来、弁護士による調査など何の強制力もないから、たかが知れたもの。離婚調停でお世話になり、良い解決をしてもらったとしても、そもそも里枝がXの調査を城戸弁護士に依頼するのは無理筋だ。調査に要する時間は膨大だから、当然、調査費用も膨大になるから、費用対効果、つまり最近流行りのコスパ（コストパフォーマンス）の面からも、あまり意味はない。

とは言っても、Xの調査に乗り出した城戸が“本物の大祐”の元恋人だったという後藤美涼（清野菜名）にたどり着いたのは立派。ある日突然姿を消した恋人、大祐の行方を案じていた美涼は城戸の調査に協力したが、Xにつながる手がかりは何も見つけられなかった。しかしある日、行き詰まった城戸から相談を持ちかけられた中北は、彼が過去に担当した“ある事件”と“ある男”との繋がりを浮かび上がらせていくことに。その“ある男”

とは戸籍売買という闇のネットワークをしていた男、小見浦憲男。彼は詐欺事件で服役中だったが、城戸が面会してみると・・・。

更に、ある日、死刑囚の絵の展覧会に参加した城戸は、X が描いた絵のタッチとそっくりの死刑囚の絵を発見したからビックリ。その死刑囚・小林兼吉は一家惨殺放火事件を起こした犯人だが、その顔写真を見るとXにそっくりだったから、更にビックリ！そこから急浮上してきた人物が小林兼吉の一人息子・原誠だが、さて・・・？

『砂の器』では、映画冒頭に起きた殺人事件の背景に、ハンセン病問題や戸籍売買問題があったことが興味深く描かれていたが、さて、平野啓一郎の原作は、そして、それを映画化した本作は？

■□■『あしたのジョー』のような展開も！それは一体なぜ？■□■

ボクシング映画の金字塔はなんと言っても、全6作も作られたロッキーシリーズだが、私の大学時代に大ヒットし、団塊世代のバイブルになったのが、ちばてつや原作の漫画、『あしたのジョー』だ。山下智久が矢吹丈役に、伊勢谷友介が力石役に扮した『あしたのジョー』（１１年）（『シネマ２６』２０８頁）は名作だったが、なぜか本作中盤にも、ボクシングの新人戦でのチャンピオンを目指す若者が登場するので、それに注目！

平野啓一郎の原作を事前に読んでいる人には、あらかじめ本作のストーリー構成が頭に入っているが、そうでない人には、なぜそんなシークエンスが登場してくるのか、すぐには理解できない。そして、それはXの調査にあたっている城戸弁護士も同じだ。せっかく服役中の小見浦に面会をしても、彼の口から出てくるのは、城戸に謎をかけるような、さらに城戸をからかうような断片的な話ばかりだから始末が悪い。しかし、そんな彼の言葉を頼りに、城戸はボクシングジムを経営している男・小菅（でんでん）を訪れたが、そこから何を聞き出すことができたの？そんな本作中盤のミステリアスな展開は、『砂の器』の時と同じように、あなた自身の目でしっかりと！

■□■なぜ夫婦は同じ姓を？夫婦別姓なら・・・？■□■

本作冒頭、シングルマザーとして文具店を切り盛りしている谷口里枝が不意に涙をこぼすシーンが登場する。これは、里枝が幼い子供を病気で失った悲しい過去を持っているためだということが後に判明するが、その子はそもそも誰と誰との間に生まれた子供？ちなみに、生まれた時の里枝の姓は武本。里枝の母親・武本初江（山口美也子）は今も健在だ。しかし、里枝が横浜の裁判所で離婚調停をした相手である夫の姓は示されないが、その間には長男・悠人（坂元愛登）が生まれていたから、悠人は里枝とともに旧夫の姓を名乗っていたはず。しかし、母親が離婚し、旧姓の武本に戻ると、悠人も武本に戻ったの？そして、里枝が“偽の谷口大祐”と再婚して谷口姓になると、悠人も谷口姓になっていたの？他方、“偽の谷口大祐”と再婚した里枝は、悠人の妹になる女の子・花（小野井奈々）を生んだから、当然、花の姓は谷口だ。しかし今や、死んでしまった父親はXで本物の谷口大祐でなかったことは間違いないから、そんな場合、里枝と悠人と花の姓はどうなるの？もしＸが発見され、その姓が仮に山田だとすると、里枝も花も谷口姓から山田姓に改めなければならないの？さらに悠人の姓は？

城戸弁護士の調査が進んでいく中、子供心にそんな疑問を持った悠人から、そんな質問を受けた里枝は、どう答えるの？そもそも、Ｘ が山田姓だとわかったら、里枝も谷口姓から山田姓に切り替えなければならないの？

そんな法律問題は、今や実務を長く離れている弁護士の私ですらよくわからないが、そんな問題が起きるのは「夫婦は同じ氏を称しなければならない」と定めた憲法や民法の規定のためだ。中国では夫婦別姓が当然だが、なぜ日本は夫婦別姓にしないの？もしそうなれば、本作で悠人が里枝に聞いたような質問はなくなるはずだが・・・。

▪□■あの絵は？本作のテーマは『砂の器』と同じ"宿命"！■□▪

今作のパンフレットには、森直人（映画評論家）の COLUMN「『私』をめぐる無間地獄 Ｘ と城戸を繋ぐ、宿命と虚無」がある。その書き出しは、次の通り。私が全く知らなかった、本作冒頭に登場する絵についてだ。

> 原作小説の序文で言及される、ルネ・マグリットの１９３７年制作の絵画「複製禁止」が映画『ある男』のメインモチーフとなる。バーの壁に飾られたレプリカという形で冒頭と最後のシーンに登場。これは詩人エドワード・ジェームズの肖像画だと言われるが、顔は描かれていない。鏡に向かう男は後ろ姿で、鏡に映る彼もまた後ろ姿。すなわち私は、私の顔（正体）を見ることができない。「私」をめぐる無間地獄が、この映画では重層的なミステリーとなって展開する。

同コラムはその後、筆者流の問題提起を経て、本作の推進力のエンジンである戸籍交換に触れた上、

> そのジョーカーのカードを配る男―「戸籍交換」という裏ビジネスを請け負うブローカー、収監中の小見浦憲男（柄本明）の登場シーン計二回は、間違いなく本作のハイライトのひとつだろう。

と指摘。そして、取材者として登場したはずの城戸弁護士が「事件の本質を露骨に体現するような主体へと転倒していく」姿に本作の主題を見出していく。そしてラストには、「虚無を隠し持つ妻夫木総。苛酷な宿命と寡黙に闘う、灼熱の魂を肉体化した窪田正孝。妥協なきスタッフとキャストの連携は、現在の日本映画の最高峰と呼べる成果だ。」とまとめている。

この小難しいコラムは必読だが、これを読むまでもなく、私が本作を観て感じたテーマは、『砂の器』と同じ"宿命"。「宿命」は和賀英良がリサイタルで発表する自作のピアノ協奏曲のタイトルだが、同曲はピアニストとして大成功を収めた今の自分の姿から、自分の"宿命"であった、ハンセン病の父親と共に迫害の中で続けた巡礼の旅をたどるものだっ

た。

本作冒頭に見るニセの谷口大祐は、不器用な対応の中で里枝と結婚できたことが本当に幸せだったはず。林業の仕事をしながら、ささやかな人生を里枝と共に生きることができれば、幸せな一生になっていたはずだ。ところが、あんな事故に遭遇したことによって、城戸弁護士が取材者として登場し、谷口が背負う"宿命"が本作のように暴かれてしまうことに。そんな本作は、前記コラムで、森氏が「何度観ても素晴らしい！」と絶賛する通りの傑作だから、これは必見！

２０２２（令和4）年１２月１９日記

追記　第４６回日本アカデミー賞8冠をゲット！

１）第４６回日本アカデミー賞の授賞式が２０２３年3月１０日、東京都内のホテルで開かれ、石川慶監督の『ある男』が作品賞や監督賞など最多８部門で最優秀賞を受賞した。

『ある男』は平野啓一郎の小説が原作。死別した夫の身元調査という依頼を受けた弁護士が、別人として生きた男の真実を追うミステリーだ。出演の妻夫木聡が主演男優賞を受賞。窪田正孝と安藤サクラも、助演男優賞と助演女優賞にそれぞれ輝いた。さらに、向井康介が脚本賞、石川慶が編集賞、小川武が録音賞を受賞したため、『ある男』は合計８冠をゲット！

２）なお、同賞の主演女優賞には『ケイコ　目を澄ませて』の岸井ゆきのが選ばれた。

２０２３（令和5）年4月１０日記

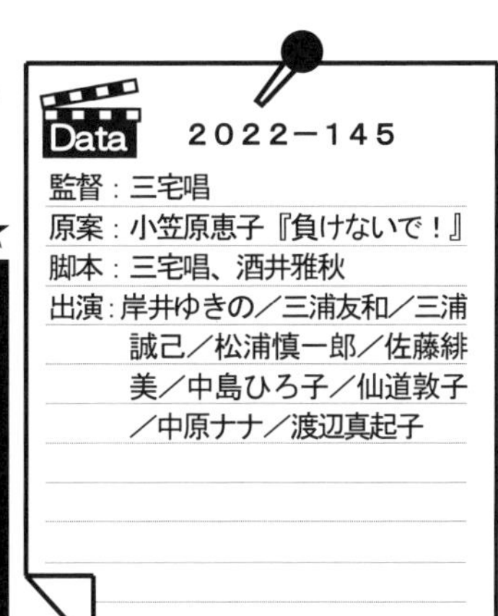

みどころ

耳が聞こえないことのハンディはどこに？それは第９４回アカデミー賞で作品賞、助演男優賞、脚色賞を受賞した『コーダ　あいのうた』（２１年）を見ればよくわかるが、ケイコはボクシングに、しかもプロの女子ボクサーにチャレンジ！それは一体なぜ？

そう聞くと、一瞬“スポ根モノ”の展開が思い浮かぶが、本作はそこではなく、「目を澄ませて」のサブタイトルに注目！試合での勝利や物語の起承転結よりも、ケイコの生きザマに集中！

近時、息子の歌手としての活躍が目立っているが、既に老境（？）に達してきた俳優、三浦友和が本作では実にいい味を出しているので、主演女優賞モノの岸井ゆきのと共に、その助演男優ぶりに注目！

――＊――＊――＊――＊――＊――＊――＊――＊――＊――＊――

■□■聴覚障害の女の子がボクシングを！それは一体なぜ？■□■

視覚障害者を主人公にした面白い映画には、古くはオードリー・ヘップバーン主演の『暗くなるまで待って』（６７年）、近時は、中国、韓国合作映画『見えない目撃者』（１５年）（『シネマ３７』１９０頁、『シネマ４４』２７８頁）や、その日本版たる『見えない目撃者』（１９年）（『シネマ４５』１９１頁）等があった。それに対して、聴覚障害者を主人公にした映画は少なかったが、第９４回アカデミー賞で作品賞、助演男優賞、脚色賞を受賞した『コーダ　あいのうた』（２１年）（『シネマ５０』１２頁）で、コーダ（CODA）とは「Children of Deaf Adults」の略語で、「ろう者の親を持つ子供のこと」、ということが全世界に知れ渡った。

私は知らなかったが、篠田博之氏のブログサイトによると、「この映画の原案は私が編集した創出版刊『負けないで！』で、聴覚障害でありながら正式にプロボクサーになった小笠原恵子さんの自伝だ。映画はこの本の第８章をもとにしたもので、多くの若い人たちが抱える将来への不安や葛藤を、三宅監督が独特の映像表現で劇映画にしたものだ」と書かれている。そして、チラシに「世界中の映画祭で絶賛！！」と書かれている通り、想定外の（？）大成功を収めたのが本作だ。

私も読んだが、２０２２年１２月１６日付日経新聞夕刊「シネマ万華鏡」で、映画評論家の中条省平氏が「本年掉尾を飾る傑作である。私にとっては、今年の日本映画ベストワンだ」と書き、さらに「一見、障碍者とスポ根という題材の取りあわせに見えて、その両方の要素を入れつつも、ごく普通の人間のドラマとして、単純、正確、潔く描いている点が素晴らしい。その意味で、私たちにも生きる勇気を与える稀有の率直さにあふれている」とまで書いたこともあって、その人気はおとろえないらしい。

満席ではなかったものの、劇場はほぼ８割の入り、パンフレットも売り切れだからすごい。異例の大ヒット、口コミで評判が広がり、上映館が続々拡大しているそうだが、そんな本作の魅力は一体どこに？

■□■目からの情報VS耳からの情報。その実態は？■□■

『暗くなるまで待って』のポイントは、家の中に侵入してきた殺人者に対して視覚障害者の女性がいかに立ち向かうか、だったが、その解答は電灯をすべて切ってしまうこと。つまり、真っ暗闇なら健常者も視覚障害者も対等ということだ。また『見えない目撃者』というタイトルを聞いて、私は当初、どう考えても自己矛盾だと思ってしまった。だって、見えないことと目撃者とは完全に対立する概念だから、見えない目撃者なんてあり得ない。そう思っていたが、いやいや、同作を見て、なるほど、なるほど・・・。

そんな映画を見て、健常者の頭の中であらためて、目からの情報 VS 耳からの情報を考えてみると、要するに、聴覚障害者は視覚をはじめ、手話等による豊かなコミュニケーションの能力は優れているということだ。私は『ケイコ、目を澄ませて』というタイトルの意味が当初わからなかったが、そんなことをよくよく考えてみると、納得！

本作冒頭、ミット撃ちの音をはじめとするさまざまな音が響いてくる。私たち健常者は普段、何気なくそれらを聞いているが、ケイコにはこれが全然聞こえていないわけだ。もしそうなると、聞こえない耳に代わって、目を澄まさなければ！まして、耳の聞こえない女の子が、プロボクサーになることを目指すのなら、なおさら、目を澄まさなければ！

■□■ストーリーや起承転結よりもケイコの生きザマに集中！■□■

「ボクシングもの」は、『ロッキー』シリーズをはじめとして名作が多い。また、「スポ根もの」の代表は野球をテーマにした『巨人の星』だが、ボクシングをテーマにしたものの代表は『あしたのジョー』だ。それらの名作では、貧しい環境の中で孤独な練習を続け、やっと掴んだ晴れの舞台で、とことん打ちのめされながら最後に大逆転、そんなストーリーが定番だし、『ロッキー』第１作のラストでは、勝利の瞬間、「エイドリアン！」と叫ぶロッキーの姿が強烈だったから、夫婦愛というテーマも観客の胸に突き刺さった。ボクシングものの名作はそんなふうに多くの観客を納得させてきたが、さて本作は？

そんな期待を持つと、きっと本作では裏切られるだろう。たしかに、本作にはケイコがシャドーボクシングに励む姿が何度も登場するし、リング上での対決も登場するが、そもそも本作はボクシング映画と言えるの？そんな疑問が湧くほど、本作はストーリー性や起承転結にこだわらず、ケイコという聴覚障害の女の子の生き方という一点に焦点を絞っている。山﨑樹一郎監督の第３作目で世界的な評価を得ている『やまぶき』（２２年）と同じく、本作も１６ミリカメラでの撮影だが、本作に見るその映像の魅力は『やまぶき』と同じだ。今ドキの日本のTVドラマは綺麗な画面ばかりが目立つ薄っぺらなものが多いが、本作のスクリーンはその対極にある。ドラマ性を求める人にはあまりお勧めできないが、本作ではそれ以上にケイコ（の生きザマ）に集中！

■□■岸井ゆきのは主演女優賞もの！その"揺れる想い"は？■□■

岸井ゆきのの主演で話題になった『愛がなんだ』（１９年）を観ていないので、私は女優、"岸井ゆきの"を本作ではじめて見た。私の目には決して美人とは見えないが、ジムのトレーナーとの間で彼女が演じるコンビネーションミットの演技にビックリ！一人で黙々と繰り返すシャドーボクシングだけでは素人にはその進歩ぶりはわからないが、スクリーン上で数回繰り返されるコンビネーションミットの姿を見ていると、その進歩ぶりがよくわかる。健常者がろう者を演じること自体が難しいだろうに、ろう者のボクサーとして、よくここまでケイコ役になりきった女優、岸井ゆきのに拍手！

私は今は亡き坂井泉水がボーカルを務めていたZARDが大好き。昔から東京出張のたびに新幹線の車内でそのアルバムを聴いていた。そんな私は、昨年１０月に観た『プリンセス・ダイアナ』（２２年）（『シネマ５１』７６頁）の主題歌にZARDの『Forever you』が使われているのを知った後、４枚組のCDアルバム『ZARD Forever Best　～２５th Anniversary』を購入した。ZARDの曲をカラオケで歌う男性は少ないが、私はその貴重な一人だ。そして、私が最もよく歌っていたのが『揺れる想い』だ。

同曲はまさに若い女性の感性から生まれた恋（彼）に対する"揺れる想い"を歌った名曲だが、本作では生まれつき耳の不自由な女性ケイコのボクシングに対する"揺れる想い"がよく伝わってくる。彼女がボクシングの選手を目指したのは、なぜ？あそこまで黙々と孤独な練習を続けられるのは、なぜ？そして、せっかく公式の試合で勝利したにもかかわらず、会長が経営するジムが閉鎖することを聞いて、ボクシングをやめようと決心したのは、なぜ？さらに会長の奔走によってやっと実現した大手ジムへの移籍を無下に断ってしまったのは、なぜ？

ジョルジュ・ビゼー作曲の最も有名なオペラ『カルメン』では、"炎の女"カルメンは、「風の中の羽根のようにいつも変わる女心」と歌われていたが、ケイコの心もなぜ羽根のようにコロコロと変わっていくの？本作では、ケイコのそんな心の中を覗き込みながら、女優、岸井ゆきのの主演女優賞ものの演技に注目したい。

■□■三浦友和も助演男優賞もののいい味を！■□■

他方、本作の評価を高めるうえで見逃すことができないのは、ボクシングジムの会長役を演じる俳優、三浦友和の演技力と存在感だ。山口百恵と共演していた若き日のハンサム（なだけ？）の三浦友和とは一味も二味も違う彼に注目したい。『唐人街探偵　東京MISSION（唐人街探案３／Detective Chinatown３）』（２１年）（『シネマ４９』２５５頁）では、コミカルな味も交えながら、背中の入れ墨をやけに強調したジャパニーズヤクザのボスとしての存在感を見せつけていたが、本作ではそれとは全く異質な、ボクシングジムの会長としての圧倒的な人間力の魅力（あり方）を見せつけてくれるので、それに注目！

再開発が計画されている東京の下町でボクシングジムを経営することは、戦後の混乱期や昭和の時代ならともかく、バブルを経て平成の時代に入った後は困難を極めるのは、当然。再開発計画に乗ってビルの一室に移転することは可能だろうが、そもそもこの会長に後継者はいるの？そんなジムの経営問題（後継問題）を含めて、ボクシングジムの会長としての苦悩と、そこで女性プロボクサーを目指すと決めたケイコとの間で展開される心の絆をしっかりかみしめたい。健康状態に不安を持ちながらジムの経営を続けてきた会長が突然倒れてしまった時には、いよいよこのジムも終わりと思ったが、なんとか少しずつ回復。しかし、それを契機にジムの閉鎖を決めた会長が、トレーナーたちの次の職場、ケイコたち選手の次のジムを探すのに奔走する姿は今時珍しい。会長のそんな努力が報われ、プロボクサー、ケイコの移籍先も決まりそうになったが、さてそこでのケイコの決断は？

前述したとおり、本作は『ロッキー』や『あしたのジョー』のような“ボクシングもの”ではなく、あくまでケイコの生きザマを描く映画。したがって、そんな本作には、『ロッキー』や『明日のジョー』のような劇的なフィナーレは訪れない。しかし本作では、岸井ゆきのの主演女優賞ものの演技と、三浦友和の助演男優賞ものの演技を味わいながら、本作の良さをしっかりかみしめたい。

２０２３（令和5）年1月１７日記

追記　第９６回キネマ旬報個人賞で主演女優賞と女演男優賞をゲット！

１）本作で耳の聞こえないボクサー役を演じた岸井ゆきのが、第９６回キネマ旬報個人賞で主演女優賞を、ボクシングジムの会長役を演じた三浦友和が助演男優賞をゲット！さらに、監督の三宅唱も、読者選出日本映画監督に選ばれた。おめでとう！

２０２３（令和5）年4月１０日記

みどころ

農業をしながら真庭市で独自の映画製作に励む山﨑樹一郎監督の第３作目のテーマは、日陰に咲く“やまぶき”。その主張は、「資本主義と家父長制社会に潜む悲劇と、その果てにある希望を描き出した群像劇」とクソ難しいが、１６ミリでの陰影に富んだ撮影はその一助に！

３人の日陰モノ（？）の主人公に光を当てた（？）本作の核は、ある窃盗事件の勃発！しかし、窃盗？それとも遺失物損壊？をめぐるリーガルチェックには、大いに疑問あり！

邦画界ではこの手の映画の人気が高く、新聞紙評でも概ね好評・高評価だが、残念ながら私にはイマイチ・・・。

――＊――＊――＊――＊――＊――＊――＊――＊――＊――＊――

■□■やまぶきとは？山﨑樹一郎監督はなぜそれをタイトルに■□■

日本で最も有名かつすべての国民から最も愛されている花は、桜。その美しさとはかなさは、日本人の心情にピッタリだ。それに対して、マルチェロ・マストロヤンニとソフィア・ローレンが共演した映画『ひまわり』（７０年）が、２０２２年2月２４日に突然起きたロシアによるウクライナ侵攻によって見直され、再上映されたのは、同作で見た、スクリーンいっぱいに広がる美しいひまわり畑の風景のためだ。

私が弁護士登録をした１９７４年にヒットしたTV番組が『帽子とひまわり』。そのタイトルとされた帽子は、屋外の仕事が多い調査員のアイテムであるのに対し、ひまわりは弁護士バッジのデザインだ。また、松嶋菜々子が弁護士を目指して司法試験を突破し、司法修習で厳しい現実と向き合いながら、一人前の弁護士になるまでを描いた、１９９６年のNHK連続テレビ小説のタイトルも『ひまわり』だった。なぜ弁護士バッジにひまわりが描かれているのかは、各自しっかり調べてもらいたい。

そんなひまわりと対照的な花が「山吹」。黄色い可憐な花を咲かせる山吹は、太陽に向かって咲くひまわりとは逆に、日の当たりづらい場所でしか咲かない野生の花らしい。また、黄色い花を咲かせる山吹は、金色に輝く大判小判を連想させ、日本の TV 時代劇によく登場する、悪徳代官が悪徳商人に要求する“賄賂”をイメージさせるため、その“隠語”としてもよく使われている。

岡山県真庭市で農業を営みながら独自の映画製作を続けている山﨑樹一郎監督はそんな山吹にずっと注目していたそうだが、それは一体ナゼ?

■□■山﨑監督は第３作をなぜ16ミリで?そのテーマは?■□■

本作は山﨑樹一郎監督の長編第3作。私は第1作『ひかりのおと』(１１年)は観ていないが、時代劇だった２作目の『新しき民』(１４年)(『シネマ３５)』２７８頁)はなかなかのものだった。そんな彼の長編第3作となる本作は、はじめて１６ミリフィルムで撮影したが、それは一体ナゼ?

本作の舞台ももちろん、山﨑監督がトコトンこだわっている移住先の真庭市。“やまぶき”をモチーフとして描き出す本作のテーマは、チラシによると、「資本主義と家父長制社会に潜む悲劇と、その果てにある希望　地方に生きる人々の慎ましい抵抗を国際的な視座で描く」というクソ難しいものらしい。それを後述する３人の主人公を中心とする群像劇の中で、そして、ざらついた１６ミリフィルムによって、混濁を深めながら描くそうだが、さてその成否は?

それは、本作がカンヌ国際映画祭 ACID 部門やロッテルダム国際映画祭で絶賛され、各地でロング公開が続いていることからも明らかだが、残念ながら私にはピッタリこなかった。それは一体、ナゼ?

■□■3人の主人公のキャラに注目(1)－2人の男たちは?■□■

本作には３人の主人公が登場するので、まずはそのキャラに注目。第１の主人公は、かつては韓国の乗馬界のホープだったが、父親の会社の倒産で多額の負債を背負って真庭市に流れつき、今はベトナム人労働者たちとともに採石場で働いている男、チャンス(カン・ユンス)。真庭市にこんな大規模な採石場があることにびっくりだが、現場で働いている多くの人がベトナム人やチャンスのような韓国人ばかりなのは一体ナゼ?それは考えればすぐにわかることで、今ドキの日本の若者にはこんな過酷な環境下で働く者などいないということだ。しかし、ベトナム人もチャンスもここで一生懸命働き、自国に送金をしているらしい。もっとも、そんな現場、そんなまちには怪しげなギャングまがいの男もいるそうだから、用心も必要!

チャンスは子連れの女、美南(和田光沙)と一緒に住んでいるが、２人は正式の夫婦ではなさそう。本作後半には、美南の夫も登場してくるので、それにも注目!それはともかく、ある日、会社に呼び出されたチャンスは、採石現場での真面目な働きぶりが認められ、正規社員にしてやると言われたから大喜び。美南も大喜びだが・・・。

第2の主人公は、女子高生の娘、早川山吹（祷キララ）と二人暮らしをしている刑事の父親（川瀬陽太）だ。妻は戦場ジャーナリストとして働く中で死亡したそうだが、彼はなぜそんな女性と結婚したの？それはともかく、彼は若手刑事とともに殺人事件の捜査にあたっているようだが、週末ごとに山歩きに出かけている上、スクリーン上にはラブホテルで韓国人の若い女性と情事を交わす彼の姿が登場するので、アレレ・・・？現職の警官のくせに、そんなことをしていいの？しかも、来週の山歩きにはこの韓国人女性も連れていくと約束しているから、さらにアレレ・・・？

■□■３人の主人公のキャラに注目（2）―女子高生の娘は？■□■

第３の主人公は山吹という奇妙な名前をつけられた刑事の娘だ。『男はつらいよ』シリーズの主人公であるフーテンの寅さんの妹は“さくら”だったから、すべての日本国民に愛されたが、もし彼女が“山吹”だったら、さて・・・？母親と死別した後、父親との二人暮らしの中で彼女がどんな娘に育ったのかは知らないが、本作では、なぜか交差点で１人、サイレントスタンディングを始める彼女の姿が描かれるので、それに注目！

２０２２年2月２４日にロシアによるウクライナ進攻が始まった今、今さら「平和憲法を守れ！」だけでは平和は守れないことは明白！私はそう考えているが、この手の「平和勢力」が日本にずっと存在することは周知の事実だ。しかし、なぜ山吹は１人でサイレントスタンディングに参加したの？

本作の主人公は以上の３人だが、この３人が３人とも“さくら”的でも“ひまわり”的でもなく、“山吹”的なのが本作最大の特徴だ。あえて言えば、戦場ジャーナリストとして死亡したという刑事の妻＝山吹の母親だけは、“さくら”的、“ひまわり”的だったようだが、なぜ山﨑監督はそんな“さくら”的、“ひまわり”的なものに注目せず、“山吹”的な３人の主人公に注目したの？本作ではそれをしっかり考えたい。

■□■静かな田舎町にも、こんな事件あんな事件が■□■

東京の新宿や池袋は中国人マフィア（?）をはじめとする異様な雰囲気があるようだが、風光明媚で静かな田舎町たる真庭市は、そんないざこざとは無縁。そう思っていたが、山吹の父親は殺人事件の捜査にあたっているようだし、ベトナム人や韓国人を働かせている採石場の近くにある夜の飲み屋に出入りしている男たちの姿を見ると一波乱ありそうだ。さらに、なぜかはわからないが、その中の１人は拳銃まで持っているし、横領絡み、賄賂絡みで数千万円は入っていると思われるボストンバッグをめぐる持ち逃げ事件まで発生するので、それに注目！

他方、山吹の父親が週末を利用して山歩きをするのは自由だが、日陰に咲く山吹にこだわる彼が斜面に咲くそれを韓国人の恋人（?）にプレゼントしようとして土を掘りかけると、小さいながら一種の土砂崩れが発生し、下の方で大きな音がしたからアレレ・・・？こりゃ、何かヤバいことが起きたのでは？そう思っていると、正社員になることに胸を膨らませながら運転していたチャンスの車が、上から落ちてきた石の下敷きとなり、動けなくなったチャンスがスクリーンいっぱいに登場するから、さあ大変！誰の助けもなく、このままチャンスは死んでしまうの？一瞬、そんな心配もしたが、その後、足を骨折したチャンスが病院のベッドの上で寝ている姿を見せてくれるので一安心。しかし、日本の企業は冷酷だから、チャンスがもはや採石現場でクレーン車を操作することができないと判断した経営者は、「正社員への道はなくなった。事務仕事なら何とか・・・」と、事実上のクビ宣言。「保険金は出るのだろう」との要らざる発言には余計腹が立つが、さあ、チャンスはどうするの？

かつて乗馬界のホープだったチャンスが、美南や子供を連れて乗馬場に行った時は本当に楽しそうだったが、今のチャンスは最悪。「俺はまだ現場で働けるぞ」とばかりに、松葉杖で現場に戻り、クレーン車を操作しようと頑張ったが、所詮無理。これでは、まさに絶望！そう思ったチャンスの目の前に、空中を舞うボストンバッグの姿が！あれは一体ナニ？ひょっとして、あの中にはいいものが？そう考え、落下点まで駆けつけたチャンスが、ボストンバッグを開けてみると・・・。

■□■遺失物横領？それとも窃盗？リーガルチェックは？■□■

司法試験に向けて刑法各論の財産犯の勉強をしていた時、窃盗罪、横領罪、背任罪の相違点の理解は難しかった。それに比べれば、窃盗と遺失物横領との違いは理解しやすかった。しかして、採石現場で発見したボストンバッグの中から、約半分の現金だけを服の中に隠して逃走したチャンスの犯罪はいかに・・・？これは遺失物横領罪？それとも窃盗罪？

それは司法試験の受験生には面白い問題だが、映画としてはイマイチ。なぜチャンスはボストンバッグをそのまま持ち帰らず、現金だけを、しかも、その約半分だけを抜き取り、それを服に隠して自宅に戻ったの？また、ビニール袋に詰め、土を掘った庭の中に埋めているチャンスの姿を見ると“哀れ”を誘うが、一体チャンスはこの現金をどうするつもりなの？そう思っていると、ある日、チャンスは子供のためにデパートで 8 万円もする高価なプレゼントを現金で買ったからアレレ。そんなことをすれば、すぐにバレてしまうのでは？案の定、そんな想定通り、チャンスは山吹の父たちによって逮捕され、新聞にも載ることになったが、チャンスの国選弁護人は一体どんな弁護をするの？それはさておき、チャンスは取り調べの刑事に対して、素人ながら「僕の罪は遺失物横領罪ですか？」と質問。そして、それに対する刑事の回答は「使っていれば窃盗だ」とのこと。すると、8万円をデパートで使ってしまったチャンスの犯罪は窃盗罪？起訴されれば、その罪は大体どれくらい？

他方、チャンスの取り調べに当たった山吹の父は、チャンスが松葉杖をついていたのは、あの日、自分が山吹を取る時に、斜面から石が落下したためと認識していたから、罪の意識でいっぱい。思わず、そんな告白をしかけたのを、相棒の若手刑事から止められたほどだった。ところが、心配して警察に駆けつけてきた美南の前にチャンスが登場し、「刑事さんが釈放してくれた。落とし物を届けてくれただけだって」とのストーリーが展開していくから、アレレ？そんな馬鹿な！これは一体ナニ。山﨑監督は日本の警察制度、司法制度をどう理解しているの？そして本作のリーガルチェックは一体どうなっているの？こりゃダメだ！そんな感を強くしていくことに・・・。

■□■主人公たちの結末は？本作の評価は？■□■

私は、山吹のようなサイレントスタンディングを否定するものではないが、高くも評価していない。なぜなら、自分が何かを主張したいのなら、もっと正確に言えば、主張したい何かを持っているのなら、さらにそれが「銃口に花束を！」の言葉に集約されるような政治的な主張であるのなら、それをサイレントスタンディングで示すよりも、多くの人々との対話や議論を求める方がより効率的だし、自分自身の勉強や進歩にもなると考えているからだ。学生時代にカンパ活動のため何度も街頭に立った経験を有する私にとって、そこでいろいろと質問され、議論をしたことが大きな財産になったという自負心もある。

本作では、山吹の魅力に惹かれ、山吹との交際を願う同級生（？）が“自分の主張のため”というよりも、“山吹と一緒にいたいため”に、あえてサイレントスタンディングをする姿が描かれる。しかし、これは、滑稽以上にナンセンス極まりないものだ。山吹も「山吹」という名前のとおり、引っ込み事案のようだから、積極的に自分が主張したいテーマのためにクラス討論を呼び掛けたりすることはできないようだ。もし私が「銃口に花束を！」のような主張を持っているのなら、きっとそうするだろう。

他方、山吹の父親は、結局自分の過失をチャンスに告げないままチャンスを釈放してしまったようだが、その後の刑事の立場はどうなるの？それは本作では全く描かれないから、アレレ・・・？そして、もう一人の主人公チャンスについては、本当の奥さんと同じように一緒に暮らしていた美南が、長年別れていた夫と再会した後、どうなったかを含めて、釈放されて家に戻ってきた後の新たな生活に注目したい。

本作についての新聞紙評は概ね好意的で、①日陰に咲く「ヤマブキ」モチーフ、②悲劇・希望　運命の交錯描く、③怒りと沈黙の先　一筋の光、④地方から見える日本の問題、等の見出しで、「資本主義と家父長制社会に潜む悲劇と、その果てにある希望を描き出した群像劇である」という、本作のテーマに沿った褒め言葉を並べている。しかし、私には、ハッキリ言ってこの手の映画はイマイチ・・・。

２０２３（令和5）年1月１３日記

みどころ

弁護士として“法廷モノ”の名作をたくさん鑑賞し、評論している私には、インド人監督が少年法と再審をテーマにした日本の法廷モノを監督し、アジアン映画祭で初上映されると聞くと、そりゃ必見！

２０年の懲役刑を受けた、犯行時１７歳の少女について、７年後の今、再審裁判が開始！その設定は興味深いが、それは一体どんな手続き？そう思っていると、本作のリーガルチェックは一体ナニ？いい加減な“法廷モノ”をはじめて鑑賞することに。

真矢ミキ演じる裁判長が最後に言い渡す判決の内容は想定の範囲内（？）だが、こんな“法廷モノ”がまかり通ることにビックリ！日本の映画界はこれでいいの？

——＊——＊——＊——＊——＊——＊——＊——＊——＊——＊——

■□■インド人監督が少女の再審をめぐる人間ドラマに挑戦！■□■

１９８６年生まれで日本在住のインド人監督アンシュル・チョウハンは、『東京不穏詩』（１８年）と『コントラ』（１９年）で有名らしい。そんな監督の最新作『赦し』（２２年）は、２０２３年3月の第１８回大阪アジアン映画祭のコンペティション部門で日本初上映された注目作だ。

そこでの解説は、「１７歳で殺人を犯し懲役２０年を言い渡された少女の再審を巡り、加害者と被害者双方の視点から、魂の救済を描くヒューマンドラマ」というものだったが、何よりも強く印象に残ったのはチラシ上にクローズアップされた女優・松浦りょうの何とも険しい顔。さらにチラシには、「娘を殺された元夫婦と、犯行時１７歳だった加害者―。魂の救済、赦しという深遠なテーマに真っ向から挑んだ問題作。」、「法廷の内外での激しくもサスペンスフルに揺らめく感情を体現した、尚玄×MEGUMI×松浦りょうの迫真のアンサンブル。」との見出しが。これらを見れば、本作は必見！

■□■服役中の少女に再審開始決定！それはなぜ？■□■

本作は酒浸りの男・樋口克（尚玄）のもとに、裁判所から再審決定の通知が届くところからスタートする。７年前に当時高校生だった一人娘・恵未（成海花音）がクラスメイトの福田夏奈（松浦りょう）によって殺され、夏奈は懲役２０年の刑が確定。現在も夏奈は服役中だが、なぜか今般その再審決定が下されたらしい。

再審の成り行き次第では刑期が大幅に短縮され、即時釈放される可能性があると知った克は、直ちに別れた妻・澄子（MEGUMI）に連絡。夫だった克と同じく、当時は一人娘の死亡に打ちひしがれた澄子だったが、今はグループセラピーで知り合った男・岡崎直樹（藤森慎吾）と再婚し、新たな人生に踏み出していた。そのため、「過去に囚われたままではダメだと思う。あなたの人生は止まっているかもしれないけど私は・・・」と冷ややかな目を。

■□■なぜ懲役２０年？なぜ再審？リーガルチェックは？■□■

弁護士の私は当然「法廷モノ」が大好き。『“法廷モノ”名作映画から学ぶ生きた法律と裁判』（１９年）に収録したとおり、多くの「法廷モノ」の名作映画を評論してきた。他方、そんな活動を続けていると、必然的にインチキ的な「法廷モノ」も目についてくる。つまり、弁護士等による法律監修をちゃんとやっていないのでは？と疑わざるを得ない映画やシーンも目につくわけだ。

しかして、岡本和美裁判長（真矢ミキ）の下で始まった夏奈の再審事件では、まず最初の、検察官が起訴状を朗読するところから、弁護士の私はアレレ。起訴状朗読の時点で、求刑までやってしまうとは、こりゃ一体ナニ？さらに、それに続けて、立った夏奈の弁護人・佐藤匠（生津徹）が、少年犯罪であるにもかかわらず、懲役２０年という重い刑罰が下された前回の判決を不当とし、「間違った正義」だと舌鋒鋭く糾弾するのは、一体何の手続なの？こりゃ、一体ナニ？本作のリーガルチェックは一体誰がやってるの？

■□■再審制度とは？少年事件にも再審はあるの？■□■

日本では、再審をめぐる有名な事件が多い。直近では「袴田事件」について、２０２３年３月１３日に再審開始を認めた東京高裁の決定について、東京高検が最高裁に不服を申し立てる特別抗告を断念したため、事件発生から約５７年を経て、地裁で袴田さんの再審公判が開かれることになり、無罪が言い渡される可能性が大きくなったことが、大きなニュースとして報道されていた。

しかし、少年法は通常の刑事手続きとは別のもので、再審の規定は存在しない。これは、少年審判は少年の健全育成を目的とする保護手続きであり、その処分も少年の利益になるものだから取り消す必要がない、との建前によるものだ。もっとも、無実の罪で保護処分を受ける不利益は否定できないため、少年法２７条の２第１項の弾力的解釈によって事実認定に対する救済が図られている。

少年法は、少年については原則的に家庭裁判所が“保護処分”を定めるという構造だが、例外的に重大な事件つまり“原則逆送対象事件”については、“逆送”の上、検察官の起訴によって普通の刑事裁判手続で通常の刑罰が課せられる構造になっている。殺人事件を起こした夏奈のケースはこの逆送手続に基づくもので、その判決が懲役２０年とされたらしい。だが、それはいくらなんでも重すぎるのでは？夏奈の弁護人は裁判手続で一体何を弁護したの？夏奈がクラスメイトの女の子を殺害するについては、それなりの理由（動機）、たとえば陰湿ないじめに遭っていたとか、何らかの事情があったのでは？また、一審の裁判官がそんな重罪を言い渡したとしても、弁護人を変えて控訴、上告し、様々な角度から原判決を批判すれば、懲役２０年という重刑は変更されていたのでは？

■□■再審制度は“開かずの扉”ではなかったの？■□■

本作はそこらあたりが全くわからないまま、第１に夏奈は今、懲役２０年の刑に服役中で７年が経過していること、第２に再審の決定が下されそれが確定したため、今、再審の手続きが始まったこと、を大前提としてストーリーが始まっていく。

しかし、そもそも再審請求が認められる事件は年平均で２、３件と極めて稀で、日本の再審制度は「開かずの扉」と呼ばれている。夏奈にどんな弁護士が弁護人として就き、どんな法的根拠に基づいて再審請求をしてそれが認められ、しかも、それが確定したのかはわからないが、袴田事件で再審決定が確定し、現実に再審が開始されるまでに事件発生から５７年も要したことを考えれば、本作のそんな大前提はかなり変だ。また“量刑不当”のような理由で再審請求が認められるのなら、逆送の刑事裁判手続の第二審や最高裁で、より適切な懲役刑が下されていたはずだ。

アンシュル・チョウハン監督が日本の少年法の制度や再審制度をどこまで理解した上で本作を監督したのかは不明だが、パンフレットにある「Director's Statement」に、「未成年に対する処罰は成人よりも軽くなるのが一般的ですが・・・」と書かれている一文を見ても、あまり分かっていないのでは？

■□■こんな証人尋問風景にもビックリ！■□■

本作のリーガルチェックの不十分さ（でたらめさ）は、澄子の証人尋問でも顕著だから、その尋問風景に私はビックリ。夏奈が証言台に立つハイライトのシーンでは、さらにそれが顕著になってくる。夏奈が恵未を殺害するに至ったのは、恵未たちグループによる夏奈への執拗ないじめがあったことが、そこではじめて明かされるが、それって一体ナニ？

殺人事件の審理では"動機"が焦点になることが多いが、学校内で発生した夏奈によるクラスメイトの恵未殺害事件ともなれば、その動機として最も可能性があるのはいじめだ。学校内にそんな実態がなかったのかどうかは、逆送事件の一審の刑事手続で夏奈の弁護人に就任した弁護士が、校内の聞き取り調査をすればすぐにわかるはずだ。また、１７歳の少女の殺人事件を弁護する弁護人は、自分に対していかに被告人（少女）の心を開かせ、真実を語らせるかが腕の見せどころ。それを少しでも発揮していれば、夏奈の殺人の動機が、恵未たちグループから受けていた執拗ないじめにあったことが容易に解明できたはずだ。しかるに、なぜ夏奈が少年法の逆送手続きによる一審、二審、最高裁の刑事手続きで裁かれ、懲役２０年の実刑判決が確定するまで、殺害の動機として、恵未たちによる夏奈へのいじめの実態が明らかにされていなかったの？そんなバカな！

■□■刑務所内における２人だけの面会にもビックリ！■□■

本作のラストは岡本裁判長による判決言い渡しのシークエンスになるが、その直前の刑務所における克と夏奈との２人だけの面会という設定も、あまりにも現実離れしたものだ。ちなみに、韓国のキム・ギドク監督の『ブレス』（０７年）（『シネマ１９』６１頁）では、せっせと死刑囚との面会に通う主婦が、監守に見守られた面会室の中で、手錠をかけられたままの死刑囚と繰り広げるセックスシーンに驚かされたが、日本でもこんな面会があり得るの？それが私にはサッパリわからない。

克と夏奈との２人だけの面会が実現できたのは、克が「夏奈と２人だけの面会ができれば、自分は裁判から一切手を引く」と佐藤弁護士に約束したことによるものだが、いくら何でもそんなバカな！もし、そこで想定外の"不祥事"が起きれば一体誰が責任を取るの？現にスクリーン上では、克が隠し持っていた、"あるもの"を、"あるところ"から引き出していたから、こりゃひょっとして・・・？

こんな「法廷モノ」が堂々と上映されていることに、私はただただ唖然！

２０２３（令和5）年4月3日記

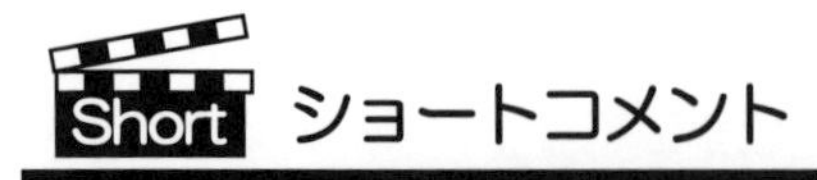

★★★

私の知らないあなたについて

2022 年／日本映画
配給：トリプルアップ／131 分

2023（令和 5）年 1 月 21 日鑑賞 | シネ・ヌーヴォ

Data 2023－9

監督・脚本・編集：堀内博志
出演：佐々木ありさ／加藤小夏／水沢林太郎／平田雄也／遠藤健慎／吉村優花／東拓海／菅井知美／鈴木こうすけ／川連廣明／小西貴大／亀田侑樹／那波隆史

みどころ

シネ・ヌーヴォはシネコンでは上映されない選りすぐりの名作を公開してくれることがあるから、それに巡り合うとチョー幸せ！しかし、ハズレてしまうと・・・？

監督も俳優も全然知らないが、思わせぶり（?）なイントロダクションとストーリーに惹かれて本作を鑑賞！数人の若者たちが織り成す青春群像劇ながら、これも思わせぶりな（?）邦題が提起する意味は？内容は？

全３章からなる壮大な構成とそのストーリー展開に期待したが、残念ながらアレレ・・・。

――＊――＊――＊――＊――＊――＊――＊――＊――＊――＊――

◆シネ・ヌーヴォは、シネコンで公開されない映画を選りすぐって公開してくれるから、時として、「これは大収穫！」と思える映画に巡り合うことがある。しかし、逆に思わせぶりな宣伝文句に釣られて鑑賞したものの、「何だ、これは！」と舌打ちしてしまうこともある。しかして、監督も女優も何もかも全く知らない中、宣伝文句に惹かれ、これは必見と前から定めていた『アメリカから来た少女』（２１年）と共に本作を鑑賞したが・・・。

◆チラシによれば、本作の宣伝文句は、次のとおりだ。

> パンデミック、世界、本当のあなた。
> 無垢な魂は、孤独な想いを救う。
> 「私はあなたに何が出来て、何が出来ないのか」
> 独創的な構成で魅せる、魂の救済についての物語

また、公式ホームページの INTRODUCTION では、次のとおり紹介されている。すなわち、

INTRODUCTION
映画「私の知らないあなたについて」は監督・脚本の堀内博志が温めてきた構想７年の企画を、世界的に流行した新型ウィルスによるパンデミックに見舞われる現代を舞台に、今を生きる若者達の姿を映し出した物語である。全三章からなる重層的な物語の軸となる主人公・慶子を演じるのは、本作が初主演となる佐々木ありさ。ある出来事を機に変化して行く複雑な感情を持つキャラクターを見事に演じ切った。そんな慶子の親友である真美を演じた、加藤小夏。慶子を献身的に支えながら次第に自らの本質と対峙して行く大学生を可憐に演じた。真美の彼氏で劇団を主催する青年・拓也を演じたのは、平田雄也。理想と現実の間に思い悩む青年を落ち着いた演技で表現した。拓也の劇団の劇団員・和夫を演じたのは、水沢林太郎。無垢で飄々としながらも強い意志を持つ若者を見事に演じた。そんな彼等とは別のレイヤーで生き、やがて重なって行く青年・宮田を演じたのは、遠藤健慎。精神的・社会的に追い込まれて行く孤独な青年を演じ切った。それぞれが主演作を控えるなど、今後の活躍が期待されている若手俳優陣が集まり、他の出演者もベテランや名バイプレーヤーが揃った、映画「私の知らないあなたについて」交差する若者たちの行き場を無くした感情の衝突とその先を描く青春群像劇が誕生した。

◆さらに、公式ホームページのSTORYは、次のとおりだ。

STORY
就職活動中の大学生・慶子（佐々木ありさ）は、ある日、自分に想いを寄せていた人物が自死した事を知る。自分が原因だったのではと思い悩む慶子に、同級生・真美（加藤小夏）は彼氏・拓也（平田雄也）を介し、拓也が主催する劇団の劇団員・和夫（水沢林太郎）を慶子に紹介しようとする。だが、拓也に会った慶子は彼に特別な感情を抱いて行く。そして、日常の闇に潜むように生きる何者でもない青年・宮田（遠藤健慎）は、ある時慶子に出会うのだが……。

◆どうして、今ドキの日本の青春モノ、恋愛モノ、青春群像映画は面白くないのだろう。その第１の要因は、私が老人となり、微妙に揺れ動く若者の恋心を理解したり感じ取ったりする能力（感性）が薄れてしまった（失われてしまった）からだろうが、自分ではそんな自覚はない。むしろ、若い頃に観た石坂洋次郎原作の青春モノとか、吉永小百合、浜田光夫の純愛コンビによる青春映画の良さは、今でもしっかり感じ取っている。

本作は、慶子と真美の会話の中で、自分に想いを寄せていた人物が自死したことを知って、それが自分のせいではないかと悩む慶子の姿から始まる。なるほど、そんな現実が起きれば、そんな悩みが生じるのは当然だが、そうかと言って、なぜ本作のようなストーリーになっていくの？それが私にはサッパリ・・・。

◆私は大学４回生を迎えるにあたって民間企業に就職する気が全くなかったが、本作を観ていると、大学生活後半の大半をシューカツ（就活）に使っている慶子や真美の姿がやけに目立っている。他方、真美の恋人、村木拓也は、それとは正反対の“食えない劇団主催者”として頑張っているが、その生計をどうやって立てているのかはサッパリわからない。そのうえ、はじめて会った拓也に対して、慶子がなぜあんなに奇妙な行動をとっていくのか、それが私にはサッパリわからない。

◆今年１月２６日に７４歳を迎える私は、正規の事務員とは別に、バイトとして週に１、２度、２０歳前後の女子大生をパソコン要員として雇っているが、“無断欠勤”を含め彼女たちの仕事に対する姿勢は私にはサッパリわからない。なぜ、これができないの？なぜこうしないの？そんな思いに駆られることが多いが、今やそれを話しても詮無きこと、と割り切っている。しかして、本作を鑑賞している中、私はずっとそんな思いを持ち続けることに。

慶子は親友の真美から、自分の彼氏を紹介してもらうために、はじめて出会った男、拓也に対して、なぜあんな風にアプローチしていったの？慶子が本当に拓也に一目惚れしたのならそれもわかるが、私にはそれ自体がわからないから、その後の慶子の行動は全く不可解だ。そんな展開が、第１章に続いて第２章でも第３章でも。

女心は微妙なもの。そう言ってしまえばそれまでだが、何もこんなふうにひねくり回した青春群像劇を作らなくてもいいのでは？そんな思いで、第１章、第２章、第３章と長々と続いていく本作をかなり我慢して鑑賞したが、ハッキリ言ってこの手の映画はNo more, thank you！

２０２３（令和5）年1月２４日記

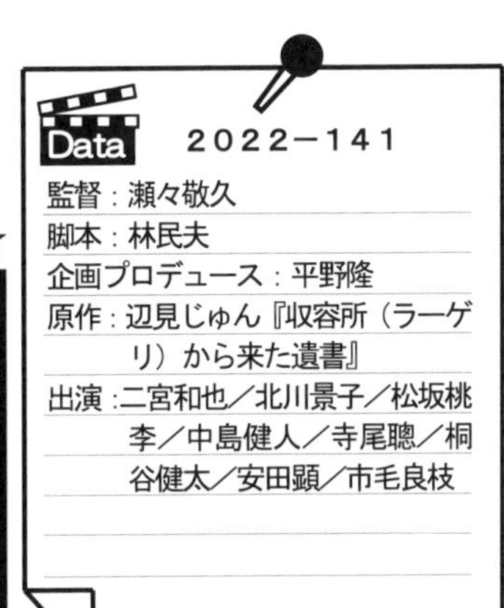

みどころ

２０２２年２月２４日に始まった、ウクライナに対するロシアの軍事侵攻が長期化する中、ロシアの残忍性が明らかに！それは、終戦直前に満州・ハルビンに攻め込み、５０万人の日本人捕虜をラーゲリに収容した時と同じだ。“平和ボケ”に慣れてしまった今こそ、本作でそんな歴史をしっかりと！

劇団四季のミュージカル『異国の丘』は、スリリングなストーリー展開と共に“あの名曲”が涙を誘ったが、本作では、主人公の遺書全文の口述シーンを心ゆくまで味わい、かつ涙したい。

――＊――＊――＊――＊――＊――＊――＊――＊――＊――＊――

■□■ラーゲリとは？シベリア抑留とは？山本幡男とは？■□■

本作のタイトルになっている“ラーゲリ”って一体ナニ？今時の若者はそう思うはずだが、私たち団塊世代なら当然、それが旧ソ連の収容所だということを知っている。『ラーゲリより愛を込めて』というタイトルと、チラシに映っている山本幡男（二宮和也）とその妻、山本モジミ（北川景子）の姿を見れば、まさに本作は太平洋戦争終結直前の１９４５年８月８日に日本に宣戦布告して満州や朝鮮北部などへの侵攻をはじめ、８月１５日の玉音放送後もなお侵攻を続けた挙句、８月２３日にスターリンが「日本軍捕虜５０万人をシベリアに移送せよ。」と命令したことによって始まった、「シベリア抑留」の悲劇を描いた映画だということがわかる。

他方、本作の主人公になっている山本幡男とは一体だれ？それはウィキペディアにも載っているし、本作のパンフレットにも詳しく紹介されているので、本作の鑑賞を機にしっかり勉強したい。ウィキペディアによると、彼は「旧制東京外国語学校（後の東京外国語大学）でロシア語を学んだが、在学中に社会主義に没頭して左翼運動に参加していたことから、１９２８年の三・一五事件の際に逮捕され退学処分となった」そうだ。本作はそんな点にまったく触れていないが、本作冒頭に登場する、４人の子供たちと共に夫婦で友人の結婚式に列席している山本の幸せそうな姿を見ると、彼はきっと“転向”したのだろう。なぜかというと、彼は１９３６年に満州に渡り、南満州鉄道内の調査機関である大連市の満鉄調査部に入社したというのだから。ちなみに、彼の入社時の成績は、ロシア人の試験官が舌を巻くほどだったそうだが、捕虜とされた後、彼のロシア語はどう活用されたの？

多種多様な人物を登場させた山本薩男監督の『戦争と人間』三部作（７０年、７１年、７３年）（『シネマ５』１７３頁）では、吉永小百合演じる五代家の令嬢の恋人として、山本圭演じる左翼学生が大きな役割を担っていたが、本作では山本幡男の学生時代の左翼活動はノーコメント。まずは、冒頭に見る一家の支柱として、家族の命を守ろうとする彼の姿に注目！

■□■原作と辺見じゅんに注目！山本幡男の遺書に注目！■□■

瀬々敬久監督は本作のタイトルを『ラーゲリより愛を込めて』と、いかにも今風（？）にしたが、原作になったのは、辺見じゅん氏の『収容所（ラーゲリ）から来た遺書』だ。彼女は『男たちの大和』の著書としても知られているが、その原作を映画化した『男たちの大和　YAMATO』（０５年）は「戦後６０年」を記念して２００５年に公開された素晴らしい問題提起作だった（『シネマ９』２４頁）。１９３９年生まれの彼女にとって、あの戦争とどう向き合うかは、執筆活動の励みになっていったはずだが、彼女は１９８６年に山本幡男の遺書と巡り会ったことによって、１９８９年に『収容所（ラーゲリ）から来た遺書』を書いたらしい。

パンフレットには、山本幡男の遺書との出会いについて、「その遺書を、編者として読んだ時の感動は今なお鮮烈である。ことに子供達に宛てられた遺書を目にしたとき、これこそが私たち日本人に向けられた力強いメッセージではなかろうか、とさえ思った。」と、書かれている。本作のパンフレットには「山本幡男の遺書全文」が掲載されているので、それは必読！ちなみに、去る１２月１７日の新聞各紙は一面で閣議決定された①「国家安全保障戦略」②「国家防衛戦略」③「防衛力整備計画」という「安保三文書」の改定を報じた。新聞にはその三文書ともそれぞれ膨大なものであるため、その要旨のみが掲載されていた。しかし、それだけではダメ。当然、私はその改定文書の全文を読んだが、それと同じくらいの熱意を持って、山本幡男の遺書全文を読んでもらいたい。

■□■『異国の丘』VS本作、九重秀隆VS山本幡男■□■

「戦後６０年」を記念して公開された『男たちの大和　YAMATO』と同じように（？）、「創立６０周年」を迎えた劇団四季が総力を挙げて“２０世紀の悲劇を語り継ぐ”という使命を果たすべく完成させたミュージカルが『異国の丘』（０１年）（『シネマ１』９８頁）。東京でこれを観た私は、言いようのない感動に浸ったが、それは、涙があふれて止まらない美しくも悲しいメロディの数々と、よく練り上げられた素晴らしい脚本のためだ。

日中戦争を土台にしたミュージカル『李香蘭』に続く骨太の新作ミュージカルである『異

国の丘』の主人公は九重秀隆。九重という姓からピンと来る人もいるだろうが、そう、彼はかつての日本の総理大臣、近衛文麿をモデルとした九重菊磨の御曹司だ。そんな主人公の「許されざる恋」のお相手になる愛玲は、なんと敵国中国の高官令嬢という設定だ。そして、そんな恋の行方とは別に、風雲急を告げる日中情勢の中、和平工作に携わった秀隆は逮捕され、そのまま招集、そして満州へ。そこから生まれてくるのが、吉田正作曲の「今日もくれゆく異国の丘に、友よつらかろ、せつなかろ・・・」の歌詞で有名な『異国の丘』だが、ラーゲリに収容された秀隆の運命は如何に？

そんな『異国の丘』の主人公、九重秀隆に対して、本作の主人公、山本幡男は一等兵に過ぎなかったが、妻子と別れた山本がラーゲリで過ごす環境は九重と同じように過酷だった。ロシア語が堪能な彼なら、それを活用して“いい目”をしようとすれば、きっとそれは可能だったはず。しかし、ラーゲリの中で彼が発揮したのは別の能力。すなわち、文字や俳句を教えること、さらには野球を楽しむことだった。眼鏡をかけたインテリ顔からわかる通り、彼は肉体的には頑強ではなかったはずだが、精神面、とりわけ、その前向きな楽観性においては、ずば抜けていたらしい、相沢光男軍曹（桐谷健太）からは「一等兵！」と呼ばれ、名前さえ呼んでもらえなかったにもかかわらず、抑留生活が長くなるにつれて、彼は仲間たちの心の支えのリーダーになっていったからすごい。

本作では、『異国の丘』VS 本作、九重秀隆 VS 山本幡男の比較もしっかりと！

■□■4人の戦友（?）たちとの人間模様に注目！■□■

本作は一方で、私の大好きな美人女優、北川景子が、「必ず戻る」との夫との“約束”を信じ、希望を失わずにその帰国を待ち続ける姿が描かれるが、これはあくまでサブストーリー。メインストーリーは、8年間に及ぶラーゲリでの抑留生活における山本と4人の戦友（?）たちを中心とする人間模様になる。戦友と言っても一緒に戦った者同士ではないから、正確に言えば、単なる捕虜仲間。しかし、ソ連は日本人捕虜の効率的な管理のため、旧日本軍の組織体制をそのまま使っていたから、一等兵の山本に対して軍曹の相沢は上官だ。そんな上官から、「こら、一等兵！」と呼ばれた山本は、「私は一等兵じゃ

ありません。山本です。名前があります。」とやったものだから、以降、相沢から睨まれ続けることに。

他方、戦場において目の前で友人を亡くし、恐怖に足がすくんで逃げ出したことから、自らを「卑怯者」と思い込むという心の傷を抱えている松田研三（松坂桃李）は同じ一等兵。また、足が不自由なため徴兵されなかったにもかかわらず、漁の最中にソ連兵に連行された新谷健雄（中島健人）は、教育を受けていなかったから、山本は読み書きを教える仲に。そのため、山本とこの２人の関係は良好だ。

それに対して、何とも微妙なのが、山本にロシア文学の素晴らしさを教え、彼の人間形成に大きな影響を与えた同郷の先輩である原幸彦（安田顕）との関係。心を閉ざしている原に対して、山本が親しく話しかけると、「俺は生き延びるためなら戦友だって売る！」「現にお前も・・・」と告白されたからアレレ。本作は、過酷なラーゲリの環境下で希望を持って生き続けることがいかに困難なことであるかを、山本と戦友たちとの人間模様の中で、これでもか、これでもか、とばかりに浮かび上がらせていくので、それに注目！

①１９５２年4月２８日には、サンフランシスコ講和条約の発効によって連合国による日本占領が終わり、日本は主権を回復、②１９５３年７月には朝鮮戦争の休戦協定が成立し、③政治の世界では「もはや戦後ではない！」とのフレーズが新聞紙上を賑わしたが、ソ連のラーゲリは？ソ連はいつまで日本人捕虜を囚人として過酷な労働に従事させるの？その法的根拠は一体ナニ？

日本との往復葉書のやり取りができるようになったのは１９５２年の夏。そして、ソ連からの抑留者引き揚げが再開されたのは１９５３年１１月だ。そんな動きの中、山本たちラーゲリの戦友たちはダモイ（帰国）への期待で胸を膨らませていたが・・・。

▪□■病魔との闘いは？戦友たちのストライキは？診察は？■□▪

『戦争と人間』（７０～７３年）では、高橋英樹が演じた柘植大尉は壮絶な戦死を遂げたが、山本圭が演じた左翼学生はソ連の捕虜になったものの、マルクス、レーニン主義の知識が有効に効いたようで、生き延びることができた。それと同じように（?）、本作ではラーゲリの中で起きる“民主運動”の姿が興味深いので、それに注目！

それまでの、天皇陛下万歳！大日本帝国万歳！をやめて、ろくな知識はなくとも、にわか共産主義者になり、インターナショナルを歌い、共産主義の宣伝、思想教育を行えば、そんな捕虜をソ連は優遇してくれる。そんな現実を目の当たりにした旧大日本帝国陸軍の中には、１８０度“思想転向”する奴が次々と出てきたから、人間は怖い。すると、元々ロシア語に通じ、共産主義についての知識も十分持っている山本なら、その気になれば捕虜の中で優遇を受けることもできたはずだが、さて、山本は？ラーゲリ生活が長引く中、山本の喉は癌に蝕まれていたらしく、ついにある日、血を吐いてしまうことに。

本作ではそこから起きる、戦友たちの我が身、我が命を顧みない労働拒否のストライキに注目！彼らの要求はただ１つ。山本にまともな病院での診察を受けさせることだが、そんな要求が、あんな事態の中で貫徹できるの？本作におけるその展開はあなた自身の目でしっかり確認してもらいたいが、戦友たちのストライキの結果診察を受けることができ、清潔なベッドの上で横になっている山本の姿を見ると一安心・・・？いやいや、残念ながら、実は・・・。

■□■遺言は書面だけ？法律上はともかく、本作では口述も！■□■

戦後の日本国憲法では、「通信の秘密」が基本的人権の１つとして保障されているが、戦前はそれほどでもなかったし、ラーゲリの中ではそんな権利はまったくなし。そればかりか、ときどき実施された抜き打ち検査で書いたものが発見されれば、スパイ活動に使うものとみなされて没収されていたらしい。そのため、「必ず日本の家族の元へ届けるから、遺言書を書け。」と勧められた山本は、悪化する病状の中、懸命の想いで遺書を書いたが、万が一抜き打ち検査で没収されてしまえば元も子もない。そこで戦友たちがひねり出した方策とは？

それは少し考えれば誰でもわかることだが、本作ラストの約３０分間は、やっとダモイ（帰国）を果たした４人の戦友たちが一人ずつ山本家を訪れ、モジミや４人の子供たちに、山本の遺言を口述するクライマックスの展開になる。本作中盤の、苦難に満ちたラーゲリ生活を山本と共に過ごした戦友は、松田研三、新谷健雄、相沢光男、原幸彦の４人だが、本作ではその４人が①山本幡男の遺家族のもの達よ！②お母さま！③妻よ！④子供達へ。に分かれた４つの遺言の文章を、それぞれの記憶（暗記）に基づいて口述するので、それに注目！「遺言は書面によらなければならない」とされているが、それはあくまで法律上のこと。映画では口述による遺言も有効ということだし、人を感動させる遺言はそうそうないので、その内容にも注目したい。

その役割をなぜ１人とせず、４人で分担したのかも少し考えればすぐにわかることだが、それは本作の長いクライマックスを盛り上げる主要な要素にもなっている。もっとも、『キネマ旬報１月上・下旬合併号』の「REVIEW 日本映画&外国映画」における井上淳一氏の採点は星２つ。そのうえ「遺言のくだり長すぎるって」と、手厳しい。瀬々敬久監督がこれに対してどう反論するかは聞きたいところだが、「なんちゃって描写の連続。日本映画の限界か。なら、日本映画は本当にクソ。」のコメントをどう聞けばいいの？

ちなみに、本作での北川景子の出番は少ししかないが、私の目には『真夏のオリオン』（０９年）（『シネマ２２』２５３頁）における彼女の敬礼のシーンが目に焼き付いている。それと同じように、本作でも彼女の美しさが際立っているので、出番は少ないがそれにも注目！

２０２２（令和4）年１２月２８日記

Data　2023－14

監督：大友啓史
脚本：古沢良太
出演：木村拓哉／綾瀬はるか／宮沢氷魚／市川染五郎／和田正人／高橋努／浜田学／本田大輔／森田想／見上愛／増田修一朗／斎藤工／北大路欣也／本田博太郎

みどころ

木村拓哉も御年４９歳！織田信長を演ずるには、まさに旬！てなわけで、東映創立７０周年記念作品、総製作費２０億円のビッグプロジェクト作品として本作が完成！２０２２年１１月の岐阜信長祭の騎馬無者行列には４６万人もの見物客が押し寄せる大人気に！しかして、タイトルとされている“バタフライ”とは？

司馬遼太郎の『国盗り物語』を読んでいるＺ世代の若者の数は？斎藤道三や濃姫（＝帰蝶）を知っているそれは？桶狭間に始まり、本能寺に終わった信長の生涯は、めちゃ面白い。数々のエピソードを繋ぎ合わせるだけでも映画として十分成立するが、本作にみる大胆な“新説”は如何に？

映画は何でもあり！それは認めるものの、本作が提起する、明智光秀謀反についての新説（？）の是非は？本作については、大ヒットするか否かとともに、その学術論争（？）にも期待したい。

こんな人気大作にケチをつけてはダメ。それが映画評論家やライターが安全に生きていくための知恵だが、私はあえて異論を！しかして、私の本作に対する評価は星３つ！

――＊――＊――＊――＊――＊――＊――＊――＊――＊――＊――

■□■東映創立７０周年記念作品！総制作費２０億円！■□■

東映創立７０周年記念作品、そして総製作費２０億円のビッグプロジェクト作品が、これ。２０２３年のNHK大河ドラマ『どうする家康』で松本潤が演じている若き日の徳川家康（松平元康）はあまりかっこ良くないが、本作で木村拓哉が演じる織田信長がかっこいいのは当然。２０２２年１１月、木村拓哉が本作の信長姿で参加した岐阜信長祭の騎馬武者行列は４６万人もの見物客が押し寄せる大人気になったからすごい。

したがって、２０２３年1月２７日公開の本作への期待も国民的なものだ。一面全体を使った新聞紙上の宣伝でも、「まだ見ぬ世界へ—。」「驚くほどの感動を映画館で」「この映画は＜伝説＞となる—。」「織田信長と濃姫が生きた激動の３０年を描く感動超大作」等の見出しが躍っている。また、そんな本作について映画評論家やライター諸氏が書いた評論は当然、絶賛、絶賛、また絶賛！疑問点を述べたり、文句やケチをつけたりする評論はどこにも見当たらない。しかし、『SHOW-HEY シネマルーム』を５０冊以上出版し、２０年以上、弁護士兼評論家としての映画評論活動を続けている私の本作についての評価は全然ダメ！せいぜい星３つ。

■□■バタフライとは?Z 世代は『国盗り物語』を知ってる？■□■

そもそも『レジェンド&バタフライ』のバタフライとは一体ナニ？これは、レジェンド＝伝説＝織田信長と結ばれた斎藤道三の娘・濃姫に、帰蝶という呼び名をちょっとおしゃれに言い換えたもの（?）だが、今時の若者は、そもそも斎藤道三や、その娘・濃姫のことを知っているの？その理解のためには、司馬遼太郎の『国盗り物語』を読むのが一番だが、それを読んでいる若者はまずいないのでは?

本作で濃姫役を演じた綾瀬はるかの演技はさすがと思わせるものだが、斎藤道三や、濃姫の存在すら知らない今時の、いわゆる“Z 世代”と言われる若者たちが、本作のような織田信長と濃姫の恋物語を、もし史実と考えてしまえば大変なことだ。本作の脚本を書いたのは、『どうする家康』と同じ古沢良太氏だが、NHK 大河ドラマも本作もなぜこんなバカバカしい（?）脚本になっているの？TV の視聴率や映画の興行収入をあげるために、若者受けを狙うのはわからないでもないが、『どうする家康』の脚本も本作の脚本もあまりにあまり！私はそう思うのだが・・・。

■□■信長モノの面白さはどこに?ラブストーリーの是非は？■□■

織田信長を主人公にするドラマは、NHK の大河ドラマをはじめとして、たくさんある。それは、桶狭間の戦いをスタートとし、本能寺の変をラストとする彼の一生が、誰よりも波乱に富んでいるからだ。今ドキの、世界史にも日本史にも疎い若者だって、①桶狭間の戦いと②本能寺の変くらいは知っているだろう。

そこで、導入部における、うつけの殿（＝信長）と、“まさにこれぞ斎藤道三の娘”を徹底させた濃姫との婚儀のストーリーが終わると、本作は桶狭間の戦いからスタートさせていく。そして、その後は、①上洛に伴う浅井長政との因縁、②比叡山焼き討ち、等々のエピソードを絡めながら、信長（レジェンド）と濃姫（バタフライ）とのラブストーリーを軸として描き、ラストは本能寺の変へ！なるほど、なるほど

■□■明智光秀謀反！その理由を巡る学術論争に新説登場！■□■

明智光秀はなぜ織田信長に謀反し、なぜ本能寺の変を起こしたの？それには諸説があるが、本作は“新説”を掲げて、そこに“新規参入”！その新説とは、通説の真逆をいくもので、①光秀は比叡山を焼き討ちし、僧侶のみならず女子供を皆殺しにした信長の“魔王”

ぶりに敬服していた。②しかるに、濃姫の病気で弱気になり、人間味を増してくる信長に疑問を持った。③そこで、自らが信長に代わる“魔王”になるために・・・。というものだが、その説得力は？論拠は？

現在 NHK では、１０時ドラマ“大奥”がヒットしているが、これは男女逆転の発想から生まれた面白いドラマになっている。しかして、本作の新説は如何に？

■□■信長も龍馬と同じく、大きな船での南蛮行きの夢を？■□■

信長も豊臣秀吉と同じように（それ以上に？）好奇心が強かったらしい。そのため、早くから鉄砲（の威力）に目をつけていたし、楽市楽座による自由な国内取引や、海外との交易も考えていたらしい。そして、上洛した後は、南蛮人やキリスト教、そして、ぶどう酒や洋装にも興味を持っていたらしい。しかし、その時点で、後の坂本龍馬のように、自分自身も大きな船に乗って南蛮に行ってみたいと思っていた、という新説（？）は如何なもの？もっとも、本作のそれは、信長自身の夢ではなく、濃姫が語る夢をそのまま自分のものにした感が強いが、そうなると余計に？？？“歴史上の if”はいくらでも可能だし、映画でそれを表現すれば面白いものになる可能性は高いが、本作のそんな if（新説？）の是非は？

ちなみに、本日２月１日、令和４年のキネマ旬報社が選ぶベスト１０と個人賞が発表され、『ケイコ　目を澄ませて』が日本映画の第１位になった。また、主演女優賞には岸井ゆきの、助演男優賞には三浦友和が選ばれたから、私はそれには納得。しかし、本作がもし大ヒットし、興行収入を上げることになれば、それは喜ぶべきこと？ひょっとして、それは、若者の危機、日本の危機かも・・・？

２０２３（令和5）年2月２日記

Data　2023－19

監督：河毛俊作
脚本：大森寿美男
エグゼクティブ・プロデューサー：宮川朋之
原作：池波正太郎
出演：豊川悦司／片岡愛之助／菅野美穂／天海祐希／柳葉敏郎／早乙女太一／高畑淳子／小林薫／小野了／中村ゆり／石丸謙二郎／でんでん／鷲尾真知子／田中奏生／田山涼成／板尾創路

みどころ

池波正太郎の“生誕１００周年記念作品”として、「時代劇、新時代。」がスクリーン用の本格的時代劇を。信長＝レジェンド＝木村拓哉とは違って、梅安役の豊川悦司はベストチョイス！

起り→蔓→仕掛人、という“仕掛の流れ”は面白いし、“殺しのテクニック”も絶妙。また、弁護士には“双方代理の禁止”のルールがあるが、仕掛人に厳禁のルールとは？

主な舞台は料理屋・万七だが、天海祐希扮する、その内儀の思惑は？正体は？そして、あっと驚くその出自は？

『レジェンド・アンド・バタフライ』（２３年）とは異なり、観客は老人ばかりだが、興行収入の比較は如何に？

――＊――＊――＊――＊――＊――＊――＊――＊――＊――＊――

■□■あなたは司馬遼太郎派？それとも池波正太郎派？■□■

２０２３年は日本代表する２人の作家が“生誕１００周年”を迎えた。一人は司馬遼太郎、１９２３年8月7日生まれ、もう一人は池波正太郎、１９２３年1月２５日生まれだ。

２０２２年秋に、公益財団法人司馬遼太郎記念財団が、全国の読者を対象に好きな司馬遼太郎作品をインターネットでアンケートを実施したところ、そのベスト１０は次のとおりになった。

1位	『坂の上の雲』	6位	『花神』
2位	『竜馬がゆく』	7位	『国盗り物語』
3位	『燃えよ剣』	8位	『菜の花の沖』
4位	『街道をゆく』	9位	『関ヶ原』
5位	『峠』	１０位	『世に棲む日日』

それに対して、池波正太郎は、『仕掛人・藤枝梅安』『鬼平犯科帳』『剣客商売』の三大シリーズを代表とする時代小説の第一人者だ。

『坂の上の雲』は、「映画化やTVドラマ化はしてほしくない」と司馬本人が語っていたこともあって長い間映像化されなかったが、NHKの“スペシャルドラマ”として、２００９年、２０１０年、２０１１年の３年間にわたって、３部構成・全１３回で放映された。それに対して、池波正太郎作品については、日本映画放送エグゼクティブ・プロデューサーの宮川朋之氏を中心として立ち上げられた「時代劇、新時代。」が、２０１１年より、池波正太郎原作の「鬼平外伝」シリーズなど２０作品を超えるオリジナル時代劇の製作を続けてきたが、今般、その延長として、「仕掛人・藤枝梅安」時代劇パートナーズの企画として、『仕掛人・藤枝梅安』第１部、第２部を公開することに。昨今の邦画は、青春モノ、恋愛モノ、そしてアニメを中心とした（くだらない）ものが多いが、こんな企画の成否はさて？

そんな興味で本作を鑑賞したが、見事に観客は、老人ばかりで、若者は誰一人もいなかった。黒澤時代劇の見事さとは比べるべくもないが、本作の時代劇としての出来栄えはそれなりのもの。Z世代の若者向けの企画である『レジェンド&バタフライ』（２３年）に比べれば、その出来の違いは明白だ。しかし、内容の是非ではなく、興行面で比べると、大ヒットしている『レジェンド&バタフライ』に比べて、本作は？

■□■歴代の梅安役は？本作の豊川悦司はベストチョイス！■□■

正直言って、私は池波正太郎の『仕掛人・藤枝梅安』シリーズと、藤田まことが１９７９年以降、長い間主演してきた『必殺仕事人』シリーズとの区別がついていなかった。『必殺仕事人』シリーズにおける中村主水役はずっと藤田まことが演じてきたのに対し、『仕掛人・藤枝梅安』シリーズにおける歴代の梅安役は次のとおりだ。

過去の映像化変遷

年	媒体	作品	梅安役
1972年	TV	「必殺仕掛人」	緒形拳
1973年	映画	「必殺仕掛人」	田宮二郎
1973年	映画	「必殺仕掛人 梅安蟻地獄」	緒形拳
1974年	映画	「必殺仕掛人 春雪仕掛針」	緒形拳
1981年	映画	「仕掛人梅安」	萬屋錦之介
1982年	TV	「仕掛人・藤枝梅安」	小林桂樹
1990年	TV	「仕掛人 藤枝梅安」	渡辺謙
2006年	TV	「仕掛人 藤枝梅安」	岸谷五朗
2023年	映画 映画	「仕掛人・藤枝梅安」 「仕掛人・藤枝梅安2」二作連続 公開	豊川悦司

【『仕掛人・藤枝梅安』パンフレットより】

本作の梅安役は豊川悦司になったが、それは彼が大柄で原作のイメージに近く、人間の陰と陽を絶妙なバランスで表現できると判断されたため。そんなオファーを受けて、子供の頃から作品の大ファンだったという彼も快諾したそうだ。私は、『１２人の優しい日本人』（９１年）で、陪審員の一員として出演し、絶妙の存在感を見せていた俳優、豊川悦司が強く印象に残っている（「弁護士の目でみる『映画評論』その４　陪審映画あれこれ」（『シネマ１』１２１頁））が、彼のその後の約３０年間の活躍は目覚ましい。多方面で活躍し続けている日本の俳優のトップ２は役所広司と渡辺謙だが、トヨエツこと豊川悦司はそれに次ぐ第３位かも！？そう考えると豊川悦司はベストチョイス！さぁ、豊川悦司は、先輩の緒形拳、田宮二郎、渡辺謙たちに負けじと、本作でどんな梅安を？

■□■仕掛とは？仕掛人とは？仕掛の流れは？■□■

弁護士の使命は、「弁護士は、基本的人権を擁護し、社会正義を実現することを使命とする。」（弁護士法１条１項）であり、弁護士の職務は、「弁護士は、当事者その他関係人の依頼又は官公署の委嘱によつて、訴訟事件、非訟事件及び審査請求、再調査の請求、再審査請求等行政庁に対する不服申立事件に関する行為その他一般の法律事務を行うことを職務とする。」（同法３条１項）、とされている。具体的には、刑事事件では、被疑者、被告人の“弁護人”として、民事事件では依頼人、依頼者の“代理人”としてさまざまな法律行為を行うことになる。

それに対して、仕掛の流れは、①起り（おこり）（“蔓”と呼ばれる仲介人に代金と標的、事情を説明し、殺しを依頼する者）からの依頼を受けて、②蔓（つる）（難易度や状況など、依頼の内容にあった“仕掛人”を選び、殺しの依頼を持ち込む者）が仕掛人に依頼をし、③仕掛人（“蔓”から依頼を受け、標的を暗殺する。報酬の半分を前金で受け取り、仕掛後残りの半分を受け取る。）が標的を暗殺する、ということになる。

私は１９７４年に弁護士登録をしたが、２００１年からは『SHOW-HEY シネマルーム２足のわらじを履きたくて』を出版し、弁護士と映画評論家の“２足のわらじ”を履いてきた。それと同じように、梅安も２つの顔があったようだ。つまり、腕の良い鍼医者の表の顔と、“蔓”と呼ばれる裏家業の元締から金をもらって、生かしておいては為にならない奴らを闇に葬る冷酷な“仕掛人”の裏の顔だ。なるほど、なるほど。

しかし、暗殺という仕掛人の仕事は、それ自体違法なものだ。池波正太郎の『仕掛人・藤枝梅安』シリーズにおける主張のポイントは、たしかに殺しは悪いことだが、仕掛は必要悪だ、ということだ。パンフレットの中で、河毛俊作監督は、「人間は善いことをする傍らで悪いこともする。悪も含めて人間である。登場人物の人生を映画の中に焼きつけた。」と書いていることからも、それがよくわかる。しかし、その主張の当否は？

■□■殺しのテクニックあれこれ！“鍼”ＶＳ“楊枝”■□■

『必殺仕事人』シリーズで藤田まことが演じた中村主水は同心（＝武士）だったから、彼の武器は刀だった。しかし、梅安は鍼医者だから、彼が裏の顔になって殺しを行う時に

使う武器は、表の顔の時に使うのと同じ"鍼"。私は昔からマッサージとサウナは大好きだったが、お灸と鍼は怖くて試したことがなかった。しかし、40歳代のある時、近所の鍼医者に恐々鍼を打ってもらうと気持ちが良かったので、以降やみつきになってしまった。しかし、不幸にもその人が亡くなってしまった後は、いい鍼医者に巡り会っていない。もし梅安のような腕のいい鍼医者に巡り合えば、即やってもらうのだが・・・。

それはともかく「バカとハサミは使いよう」というが、刀も使いよう、そして、鍼も使いようということだ。他方、梅安の相棒の仕掛人が楊枝作りの職人、彦次郎（片岡愛之助）だが、彼の武器はその楊枝。しかし、楊枝でどうやって人を殺すの？

『仕掛人・藤枝梅安』シリーズや『必殺仕事人』シリーズでは、"殺しのテクニックあれこれ"が大きな見どころになるが、彦次郎のそれはちょっと無理筋。あんなおもちゃのような吹き矢（?）で、本当に人が殺せるの？それに対して、梅安の鍼の使い方はお見事！本作では、彼がさまざまなシークエンスで鍼を使った殺しのテクニックを披露してくれるので、それをしっかり堪能したい。

■□■主な舞台は料理屋の万七。内儀の思惑は？その正体は？■□■

本作の主な舞台は料理屋・万七になる。導入部で、梅安が見事な仕掛けを見せた後、"蔓"である羽沢の嘉兵衛（柳葉敏郎）から、料理屋・万七の内儀おみの（天海祐希）の"仕掛け"を依頼されるところから本作の本格的ストーリーが始まっていく。仕掛人は前述のルートに従って蔓からの依頼を受け、カネ（前金）を受け取れば、直ちにターゲットを殺るだけの話だが、3年前に万七の前の内儀を仕掛けたのは他ならぬ梅安だったから、アレレ。万七の主人、善四郎（田山涼成）の前の内儀おしずに続いて、おしずの死後、万七の内儀に収まっているおみのも梅安が殺るの？

こりゃ何か裏があるのでは？そう考えた梅安が万七の女中、おもん（菅野美穂）と深い仲になり、店の内情を探り出すと、あるわ、あるわ、怪しげな情報が次々と。おもんの話では、おしずの死後、おみのが内儀になってから、古参の奉公人たちが次々と去り、店の評判を落としているのに、儲けだけはあがっているらしい。そのカラクリは、どうやら、おみのが店に見栄えのいい娘を女中として雇い入れ、客を取らせていることにあるようだから、要するにこりゃ"売春"。梅安を上客とみたおみのは、梅安にも「もしお望みなら・・・」と女中紹介のモーションをかけてきたが、この内儀の思惑は？その正体は？

宝塚歌劇団退団後の天海祐希の活躍は多岐に渡っているが、本作に見るおみのは善人？それとも悪人？本作では、仕掛け人、藤枝梅安と同じように、おみのについても、その複雑なキャラが興味深い上、後半からはあっと驚く彼女の"出自の秘密"も明かされてくるので、それに注目！

■□■ "起り"の身元調査は厳禁！仕掛人VS弁護士は？■□■

前述の「仕掛けの流れ」通り、仕掛人は"蔓"からの依頼で動くものだから、仕掛人が"起り"（依頼人）の身元調査をすることは厳禁。殺しの依頼にはそれ相応の理由があるはずだから、それをいちいち質問されたのでは、"蔓"も"起り"もかなわない、ということだ。すると、仕掛人は"蔓"からの依頼を必ず引き受けなければならないの？「あいつを殺すのは嫌だ」と断ることはできないの？ちなみに、日本では医師が患者の治療を拒否することは厳禁だが、弁護士が依頼者の依頼を断るのは自由。どれだけカネを積まれても、「そんな仕事は嫌だ」と思えば拒否することができる。

他方、弁護士特有のルールとして、"双方代理の禁止"がある（民法第１０８条、弁護士法２５条）。これは、弁護士は交通事故の被害者側の依頼を受けるのも、加害者側（その実質は損害保険会社）の依頼を受けるのも自由だが、１つの交通事故について被害者側と加害者側双方の委任を受けるのはダメということ。それを許せば、弁護士のハラ１つでどうにでも賠償金の額を調整することができる上、弁護士は双方から報酬をもらうので、まさに"濡れ手で粟"を許してしまうことになってしまう。仕掛人には弁護士と同じような"双方代理の禁止"のルールがあるわけではないが、ひょっとして、おしず殺しの依頼人はおみのだったの？そう考えれば、おしずの後釜におみのが収まり、今や病床に伏す善四郎に代わって、万七の実権を一手に握っているおみのの姿に納得ができる。そう考えた梅安は、殺しの"起り"（依頼人）の身元を探るのは、仕掛人の掟に反すると知りながら、3年前に万七の女房おしずを仕掛けたいきさつを知りたいと思い始めることに。

今の東京は広くて人口も多いが、梅安が生きた時代の江戸はまだまだ狭い。そんな狭い町の中で、ドロドロに混じり合った人間関係が見えてくる中、梅安が真にやるべきことは一体ナニ？真に仕掛けるべき相手は誰？そんな風に、本作中盤以降の梅安の活躍をしっかり見つめていきたい。

２０２３（令和5）年2月１０日記

Data　2023－4

監督：武正晴
脚本：今井雅子／足立紳
出演：中井貴一／佐々木蔵之介／安田章大／中村ゆり／友近／森川葵／前野朋哉／宇野祥平／塚地武雅／吹越満／松尾諭／酒井敏也／桂雀々／山田雅人／土平ドンペイ／Blake Crawford／高田聖子／麿赤兒／芦屋小雁／升毅／笹野高史

みどころ

洋の東西を問わず“詐欺師モノ”は面白いものが多い。しかして、真正面から“嘘八百”をタイトルにした映画が、遂にシリーズ化！

佐々木蔵之介は少しうさん臭いが、中井貴一はいくつになってもプリンス（貴公子）だから、彼が“秀吉七品”や光輝く茶碗<鳳凰>を語ると、いかにももっともらしい。

太閤秀吉の辞世の句の下の句は「浪速のことは　夢のまた夢」。しかして、“なにわ夢の陣”の展開は如何に？さて、『男はつらいよ』の５０作、『釣りバカ日誌』の２２作に続く、長期シリーズに育つだろうか？

――＊――＊――＊――＊――＊――＊――＊――＊――＊――＊――

■□■“詐欺師モノ”の面白さに注目！シリーズ化の可否は？■□■

武正晴監督が中井貴一と佐々木蔵之介をダブル主演に据えて、“詐欺師モノ”に挑戦した『嘘八百』（１７年）はなかなか面白い映画だった。その評論で私は、①「密室モノ」も面白いが「詐欺師モノ」も面白い！、②詐欺と商売の「線引き」は？小池の「目利き力」は？、③詐欺も、一人より総合力！グループ力！、④やられたら、やり返せ！さて、その計画は？、⑤かけひき、思い込み、錯覚。その展開は如何に？？、⑥付録は蛇足？それとも世代交代は不可欠？、の小見出しで詳しく書いた（『シネマ４１』７２頁）。

同作はシリーズ化を予定したものではなかったが、第１作のヒットによって、まさかまさかの続編『嘘八百　京町ロワイヤル』（１９年）（『シネマ４６』未掲載）が公開された。私はその評論のラストで「同じような設定、同じような騙し、同じようなドタバタ劇では長期シリーズ化は到底ムリ。本作ラストでは、「ひょっとして第３作も・・・？」という期待がミエミエだが、それは第２作がヒットするか否かにかかっている。そのようにシビアに考えると、シリーズ第３作は多分ムリ・・・？」と書いたが・・・。

■□■遂にシリーズ化！？お正月の初笑いにピッタリ！■□■

『男はつらいよ』シリーズが全５０作で終了し、西田敏行と三國連太郎コンビによる『釣りバカ日誌』シリーズも２２作で終わってしまうと、お正月にアハハと初笑いするのに最適な国民映画が不在となった。そこで名乗りを上げたのが『嘘八百』のシリーズ化に向けて、「中井貴一×佐々木蔵之介の“骨董コンビ”が、関ジャニ∞の安田章大を迎え、いざ大阪へ！」の本作だ。チラシによれば、「狙うは豊臣秀吉の幻の茶碗「鳳凰」。」とされている。そのストーリーは、次のとおりだ。

> これまで千利休、古田織部の茶器をめぐって大騒動。目利き古美術商と腕の立つ陶芸家のはずが、相も変わらずくすぶり続ける＜骨董コンビ＞の目の前に一攫千金のお宝が現れた。日本一の出世頭・太閤秀吉の縁起モノ「秀吉七品」の中でも、唯一所在不明の光輝く茶碗＜鳳凰＞だ。幻のお宝を狙って、開催間近の大阪秀吉博をはじめ“TAIKOH”と名乗るカリスマ波動アーティストやその財団を仕切る謎の美女が絡み、歴史・骨董・アートのロマンと強欲が激突。大阪城を背景に繰り広げられる天下の騙し合いに＜骨董コンビ＞分裂の危機まで勃発！？

■□■秀吉七品とは？茶碗＜鳳凰＞とは？それってホント？■□■

第１作では千利休、第２作は古田織部の茶碗を巡る大騒動がテーマにされていたが、第３作の“お宝”は「秀吉七品」のうち、唯一所在不明の光輝く茶碗＜鳳凰＞。しかし、そもそも「秀吉七品」ってナニ？茶碗＜鳳凰＞ってナニ？そして、それってホント？

中井貴一扮する小池則夫の話を聞いていると、いかにももっともらしいが、『嘘八百』シリーズでは彼の話を信じてはダメ。他方、“カリスマ波動アーティスト”は最初からインチキっぽいうえ、キャンバスに向かって全身を使って絵を描く姿も“パフォーマンスだけ”と思ってしまうが、その作品はなかなかのものだ。

しかして、秀吉が「露と落ち　露と消えにし　我が身かな　浪速のことは　夢のまた夢」と詠んだ「辞世の句」のように、『嘘八百　なにわ夢の陣』のドタバタ劇とその結末はいかに如何に？

■□■秀吉会に注目！“成り上がり”条件に注目！■□■

本作を鑑賞した翌日の１月８日付産経新聞には、「『秀吉会』若い経営者が情報共有」「新興企業　序列化で切磋琢磨」の見出しが躍った。そこでは、次のとおり紹介されている。

> 生き馬の目を抜くビジネス界で天下を取るー。そんな高い志を持ったスタートアップ（新興企業）の経営者らが切磋琢磨する組織が大阪にある。立身出世で天下統一を成し遂げた戦国武将、豊臣秀吉にちなんだ「秀吉会」で、参加者は事業規模などにより最高位の「太閤」から最下位の「サル」まで序列化。互いの事業について忖度なしで批評し合って糧とし、自社の成長につなげている。

そして、「秀吉会」における序列と“成り上がり”条件は、次のとおりだ。

秀吉会の序列と〝成り上がり〟条件

序列	条件
太閤（0社）	売上総利益200億円、時価総額1000億円、EBITDA80億円以上のいずれか
豊臣（2社）	売上総利益20億円、時価総額100億円、EBITDA8億円以上のいずれか
関白（6社）	売上総利益5億円、時価総額25億円、EBITDA2億円以上のいずれか
羽柴（8社）	売上総利益2億円、時価総額10億円、EBITDA5千万円以上のいずれか
木下（9社）	売上総利益5千万円、時価総額5億円、EBITDA2千万円以上のいずれか
サル（7社）	売上総利益5千万円、時価総額5億円未満

※EBITDAは利払い前・税引き前・償却前利益

こりゃ、いかにも大阪的！“失われた３０年”が続き、イキのいい企業家がなかなか生まれてこない今の日本。こんな「秀吉会」から天下取りを目指す経営者が次々と飛び出してほしいものだ。NHK大河ドラマでは『どうする家康』が始まったが、やっぱり大阪は太閤さん！

２０２３（令和5）年1月１２日記

ショートコメント ★★★

ロストケア

2023年／日本映画
配給：東京テアトル、日活／114分

2023（令和5）年3月29日鑑賞	シネ・リーブル梅田

Data 2023－38

監督・脚本：前田哲
原作：葉真中顕『ロスト・ケア』（光文社文庫刊）
出演：松山ケンイチ／長澤まさみ／柄本明／鈴鹿央士／坂井真紀／戸田菜穂／峯村リエ／加藤菜津／やす（ずん）／岩谷健司

みどころ

少子高齢化が急速に進む今、老人介護問題は深刻だから、“ロストケア”はまさにタイムリー！しかし、模範的な介護士が４２人もの介護老人を殺したことが明るみに出ると・・・？

世の中にはいわゆる“確信犯”なるものが存在するが、本作はまさにそれ。「殺したのではなく、救ったのだ！」と真正面から言われると、自白させた女検事もタジタジに・・・。さらに、自分自身の母親の介護状況と照らし合わせてよくよく考えてみると・・・。

興味深い問題提起だが、２人の“対峙”ぶりは、どう見てもアメリカの銃乱射事件をネタにした２組の両親の『対峙』（２１年）の方が上。ましてや『羊たちの沈黙』（９１年）で観たアンソニー・ホプキンスＶＳジョディ・フォスターの迫力ある“対峙”には、とてもとても・・・。

——＊——＊——＊——＊——＊——＊——＊——＊——＊——＊——

◆原作は、２０１３年に「第１６回日本ミステリー文学大賞新人賞」を受賞した葉真中顕の『ロスト・ケア』。そのテーマは老人介護。主人公は介護士でありながら４２人を殺めた男、斯波宗典（しば むねのり）だ。主演は斯波宗典役を演じる松山ケンイチと女検事・大友秀美役を演じる長澤まさみの２人。そんな“社会派エンターテインメント”と聞くと、こりゃ必見！

しかし、監督は、私がどちらかというと敬遠（無視？）してきた『こんな夜更けにバナナかよ　愛しき実話』（１８年）や『老後の資金がありません！』（２１年）の前田哲監督だから、少し心配も。

◆冒頭に提示される、斯波の介護士としての働きぶりはとにかくすばらしい。後輩の女の子の“絶賛”を聞くまでもなく、絵に描いたような彼の働きぶりは、まさに介護士の理想像だ。しかし、世の中にこんなすばらしい介護士がホントにいるの？また、一人の老人の介護に、斯波を含む３人のチームが同時に赴き、あんなに丁寧に介護してくれる姿は実態に合ってるの？

◆そう思っていると、ある日、介護老人の死体と共に、その犯人と目された訪問介護センター所長の死体が発見されたから、ビックリ。その事件を担当した検事の大友は、データ処理に優れた才能を持つ事務官のアドバイスを受けて、斯波が働く訪問介護センターでは、他と比べて介護老人の死亡率が異常に高いこと、彼が働き始めてから自宅での死者数が４１名にもなっていることを解明。その事実を斯波に突きつけると、斯波はあっさり、あの介護老人の死亡は自分がニコチン注射を施した結果であることは認めたから、大友は大手柄だ。もっとも、そこでの斯波の主張は、「これは殺人ではなく、救いだ」ということだが･･･。

◆斯波が自身の犯行をすんなり認めたから、大友検事は一安心。もし否認されれば、斯波が４２人もの介護老人を殺したことを一つ一つ立証するのはかなりしんどいはずだ。しかして、本作は誰が犯人か？というミステリーではなく、その殺人は介護で疲弊しきった家族と本人を救うことだという斯波の論理を、大友がいかに論破するかという論点になっていくので、それに注目！

斯波が最初に殺した介護老人が自分の父親だったということは後に明かされるが、大友自身も老人ホームに入っている母親の認知症が近時、進行していることを心配していた。要するに、介護老人問題は人間の地位や立場を問わないということだ。『対峙』（２１年）では、銃乱射事件の被害者となった少年の両親と、加害者となった少年の両親との“対峙”が興味深く描かれていたが、さて本作に見る被告人斯波と大友検事の“対峙”は如何に？残念ながらその出来には大差がある。3月３１日付朝日新聞では、「長澤と松山との演技対決は、米映画『羊たちの沈黙』のジョディ・フォスターとアンソニー・ホプキンスをさえ思い出させる。」と書かれているが、私の目で見る限り、そのレベルにはとてもとても･･･。

２０２３（令和5）年4月３日記

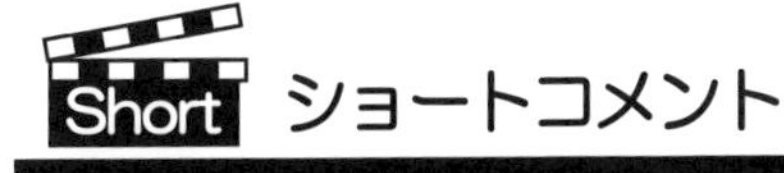

★★★

わたしのお母さん

2022年／日本映画
配給：東京テアトル／106分

2022（令和4）年11月19日鑑賞　シネ・リーブル梅田

Data　2022－130

監督・脚本：杉田真一
出演：井上真央／石田えり／阿部純子／笠松将／橋本一郎／ぎぃ子／瑛蓮／深澤千有紀／丸山澪／大崎由利子／大島蓉子／宇野祥平

みどころ

母娘をテーマにした映画は多いが、そこにはさまざまな“切り口”がある。同じ井上真央主演でも『八日目の蝉』（１１年）は名作だったが、本作は？

女、女、男という構成の三人姉弟をシングルマザーが育てれば、普通、長女はしっかり者になるはずだが、本作は全く逆。これは一体なぜ？

起承転結もなく、ことさら筋立てもない本作ラストに発生する事件（？）には少し驚くが、それって一体ナニ？邦画の劣化はここまで進んでいるの・・・？

――＊――＊――＊――＊――＊――＊――＊――＊――＊――＊――

◆ジア・リン監督の『こんにちは、わたしのお母さん』（２１年）は、いかにも中国流の母と娘の愛情を描いたもので、コメディ色とお涙ちょうだいを両立させた名作だった（『シネマ５０』１９２頁）。また、井上真央と永作博美が共演した『八日目の蝉』（『シネマ２６』１９５頁）も、生みの母と育ての母という難しい法的問題をテーマにした「邦画にもこんな名作あり！」と誇れる女たちの物語だった。そんな井上真央が、今回は『釣りバカ日誌』で主人公ハマちゃんの女房役として味のある演技を見せていた石田エリと共演した『わたしのお母さん』と題された本作は必見！そう思ったが・・・。

◆夫に先立たれた妻が、三人の子供を女手一つで育てていくことがどれほど大変か！それは私にはわからないが、三人の子供が女、女、男という構成なら、普通、長女は母親代わりを兼ねてしっかり者になるはずだ。ところが長女・夕子（井上真央）、次女・晶子（阿部純子）、長男・勝（笠松将）の三人姉弟で構成される松田家の長女はそうではなく、なぜか引っ込み思案で、おっとり型。口が達者で、何事も素早い母親・寛子（石田えり）とは正反対の性格だったらしい。そして、そのため、外出しがちで子供たちと向き合う時間を取れない母親とはうまく付き合えなかったらしい。

しかして今、夕子も晶子も嫁いでいるため、寛子は長男夫婦と同居していたが、そこはもともと父親の家。したがって寛子が長男夫婦に遠慮する必要はないはずだが、本作は寛子が揚げ物を放置しながら隣人とおしゃべりしていたためボヤ騒ぎを起こすシークエンスからスタート。家を補修する間、寛子を夕子夫婦が預かることになったのだが・・・。

◆夕子夫婦のマンションにやってきた寛子は、お隣りへの挨拶がしっかりなら、お隣りの小さな子供ともすぐに仲良しに。また、家事全般はなんでもスピーディーかつ要領よくこなす寛子は、夕子が畳んだ洗濯物までさっさと自分流に畳みなおしてしまうから、こりゃ逆に迷惑？その上、夕子の帰りが遅いと、夫の夕食まで作ってくれるから、これも有難迷惑・・・？

夕子が夫の夕食用に買ってきた餃子については、「明日食べればいいでしょ。」の一言で終わりだ。そこで夕子が拗ねていると、寛子からは「私は良かれと思ってやっているのよ。なに怒ってるの」とのきつ～いお言葉が。「ああ、これだから私はこの母親は苦手。」夕子はそう言いたいのだが、それを言うことができないのは子供の時と同じ・・・？

◆本作は一言で言えば、「すれ違い、葛藤する娘と母の物語」だが、ストーリー全体に起承転結もなければ、ことさらの事件性もない。新聞紙評では「ことさらに筋立てがない映画に挑戦する。勇気がいる。過激な主題と映像に慣れて、想像力は麻痺し、含みある結末は退屈と拒否される。」と書かれているが、まさにその通りだ。

中国映画の『こんにちは、わたしのお母さん』（２１年）はストーリーの奇抜さと共にスピード感があったが、本作にはスピード感もなし。淡々と画面が切り替わっていくだけだから、始まって３０分もすれば、いい加減飽きて退屈になってくる。録画している番組なら早送りしたくなるが、それもできないので、あくびしながら観ていると、実家に戻った寛子が静かに息を引き取ったと、ある意味、あっと驚く事件が発生。ここからナニが始まるの？

◆チラシには「大切にしないとさ、親なんだから」の文字が躍っているから、ひょっとしてそこから何かの大展開が？と思ったがその後の葬儀シーンも通り一遍の描き方だけ。葬儀をどこかの会館でやるのか、それとも自宅でやるのかは、私にはどうでもいいことで、問題はそんな三人の子供たちは母親の死をそれぞれどう受け止めているの？ということだ。

きっと往年の名監督ならそんな締め方を用意するはずだが、杉田真一監督が描く本作のラストは、葬儀後に出す食事の味がなかなか母親のようにいかない、という晶子の感想に同意する夕子の姿。なるほど、それも一つの結末かもしれないが、近時の邦画のレベルはここまで低下しているの？私はそれを痛感してしまったが、さて、あなたは？

２０２２（令和4）年１１月２８日記

★★★

母性

2022年／日本映画
配給：ワーナー・ブラザース映画／115分

2022（令和4）年11月23日鑑賞　TOHOシネマズ西宮OS

Data　2022－131

監督：廣木隆一
原作：湊かなえ『母性』（新潮文庫刊）
出演：戸田恵梨香／永野芽郁／三浦誠己／中村ゆり／山下リオ／高畑淳子／大地真央／吹越満／高橋侃／落井実結子

みどころ

女子高生の自殺から始まる湊かなえのミステリー小説は映画化が難しい。そのうえ、"母性"をテーマにした本作は、男の私にはさらに理解が難しい。

私は愛能う限り、娘を大切に育ててきました。今ドキ、こんなセリフをしゃべる人がいるの？他方、「母の愛が、私を壊した。」とは一体ナニ？冒頭の女子高生の死は、自殺？それとも・・・？

母と娘の物語は涙を誘う感動作が多い。しかし、続けて観た井上真央と石田えり共演の『わたしのお母さん』（２２年）がイマイチなら、戸田恵梨香と永野芽郁共演の本作もイマイチ！

——＊——＊——＊——＊——＊——＊——＊——＊——＊——＊——

◆「これが書けたら作家を辞めてもいい。そう思いながら書いた小説です。」それが本作の原作となった、湊かなえのミステリー小説『母性』だ。そこまで言われると、『告白』（１０年）（『シネマ２５』５１頁）や『白ゆき姫殺人事件』（１４年）（『シネマ３２』２２７頁）の面白さを知っている私としては、これは必見！

母娘の確執をテーマにした映画は、つい先日観た、井上真央と石田えりが共演した『わたしのお母さん』（２２年）が期待外れだっただけに、本作に期待！

◆本作は冒頭、ナレーションの中、一人の女子高生が自殺のような姿で発見されるところからスタートする。警察は他殺の可能性も含めて捜査に着手したが、ニュースではその子の母親は「愛能う限り、大切に育ててきた娘がこんなことになるなんて信じられません」と言葉を詰まらせていたそうだ。しかし、私が思うに、今時、公式にこんな言葉遣いをする人がいるの？これは、かつての貴族サマの血統を受けた、よほど上流家庭の母娘？

湊なかえの人気ミステリー小説は、冒頭に自殺らしき問題提起をした後、告白形式でストーリーが展開していくものが多い。本作でも、大地真央扮する母親の娘（お嬢様）、ルミ子に戸田恵梨香が扮し、なんとも微妙な母娘関係が描かれていくので、それに注目！

◆①絵画教室で知り合った男、田所（三浦誠己）との交際の開始、②田所が描いた絵を母親が褒めてくれたことを根拠とした（？）田所との結婚、③田所の両親が用意してくれた一戸建て住宅での新婚生活の開始と長女の誕生、とルミ子の結婚生活は幸せの定番（？）を歩んでいた。ルミ子はナレーションで語られるとおり、母親から受けた愛情をそのまま娘に与えようとできる限りの努力をし、その効果もテキメンだったから、なおさらだ。さらに、田所の気難しい母親（高畑淳子）が清佳と名付けてくれた娘は、優しい子にスクスクと成長していたから、ルミ子たちは幸せいっぱい・・・？

◆しかし、ある日、激しい台風によって停電となり、あっと驚く事故が！私が先日観た韓国映画『奈落のマイホーム』（２１年）では、１棟の新築マンションが巨大なシンクホール中に丸々飲み込まれ、５００メートル下まで落下するという、信じられない事故を目撃した。その姿もかなりバカげていたが、激しい雨風で窓ガラスが割れ、火の点いたローソンが倒れ、火事になったとしても、ルミ子の母親と娘がタンスの下敷きになり、本作で見るような、母親を助けるの？それとも娘を助けるの？という二者択一を迫られる状況が現実に生まれるの？

こんなバカげたシーンを韓国でも日本でも真剣に演技し、演出している姿を見ていると、私はいいかげんウンザリ・・・？

◆田所の母親は元々陰険だったから、田所の家のことを知っているルミ子の親友（中村ゆり）は、「あなたみたいなお嬢様が田所家に嫁ぐのはやめた方がいい」とアドバイスしていたほどだ。本作では、嫁いだ当初からそんな義母の意地悪ぶりが顕著だが、火事で我が家を失ったルミ子夫妻が、義父母の敷地内に新たに建てられた離れに住むようになると、それがさらに激しくなることに。女優・高畑敦子の演技は、一般的には立派なものだが、本作における大声での意地悪ぶりがやけに目立つ演技はいただけない。

ルミ子の方も、こんなにいじめられるのなら、さっさと義父母と別居、夫がそれを拒むのなら、田所とも離婚してしまえばいいのに、そこでもなお、私は義母の気に入られるように、生きなければ・・・。そんな哲学を維持しているルミ子の生き方と、そんな脚本にうんざり・・・。

◆チラシには、娘時代のルミ子とその母親の姿ではなく、母親になったルミ子と高校生になった娘・清佳の姿が仲良く写っている。そして、母の証言として、「私は愛能う限り、娘を大切に育ててきました。」との言葉が、娘の証言として、「何をすれば、母はわたしを必要としてくれるのだろうか。何すれば、母は愛してくれるのだろうか。」等の言葉が綴られている。しかして、本作後半は、義母の下で虐げられながら生きている、そんな母娘の価値観の相違（母性の相違？）が、いかにも湊かなえ的な分析と言葉で表現されていくので、それに注目！

そこでのポイントは、娘の証言の中に、「母になら殺されてもいい―だけど それじゃあダメだ……」の言葉があること。これは一体ナニ？男の私には到底理解できない（理解できなかった）感覚だが・・・。　　　　２０２２（令和４）年１１月２５日記

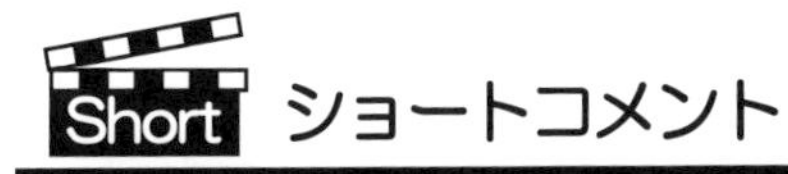

★★★

ファンタスマゴリー ザ・ゴーストショー

2021年／日本映画
配給：Nikaism Film Factory／71分

2022（令和4）年11月1日鑑賞　シネ・リーブル梅田

Data　2022－121

監督・脚本・プロデュース・音楽・編集：二階健
出演：小川紗良／永瀬正敏／HYDE／Marius Aubron／Manon Aubron／マメ山田／大久保千代太夫／松代沙織

みどころ

「ファンタスマゴリー」って一体ナニ？映画の始まりは幻燈ショー。まずは、そこから勉強すれば面白いが、ある日ヒロインが入った謎の骨董店で見た怪奇幻燈ショー「ファンタスマゴリー」とは？

テーマは良し！映像や美術も良し！また、ヒロインの演技力もオッケーだし、永瀬正敏の存在感もOK。しかし、肝心のストーリーは？

冒頭に見た、ヒロインの顔の半分にできた痣は、何故ラストには消えてしまったの？それも含めて、本作の説得力をあなたはどう考える？

——＊——＊——＊——＊——＊——＊——＊——＊——＊——＊——

◆本作の邦題になっている「ファンタスマゴリー」って一体ナニ？それは、１８世紀末にフランスで発明された、幻灯機を用いた幽霊ショーのことだ。ベルギー出身の物理学者がパリで行った興行によって有名になり、ヨーロッパとくにイギリスで、１９世紀を通して流行したらしい。幻灯機によって、壁、煙、半透明の幕に画像を映写したが、後ろ側から映写したり、幻灯機を動かすことで画像を動かしたり、複数の幻灯機を使用することで画像の瞬時の切り替えを行ったらし。映写されたのは、骸骨、悪霊、亡霊などの画像で、降霊術と深く関わるものだったらし。

本作を、監督、脚本、プロデュース、音楽、編集した二階堂健氏の説明によると、ファンタスマゴリーとはマジック・ランタン（幻燈機）を用いた「動く絵」のゴーストショーだ。『映画の原点「ファンタスマゴリー」を現代に蘇らせる！』を題した彼のブログでは、「プロジェクトをやろうと思った理由」等が詳しく解説されているので、これは本作鑑賞の副読本として不可欠だ。

◆本作は脚本も二階健氏が書いているがストーリーは極めて漠然としたもので、いわばストーリー自体がファンタスマゴリー・・・？導入部で、東京でCGクリエーターとして働いていた若い女性、エナ（小川紗良）が故郷の京都に戻り、鴨川でスケッチをしたり、オーナーのジノ（永瀬正敏）がいるカフェで日々を過ごしているところからストーリーが始まる。ある日不気味な衣の被り物をした男ロベルトソン（HYDE）と出会い、誘われるまま謎の骨董店に入り怪奇幻灯ショー“Fantasmagorie”の世界を垣間見たところから、ファンタスマゴリーの世界に入っていく。

◆『映画検定公式テキストブック』（キネマ旬報映画総合研究所　編）で学んだところによれば、映画の誕生に最も重要な役割を果たしたのは、フランスのリュミエール一家が発明したシネマトグラフ。しかしそれ以前にも、１７８０年代には、ロンドンで影と光を巧妙に展開させてミニチュアが動いたように見せる影絵ショーが公開されていた。また、１８９４年には、発明王エジソンの助手のディクソンが開発した、大きな箱の中にフィルムを装填し、覗き穴からフィルムそのものを拡大鏡で見るキネストコープが公開されていた。ちなみに、私も子供時代に父親が操作する幻灯で「アリババと４人の盗賊」等を観て興奮したことをよく覚えている。

そんな世界をテーマにした本作のような映画は私には興味深いが、「これはすごい！」と思わせるためには、それなりのストーリー、それなりの脚本が必要だ。しかし、本作は、監督、脚本、プロデュース、音楽、編集としてひとり数役の働きをする二階健氏の奮闘にもかかわらず、ストーリーはイマイチ。また、永瀬正敏がパズルに夢中なカフェのオーナーとして、それなりの存在感を発揮するものの、その意義は限定的。したがって、総合点としての本作の出来は、せいぜい星３つ。

２０２２（令和４）年１１月１１日記

第5章　中国

みどころ

チャン・イーモウ（張藝謀）恐るべし！４０年前に「中国映画ここにあり！」と全世界に発信した彼は、北京の冬季・夏季五輪の総監督のみならず、本業の映画でも次々と新作を発表し、輝いている。“ほんわか名作”路線から“ド派手ワイヤー”路線まで何でもござれの彼が、今回はじめて“スパイもの”に挑戦！その舞台は、満州事変直後の満州国ハルビン。その任務は“ウートラ作戦”という何とも過酷なものだから、ビックリ！なぜ、今そんな映画を？

そんな疑問もあるが、さすがチャン・イーモウ。『００７』シリーズは第２作目の『ロシアより愛をこめて』（６３年）が最高傑作だが、原題『悬崖之上』、英題『Cliff Walkers』の意味は？それもしっかり考えながらチャン・イーモウ監督初のリアルかつ過酷なスパイ映画を堪能したい。

——＊——＊——＊——＊——＊——＊——＊——＊——＊——＊——

■□■チャン・イーモウ恐るべし！近時の大活躍に注目！■□■

中国第５世代監督の代表はチャン・イーモウとチェン・カイコーだが、２００８年の北京夏季五輪で開会式と閉会式の総監督を務めたチャン・イーモウは、２０２２年2月の北京冬季五輪の開会式と閉会式の総指揮も務めた。そんな彼の、近時の映画作りにおける大活躍はすごい！直近だけでも、①『SHADOW／影武者』（１８年）（『シネマ４５』２６５頁）、②『愛しの故郷』（２０年）（『シネマ４９』２４０頁）、③『狙撃手』（２２年）（『シネマ５０』２００頁）、④『ワン・セカンド　永遠の２４フレーム』（２０年）（『シネマ５１』１８６頁）と、公開が相次いでいる。しかして、原題を『悬崖之上』、英題を『Cliff Walkers』、邦題を『崖上のスパイ』とした本作は一体ナニ？

チャン・イーモウ作品は、戦争モノから純愛モノ、歴史モノから武侠モノまで多岐にわたっているが、これまで唯一なかったものがスパイものだ。そして、本作は、そのスパイもの！スパイものは、米国の CIA の優秀なスパイを主人公とした『ボーン』シリーズや、英国の MI６の優秀なスパイを主人公にした『００７』シリーズのように西欧が中心だが、中国だって負けてはいない。しかして、本作冒頭、１９３１年9月１８日満州事変以降の日本帝国主義の蛮行の字幕が表示されるが、さて、本作のスパイたちは？

■□■時代は１９３４年。舞台は満州国ハルビン。４人は？■□■

日本は１９４１年１２月８日、真珠湾を攻撃し、対米英戦争に突入した。そのため、１９４５年8月１５日に敗戦を迎えた後、"あの戦争"を太平洋戦争と呼ぶようになったが、開戦当初の呼び名は大東亜戦争。その発端は、１９３１年9月１８日の満州事変だ。つまり、日本は決して米英との戦争を目指していたのではなく、日本が目指したのは、中国東北地方に満州国を作り、五族協和の精神の下、日本国をリーダーとして大東亜共栄圏を築くことだった。しかし・・・。

もちろん、それは日本側の一方的な言い分だから、大陸内を一方的に侵略された中国がそれに抵抗したのは当然。チャン・イーモウ監督の代表作である『紅いコーリャン』（８７年）にも日本軍に対する中国人民の抵抗の姿が描かれていたが、本作が設定した１９３４年当時は日本による満州国建国が佳境に入っていた時期。そんな時期に、①張憲臣（チャン・シエンチェン）（張譯（チャン・イー））、②楚良（チュー・リャン）（朱亜文（チュウ・ヤーウェン））、③小蘭（シャオラン）（劉浩存（リウ・ハオツン））、④王郁（ワン・ユー）（秦海璐（チン・ハイルー））、という４人のスパイたちが、雪深い森の中にパラシュートで降り立ったが、彼らの任務は一体ナニ？

■□■なぜロシアで訓練を？極秘作戦ウートラ計画とは？■□■

『愛しの故郷』の第5話「マーリャンの魔法の筆」（『シネマ４９』２５３頁）では、中国東北部の村に住む画家のマーリャンが、元レスリング選手だった妻の強力な推薦のおかげで、ソ連の有名美大への留学が決定するシークエンスから始まった。２０２２年の今は、ロシア（プーチン大統領）と中国（習近平国家主席）の力関係は大きく変わっているが、１９３０年代の中国にとっては社会主義の先輩たるソ連は憧れの国だった。そのため同作ではソ連の美大への留学のために妻は懸命に尽力したのに、故郷の町に残りたいマーリャンは、ソ連で留学生活を送っているフリを偽装していた。

しかし、本作は違う。つまり、男２人、女２人で構成された本作冒頭に登場する４人は、ソ連で特別訓練を受けたスパイの超エリートだ。彼らがソ連からハルビンに派遣されたのは、極秘作戦"ウートラ（烏特拉）計画"を実行するため。ウートラとはロシア語で「夜明け」を意味する言葉で、その任務内容は、日本軍の秘密施設から脱走した生き証人である王子陽を国外に脱出させ、日本軍による人体実験などの蛮行を広く世界に知らしめることだ。

『SHADOW／影武者』は、白黒の世界観の中で中国流の武侠映画の美しさを際立たせていたが、本作冒頭は、一面雪景色の中、雪の重みに耐えかねた樹木から大量の雪が落下するシーンから始まる。『八甲田山』(77年)では、日露戦争に備えて雪中行軍をする日本陸軍が想像を絶する雪量のため遭難し、北大路欣也扮する神田大尉が「天は我を見放した!」と叫ぶシーンが目に焼きついている。そんな目で、本作冒頭にみる、極寒の満州国の雪に注目!

4人のスパイチームはそんな深い雪の中、1組の張憲臣と小蘭、2組の楚良と王郁の二手に分かれることになったが、それはなぜ?そして、ここから彼らが向かう先は?

■□■密室劇の醍醐味を、ハルビンに向かう列車の中で!■□■

潜水艦は徹底した密室だが、走っている列車も密室。他方、密室殺人事件は探偵小説における永遠のテーマだ。したがって、列車モノにおける殺人事件の発生とその犯人追及劇は推理小説の定番であり、醍醐味だ。

他方、列車は10両でも20両でも繋ぐことができるから、密室とはいえ、移動できる空間は広いし、隠れる場所もトイレの中はもとより、列車の上や横にもある。したがって、列車内での追跡劇は、ド派手なカーチェイスとは異質の移動に伴う緊張感を生むことになる。そんな列車スリラーを得意としたのがアルフレッド・ヒッチコック監督だが、本作導入部では、ハルビンに向かう列車の中で二手に分かれて座った4人のスパイ達と日本のハルビン警察特務科との間で息詰まる攻防戦が展開されるので、それに注目!そこには、東大、京大から優秀な医師が多々集結していただろうから、当時の日本の倫理観に基づいたもの。もっとも、そこでの確実な極秘中の極秘!だって、それが漏れて連盟から文句でも言われたら、やっかいだもの。なるほど、なるほど・・・。

本作はストーリー展開ごとに、1章「暗号」、2章「行動」、3章「底牌」、4章「迷局」、5章「険棋」、6章「生死」、7章「前行」と小見出しがつけられているが、この列車内での密室劇のキーワードは「暗号」。その暗号は、第1組の張憲臣が第2組の2人のためにトイレに書き残したものだが、そんな小細工で特務科を欺けるの?

近時の日本の TV ドラマは、何でも説明調、その上、何でもお笑い芸人風の空虚な会話劇が多いが、本作のハルビン行きの列車内でみる密室劇は、それとは大違い。ほとんどセリフはなく、目の表情と顔の表情だけによる演技が多いから、俳優も大変だ。本作では、そんなスパイもの、列車モノの醍醐味を導入部からしっかり楽しみたい。

■□■731部隊を知ってる?万一その秘密が漏れたら?■□■

今ドキの日本の若者は満州事変そのものを知らないから、日本が建国した満州国における731部隊(正式名は関東軍防疫給水部本部)がやっていた、細菌戦に使用する生物兵器の研究開発や、それに伴う中国人捕虜に対する人体実験等の実話も知らないだろう。これらはネット情報でもすぐにわかるから、本作鑑賞直後にしっかり調べてもらいたいが、本作ではそれを彷彿させる施設として“背蔭河”が登場するので、それに注目!そこには東大、京大から優秀な医師が多数集結していたそうだから、当時の日本の倫理観（?）もひどいもの。もっとも、そこでの研究は極秘中の極秘。だってそれが少しでも漏れて、国際連盟から文句でも言われたら厄介だもの。なるほど、なるほど・・・。

ウートラ作戦は、この背蔭河から唯一脱獄した王子陽と接触、保護して海外に逃亡させ、日本軍の悪事を全世界に暴露するという任務だから、張憲臣たちは、何よりもまずハルビンに潜伏しているこの王子陽と接触しなければならない。そのため、あらかじめ様々なネタを仕込んでいたのは当然。しかし、その一部の情報がウートラ作戦を決行する前に、既にハルビンに向かう列車の中で特務科に漏れていたため、何とリーダーの張憲臣が特務科に逮捕されてしまうことに！そこから始まる拷問風景は、当然肉体を痛めつけるところから始まったが、それでは効果がないと判断した特務科の高（ガオ）科長（倪大紅（ニー・ダーホン））は、かねてから研究し成果を上げていた催眠剤の使用を決定。これを注射すれば、いくら頑強なスパイでもペラペラと自白するはずだ。

３章「底牌」では７３１部隊を彷彿させる背蔭河と高特務科科長の姿に注目！

■□■4 章迷局はまさに迷局！特務科内にも共産スパイが！■□■

中国で連日放映されていた安物の TV 反日ドラマなら、そんなところで“正義の味方”が登場するかもしれないが、本作はそこに特務科の内部に潜入していた共産スパイ、周乙（ジョウ・イー）（于和偉（ユー・ホーフェイ））が登場するので、それに注目！催眠剤を注射しようとした医師を殺害し、拷問室から脱出した張憲臣と合流した周乙は、張憲臣を車のトランクに隠して脱出させようとしたが、さて・・・?ここらの展開が、２章「行動」、３章「底牌」だが、続く４章「迷局」になると、既に拷問で痛めつけられた身体では任務の遂行は不可能と判断した張憲臣が、特務科に潜入しているスパイであると分かった周乙に対して後の任務を託すことになるので、それに注目！

それで３章、４章のストーリーは完結かと思ったが、さにあらず。本作では、別の車に乗り換えて門に突っ込んだ張憲臣が死にきれなかったため再び拷問にかけられ、ついに催眠剤を打たれてしまうシークエンスになる。昏迷状態の中で彼は、「亜細亜」「ニ四六」という単語を漏らしてしまったが、さて、これは一体ナニ?そして、４章「迷局」では、その小見出しの通り、自ら特務科に潜入しているスパイであると王郁に明かした周乙が、小蘭との接触方法を聞き出し、張憲臣から託された任務を遂行しようとするのでそれに注目！しかし、その道はまだまだ。なお一層険しそうだ。

■□■白熱怒涛のスパイ合戦に注目！もう一人の美女に注目！■□■

『００７』シリーズで初代ジェームズ・ボンド役を演じたのは、ショーン・コネリー。彼が演じた『００７』は、当初こそ白熱怒涛のスパイ合戦が見ものだったが、敵対する相手がソ連から架空の悪玉に変わるにつれて、次第に娯楽色とお色気色を強めていった。しかし、本作は１９３１年9月１８日に起きた満州事変によって建国された日本の傀儡国家である満州国のハルビンを舞台に展開される“ウートラ作戦”の遂行をめぐるスパイ合戦だから、そのリアルさは『００７』シリーズのエンタメ性をはるかに超えている。

４人組のスパイのリーダーである張憲巨は、１度ならず２度も逮捕され拷問にかけられた挙句、非業の死を遂げたし、第２組の楚良も相棒の王郁を守るため死んでしまったから、残るのは２人の女スパイだけ。スパイにこんな美女がいるの？そんな疑問は当然だが、そこは映画だし、チャン・イーモウ監督作品だから、"イーモウ・ガール"を登場させるのは毎度の約束事だ。その美女が、少女のようなあどけなさを残しているものの、知性と直感力で適格な判断を下し、息詰まるようなスパイ合戦の中で常に生き残り、任務の達成に向けて着実に歩みを進めていくチーム最年少の女スパイ小蘭を演じる劉浩存(リウ・ハオツン)だ。その美女ぶりは物語が始まった当初から際立っているが、本作では途中から高科長の側近として忠実に働く秘密機関の美女・小孟も黒い服、黒い帽子に身を包んで登場するので、それに注目！

催眠剤を打たれ昏迷状態の中、張憲巨が口にした「亜細亜」とは「亜細亜電影院」のこと。そして、「二四六」とは「星期二・星期四・星期六」すなわち「火曜日・木曜日・土曜日」のことだと分析した高科長は、小蘭が映画館に現れると読んで、捜査網を張ったからヤバイ。まんまと小蘭は、その網に掛かってしまうの？それとも・・・？

本作の５章険棋、６章生死から７章前行のラストに向けては、亜細亜電影院を舞台とした、白熱怒涛のスパイ合戦に注目！しかして、"ウートラ作戦"の成否、すなわち王子陽の救出はなるの？そして4人の選りすぐりのスパイたちのうち、最後まで生き残れるのは誰？チャン・イーモウ監督渾身のスパイ映画の醍醐味を、最後までしっかり楽しみたい。

２０２２（令和4）年１２月２０日記

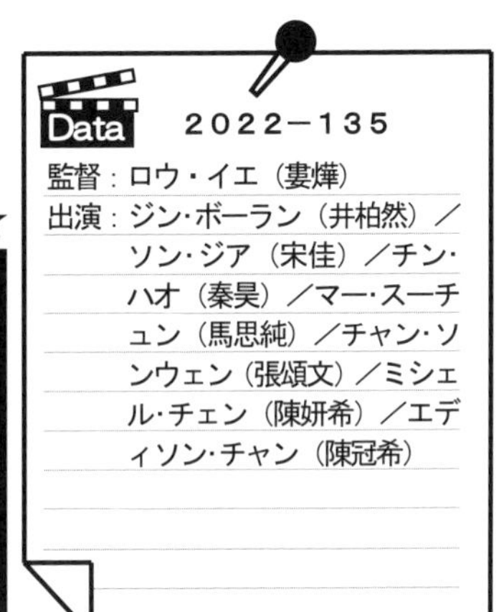

みどころ

私は中国第６世代監督の旗手の一人、ロウ・イエ監督が大好き。過去７作を鑑賞しているが、その問題提起の鋭さは驚くばかり。なぜ【完全版】なのかを含めて、第１０作目となる本作の出来は？

監督の問題意識は、２０１３年４月１４日、広州市の“都会の村”で起きた再開発を巡る「開発業者」VS「住民」の立ち退きを巡る騒乱。これは都市問題をライフワークにしてきた私の問題意識と同じだ。

野外セックスに励む若い男女が白骨死体を探り当てるシーンから始まる本作は、１９８０年代から３０年間に及ぶ中国の経済成長の中で起きた人間の歪を、時代に翻弄された７人の男女の姿から暴き出していく。そのため、広州から始まる舞台は、台湾にも、香港にも。

日本には憲法があり、都市再開発法があるが、中国は法治ではなく人治。しかも、土地は国の所有だから、再開発事業を押し進める開発業者が政府と癒着するのは必然。都会の村での騒乱と、そこでの住民の１人や２人の死亡は想定内だが、まさかトップの役人が死ぬとは！これはきっと他殺だが、その犯人は？

他方、冒頭の２００６年に発見された白骨は誰の死体？日本の土地バブルも凄かったが、中国のそれはもっとすごいから、紫金不動産の創業者の「我が世の春ぶり」はすごい。しかし、そんな男の女関係は？山ほど重ねてきた秘密の所業の数々は？

未熟な若手刑事がセックス・スキャンダルを含む、さまざま陰謀に巻き込まれていくのは仕方ないが、その捜査はどこまで進むの？これは面白い！フラッシュバックが多用される３０年間の歩みを、“年表”を片手にしっかり楽しみたい。１度で理解できない人は、２度でも３度でも！

――＊――＊――＊――＊――＊――＊――＊――＊――＊――＊――

■□■いきなりの男女の絡みとその後の暴動シーンにビックリ！■□■

本作冒頭、若い男女が河川敷で絡み合うシーンが、暗いトーンの色調の中で、いきなり登場！これは一体ナニ？本作はフランスやイタリアのポルノ映画？一瞬そう思ったが、行為の最中に２人は何かを発見したらしい。そのため、２人は驚いて現場を離れていくことに・・・。

その直後、スクリーン上には、立ち退きに反対する住民たちの騒乱と、それを抑圧する警察官たちの姿が登場する。多くのケガ人も発生しているから、この暴動はかなり激しいものだ。そこに乗り込んできたのが、開発の責任者であるタン・イージェ（唐奕傑）（チャン・ソンウェン（張頌文））。彼は自分は地元出身であることを強調し、「俺もこの街を愛してる。」「再開発が必要だ。そこにこそ未来がある」と、もっともらしい理屈（正論）を述べて暴動を抑えようとしたが、住民からは「キレイごとを言うな！」と一蹴！そして、タンは秘書と別れてビルの５階に上っていたわずかな間にそこから転落し、死亡してしまったから、アレレ。これは一体ナニ？

そんなスクリーン上の展開を見ているだけでは、観客は事態を飲み込むことはできないが、字幕表示やTVから流れる実況中継のニュースを聞くと、なるほど、なるほど・・・。

■□■日本の不動産開発は？中国の不動産開発は？■□■

日本の土地バブルが弾けたのは１９８９年。日本では１９６０年代後半に、都市計画法の改正、建築基準法の改正、都市再開発法の制定、という「近代都市三法」が成立した。そして、「所得倍増計画」を掲げた池田隼人首相が押し進めた「高度経済成長政策」に続いて、田中角栄が陣頭指揮を取った「日本列島改造論」に基づく「新全国総合開発計画」（新全総）路線によって、空前の土地開発ブームが起きた。それを後押ししたのが金融政策、つまり銀行による無尽蔵な不動産融資だ。

他方、中国では、毛沢東が主導した文化大革命が１９７７年に終焉した後、１９８０年代からの「改革開放政策」を打ち出した鄧小平は、日本の新幹線からも学んだが、それ以上に、「土地は国のもの」という社会主義国特有の制度の下で、中国特有の不動産開発を推進した。それが、国有の土地の"使用権"を民間に払い下げ、その上に民間の資本で住宅を建て、人民に分譲する、というものだ。日本で１９６０年代に起きた住宅ローンとセットになったマイホームブームは土地と建物の所有権を取得するものだったが、中国のマイホームはそれとは根本的に違うものだ。

■□■７人の男女を軸に描くネオノワール・サスペンス！■□■

それはともかく、冒頭に見た暴動は、２０１３年4月１４日に広州市の開発区域の一画、天河区"都会の村"で起きたものだ。怒った村民たちによる集団暴動になったのは、立ち退き料の合意がないまま、いきなり建物取り壊しが始まったためらしい。日本の都市再開発法の根幹は、等価による権利変換システムにあるから、土地・建物の所有者は、再開発によって土地・建物を失うけれども、それと等価の補償金を受け取ることができる。法治国家たる中国にはそれと同じような法律はないの？また、冒頭に見た男女の絡みは、２００６年、広州市内を流れる北江（ベイジャン）の河川敷のもので、このカップルが驚いて行為を中止したのは、ある変死体を発見したためらしい。

本作のイントロダクションには、「広州市の都市再開発で取り残された一画のシエン（冼）村というビジネス街に囲まれた"都会の村"で２０１０年に実際に起きた暴動をヒントに、８０年代の改革開放が進み、９０年代に入り、社会主義市場経済が推し進められ、２０００年代にはバブルが訪れ、人々の欲望が渦巻く現代までの３０年間という時代に翻弄される７人の登場人物を中国そして香港、台湾を舞台に描くネオノワール・サスペンスだ。」と書かれている。これは面白そう！

■□■３人の出発は１９８９年！一方は官、他方は民。女は？■□■

本作は、7人の男女の物語で構成されているが、ストーリーの核になるのは3人の男女。つまり、①冒頭で死亡した男、開発区の担当主任のタン、②民間開発業者の紫金（ツージン）不動産の創業者で社長のジャン・ツーチョン（姜紫成）（チン・ハオ（秦昊））、そして、③タンの妻、リン・ホイ（林慧）（ソン・ジア（宋佳））だ。

この3人は１９８９年に出会っていた。当時、リンはジャンと付き合っていたが、ジャンが既婚者だと知って別れ、タンと結婚。台湾に渡ったジャンは、起業家として成功し、２０００年に広州に戻り、紫金不動産を創業。そして、役人であるタンのコネクションによって、ジャンの会社は開発事業を獲得し、タンは開発区の担当主任に昇格していた。

２０１４年の今は、この３人が知り合ってからすでに２５年経っていたが、今や3人とも順風満帆。その豊かな生活ぶりは群を抜いていた。役人のタンはそれをひけらかすことはできないが、民間業者であるジャンの贅沢ぶりは、まさに"わが世の春"だった。そんな状況下、突然タンが死亡。これが事故なら仕方ないが、もし殺人事件だとしたら、その犯人は・・・？動機は・・・？２００６年の変死体との関連は?

■□■ヤンの捜査は？糸口は？アユン失踪事件との関連は？■□■

タンの転落死の捜査のため派遣されたのは、若手刑事のヤン・ジャートン（楊家棟）（ジン・ボーラン（井柏然））。タンの転落死は事故死？それとも殺人事件？そんな冒頭の問題提起を見ると、本作は刑事モノ？サスペンスもの？それとも、不動産開発に絡む社会問題提起作？本作は中国第6世代監督の一方の代表であるロウ・イエ（婁燁）監督の１０作目だから、きっとその両方だろう。

ヤンの捜査は、タンとジャン、そしてタンの妻リンの身元を洗い出すことから始めることに。ジャンは無一文だった台湾時代に、台北のクラブでホステスをしていたリエン・アユン（連阿雲）（ミシェル・チェン（陳妍希））と知り合い、ゾッコンの仲に。そして、2人で起業した貿易会社が成功し、アユンは紫金不動産の最高財務責任者の座に就いた。ところが、２００６年にそのアユンが失踪！他方、当時刑事だったヤンの父親は、アユンの失踪事件を調べている最中に交通事故に遭って、再起不能となり、介護施設に入居しているらしい。この父親が北江の河川敷で発見された死体のDNA鑑定を求めたにもかかわらず、放置され資料も消えてしまったことを知ったヤンは次第に、アユン失踪とタン殺害の両事件にジャンが関わっているのではないかと疑っていくことに。

■□■ヤン刑事危うし！遂に免職！香港へ逃亡！これはワナ？■□■

００７ことジェームズ・ボンドは、"殺しのライセンス"を持ったイギリスの優秀なスパイだが、彼の唯一最大の欠点は女好きなこと。そのため、２５作も続いたシリーズでは、常に彼のセックステクニックと女との絡みが一つの見せ場になっていた。しかして、本作の中盤は、リンの家に招かれたヤンがリンの仕掛ける誘惑のワナにはまっていく様子が描かれるので、それに注目！しかも、今時はそんなスキャンダルがSNSで拡散されるから、さらに大変だ。

他方、捜査を続けていたヤンは、ある日タンの秘書だったワン（王助）から、タンの殺害事件当夜にアユンの姿を見たとの連絡を受けたものの、その直後にワンは殺されてしまったから大変。さらに、ヤンはワン殺しの嫌疑をかけられたうえ、免職に追い込まれてしまったから、アレレ・・・。自分をワナにはめたと怒りをぶつけるヤンに対して、リンは香港に逃げるようにと偽造渡航許可証と金を手渡し、さらに、ヤンが去った後、リンはジャンに電話をかけ、ヤンを見逃してくれなければ警察に自供すると迫ったが、さて、リンの本心は？当初のリンの誘惑がワナだったことは明らかだが、それはリンだけの思惑？それとも誰かの指示によるもの？また、その後の展開はどこまでがワナ？

■□■舞台は香港に！新たに探偵とヌオが登場！■□■

２０１３年当時、中国本土から香港に渡るのにどの程度の書類が必要なのかはよくわからないが、リンからもらった偽造の渡航許可証によって、ヤンは容易に香港に逃走できたらしい。香港に、かつて父と一緒にアユン失踪事件を調べていた探偵のアレックス（エディソン・チャン（陳冠希））がいたという設定は少し出来すぎだが、それは横に置き、その後はヤンから捜査に協力してくれと頼まれた探偵アレックスの奮闘に注目！

他方、香港で新たにもう一人登場してくる美女が、タンとリンの娘、ヌオ（諾）（マー・スーチュン（馬思純））だ。かつてリンはジャンと恋人関係にあったことは明白なうえ、ジャンは００７以上の女好きだから、ヌオはホントにタンとリンの娘なの？ひょっとして、ジャンとリンの間に生まれた子供では？

本作を観ている観客の誰もがそんな疑問を持つのは当然だ。そして、何よりもそれはヌオ自身が持っている疑問だったようだし、ジャンへの疑惑に迫っているヤンも当然、同じ疑問を持っていた。そんなヌオの出自にまつわる謎が、本作の人間関係、とりわけタン、ジャン、リン３人の人間関係を複雑にしていることは明らかだ。

ヤンは捜査のため、当然のように、香港の大学に通っているヌオに接近したが、ヤンに恋心を抱くヌオは思わずホテルにヤンを誘うことに。アレレ、広州市でセックススキャンダルを起こしたヤンは、香港でも再びセックススキャンダルを・・・？

■□■内容豊富！フラッシュバック多用！歴史年表の活用を！■□■

私は年に一度、大阪大学法学部のロイヤリングで「まちづくりの法と政策」と題する講義を行っているが、近時そこで多用しているのが年表。都市問題の展開を中心テーマにしながら、そこに私の諸活動との絡みを説明するには年表が１番だ。それと同じように、本作のパンフレットには“歴史年表”があり、１９７８年以降に中国で起きた様々な事象と、本作の中で起きる様々な出来事を対照させて掲げている。

本作は１２９分だから標準の長さだが、そこに盛り込まれている内容は豊富。しかも、本作はヤン刑事の捜査の進展を基本軸としながら、フラッシュバック手法を多用して、やたらに時間軸を動かしていくから、ぼーっと見ていたのでは、ストーリーの全体像は掴めない。そのうえ、ロウ・イエ監督特有の、暗い画面と揺れ動く手持ちカメラによる撮影が随所に登場するので、きちんと目を凝らしていなければスクリーン上の展開の意味が掴めないことになる。ちなみに、冒頭の若い男女のラブシーンにしても、その“行為”にばかり目を向けていると、女の子が右手に探り当てた遺骨を見て驚き、大声を上げながらすっ裸のまま逃げ出していくシーンの意味さえわからないだろう。

この歴史年表の第1のポイントは、２００６年にそんな男女がエッチをしている最中に発見した遺骨は誰のものか、ということ。第2のポイントは２０１３年4月１４日に起きた騒乱だ。しかして、本作ではその前後の期間を通じてタン、ジャン、リンの３人、それにアユンを加えた４人の男女にはどんな波乱の物語が・・・？本作の鑑賞については、多用されるフラッシュバックのシーンの意味を正確に理解するためにも、この歴史年表をしっかり活用したい。

■□■本作は完全版！すると当局の検閲は？観客の反応は？■□■

本作は当局の検閲によって一部カットを余儀なくされた部分を復活させた１２９分の“完全版”。それに対して、第２０回東京フィルメックスのオープニング作品として２０１９年１０月に日本で初上映されたバージョンは北京市映画関係部署の審査済みのバージョンで１２４分より５分長く、検閲によりカットを余儀なくされた部分を復活させた１２９分の『シャドウプレイ【完全版】』というタイトルで公開を行うそうだが、一体どこが修正もしくはカットされたの？多分、それは誰にでもわかるだろう。

それはともかく、ロウ・イエ監督は第６世代の旗手の１人だが、その作風には大きな特徴がある。私は、①『ふたりの人魚』（００年）（『シネマ５』２５３頁）、②『パープル・バタフライ』（０３年）（『シネマ１７』２２０頁）、③『天安門、恋人たち』（０６年）（『シネマ２１』２５９頁、『シネマ３４』３００頁）、④『スプリング・フィーバー』（０９年）（『シネマ２６』７３頁、『シネマ３４』２８８頁）、⑤『パリ、ただよう花』（１１年）（『シネマ３２』１３６頁、『シネマ３４』２９４頁)、⑥『二重生活』(１２年)(『シネマ３５』１５２頁、『シネマ４４』２５１頁)、⑦『ブラインド・マッサージ』(１４年)((『シネマ３９』４６頁、『シネマ４４』２５８頁)を見ているが、当局に睨まれても、それをものともしない彼の問題提起の鋭さは驚くばかり。とりわけ、スパイものである『パープル・バタフライ』には驚かされた。

そんなロウ・イエ監督の第１０作目に当たる本作は、２０１６年にクランクインし、２０１７年春に完成、北京市の映画関係部署の審査に入ったが、その後約２年間、当局から繰り返し修正を迫られ、中国本土での公開日まであとわずか７日というところまで作業は続いた。そして、２０１９年４月４日に中国本土で公開されると、３日間で約６．５億円の興行収入を記録する大ヒットになったそうだ。さらに、本作は、中国公開前の２０１８年１１月に台北で開催された第５５回台湾金馬奨において、監督賞、撮影賞、音響賞、アクション設計賞の４部門でノミネートを果たし、２０１９年２月の第６９回ベルリン国際映画祭パノラマ部門で上映された。日本では２０２３年１月２０日からの公開だが、大ヒットを期待したい。

■□■邦題の意味は？原題の変遷は？原題の意味は？■□■

本作は、撮影当初のワーキングタイトルは『地獄恋人』だったが、完成段階で『一场游戏一场梦』(一夜のゲーム、一夜の夢)とされた。これは、劇中とエンドロールで登場する、改革開放の初期に流行した台湾の歌謡曲の題名であり、その英題が「The Shadow Play」だ。しかし、この中国語タイトルは国家電影局の検閲で使用不可になったため、同じく改革開放初期の台湾の流行歌である『風中有朵雨做的雲』(風の中に雨でできた一片の雲)を最終タイトルにしたそうだ。

劇中にはもう１つ、「夜」という中国の流行歌が使われているが、パンフレットのインタビューでロウ・イエ監督は「これらの歌が映画の内容を決定的にするかというと、そうではないと思いますね。映画の内容と関係はあるけれども、映画自体さらに重要な意味を持っていると思います。」と語り、「『夜』と『一场游戏一场梦』はどちらも夢について歌っていて、素敵な曲です。暗闇の夢の中に帰っていくわけですが、劇中ではその夢は決して美しい夢ではなかったということですね。」と説明している。私の中国語の勉強は少しずつ進んでいるから、これらの曲の中国語の歌詞が示されれば大体の意味はわかるが、さすがに監督が語っているレベルまでは理解できない。しかし、字幕を見ながら、一生懸命聞いてみれば、何となく・・・。

２０２２(令和４)年１２月２０日記

Data　2023−31

監督・脚本：リー・ルイジュン（李睿珺）
出演：ウー・レンリン（武仁林）／ハイ・チン（海清）／ヤン・クアンルイ（楊光鋭）／チャオ・トンピン（趙登平）／ワン・ツァイラン（王彩蘭）／ワン・ツイラン（王翠蘭）／シュー・ツァイシャ（続彩霞）／リウ・イーフー（劉懿虎）／チャン・チンハイ（張津海）／リー・ツォンクオ（李増国）

みどころ

この邦題は一体ナニ？この原題、この英題はナニ？中国では近時、戦争映画大作の大ヒットが続いているが、「映画監督の仕事は本質的に農民の仕事と似ている」と語るリー・ルイジュン監督の本作が、“奇跡の映画”とまで呼ばれて大ヒットしたのは一体なぜ？

パール・バックの『大地』（３１年）では、貧農の主人公が少しずつ土地を獲得していったが、本作の主人公は借りた農地で、ロバを引き、小麦を作るだけ。しかも、本物の農民が主人公を演じているから、いくらセリフが少ないとはいえ演技は大丈夫？また、せっかく“国民の嫁”と呼ばれる美人女優を起用しながら、身障者の妻はところ構わず小便を漏らす厄介者だから、アレレ、アレレ。

他方、家族から厄介払いされる形で結婚したこの夫婦が見せる新婚初夜の姿、借りた卵をひよこにし、さらに卵を産むニワトリにしていく姿、大切なロバを引く姿、マイホームを自力で建てる姿、等々は、まさに本物！『活きる』（９４年）では、娘を失っても、グォ・ヨウとコン・リー演じる夫婦は天寿を全うしたが、さて本作では？

邦題と原題の意味を考えながら、本作ラストの尻切れトンボ的な結末（？）の意味をしっかり考えたい。

——＊——＊——＊——＊——＊——＊——＊——＊——＊——＊——

■□■タイトルの意味は？邦題VS原題VS英題を比較！■□■

本作の邦題は『小さき麦の花』だが、原題は『隐入尘烟』、そして英題は『RETURN TO DUST』だ。本作の少し前に観た、第８世代監督、仇晟（チウ・ション）の『郊外の鳥たち』（１８年）は珍しく原題、邦題、英題が全く同じだったが、本作のそれは似ているようで、微妙に違っているので、その異同に注目！

まず、原題の『隐入尘烟』は、「ほこりや煙に紛れて隠れる」いう意味で、英題の『RETURN TO DUST（塵に帰る）』に近いが、微妙に違うらしい。その点について、リー・ルイジュン監督はパンフレットの中で、「誰もが塵のように、大地の上で生きています。しかしその塵煙の香りこそ、生活の香りでもあります」「"隐入尘烟"とは、一切の物事は最終的に陳腐な日常に埋もれ、時間の層の中に隠れてしまうけれど、一方でそれらは生命と同じく変化の相を秘めていて、目に見えずひっそりと新たな変化を始めており、日常のあらゆる瞬間で私たちに寄り添っていてくれる、ということを表しています」と解説している。なるほど、なるほど・・・。

他方、邦題の『小さき麦の花』と聞けば、キリスト教徒でなくとも、「一粒の麦、死なずば」の言葉を思い出す。これは、「一粒の麦は、地に落ちて死ななければ一粒のままである。だが、死ねば、多くの実を結ぶ」という意味の、奥深い言葉だ。さあ、本作の邦題、原題、英題が前述のとおりにされたのは、なぜ？

■□■時代設定は？舞台は？■□■

本作の時代設定は２０１１年。舞台は中国西北地方の農村とされている。もちろん、本作を理解する上ではそれで十分だが、正確に言うと、舞台はリー・ルイジュン監督の故郷である甘粛省張掖市の花牆子村だ。中国では、西安、北京、洛陽等の昔から都が置かれた大都市があるし、改革開放政策によって急激に発展した、上海、厦門、珠海、深圳等が大都会になっているが、内陸部の発展は遅れている。都市住民と、いわゆる農耕民との格差も歴然としている。

パンフレットによれば、花牆子はシルクロードの要衝で、古くはオアシス都市として栄えた土地。周囲にはゴビ砂漠が広がっており、気候は乾燥している。花牆子は漢民族の村だが、付近には監督の過去作『僕たちの家に帰ろう』（１４年）の主人公たちと同じユグル族やチベット族、回族なども暮らしている。王兵（ワン・ビン）監督が『無言歌』（１０年）（『シネマ２８』７７頁、『シネマ３４』２８１頁）等で迫った反右派闘争時代の労働改造所「夾辺溝農場」は、ここから１００km ほど西に行った場所にあるそうだ。まずは、本作が設定している２０１１年当時の花牆子村の姿をしっかり確認したい。

■□■２人の主人公は？■□■

本作の２人の主人公は、馬有鉄（マー・ヨウティエ）（武仁林／ウー・レンリン）と曹貴英（ツァオ・クイイン）（海清／ハイ・チン）夫婦。夫のヨウティエは、マー家の四男だ。両親と２人の兄は他界し、今は三男、有銅（ヨウトン）（趙登平／チャオ・トンピン）の家で暮らしているが、自分の息子の結婚を心配するヨウトン夫婦にとってはヨウティエは厄介者らしい。他方、妻のクイインは内気が極端なうえ、体に障害があるためか、ところかまわず小便を漏らしていたから、アレレ・・・。こちらもヨウティエ以上の厄介者だ。

したがって、この２人が見合いをして結婚したのは、互いの家族が厄介払いをするためだったらしい。激動する中国の近代史の中をたくましく生き抜いていく夫婦愛を描いた、張藝謀（チャン・イーモウ）監督の『活きる』（９４年）（『シネマ２』２５頁、『シネマ５』１１１頁）は、夫役・葛優（グォ・ヨウ）の演技力と、妻役・鞏俐（コン・リー）の美しさが際立っていたが、同じく夫婦愛を描く本作では、夫も妻も揃って厄介者だから、これから先が大いに心配だ。２人は出稼ぎに出た村人の空き家で暮らしはじめたが、そんな夫婦の新婚初夜の風景はかなり異様・・・？

■□■第5世代監督の名作を彷彿！なぜ本作が大ヒット？■□■

パール・S・バックの名著『大地』（３１年）は、大地に生きる貧農夫婦の一生を描いた一大叙事詩。また、１９８０年代に「中国映画ここにあり！」を全世界に発信した、第5世代監督による『黄色い大地』（８４年）、『紅いコーリャン』（８７年）は、壮大なドラマの中で、貧しいけれども中国の大地を生き抜く庶民の姿が描かれていた。しかし、改革開放政策の下、急成長し、今や米国と覇権を争うまでの経済、軍事大国になった中国は、『戦狼2』（１７年）（『シネマ４１』１３６頁、『シネマ４４』４３頁）、『１９５０　鋼の第7中隊』（２１年）（『シネマ５１』１８頁）等の戦争映画大作を大ヒット増産中だ。そんな中、２０１１年の中国西北地方の農村を舞台にした本作が、２０２２年の第７２回ベルリン国際映画祭での金熊賞こそ逃したものの、“奇跡の映画”と呼ばれて中国で大ヒットしたのは、一体なぜ？

スクリーン上では、互いに家族から厄介払いされて結婚したヨウティエとクイインの２人が力を合わせてロバを引き、ニワトリを育てながら、借りた農地の上で小麦を育てる風景が淡々と描かれていく。本作でクイイン役を演じているハイ・チンは、本来“国民の嫁”という異名で親しまれている美人女優だから、本作でのこれほどまでの大胆な挑戦（変身？）にビックリ！他方、本作でヨウティエ役を演じているウー・レンリンは、本作の舞台となった甘粛省の村で実際に耕作を営む農民で、リー・ルイジュン監督の叔父（叔母の夫）に当たるそうだ。なるほど、本作のヨウティエ役にはセリフがほとんどないから、この役は素人でも演技OK！

■□■農地は？建物は？農村改革とは？この風景に注目！■□■

『大地』の主人公は、安徽省に住む貧農の王龍（ワンルン）。彼は勤勉だったから、到底美人とは言えない阿蘭（オラン）と結婚した後、少しずつ地主の黄家から土地を買っていたし、子供にも恵まれていた。それに対して、本作の主人公ヨウティエが懸命に小麦を育てている農地は広くはないから、収穫した小麦を売っても土地を買う余裕など全くなさそうだ。

ちなみに、本作では、貧農のヨウティエと対照的に、豪農のチャン・ヨンフー（張永福）の息子（楊光鋭／ヤン・クアンルイ）が登場するので、その対比に注目！チャン・ヨンフーは、都市に出て金を稼ぐ働きざかり世代の人々が残していった田畑の経営権を借り受けて集約的な農業を行って財をなしたらしい。もっとも、入院しているため働けない彼は輸血が必要だが、彼の血液型は、極めて珍しい Rh マイナス。そんな彼に輸血できるのは、村で唯一、“熊猫血（パンダの血）”と言われるほど希少価値のある Rh マイナスの血液型を持っているヨウティエしかいなかった。そのため、ヨウティエは何度もこの“旦那”のために輸血を強いられる（?）が、それも豪農 VS 貧農の格差が大きい中国の農村部ではやむを得ないようだ。

他方、農村改革の一環として、２０１１年当時の中国政府は順次古い家を壊し、農民を新しい高層共同住宅に移住させようとしていた。そのため、空き家にヨウティエを居住させていた家主も、政府からの補償金ほしさに、ヨウティエに対して、「すぐに家を出ていってくれ。空き家はいくらでもある」と追い立てたから、さあ、ヨウティエはどうするの？

賈樟柯（ジャ・ジャンクー）監督の『長江哀歌（ちょうこうエレジー）』（０６年）（『シネマ１５』１８７頁、『シネマ１７』２８３頁）で見た、三峡ダムによって水没していく町の悲劇は国にとっても深刻な問題だが、本作に見る農村部の建物の取り壊しは国家にとっては、些細なこと。しかし、ヨウティエ、クイイン夫婦にとっては大問題だ。そう思っていると、本作には、ヨウティエがクイインの協力を得て自分たちだけで家を建ててしまう風景が登場するので、それに注目！この家作りの作業は、①近くの土地から粘土を掘ってきて、それで日干し煉瓦を作る、②廃材で柱を作る、③煉瓦を積み上げて壁を作る、④筵で屋根を葺く、というものだが、ろくに学校にも行っていないヨウティエにこんな作業が

できることにビックリ！これぞ中国、これぞ庶民の底力だ。もっとも、たくさん作って一面に並べていた日干し煉瓦が、突然の大雨に襲われると・・・？逆に、そんな不運を乗り越えて、共同作業によるマイホームを持てた時の２人の幸せぶりは・・・？

■□■この夫婦なりの“愛の語らい”も少し見えたが・・・■□■

本作はチラシにもパンレットにも、「愛という言葉は一度も出てこないけれど。」のフレーズが躍っている。「I Love You」はどこの国でも、いつの時代でも、決まり言葉だから、映画ではあらゆるシーンで使われている。しかし、互いに寄り添い、大地に寄り添って生きる夫婦愛をテーマにした本作には、そんな歯の浮く言葉（？）は一度も出てこない。もっとも、①クイインが真っ暗な道で心配しながら夫の帰りを待っている時、②何度も輸血を迫られる夫を見かねたクイインが「かわりに私の血を採って」と叫ぶ時、③大雨に襲われた日干し煉瓦を必死で守ろうとする共同作業の時、④近所で借りた卵から生まれたひなを、箱の中に入れて嬉しそうに観察する時、そして、⑤「お兄さんの家ではじめてあなたに会った時、お兄さんはロバを苛めていた。あなたはロバに餌をやった。その時、思ったの。この人となら一緒に暮せると」と、はじめて「I Love You」に近い言葉をクイインがヨウティエに投げかける時、等々に本作が描く夫婦愛の姿がくっきりと浮かび上がってくるから、それに注目！

借りていた家からは追い出されたものの、今や新居も完成し、丹精込めて作った小麦も実り、ひなから成長したニワトリもはじめて卵を産んだから、２人の幸せな農民生活はいよいよこれから本格的に・・・。そう思っていると、アレレ。ある日、ある事故で突然クイインは帰らぬ人に・・・。これはショック。さあヨウティエは、これからどうするの？

■□■貴英死亡後の有鉄の選択肢は２つ？それとも３つ？■□■

『活きる』では、愛する子供を失いながらも夫と妻は激動の時代を乗り越え、たくましく生き抜くことに成功。そのため、同作のタイトルは『活きる（活着）』なのだが、本作ではラスト近くに、クイインがあっけなく死んでしまうから、アレレ。愛妻を亡くした後、ヨウティエは一人で小麦を作りながら生きていくの？それとも、小麦作りを諦め、ロバやニワトリを手放し、政府が都会に建設した共同住宅に移住していくの？それとも・・・？本作に見るヨウティエの選択は、あなた自身の目でしっかり確認してもらいたい。

中国に“紙銭”という風習があることは中国映画を観ているとわかってくるし、中国語を勉強していてもわかってくる。これは本物のお金（紙幣）ではなく、紙製のお金を燃やし、先にあの世に行っている祖先たちがお金に困らないよう、煙にして送ってやる習慣だ。本作では、死んだ父母や兄弟のため、ヨウティエがクイインと一緒に紙銭を燃やすシーンが二度も登場するから、ヨウティエにとって紙銭は死者との通信手段として身近なものだったのだろう。

しかして、丁寧にクイインを埋葬した後、ヨウティエは村人たちに対する種もみ代金の返済や、今はひよこからニワトリに成長している、あの時に借りた１０個の卵の返済等を次々と済ませていたから、アレレ。これは一体何のため？もともと人付き合いの悪いヨウティエだから、そんな姿を見ても私は気に留めなかったが、自宅に戻ったヨウティエがクイインのために設けた祭壇の前に１本のガラス瓶を置いているシーンを見ると、さてこれは一体ナニ？

極端にセリフの少ないヨウティエの演技もクイインの演技も見事なものだが、この２人のココロを私たち日本人観客がどこまで理解できているのかはかなり微妙。そんな時、本作のパンフレットにあるリー・ルイジュン監督のインタビューと、クイイン役のハイ・チン、ヨウティエ役のウー・レンリン両人のインタビューが参考になる。本作ではさらに、それ以外にも、①藤井省三氏（名古屋外国語大学教授、東京大学名誉教授）の「“小さき麦”を植える有鉄は現代の阿 Q か?—“低層叙述”映画に花開く一粒の愛の詩」、②井戸沼紀美氏（映画上映と執筆『肌蹴る光線』主宰）の「あっけなく直立していく世界の中で」、③川本三郎氏（評論家）の「ロバとブルドーザー」も大いに参考になるので、それらは必読！

▪□■こんな農村映画がなぜ大ヒット？なぜ上映打ち切り？■□▪

１９８０年代に、チェン・カイコーの『黄色い大地』、チャン・イーモウの『紅いコーリャン』がなぜ全世界に衝撃を与えて“中国ニューウェーブ”と呼ばれたの？また、それに続くチャン・イーモウの『菊豆』（９０年）や『活きる』（９４年）、チェン・カイコーの『さらば、わが愛／覇王別姫』（９３年）や『始皇帝暗殺』（９８年）、ウー・ティエン・ミンの『古井戸』（８７年）、シエ・チンの『芙蓉鎮』（８７年）、ティエン・チュアンチュアンの『青い凧』（９３年）等々が次々と大ヒットしたのは一体なぜ?それは、中国映画特集である『坂和的中国電影大觀　SHOW-HEY シネマルーム５』をしっかり読んでもらえばわかるはずだ。

他方、改革開放政策が始まる以前の１９７０年代の中国は貧しかったが、それから４０～５０年後の今の中国は急成長し、軍事的、経済的に米国と覇権を争うまでになっている。そして、『戦狼２』『１９５０　鋼の第７中隊』等の戦争大作を増産し、大ヒットさせている。そんな中、２０１１年の西北地方の農村を舞台にした何とも地味な本作が、２０２２年のベルリンで金熊賞こそ逸したものの、“奇跡の映画”と呼ばれて大ヒットしたのは一体なぜ?それをしっかり考えたい。もっとも、『キネマ旬報』２０２３年３月下旬特別号の「第２章　世界のヒットランキング&映画界事情」の新田理恵氏の「中国　コロナが劇場経営を圧迫　輸入映画も激減」によれば、「本作はもう１つ、上映が突然打ち切りになったことでも話題になった。9月下旬、劇場公開だけでなくネット配信も打ち切られたのだ。１０月の中国共産党大会を前に、貧困描写など政府のキャンペーンと相容れない内容が問題視されたのではという臆測もあるが、理由は説明されていない。」と書かれているので、それにも注目！それは一体なぜ?

２０２３（令和5）年3月１３日記

2023－24

監督・脚本：仇晟（チウ・ション）
出演：李淳（メイソン・リー）／龔子涵（ゴン・ズーハン）／黄璐（ホアン・ルー）／銭炫邑（チエン・シュエンイー）／許爍（シュー・シュオ）／陳智昊（チェン・ジーハオ）／陳義豪（チェン・イーハオ）／徐程輝（シュー・チョンフイ）／肖驍（シアオ・シアオ）／鄧競（ドン・ジン）／王新宇（ワン・シンユー）

みどころ

中国では"第８世代監督"の活躍が華々しいが、その感覚や感性は７０歳代の日本の爺さんにはわかりづらいものもある。その最たるものが、仇晟（チウ・ション）監督の本作だ。

本作は珍しく原題、邦題、英題がまったく同じだが、その意味は？"しあわせの青い鳥"は知っているが、"郊外の鳥"って一体ナニ？

"スタンド・バイ・ミー" meets カフカの"城"。それが本作に対する最大の褒め言葉だが、その意味は？そこからしっかり本作を読み解き、チウ・ション監督の不思議な感覚（問題意識）に少しでも近づきたい。

―*―*―*―*―*―*―*―*―*―*―

■□■次々と続く中国の第８世代監督に注目！■□■

今やＺ世代が世界を席捲しているが、中国の映画界では第８世代監督が次々と登場し、新しい才能を発揮している。第８世代監督とは、１９８０年～９０年代生まれの若き才能のことで、『凱里ブルース』（１５年）（『シネマ４６』１９０頁）、『ロングデイズ・ジャーニー この夜の涯てへ』（１８年）（『シネマ４６』１９４頁）の毕赣（ビー・ガン）監督、『象は静かに座っている』（１８年）（『シネマ４６』２０１頁）の胡波（フーボー）監督、『春江水暖～しゅんこうすいだん』（１９年）（『シネマ４８』１９９頁）の顧暁剛（グー・シャオガン）監督等がその代表だ。しかして、今般、中国人の友人から新たな第８世代監督、仇晟（チウ・ション）の『郊外の鳥たち』を紹介されたため、オンライン試写で鑑賞。

本作は、２０１８年のロカルノ国際映画祭で上映されると、アメリカの名だたる業界紙が彼の才能を絶賛。ヴァラエティ紙は「魅惑的で不可解なパズルゲーム」と、ハリウッドリポーター紙は「"スタンド・バイ・ミー" meets カフカの"城"」と賞賛したらしい。各国の映画祭で上映された後の２０２２年３月に中国本土でようやく公開されたそうだから、興味津々。

■□■珍しく原題、邦題、英題が全く同じ！その意味は？■□■

本作の原題は『郊区的鳥』。邦題は『郊外の鳥たち』、英題は『Suburban Birds』だから全く同じだ。しかして、「郊外の鳥たち」とは一体ナニ？

本作の仇晟（チウ・ション）監督インタビューによると、それは次のとおりだ。

> **『郊外の鳥たち』というタイトルには何か特別な意味があるのでしょうか？**
>
> **『郊外の鳥たち』とは、サイアリア・スブルビウム（Sialia Suburbium）という特殊な青い鳥のことを指します。都会でも田舎でもあまり見かけない鳥です。郊外の20～25mの高さの電波塔に巣を作ります。様々な昆虫を餌に、プラスチックさえも噛み砕くことができる強い嘴を持っています。その美しい外見とは違い鳴き声は低く、1回の産卵で5～6個の卵を産む。彼らは電磁波を聞きながら成長するそうです。**

しかし、そんな「郊外の鳥」を知っている観客は私を含めて誰ひとりいないだろう。しかるに、チウ・ション監督は、なぜそんな鳥を本作のタイトルにしたの？しかも、原題のみならず、なぜ英題も邦題も同じタイトルに？

■□■郊外の鳥は不知！（しあわせの）青い鳥なら知ってる！■□■

「郊外の鳥」と言われてもさっぱりわからないが、「（しあわせの）青い鳥」と言われれば、私はまず第1に、桜田淳子が歌って１９７３年のレコード大賞新人賞をとった『わたしの青い鳥』を、第2に日産の名車「ブルーバード」を思い出す。そして、第3に、ベルギーの作家モーリス・メーテルリンクの戯曲『青い鳥』と童話『青い鳥』を連想するが、それと関係があるの？

そこで、ウィキペディアで「幸せの青い鳥」を調べると、第1に「モーリス・メーテルリンクの童話『青い鳥』の通称」とあり、第4に「幸せの青い鳥（幸福の象徴）－幸福の象徴としての青い鳥」が載っている。他方、日産ブルーバードの名前の由来は、メーテルリンク作の童話『青い鳥』にちなんで、当時の日産社長によって命名されたそうだが、「青い鳥が欧米では幸せの象徴であったことも影響しているかもしれません」とコメントされている。つまり、「青い鳥」には、“幸せの象徴”というイメージがあるわけだ。すると「郊外の鳥」は（しあわせの）青い鳥と同じ意味？

ちなみに、私は都市計画やまちづくりを弁護士としてのライフワークにしているが、裁判事件としてたくさん関与してきたのは、市街地再開発をめぐるもの。中国の開発や再開発をめぐる法的システムは、日本に比べればまだまだ不十分かつ未整備だが、中国語として有名な“鬼城”とはナニ？それは、中途半端なままで建設工事が中止されたマンションを意味することもあるが、大きな意味では、廃虚になってしまった村やコミュニティを意味するから、本作を鑑賞するについては、それをしっかり理解したい。

■□■物語は？主人公は？鬼城の姿は？■□■

本作は、２０１８年の中国映画だが、中国で公開されたのは２０２２年３月。それは一体なぜ？他方、２０２２年３月に解禁されたポスターとティザー予告編は、次のとおりだ。

中国第8世代の新たなる才能、チウ・ション監督作『郊外の鳥たち』3月公開

各国の映画祭で注目を集めたチウ・ション監督作『郊外の鳥たち』より、ポスターとティザー予告編が解禁された。

各国の映画祭で注目を集めたチウ・ション監督作『郊外の鳥たち』より、ポスターとティザー予告編が解禁された。

地盤沈下が進み《鬼城》と化した中国地方都市の地質調査に訪れた青年ハオは、廃校となった小学校の机の中から、自分と同じ名前の男の子の日記を見つける。そこに記録されていたのは、開発進む都市の中で生き生きと日常を謳歌する子どもたちの姿だった。それは果たしてハオの過去の物語なのか、未来への預言なのか…。やがて子どもたちは、ひとり、またひとりと姿を消していく。

（シネマカフェ（cinemacafe.net）より）

なるほど、なるほど。こりゃ、わかったようなわからないような・・・。

■□■ハオの物語と子供たちの物語が交互に進行！■□■

本作は、測量器を持って測量作業に従事する青年ハオ（李淳（メイソン・リー））の姿が度々登場する。また、本作には、測量のため以外にも、バードウォッチングのようにレンズを通して対象を眺めるシークエンスが度々登場するので、それに注目！

他方、本作のストーリーとしては、地盤沈下が進む“鬼城”を訪れたハオたちが各地各所を測量する物語と、ハオが見つけた日記の中の子供たちが野山を歩き回る物語が交互に描かれる。測量のターゲットは地盤だけでなく、地下鉄のためのトンネル等にも及んでいくが、それは一体ナニを意味しているの？他方、子供たちの遊びは戦争ごっこ等の間は楽しそうだが、ある日、「太っちょ」というあだ名の男の子（陳義豪（チェン・イーハオ））がいなくなると、我然ミステリー色も・・・？

本作は、そんな２つの物語がセリフを極端に省く中で淡々と進んでいくので、ハッキリ

言って眠くなってしまう。しかし、そこで思い出すのが、ハリウッド・リポーター、レスリー・フェルベリンが「“スタンド・バイ・ミー” meets カフカの“城”」と賞賛していること。これって一体ナニ？これを理解できるのは、よほど教養の高い人に限られるのでは？

■□■“スタンド・バイ・ミー”VSカフカの“城”■□■

『スタンド・バイ・ミー』（８６年）はスティーヴン・キングの原作に基づく１９８６年公開の映画で、「青春映画の傑作、金字塔」などと高く評価されている。その内容は、１９５０年代末のオレゴン州の小さ町キャッスルロックに住む４人の少年たちが、好奇心から線路づたいに死体探しの旅に出るという、ひと夏の冒険を描いたものだ。他方、１９９７年のテレビ映画『カフカの「城」』は、フランツ・カフカの未完の長編小説『城』を映画化したもの。そこでは、とある寒村の城に雇われた測量技師Kが、いつまで経っても城の中に入ることができずに翻弄される様子が描かれている。

パンフレットにあるチウ・ション監督のインタビューによると、「映画の中で描かれている子供たちが行方不明の友人を探す旅に出るというストーリー」は、監督の小学生の頃の体験に基づく発想で、必ずしも『スタンド・バイ・ミー』からの発想ではない。しかし、もう一つのインスピレーションは、カフカの小説『城』から得たものだ。すなわち、彼は、インタビューの中で、「主人公の K は、城の地図を作る仕事を任されます。K は城の中に入って仕事を始めようとするのですが、一向にうまくいきません。私は、“もし K の仕事が潤滑に進めることができたら？”という問いに答えることで、この小説を読み進めようとしました。そこで、定規を持ってある測定点に立つことだけを仕事とする放浪のエンジニアというキャラクターを着想したのです。」と語っている。へぇ、なるほど、なるほど。しかし、これもやっぱり、わかったような、わからないような・・・。

■□■不思議な感覚！第8世代監督の問題意識に注目！■□■

日本でも測量士や測量機器は一般的だし、彼らの測量風景も日常的に目にするもの。しかし、少年から大人になり、今は測量技師として働いている本作の主人公ハオは、本作で一体ナニを測量しているの？それは地盤沈下が進み、“鬼城”と化した中国地方都市だ。しかして、チウ・ション監督は、地盤沈下という事件をなぜ物語全体の背景に据えたの？

そんな質問に対して、チウ・ション監督は、次のとおり答えている。すなわち、「私たちの街は、何層にも重なってできています。過去の街並みや建物が、現代の都市の骨格を形成しているのです。ですから、地下は堆積した記憶の世界のようなものです。記憶が薄れると、地下から水が漏れて空洞ができる。だから地盤が沈下する。集団健忘症の兆候です。」。なるほど、なるほど。第8世代監督の不思議な感覚はこんなもの？第8世代監督の問題意識に注目！

２０２３（令和5）年2月２８日記

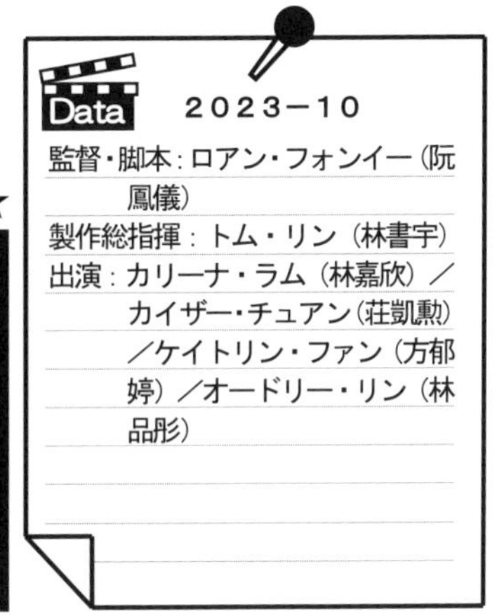

みどころ

壮大な「歴史モノ」やハラハラドキドキの「スパイもの」も面白いが、自伝的な「家族モノ」もグッド！近時の邦画は「恋愛モノ」や「青春モノ」が多いが、中国では『こんにちは、私のお母さん』（２１年）、『シスター　夏のわかれ道』（２１年）、『柳川』（２１年）等の、泣かせる「家族モノ」の名作が多い。

本作もその一つだが、舞台が台湾であること、時代が広東省、香港、台湾を中心に猛威を振るったＳＡＲＳの時代（＝２００３年）であることに注目！

今から６０年前の私の中学校時代も孤独感との闘いだったが、今から２０年前にアメリカから来た少女（美國女孩）である監督は、いかなる家族生活を？８０%は自伝的な“小さな物語”から、あなたは何を受け止め、何を学ぶ？

——＊——＊——＊——＊——＊——＊——＊——＊——＊——＊——

■□■初長編で賞を総ナメ！ロアン・フォンイー監督に注目！■□■

近時、中国（本土）でも若手監督の進出が著しいが、それは台湾でも同じ。『シネマ４９』では、①『親愛なる君へ（親愛的房客／Dear Tenant）』（２０年）（２７８頁）、②『恋の病～潔癖なふたりのビフォーアフター～（怪胎／i WEiRDO）』（２０年）（２８４頁）、③『１秒先の彼女（消失的情人節／My Missing Valentine）』（２０年）（２８７頁）、④『返校 言葉が消えた日（返校）』（１９年）（２９３頁）、を紹介したが、新たに１９９０年に台湾で生まれた阮鳳儀（ロアン・フォンイー）監督も登場！彼女は長編初監督作品となる本作で、第５８回金馬奨を１０部門にノミネートされ、最優秀新人監督賞、最優秀撮影賞、最優秀俳優賞、国際批評家連盟賞や観客賞の５部門で受賞したからすごい。

私が日曜日の夜にベッドでよく聴いているのが、NHKのEテレで午後9時から放映されている『クラシック音楽館』。1月２２日（日）のN響第１９７０回定期公演では、台湾のバイオリニスト、レイ・チェンによる「メンデルスゾーン～バイオリン協奏曲」の演奏を聴いたが、これもすごかった。台湾は、民進党 VS 国民党の二大政党制の下での国家運営を続けているが、それが困難を極めていることは言うまでもない。しかし、そんな中、音楽界でも映画界でも次々と若い才能が輩出していることにビックリ！

■□■８０%は自伝的な物語！舞台は２００３年！SARSは？■□■

ロアン・フォンイー監督は、１９９０年に台湾で生まれたが、９７年に母と１歳下の妹と共にアメリカのオレゴン州に移住し、２００３年に再び台湾に戻ったという経歴の持ち主。本作の製作総指揮を務めたのは、トム・リン（林書宇）。本作の主人公となる１３歳の少女ファンイーを演じたケイトリン・ファン（方郁婷）は、オーディションで選ばれた新人だが、乳癌の告知を受けてアメリカから台湾に戻る決心をした母親リリー役は、カリーナ・ラム（林嘉欣）というビッグネームが演じている。『おねえちゃん　JieJie』（１７年）という彼女の最初の短編映画が注目されたとはいえ、海のものとも山のものともわからないロアン・フォンイー監督が書いた本作脚本に、トム・リンが注目し、その映画化を勧めたのは、一体ナゼ？また、トム・リンから送られてきた脚本を３日間かけて読んだというカリーナ・ラウが即座に出演を決めたのは、一体ナゼ？本作については、1,３００円もする詳しいパンフレットがあるし、『キネマ旬報』２０２２年１０月下旬号でも、４４頁～５３頁まで特集しているので、それらは必読！

８０%は自伝的物語という本作の時代は２００３年。本作には台湾を襲った「SARS」の物語が登場するが、本作の撮影開始は、新型コロナがパンデミック化する直前だったらしい。監督自身は、２００３年にアメリカから台湾にやってきた時に台湾を襲ったSARSを体験しているが、ファンイー役を演じたケイトリン・ファンはそれを知らない。したがって撮影中にコロナの恐ろしさを知ったことは、本作の撮影に大いに役立ったかも・・・。

■□■この母娘はなぜアメリカへ？なぜ再び台湾へ？■□■

本作は２００３年の冬、１３歳のファンイーが８歳の妹ファンアン（オードリー・リン（林品彤））と共に母親のリリーに連れられて台湾の空港に到着するところから始まる。父親のフェイ（カイザー・チュアン（荘凱勲））が迎えにきてくれたのは当然だが、帰路の車中でたちまちファンイーの台湾帰国への不満が噴出してくるので、それに注目！その不満は家に着いてからも同じだ。これから通う台北の中学校に対する不満がいっぱいなら、父親が作ってくれた食事にも、狭くて汚いアパートにも不満だらけらしい。妹はまだ幼いから父親との再会を単純に喜んでいたが、１３歳の思春期（反抗期）ともなると？

リリーの帰国は乳癌を宣告されたためらしいが、そもそもなぜ父親一人を台北に残して母親と２人の娘だけがアメリカに渡ったの？生活費はどうしていたの？それは、自分の体験記を映画化したロアン・フォンイー監督が一番よく知っていることだが、それを説明するのが本作の目的ではないから、ほとんど説明してくれない。そればかりか、台湾と中国大陸とを往来する仕事に従事しているらしいフェイは職場に大きな個室を持っているから、それなりの地位と収入がありそうだが、そんな経済的な事情もほとんど説明してくれない。

逆に、自分の視線から、母親や父親に対する不平不満ばかりを述べているファンイーの姿ばかりがやけに目立っている。その点から見ても、なるほど本作はその８０％がロアン・フォンイー監督自身の自伝映画！？

リリーの癌のレベルがどれくらいかはよくわからないが、抗癌剤を飲んでいるためか、食後の片付け中に急に吐き気を催す姿を見ていると、かなり末期？？もっとも、癌闘病映画に必ず登場する、毛髪が大量に抜け、頭に帽子を被るシーンは本作には登場しないから、末期ではないのかも・・・？それはともかく、そんなふうに本作はあくまで１３歳の少女ファンイーの視線から描かれる家族の物語だということをしっかり確認したい。そのため、本作の原題は『美國女孩』、邦題も『アメリカから来た少女』なのだ。

■□■4 人家族の気持ちはバラバラ！状況はまさに最悪！■□■

ファンイーたちが暮らしていたロサンゼルスの家がどの程度のものだったのかは知らないが、台北のアパートの狭さと汚さを嘆いている母親の姿を見ると、男の１人暮らしだった点を割り引いても、そこがアメリカの家よりかなり劣っていることは間違いない。

また、もともと、クラスメイトと離れたくないため台湾への帰国に猛反対していたファンイーの台北の中学校生活は地獄だった。だって、何事も自由だったロサンゼルスの学校に比べて、そこでは、決められた髪型や制服が厳しい上、苦手な中国語での授業や先生の体罰など、アメリカの学校生活とは異質で、大変なことばかりだったのだから。その上、幼馴染のティン以外のクラスメイトからは“アメリカ人”と呼ばれ、疎外感を味わされた上、成績も下降の一方だ。さらに、家に帰ると、家族と久々に一つ屋根で過ごすことになった父は、妻を心配し、娘たちを気遣いながらも、生活のために出張で家を空けざるを得ない。そのため、母に対してやり場のない怒りを募らせるファンイーは、反抗的な態度を取り続けることに。そんな娘に母も感情的になり、母子の溝はどんどん広がっていくばかりだった。今まさに、４人家族の気持ちはバラバラで、状況はまさに最悪だ。なぜ私の生活はこんなことに？彼女は毎日そう思いながら日々を過ごしていたが・・・。

■□■孤独感をブログに！和解のきっかけは作文コンクール■□■

両親と１歳違いの兄との４人家族だった私は、中高一貫の進学校で６年間を過ごしたが、その当時の孤独感は本作に見るファンイーと同じ。その孤独感を、私は映画や囲碁、将棋で何とか紛らしながら、ギリギリ受験勉強にも耐えて、大阪大学に進学することができたのはラッキーという他ない。

本作のファンイーが馬や乗馬が大好きだったというのは意外だが、それはいかにも本作のタイトルにピッタリ。ファンイーが父にも母にも反抗的になり、さらには、ついつい妹にも当たってしまうのは、お年頃なこともあって仕方ないだろう。そんなファンイーがインターネットカフェに出入りする中で、台湾の乗馬クラブにたどり着いたのはさすがだが、校則ではそれも禁止らしい。そのため、さらなる罰則を受けたが、インターネットを活用する中で、ファンイーが母親への不満をブログに書いて紛らわしていたところ、それがある教師の目に留まり、スピーチコンテストに出ることを勧められたからラッキー。私は中華人民共和国駐大阪総領事館主催の「私の好きな中国映画」作文コンクールに応募して、見事三等賞に入賞したが、さてファンイーが書いたスピーチコンテストに向けての原稿は？それが単に母親への不平不満をぶつけただけのものなら評価されるはずはないが、不平不満の裏に１３歳の娘として母への限りない愛がこもっていることが理解されれば？さらにその原稿をもとにしたファンイーのスピーチに力と愛情がこもっていれば？

■□■SARS襲来！妹は風邪？ひょっとしてSARS？■□■

全世界を一気にパンデミック化した新型コロナウイルスは、３年間の猛威を経て２０２３年２月の今、一定の落ち着きを見せている。他方、私が自社ビルを持ち、ホームページや映画評論を始めたのは２００１年。郵政民営化と不良債権処理を唱えた小泉純一郎内閣の発足も２００１年だが、考えてみれば、その直後にアジアで猛威を振るったのがＳＡＲＳだった。日本では比較的影響は小さかったが、ＳＡＲＳの発生源は２００２年１１月に中国の広東省で発生した原因不明の肺炎だった。ＳＡＲＳの猛威は、２００３年3月１２日のWHOによる全世界への“警告”から７月５日の制圧まで約１年４カ月と、新型コロナウイルスに比べると短かったが、広東省、香港、台湾を中心に広がったから、アメリカから台北に戻ってきたファンイーたちにとっては迷惑な話だ。そのうえ、父親の出張直前、ファンイーのスピーチコンテスト直前に、妹のファンアンが風邪？ひょっとしてＳＡＲＳ？という症状を見せたから、さあ大変。父親は出張を中止してファンアンを入院させたが、隔離されてしまったから、さらに大変だ。診察の結果は？

本作のパンフレットは１３００円と高いが、ストーリーの紹介はもとより、６本のレビュー、1本のコラム、５本のインタビューが収録されているから充実度は高い。その中の１つ、川本三郎氏（作家・評論家）のレビューには「ラスト、ファンイーがアパートの窓から下を見て、妹が帰ってくるのを迎えるところで終わる。あえて妹の姿を見せず、“感動的”になるのを抑えているのが好ましい。」と書かれているが、まさにその通り。せっかくファンイーとファンアンが母親とともにアメリカから台北で仕事をしている父親の元に戻ってきても、ケンカばかりが続き、家族はバラバラ。お年頃のファンイーは疎外感、孤独感、絶望感でいっぱいになっていた。ファンイーには最悪の場合、家出や自殺まで考えられる（?）状況下、ＳＡＲＳの疑いでファンアンが入院、強制隔離されたことは下手すると、この家族の致命傷になりかねないものだった。しかし、現実は？また、ファンアンを入院させた後の父親の仕事は？さらにファンイーのスピーチコンテストの結果は？そして何よりも、ファンアンのＳＡＲＳの疑いは陽性？それとも陰性？新型コロナウイルスの猛威に対する全面隔離政策から大胆な切り替えを行った結果、現在の中国では「阳了吗？」の挨拶が日常となり、１４億の人口のうち１１億人が陽性になったとのことだが、さてファンアンのＳＡＲＳの疑いは如何に？そして、本作のラストはどんなシーンに？それは、あなた自身の目でしっかりと！

２０２３（令和5）年2月１０日記

Data　2023−6

監督・脚本：チャン・リュル（張律）
出演：ニー・ニー（倪妮）／チャン・ルーイー（張魯一）／シン・バイチン（辛柏青）／池松壮亮／中野良子／新音

みどころ

私は、『キムチを売る女』（０５年）しか知らなかったが、中国朝鮮族３世のチャン・リュル（張律）監督の活躍は、その後も続いているらしい。

福岡の柳川が“日本のベニス”と呼ばれていることは私も知っていたが、なぜ彼はそんな柳川を舞台に、またそれをタイトルに、本作を作ったの？それは、『漫长的告白』という原題を考えれば、よくわかる。

北京に住む、性格が正反対の兄弟が、なぜ同じ女性リウ・チュアンを愛したの？彼女は、なぜ突然姿を消したの？なぜ今、柳川に住んでいるの？

韓国のホン・サンス監督の会話劇も面白いが、本作のさまざまな会話劇も面白い。しかして、末期癌の告知から始まる、本作の“長い告白”とは？その内容と味わいは、あなた自身の目でしっかりと！

――＊――＊――＊――＊――＊――＊――＊――＊――＊――＊――

■□■監督は張律、主演女優は倪妮。こりゃ必見！■□■

『柳川』と題された本作のチラシを見ても私には、本作が中国映画だとわからなかった。しかし、本作はれっきとした中国映画だ。そして、本作の監督・脚本が『キムチを売る女』（０５年）（『シネマ１７』４５５頁）で私に強烈な印象を残した中国朝鮮族３世の張律（チャン・リュル）監督だと知り、さらに、本作の主演女優が張藝謀（チャン・イーモウ）監督の『金陵十三釵』（１１年）（『シネマ３４』１３２頁）で強烈な印象を残した、倪妮（ニー・ニー）であることを知ると、こりゃ必見！

さらに、ビックリしたのは、本作に若手を代表する俳優、池松壮亮と、『君よ憤怒の河を渉れ』（７６年）（『シネマ１８』１００頁）で、中国でも有名な女優、中野良子が出演していることだ。なぜ中国映画にこんな日中のスターが共演しているの？しかもそのタイトルが『柳川』（やながわ）なの？

■□■日本の柳川（やながわ）＝汉语の柳川（リウチュアン）■□■

本作の舞台は、日本のベニスと呼ばれる福岡の柳川。これは、日本語で読めば“やながわ”だが、中国語では“リウチュアン”だ。本作の冒頭、中年になり、自分が不治の病であることを知ったドン（チャン・ルーイー／張魯一）は、長年疎遠になっていた兄チュン（シン・バイチン／辛柏青）を、日本の柳川の旅に誘う。それは、柳川が、北京語では“リウチュアン”と読み、２人が青春時代に愛した女性リウ・チュアン（ニー・ニー／倪妮）と同じだったから・・・。そんなくだらない（？）ゴロ合わせから始まる物語は一見バカバカしいようだが、何の何の！そんなストーリーは、かなり面白そう！

■□■兄の恋人チュアンはなぜ消えたの？なぜ柳川に？■□■

冒頭の舞台は北京。ゼロコロナ政策が急転換した今、北京でも爆発的に感染が広がっているから、北京の病院が日本のニュース番組に登場するケースも多い。しかして今、病院から出てきたドンの表情は隠鬱そのもの。そんな彼の口から語られる言葉とは？

続いて登場してくるのは、ドンと兄チュンとの対話劇。２人で店のカウンター席に隣り合わせで座る中で、ドンがチュンに対して、決して饒舌ではないが、はっきり一緒に日本の柳川に行こうと誘っていることは明らかだ。しかし、なぜ末期癌の告知を受けたばかりのドンが、約２０年前に兄の恋人だったリウ・チュアンが住んでいるという福岡県の柳川を訪れようという気になったの？このドンとチュンの兄弟は、陽のチュンに対して、陰のドンと、性格が正反対だということがよくわかる。２人の会話を聞いていると、かつて北京に住んでいたチュアンはチュンの恋人としてそれなりにうまくいっていたようだが、なぜかある日、何も告げないまま姿を消してしまったらしい。それは一体なぜ？そして、彼女は今なぜ日本の柳川に住んでいるの？さらになぜドンはそれを知っているの？そして何よりも、今なぜドンはチュンとともにチュアンが住んでいる柳川に行こうとしているの？

■□■風景に注目！宿にも注目！宿には第三の男も？■□■

大阪の道頓堀を訪れる中国人の観光ツアーは、買い物目当てのド派手な“ご一行様”が多い。しかし、本作に見る中年男２人の柳川訪問は、それとは正反対の静かなものだ。宿はドンが手配したらしいが、それは独身男の中山大樹（池松壮亮）が自宅の一部を宿（民宿？）として使っている珍しいものだ。ドンはどうやってこんな宿を見つけたの？それはともかく、本作ではまず暖かい“こたつ舟”による“柳川の川下り”の風情をドン、チュン兄弟と共に味わいたい。愛媛県の松山市で生まれ育った私は、道後温泉をはじめとする故郷の観光名所をよく知っているが、約１時間かけて船頭さんが案内してくれる柳川の川下りも一度は行ってみたいものだ。北京育ちのチュンが喜んだのは当然だろう。

そんな観光を終えた後の２人のお目当てはもちろん、リウ・チュアンが歌っているというバーの訪問。遠くの席に座ってチュアンが歌う姿を見ながら「俺たちのことに気づくかな？」と話していると、歌い終えたチュアンが、まっすぐ２人の席に向かって来たからすごい。さあ、そこから３人の間でどんな会話が・・・？

本作では場所やシチュエーションを様々に変えながら展開していく２～３人の会話劇が最大のポイント（面白さ）だが、宿に帰ってみると、チュアンも中山の宿（家？）に住んでいるようだから、アレレ。こりゃ、一体どうなってるの？チャンの見立てでは、中山もチュアンに気がありそうということだが、その真偽は？チャン・リュル監督の映画の特徴はパンフに詳しく解説されているが、本作を見れば、節度を持った会話劇の巧妙さにあることがよくわかる。"会話劇"ばかりで２６作も作り続けている韓国のホン・サンス監督作品の会話劇も面白いが、本作ではチュアンを巡る"第三の男"として登場する中山を含めた3人の男たちと、チュアンとの間で展開される様々な会話劇を存分に味わいたい。

■□■チュアンの魅力は？お気軽な女？魔性の女？いやいや■□■

私が高校時代にたくさん見てきた女優・吉永小百合の魅力は、清純さ。『泥だらけの純情』（６３年）では、それが際立っていた。それに対して、吉永の後輩ながらやけに演技がうまかったのが和泉雅子。浅丘ルリ子や芦川いづみは、やはり石原裕次郎との共演が最も似合っていた。そんな日活の女優陣に比べると、岩下志麻等の松竹の女優陣はまったく異質だったし、今なお活躍している女優、加賀まりこは"魔性の女"がピッタリだった。

しかして、若い頃チュンの恋人だった（？）チュアンが一言も言わずに北京から姿を消してしまったのは、夫の浮気に反発したチュアンの母親がロンドンに移住したためだが、チュアンはなぜそれをドンやチュンに説明しなかったの？チュンはドンに対して、今でもチュアンのことを"お気軽な女"と称していたし、柳川でも密かにチュアンの部屋に入っていた（？）から、Hな関係などこれっぽっちも考えられないドンに対して、北京に妻子のいるチュンの方は今でもチュアンとHな関係を続け、お気軽な女と見ているの？

他方、こちらも独身を保っているとばかり思っていた中山には、チュアンとの会話の中で、意外にも１５歳になる娘がいることが語られるからビックリ！しかして、本作では、なぜか、たった１人で中山の宿（家？）の近くをうろつく中山の娘（新音）の姿と、ある偶然によって彼女に寄り添う形になるチュアンの姿が登場するので、それにも注目！もっとも、中山とその娘の間の会話劇は一切登場しないので、現時点での２人の確執や思いは、観客が１人１人想像するしかない。しかし、それをうまくチュアンが橋渡ししてくれる（？）ので、チャン・リュル監督による、その構成の妙にも注目したい。

さあ、そんな風に3人の男たちだけでなく、中山の娘にも影響を与える女、チュアンの魅力は如何に？この女は、お気軽な女？魔性の女？それとも・・・？

■□■女優・中野良子の魅力と存在感をじっくりと！■□■

１９４５年3月生まれの吉永小百合は"戦中派"だが、１９４９年1月生まれの私は"戦後派"。それと同じように、１９５０年5月生まれの中野良子も"戦後派"だ。１９７２年4月に司法修習生となり、１９７４年4月に弁護士登録をした私は、忙しい毎日を送っていたが、それでも中野良子が島田陽子らと共演したＴＶドラマ『光る海』（７２年）は、石坂洋次郎の人気小説が原作だったことと、美人女優がたくさん出ていたから、よく観ていた。しかし、中国で大ヒットし、日本の美人女優、中野良子の名を中国全土に知らしめた、『君よ憤怒の河を渉れ』（７９年）は、私が独立した年に公開されたこともあって、観ていない。後になって何度かＴＶ放映で観たが、東京の街中を彼女が馬に乗って失踪するシークエンスは何とも奇想天外な魅力がいっぱいで、その美女ぶりも際立っていた。

そんな絶世の美女も今や７０歳を超えている。オードリー・ヘップバーンのことを思い起こすと、若い頃に絶世の美女だった女性は、老人になると見られなくなってしまう恐れもあるが、中野涼子はそうではない。居酒屋の女将役として、好きなように働いている彼女の姿は今なお魅力がいっぱいだ。もちろん、本作における彼女はあくまで脇役だから、ドンとチュンが語り合うシーンに、カウンターの向こう側に立って、時々言葉を挟むだけ。しかし、彼女は本作におけるそんな自分の役柄をしっかりこなしている上、中山から１人娘についての“悩み相談”を聞いてやるシークエンスでは、自分の生きてきた道を振り返りながら、味わい深い人生訓を垂れてくれるので、それにも注目。

チャン・リュル監督が本作に女優、中野良子を起用したのは、一方ではもちろん中国人受けを狙ったものだろうが、他方で彼女のしっかりした演技力を信頼、期待してのものだということを、彼女の演技を見ながらしっかり確認したい。

■□■ドンは何のために柳川へ？癌の告白は？最後の舞台は？■□■

兄弟の関係は微妙なもの。徳川家の３代目を巡っては、２代将軍・秀忠の死後、秀忠の長男・家光と、次男・駿河大納言忠長の間で大変な争いが勃発したことは、『柳生一族の陰謀』（７８年）を見ればよくわかる。兄と２人兄弟である自分自身を振り返っても、その微妙さがよくわかるから、本作におけるチュンとドン兄弟の微妙な関係は興味深い。

本作はドンに対する末期癌の告知から始まり、兄のチュンを誘って柳川旅行に赴き、チュアンとの再会の中でさまざまなドラマが展開されるから、私はどの時点でドンの癌告白が始まるのかをずっと注視していた。ところが、本作はそんな私の期待（？）を完全に裏切ってくれるから面白い。しかし、それなら、ドンは何のためにチュンを誘って柳川に出かけたの？自分が末期癌に罹患したことを告白するには絶好の兄弟旅行であり、チュアンとの再会旅行であることは明白だが、なぜドンは柳川旅行中にそれを告白しなかったの。

しかして、スクリーン上の最後の舞台は、ドンが末期癌を告白したのか、しなかったのかを教えてくれないまま、１年後の北京になっていくので、それに注目。ちなみに本作の邦題は『柳川』だが、原題の『漫长的告白』は“長い告白”だということが日本人でも理解できるが、長い告白の中に末期癌の告白は含まれていたの？それとも含まれていなかったの？ラストのシークエンスには、ドンは一切登場しないが、それはもちろんドンが既にこの世を去っているからだ。そんなドン亡き後の北京で、チュンとチュアンはどんな会話劇を繰り広げながら本作の結末に向かうの？原題を『漫长的告白』とした本作の結末は、あなた自身の目でしっかりと。

２０２３（令和5）年1月１８日記

Data　2023－12

監督：ウェイ・ジェンツー

出演：サモ・ハン／ユエン・ウーピン／ドニー・イェン／ユン・ワー／チン・カーロッ／ブルース・リャン／マース／ツイ・ハーク／アンドリュー・ラウ／エリック・ツァン／トン・ワイ／ウー・スーユエン

みどころ

『ドラゴン危機一髪』（７１年）に見るブルース・リーの登場は、香港映画界はもとより、世界の衝撃だった。以降、ジャッキー・チェン、サモ・ハン、ドニー・イェン等のカンフーアクション俳優が続いた。

他方、作品としては、ジャッキー・チェン主演の『酔拳』（７８年）や『蛇拳』（７８年）をはじめ、８０年代の『少林寺』シリーズや９０年代の『ワンス・アポン・ア・タイム・イン・チャイナ』シリーズ等が続々と生まれ、香港アクション映画はハリウッドを凌駕し、世界に衝撃と賞賛をもたらした。しかし、それを支えたスタントマンたちの苦労は？カンフー映画のルーツは京劇にあり。そこから多くの関係者の証言を積み上げていった本作に拍手！

ケガはもとより、死ぬことすら恐れず、よくぞここまでの肉弾アクションを！ＣＧのない時代、いやＣＧがないからこそできたのだろうが、１９７１年から３０年間の香港アクション映画を支えた龍虎武師たちに感謝！

――＊――＊――＊――＊――＊――＊――＊――＊――＊――＊――

■□■香港アクションのドキュメンタリー誕生！こりゃ必見！■□■

私が修習生になったのは１９７２年４月、大阪弁護士会に弁護士登録したのは１９７４年４月だ。その当時既に『男はつらいよ』はシリーズ化が重ねられていたが、１９７１年、『ドラゴン危機一髪』でブルース・リーが突如登場！『ドラゴン怒りの鉄拳』（７２年）、『ドラゴンへの道』（７２年）と続く大ヒットになった。それを契機として、花開いた香港カンフーアクション映画は、スタイルや個性は大違いながら、ジャッキー・チェンの『酔拳』（７８年）や『蛇拳』（７８年）、さらに『少林寺怒りの鉄拳』（７７年）等が続いた。

そんな時代の流れの中、カンフーアクションの主役たちを支えるカンフースタントマンも大量に生まれたが、そのルーツは？生態は？そして、彼らの今は？そんな視点で、ウェイ・ジェンツー監督が『カンフースタントマン　龍虎武師』と題する貴重なドキュメンタリーをまとめたので、こりゃ必見！

■□■香港カンフーアクションの隆盛と栄光に注目！■□■

ブルース・リーは１９７３年に３２歳の若さで死んでしまったが、ジャッキー・チェンは今なお頑張っている。それと共に、彼の主演作はさまざまなシリーズで大ヒット！また、８０年代の『少林寺』シリーズも、９０年代の『ワンス・アポン・ア・タイム・イン・チャイナ』シリーズも大ヒットし、さまざま視点からストーリーが作られてきたが、その底流に流れているカンフーアクションは不変だ。その内容は、後掲**資料①**のとおりだ。本作では、その隆盛と栄光が多くの関係者の証言と映像の中で語られるので、それに注目！しかし、その興隆と栄光はいつまで続いたの？現在の香港は？そして、現在の香港映画は？

他方、日本では千葉真一が主催するJAC（ジャパンアクションクラブ）（現・ジャパンアクションエンタープライズ）がアクション俳優、スタントマンの養成を目的として、１９７０年４月に設立され、日本流のアクション映画が次々と作られたが、これがカンフーアクション映画の影響を受けたものであることは明らかだ。私はJAC出身の美人女優、志穂美悦子が大好きだったし、真田広之もJACの訓練のおかげで、『麻雀放浪記』（８４年）の路線外の、アクション俳優として大活躍したから、すごい。

■□■カンフー映画のルーツは？その背景は？■□■

カンフー映画のルーツは京劇にあるらしい。しかして、パンフレットには「ハリウッドを凌駕し、世界に衝撃と称賛をもたらした“香港アクション”その真髄を目撃せよ！！」と題する文章でまとめられているので、これは必読！

■□■香港カンフーアクションの語り部たちは？■□■

香港カンフーアクションの二大有名人はブルース・リーとジャッキー・チェンだが、それ以外にも、サモ・ハン、ドニー・イェン等も有名。しかし、もちろん香港カンフーアクションが有名になったのは彼らだけではない。しかして、本作では後掲**資料②**等の関係者がそれぞれ熱く、香港カンフーアクションを語ってくれるので、それに注目！

■□■「階段落ち」もすごかったが、龍虎武師はそれ以上！■□■

『ニュー・シネマ・パラダイス』（８８年）は、イタリア流の映画愛をふんだんに込めたジュゼッペ・トルナトーレ監督の名作だった。それと同じように（？）、チャンバラ映画への愛をたっぷりと込めた深作欣二監督の名作が、『蒲田行進曲』（８２年）だった。

同作の舞台は、『新選組』の撮影真っ只中の京都撮影所。人気俳優で主役の、風間杜夫演じる銀ちゃんこと倉岡銀四郎は、最大の見せ場となる「池田屋の階段落ち」で一世一代の危険なスタントをやる大部屋俳優として、子分である、平田満演じるヤスを指名したが、さてヤスは命懸けで、そんな危険なスタントに挑むの？それが同作最大のテーマだったから、同作に見る「階段落ち」のアクションは日本映画最大の危険なスタントとして注目された。しかし、１９７１年に世界中をあっと言わせた『ドラゴン危機一髪』に見るブルース・リーのアクションで相手役を務めたスタントマンたちのリスクは？また、ブルース・リーに続く、ジャッキー・チェン、サモ・ハン、ドニー・イェンたちのカンフーアクションの相手役を務めたスタントマンたちのリスクは？

ジャッキー・チェン主演の映画では、終了後に流れる字幕と共に撮影風景の"内幕"が怒鳴り声や笑い声と共に映し出されるのが常だが、それを観ていると、監督から「アクション OK！」の声がかかるまでに、何度も失敗を重ねていることがよくわかる。香港アクション映画では、カンフースタントマン（龍虎武師）たちは、失敗の度に痛い思いをするのだから大変だ。香港カンフーアクションで彼らが演じるアクションは、高いビルの上から飛び降りたり、火薬の爆発の中を脱出したり、車に轢かれて跳ね飛ばされたり等々、ありとあらゆるパターンがある。『鎌田行進曲』における「階段落ち」のアクションも大変だっただろうが、カンフーアクションのスタントマンたちは、毎回の撮影でそれと同じリスクを背負いながら働いていたのだからすごい。本作に見るそのリスクの数々は、その撮影風景の内幕を知れば知るほど、ぞっとするほどものすごいことを知ることに。

■□■あの時代は良かった！そんな対象としていつまでも！■□■

歌が大好き、カラオケも大好きな私は、昔の年末は、『輝く！日本レコード大賞』と『NHK紅白歌合戦』を必ず観ていた。しかし、昨今は両者ともほとんど観ていない。それに変わって、私が近時よく観ている番組は、堺正章司会の『THE カラオケ★バトル』と武田鉄矢司会の『武田鉄矢の昭和は輝いていた』だ。「昭和は遠くになりにけり」のフレーズどおり、私の中学時代である昭和３０年代後半の歌謡曲の名曲や、ナツメロとして私もよく知っている昭和一桁から戦時歌謡まで、昭和の時代の名曲は多かった。

それと同じように、１９７１年のブルース・リー登場以降の香港カンフーアクション映画は、２０００年頃まではヒット、ヒット、またヒットの黄金時代を築き上げた。それをリードしたのは監督、脚本家、プロデューサー、そして数々のアクション俳優たちだが、１本１本のアクションを支えたスタントマンたちも無我夢中で自分の仕事に励んでいたらしい。そのことが、本作に登場する多くの関係者の証言で語られるので、それに注目！しかし、ハリウッドをも凌駕し、世界に衝撃と賞賛をもたらしたそんな香港アクション映画の今は？そして、香港の今は？

香港の惨状には1月３日に観た『少年たちの時代革命（少年/ May You Stay Forever Young)』（２１年）や『理大囲城（Inside the Red Brick Wall)』（２０年）を挙げるまでもなく明らかだ。すると、今は、「昭和は遠くなりにけり」と同じように、「香港アクション映画は遠くなりにけり」という他ない。他方、あの時代は良かった！１９７０年代、８０年代、９０年代の香港アクション映画の素晴らしさは、そんな感慨の対象として、いつまでも生き続けることだろう。

２０２３（令和5）年1月３０日記

資料① 【『カンフースタントマン　龍虎武師』パンフレットより】

資料②　【『カンフースタントマン　龍虎武師』パンフレットより】

みどころ

２０２２年のＮＨＫ大河ドラマ『鎌倉殿の１３人』の脚本を書いた三谷幸喜の『ザ・マジックアワー』（０８年）は中国でも大人気らしい。

“伝説の殺し屋”は日本だけでなく、中国にだって！そんな思いで、原題も邦題も興味深いうえ、ストーリー仕立てがメチャ面白い本作が誕生！

コメディといえば山田洋次監督だが、そこでは涙の要素も不可欠！しかして、万年エキストラから突然主役に抜擢された主人公・魏が見せる、本作の劇中劇の展開は如何に？笑いがタップリなら、涙も少し・・・。そんな名作をしっかり堪能しよう。

——＊——＊——＊——＊——＊——＊——＊——＊——＊——＊——

■□■「２０２２大阪・中国映画週間」が開催！■□■

１１月１１日から、「中日国交正常化５０周年記念　大きな軌跡　小さな奇跡」と題する、「２０２２大阪・中国映画週間」がウェスティンホテル大阪で開催された。１９８０年代に世界に発信された、張藝謀監督の『紅いコーリャン』（８７年）、陳凱歌監督の『黄色い大地』（８４年）をはじめとする中国映画が日本に入ってきたのは９０年代。田中角栄と周恩来の握手に象徴される１９７２年の日中国交正常化以降、日中の映画交流が進み、東京では２００７年から毎年「東京・中国映画週間」が開催されてきた。しかし、「大阪アジアン映画祭」や「おおさかシネマフェスティバル」のある大阪では、今回が初開催だ。中華人民共和国駐大阪総領事館の主催、中国駐大阪観光代表処の共催、外務省、大阪府、NPO法人大阪府日中友好協会等の後援だが、その尽力者は総領事の薛剣さんと長年、NPO法人日中映画祭実行委員会・理事長として活動してきた耿忠さんの２人。

初日の開幕式では、総領事の薛剣さんの挨拶と「中日国交正常化５０周年記念　２０２２大阪・中国映画週間の記念映像」（約１０分）の上映後、耿忠さんの司会で中国映画界と深い繋がりがある、『おくりびと』（０８年）（『シネマ２１』１５６頁）で有名な映画監督・滝田洋二郎氏と中国映画に詳しい大阪の弁護士兼映画評論家として、私が中国映画の魅力について語り合った。

TOHO シネマズ梅田アネックスで上映された中国映画は次の８本。私は、開幕式翌日の１１月１２日に『トゥ・クール・トゥ・キル』（２２年）と『宇宙から来たモーツァルト』（２２年）を鑑賞！

■□■「スナイパーもの」「殺し屋モノ」は面白い！本作は？■□■

「スナイパーもの」は面白い。それは、『ジャッカルの日』（７３年）を見ても、『山猫は眠らない』（９２年）シリーズを見ても、さらにチャン・イーモウ監督の『狙撃手』（２２年）（『シネマ５０』２００頁）を見てもよくわかる。それと同じように「殺し屋モノ」も面白い！本作冒頭、ヤクザのボスＡがスナイパーに狙われるシークエンスが登場する。しかし、そこでは、辛うじて弾が逸れたため耳を傷つけただけで失敗。そのため、スナイパーは捕まってしまったからアレレ・・・。本作は「スナイパーもの」ではなかったの？

「スナイパーもの」と類似のジャンルに「殺し屋モノ」があるが、『这个杀手不太冷静』（直訳すれば「この殺し屋はあまり冷静ではない」）という原題をみると、本作はまさにその「殺し屋モノ」らしい。「俺を狙ったのは、伝説の殺し屋Ｘ」。そんな情報を得たＡは、映画監督のＢと、その姉でＡが結婚を望んでいる美人女優のミラン（馬麗）に対して、何が何でも「Ｘを連れてこい！」と命じたが、そんなこと言われても・・・？

もっとも、Ｘは名前は有名だが、顔は誰にも知られていないらしい。ならば、あの万年エキストラのバカ俳優（？）、魏成功（魏翔）をＸ役に起用すれば・・・。ミランはそんなアイデアを思いついたが、それをいかに魏に納得させ、演出していくかはＢ監督の腕前だ。しかして、Ｂ監督が魏に対する演出説明と演技指導の殺し文句は、「カメラを全て隠す！お前は自由に演じろ！」ということだが、それってホント？“豚もおだてりゃ木に登る”そうだが、さて本作にみる魏は？

■□■劇中劇は面白い！素材になった映画は？■□■

劇中劇は面白い！それが私の持論だが、その理由は三谷幸喜映画である『笑の大学』（０４年）（『シネマ６』２４９頁）や『恋に落ちたシェイクスピア』（９８年）、『王の男』（０５年）（『シネマ１２』３１２頁）、『キネマの神様』（２１年）（『シネマ４９』１８７頁）等を見れば、よくわかる。「２０２２大阪・中国映画週間」で上映された本作は、邢文雄（シン・ウェンション）監督が尊敬している三谷幸喜監督・脚本による『ザ・マジックアワー』（０８年）（『シネマ２０』３４２頁）を素材にしたものだ。『ザ・マジックアワー』には、「だます男」（妻夫木聡）、「だまされる男」（佐藤浩市）、「惑わす女」（深津絵里）が登場し、ミナト横浜ならぬ港町・守加護を舞台として物語が展開した。そのストーリー構成のキーマンは「伝説の殺し屋」デラ富樫で、彼の正体はいかに？が大きなテーマだった。

本作冒頭、Ｂ監督演出による撮影現場で、エキストラの魏が過剰演技を続発して呆れさせるシーンが登場するが、それは何よりも彼の映画愛、俳優魂がなせる技。したがって、そんな男を思い切って主役に抜擢すれば、ひょっとして大化けするのでは？それが女優として大成しているミランの考えだが、導入部に続く本作最初のメインストーリーでは、そんな魏の殺し屋Ｘになり切った見事な過剰演技に注目！

Ｂ監督を心から尊敬している魏は、Ｂとミランからギャングのボス A に対して紹介された後、密かに「アクション！」の声をかけられると、殺し屋Ｘになり切った演技を披露する。それがオーバーアクションになったのは止むを得ないが、その迫真の演技（?）によってＡは圧倒され、Ｂ監督とミランの計画は大成功！なるほど、劇中劇は面白い！

■□■魏の最初の任務は？奇妙な通訳からトンデモ事態に！■□■

まんまとＡの仲間に入った魏に対して最初に与えられた任務は、イタリアのマフィアとのマシンガンの取引。さあ、魏はいかにその大役を実行するの？幸い魏はイタリア語を喋ることができるそうだから、魏の役割は通訳だ。そんな設定はちょっと出来過ぎだが、それにしてもこの脚本はお見事！魏の奇妙な通訳に、観客席からはあちこちでクスクスと笑い声が・・・。

通訳が難しいのは、つい先日、相次いで行われたバイデン大統領 VS 習近平国家主席の米中首脳会談や、岸田文雄首相 VS 習近平国家主席の日中首脳会談を見ればわかる。ひとつ通訳を間違えて誤解を生めば、大変な事になるのは当然だ。しかして、本作では魏が演じる奇妙奇天烈な通訳によって、それが現実になるから、それにしっかり注目！

イタリアマフィアからＡへ渡されるマシンガンと、Ａからマフィアに渡される現金は３人の目の前のテーブルで同時に交換。当然それが原則だが、通訳上の誤解が誤解を生み、互いの疑心暗鬼が広がる中、ついにイタリアマフィアの銃が発砲！これにて両組織が入り乱れての銃の乱射戦になったが、そこで俄然威力を発揮したのが、魏が手にしたマシンガンだ。文字通り仁王立ちになっての、その乱射ぶりはお見事！ちなみに、こんなシークエンスは日本人なら誰でも既視感がある。それは、薬師丸ひろ子が主演した『セーラー服と機関銃』（８１年）の１シーンだから、私たちは思わずここで「カ・イ・カ・ン！」と叫んでしまいそうに・・・。

これにてマフィアは退散したが、マシンガンの乱射による建物の損壊はひどいもの。それにしても、こんなシークエンスをどうやってＢ監督は撮影したの？カメラはどこに隠していたの？普通の撮影現場では直ちにそのチェックがされるはず。興奮冷めやらぬ魏は、当然それをＢ監督に求めたが・・・。

■□■晴れの姿を両親に！化けの皮が剥げるのはいつ？■□■

Ｂ監督の演出、魏の主演！ギャングのボスＡ他、多勢の共演による、脚本隠し、カメラ隠しの映画撮影は順調！そのため、両親思いの魏は、万年エキストラだった自分が今、主役として晴れの撮影の場にあることを見せるべく、両親を撮影現場に招待することに。息子の晴れの姿を見た両親はもちろん大喜びだ。しかし、撮影現場の関係者が増えるほどミランとＢ監督の思惑は怪しくなってくるし、Ａだってバカではない。魏は絶対に獲物を外すことのない“伝説の殺し屋”ではなく、ただの万年エキストラ！そう見破ったＡは再びＢ監督とミランを締め上げ、魏の追放と本物の伝説の殺し屋Ｘを連れてくることを厳命したから、もはやミランとＢ監督の妙策もこれまで・・・？そうなると、いやでも魏を主役から降ろさなければならないが、「映画製作の資金が尽きたため、主役としての撮影は今日まで」と魏に告げる辛い役目を引き受けたのはミランだ。

楠木正成と長男・楠木正行との、決戦を前にしての“桜井の別れ”は涙を誘う名シーンだが、ミランが魏に主役解任を告げるシークエンスも、コメディながら見事な涙の別れのシーンになっているので、それに注目。５０作も続いた山田洋次監督の『男はつらいよ』シリーズはコメディだが、随所に泣かせるシーンを配置していた。本作は見事にそれを踏襲しているので、それに注目！

■□■この役者ならミュージカル風も怪演だが、こりゃパクリ？■□■

今年８月３日のペロシ下院議長の台湾訪問を契機として、急激に米中関係が悪化したが、それは映画の世界でも同じ。しかし、映画の都ハリウッドといえども、近時巨大な市場に成長した中国映画を無視することはできないため、俳優面や出資面でコラボを組むケースは多い。宋王朝の時代、黒色火薬を求めて万里の長城にたどり着いたヨーロッパの傭兵に、ハリウッド俳優、マット・デイモンを起用した奇想天外な映画が、張藝謀（チャン・イーモウ）監督の『グレートウォール』（１６年）（『シネマ４４』１１６頁）だった。同作に見る米中融合の深化（？）にはビックリさせられたが、同作に代表されるように資金面、俳優面における米中映画界の融合は着実に進んでいる。しかして、本作にはミュージカルファンなら誰もがよく知っている、ジーン・ケリー監督の『雨に唄えば』（５２年）と全く同じシーンが出てくるので、それに注目！

劇中劇の主役になっている魏のダンス演技はさすがだから、その“怪演”は褒めてあげたいが、このシークエンスはハリウッドの許諾を得ているの？それともパクリ・・・？

２０２２（令和4）年１２月５日記

「2022大阪・中国映画週間」開幕式
2022年11月11日
ウェスティンホテル大阪にて

耿忠さんの司会で、坂和も
薛剣大阪総領事、滝田洋二郎監督と対談

挨拶する総領事の薛剣さん

8名でのくす玉割りにも参加

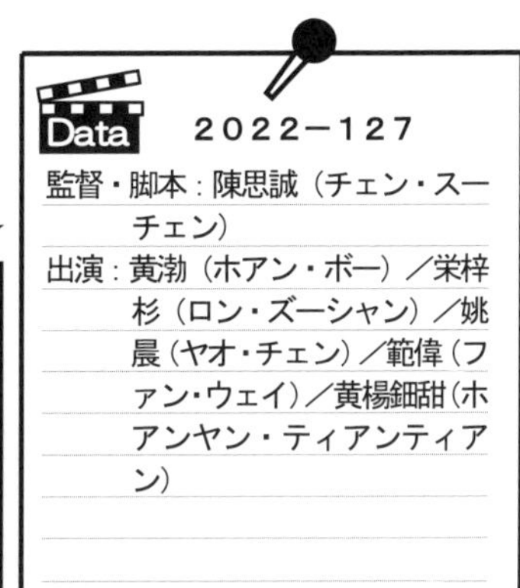

みどころ

モーツァルト（莫扎特）は天才だが、『アマデウス』（８４年）の導入部を観ていると、まるでガキ大将！本作にみる“宇宙から来たモーツァルト”は、一見何の変哲もない“ぬいぐるみ”だが、なぜこれ（彼？）がトルコ行進曲を弾けるの？

「実話モノ」と違って、「ＳＦモノ」は何でもあり。ぬいぐるみだって、頭についたアンテナさえあれば、宇宙との交信も！そして、地球征服の先兵になることも！

中盤以降は、地球上にある“怪しげな秘密結社”との壮絶な闘いを楽しみながら、どんなラストに結びついていくのかに注目！それにしても、中国にこんなＳＦモノがあることにビックリ！

―――＊―――＊―――＊―――＊―――＊―――＊―――＊―――＊―――＊―――＊―――

■□■モーツァルトもいろいろ！『アマデウス』VS本作！■□■

用汉语写“モーツアルト”是莫扎特。“楽聖”ベートーベンを主人公にした伝記映画もいろいろあるが、“神童”モーツァルトを主人公にした伝記映画の代表は、何といっても『アマデウス』（８４年）。同作の特徴は、ヴォルフガング・アマデウス・モーツァルトを「ライバル！」とみなした、凡才（？）サリエリの視点からモーツァルトの生涯を描いたことだが、そこではモーツァルトの天才ぶりと共に、ヤンチャぶりもタップリ描かれていた。そのため、同作を見れば、天才と狂人は紙一重だということがよくわかったはずだ。『アマデウス』で見た、そんなモーツアルト像に対して、原題の『外太空的莫扎特』を、そのまま『宇宙から来たモーツァルト』という邦題にした本作のモーツァルトは・・・？

２０２２大阪・中国映画週間で上映された計８本のうちの１本である本作のジャンルは「コメディ／SF／ファミリー」の３つに跨がっている。上映時間も１３６分と最も長い。

そのため、良くも悪くも、本作は盛りだくさんになっているが、何と本作のモーツァルトは、一見何の変哲もない“ぬいぐるみ人形”。しかし、よくよく見ると、その頭にはアンテナのようなものが・・・。

本作冒頭、入学者に対するサークルの勧誘風景が描かれるが、父親の任大望（黄渤）から毎日ピアノの練習を強要されている一人息子の任小天（栄梓杉）が弾くモーツアルトのトルコ行進曲（ピアノソナタ第１１番第３楽章）のレベルは？

■□■主人公の夢は不是演奏家、而是天文学者！■□■

人口１４億人の中国は競争社会。受験生が1,０００万人という中国の「高考制度」の過酷さは、『少年の君』（２１年）（『シネマ４９』２６９頁）の中で端的に表現されていたが、ピアノの演奏家を目指すとしたら、どうすればいいの？陳凱歌（チェン・カイコー）監督の名作『北京ヴァイオリン』（０２年）（『シネマ５』２９９頁）は、最後にチャイコンことチャイコスキーのヴァイオリン協奏曲が高らかに演奏される中で涙の感動物語が終わったが、田舎町から北京に出て一流の演奏家になる道は大変だった。

同作では１３歳の主人公は天才であるうえ、懸命な努力をしていたが、本作に見る主人公・小天は練習をサボってばかりだから、こりゃやばい。そんな息子と二人暮らしの父親・大望はスパルタ教育でレッスンを監視していたが、小天は親の目を盗んでばかりだ。そんな時、入学者に対するサークル勧誘活動で偶然入手したぬいぐるみ人形が、ピアノの前に座ったかと思うと、見事にモーツアルトのトルコ行進曲を！隣の部屋でそれを聴いた大望は大喜びだが、小天の夢は演奏家にあらず、彼の夢は天文学者になることだったから、ピアノの練習はそっちのけで空の星ばかりを・・・。

■□■このモーツァルト（莫扎特）はなぜ地球に？その野望は？■□■

中国の古典と言えば、『三国志』や『水滸伝』。近代文学と言えば、ノーベル賞作家・莫言（モー・イェン）の『紅いコーリャン』や、閻連科（イエン・リエンコー）の『太陽が死んだ日』『炸裂』等がある。しかし、近時の中国文学にはSFモノの名作も多く、その代表が劉慈欣（リウ・ツーシン）の『三体』だ。彼の近時の作品には、１１編の短編を２冊にまとめた『流浪地球』と『老神介護』もある。

そんな影響もあって本作が誕生し、「２０２２年大阪・中国映画週間」で上映されたわけだが、『宇宙から来たモーツァルト』の正体は一体ナニ？モーツァルトはピアノ演奏だけでなく作曲もできたが、このぬいぐるみはそれもできるの？それはともかく、そもそも、このモーツァルトは何のために地球にやって来たの？当然そんな疑問が湧いてくるが、それは大望と小天の父子対立の中で常に微妙な行動を見せるぬいぐるみや、宇宙からやって来たモーツァルトの“ある行動”によって明らかにされるので、それに注目！

前述したように、ぬいぐるみの頭にはアンテナのようなものがついていたが、これは宇宙と交信するため。というよりも、上層部からの指令を受信し、その命令どおりに動くためらしい。天文学者を目指している小天は、そんなぬいぐるみのモーツァルトが宇宙の星と交信できることを単純に喜んだが、ホントにそんなモーツァルトと友達になっていいの？そんなことをすれば、ひょっとしてモーツァルトを先兵とする宇宙の某国からの地球侵略に手を貸すことになるのでは・・・？

■□■地球上にも怪しげな秘密結社が！■□■

SFモノは奇想天外なストーリー展開の面白さがポイントだが、本作では“宇宙から来たモーツァルト”である、頭にアンテナをつけたぬいぐるみが、宇宙の某国からやってこようとしている地球侵略軍の先兵と見えないところがミソ。その理由はその可愛らしさにあるが、対立する（？）父子関係の間に立ち、トルコ行進曲を媒介として、うまく両者の調整を図る器用さも見せてくれるから、このぬいぐるみ、いや“宇宙から来たモーツァルト”の能力は素晴らしい。

他方、そんな愛嬌いっぱいの“宇宙から来たモーツァルト”に代わって、本作中盤以降は、地球征服をもくろんでいる、地球上の怪しげな秘密結社が登場してくるので、それに注目！日本では近時、旧統一教会問題が話題を呼び、被害者救済法案の成立が図られているが、かつてその広告塔として、歌手の桜田淳子が存在していた。彼女がなぜ統一教会と接点を持ち、その教えにのめり込んでいったのかは知らないが、本作でも“ある美人”が怪しげな秘密結社の広告塔として登場するのでそれに注目！そのため、本作の中盤以降は冒頭で見た楽しげな入学式の雰囲気とは全く異質な、SFモノ特有のあっと驚く展開になっていくので、そのストーリー展開はあなた自身の目でしっかりと。

そして、本作ラストでは、宇宙から来たモーツァルトが宇宙に帰っていく姿（？）をしっかり目に焼きつけたい。

２０２２（令和4）年１２月６日記

宇宙から来たモーツァルト

外太空的莫扎特 (2022)

監　督：陳思誠
脚　本：陳思誠/陳思宇/範凱華/全麗璇
唐紅漢/楊木子
キャスト：黄渤/栄梓杉/姚晨/範偉/黄楊鈿甜
ジャンル：コメディ/SF/ファミリー　上映時間：136分

上映時間
11月12日（土）19:20　11月17日（木）19:20

みどころ

タイトルは、ドキュメンタリーの『理大囲城』（２０年）と同じように、刺激的かつ挑発的だが、本作はフィクション。あるきっかけで自殺願望を持った１７歳の女の子を主人公にした、『ロミオとジュリエット』ばり（？）のラブストーリーだが、ストーリーは超単純。

ソーシャルワーカーの女性を中心とする捜索隊は、なぜ結成？いかなる捜索活動を？そして、捜索隊内部の接点と確執は？さらに、その中での恋模様の展開は？

本作の結末は、『少年たちの時代革命』というタイトルをかみしめながら、あなたの目でしっかりと！

—*—*—*—*—*—*—*—*—*—*—

■□■フィクション？それともノンフィクション？■□■

２０２２年の年末には「NHKスペシャル未解決事件・松本清張と帝銀事件」として、①第1部ドラマ　事件と清張の闘い　１２月２９日（木）［総合］後９：００〜１０：３０　②第2部　７４年目の"真相"（ドキュメンタリー）　１２月３０日（金）［総合］後９：００〜１０：００が、放映された。そこでは、松本清張自身が立てた「犯人・死刑囚とされた平沢貞通は無罪である」との大胆な仮説を交えて、帝銀事件の真相に迫っていた。またそこでは、その物語をノンフィクションで書くか、それともフィクションで書くかについて、文芸春秋の編集担当者と松本清張が激論する姿が描かれていた。

同じ日に観た映画『理大囲城』（２０年）は２０１９年１１月に起きた「理大囲城」を描いたもので、これはドキュメンタリーだった。それに対して、原題を『少年』、邦題を『少年たちの時代革命』とした本作は、フィクションの群像劇だ。どちらがいいかは松本清張と同じように迷うところだが、私はやっぱりフィクションの方が好き！

■□■ストーリーは超単純！登場人物は？■□■

本作はフィクションだが、ストーリーは超単純。すなわち、あるきっかけで自殺願望（?）をもった１８歳の女の子 YY を捜し出そうと、友人たちが奮闘する（だけの）物語だ。そこで、公式ホームページに基づいて本作の登場人物を整理しておくと、次のとおりだ。

まず第１グループは次の２人の女の子だ。

①YY（ユー・ジーウィン）・・・１８歳の少女、穏健派。父親は中国で働き、母親は再婚相手とイギリスで暮らしている。１８歳の誕生日に SNS にメッセージを残して、命を絶とうとする。

②ジーユー（レイ・プイイー）・・・１８歳の少女、穏健派。YY の親友。逮捕されたことを機に、香港を去る決断をする。

次に、第２グループは、街頭デモに参加している次の若者たちだ。

①ナム（スン・クワントー）・・・２０歳の男。勇武派。大学受験に失敗し、建築作業員をしている。YY とジーユーと同じデモ現場で、逮捕された。

②ベル（マヤ・ツァン）・・・２１歳、後方支援の女の子。香港中文大学学生で、ナムの恋人。家族はイギリスに移住する予定。

③ルイス（トン・カーファイ）・・・１８歳の男、勇武派。親中派の父親からは、デモに参加することを反対されている。ナムを兄貴分として慕っている。

④バーニズム（ホー・ワイワー）・・・１５歳の男。偵察。警察官の父親に反感を持っている。両親には友達の家でゲームをすると偽って、デモに参加している。

そして、第３は、第１グループとも第２グループとも本来全く関係のない、ソーシャルワーカーの女性バウ、３８歳だ。

■□■登場人物たちの立場とその接点は？本当はバラバラ？■□■

以上のように、第１グループと第２グループの間には、もともと何の接点もないものだ。公式ホームページでは、YY とジーユーは“穏健派”と書かれているが、そもそもこの２人はどの程度の意識で民主化デモに参加したのかもはっきりしないから、本来“ノンポリ派”と言ってもいいレベル。それに対して、大学受験に失敗し建築作業員をしている２０歳のナムや親中派の父親からデモに参加することを反対されながら、ナムを兄貴分として慕っている１８歳のルイスは“勇武派”と書かれているとおり、民主化デモへの参加が自分の当然の義務であり、警官と対決することもいとわないプロの活動家に近いもの。したがって、両者の意識の差はかなり大きく、本来何の接点もないものだ。

本作を見ていても、混乱するデモの現場で YY がナムを助けたのは全くの偶然だし、そんな行動によってナムだけでなく、YY まで逮捕されてしまったのも全くの偶然。したがって、逮捕とその後の拘留という現実は、ナムにとっては覚悟の結果だが、YY にとっては全く想定外の結果だから、そのショックの大きさはいかばかり・・・。YY と一緒にいたジーユーが逮捕を免れたのは幸いだったが、YY の逮捕をきっかけにジーユーが香港を去る決心をしたのはある意味で賢明。また、それができる裕福な家庭にあることもわかる。

他方、母親は再婚相手とイギリスで暮らしているため、中国で働く父親と二人暮らしをしているYYは、何とか釈放されたものの、その後は起訴されて裁判となり、有罪となる可能性が高いから大変だ。やっと１８歳の誕生日を迎える彼女はそんな状況に絶望し、命を絶とうとしたが、今時の若者はそんな心情もSNSに綴るらしい。したがって、YYが残した、自殺を示唆するメッセージを見たジーユーたちは・・・？

■□■活動家たちの闘争と、その中に見る恋模様は？■□■

私が学生運動にのめり込んでいた１８、１９歳の頃も、政治活動の傍ら、活動家たちの男女交際は私を含めて活発だった。それは、活動に従事する中で、男同士、女同士の会話、議論が弾むのは当然だし、それが人生論、文学論、恋愛論にまで広がっていくと、必然的にあちこちで恋模様が生まれるためだ。そんな恋模様は、建築作業員をしている２０歳のナムと、香港中文大学の学生で家族がイギリスに移住する予定の２１歳のベルとの間でもしっかり成立していたらしい。もっとも、ナムとベルの２人を見ていると、双方の立場の違いが大きすぎるのが気になっていた。しかして、自分を助けてくれたYYが逮捕されたうえ、釈放後、SNSへのメッセージを残して行方不明になっていることを知ったナムが、活動そっちのけで、YYの捜索に奔走する姿を目の当たりにしたベルは・・・？

香港民主化デモの中でたまたま目の前にいたナムを助けようとしたYYまで逮捕されてしまったため、その捜索隊が結成され、そこにナムが、加わったところから、本作のラブストーリーが形成されていくので、それに注目！キャピュレット家の仮面舞踏会で出会ったことで互いに一目惚れしたロミオとジュリエットには大きな悲劇が訪れたが、さて、そんな状態で出会ったYYとナムの恋模様は・・・？そして、ナムとベルの恋模様は・・・？

■□■ソーシャルワーカーとは？ウィキペディアによると？■□■

本作で第1グループのYYやジーユーと、第2グループのナムやベルたちを結びつけ、YYの捜索隊を結成し、それを指揮する立場に立つのが、３８歳のソーシャルワーカーの女性バウだ。しかして、ソーシャルワーカーとは一体ナニ？

それは、ウィキペディアによると、次のように解説されている。

ソーシャルワーカー（英語：Social Worker）とは、社会の中で生活する上で実際に困っている人々や生活に不安を抱えている人々、社会的に疎外されている人々と関係を構築して様々な課題にともに取り組む援助を提供するソーシャルワークを専門性に持つ対人援助専門職の総称である。そのため、相談者本人だけではなく様々な課題の背景や周囲にある、家族、友人、その他の関連機関や環境にも働きかける。
イギリスにおいてソーシャルワークを実施するためには、教育機関で職業資格（学士レベル）を取得後、 保健ケア資格委員会（HCPC）に登録された者である必要がある。
アメリカでは弁護士と同等の職業として市民権を得ている。衆ごとの免許制度となって

いて、取得には主に修士以上のソーシャルワーク学位が必要となる他、様々な要件が規定されている。
日本では、社会福祉事業において主に相談支援や関係機関との調整を担うための国家資格として、「社会福祉士及び介護福祉士法」に基づく社会福祉士（Certified Social Worker）と、「精神保健福祉士法」に基づく精神保健福祉士（Mental Health Social Worker）が存在する。

しかして、香港では？

■□■香港のソーシャルワーカーはこんな役割も！■□■

そんな公式の解説を読むまでもなく、本作を観ていると、香港のソーシャルワーカーであるバウが、SNS に自殺をほのめかすメッセージを残して行方不明になった YY を捜し出すために、どれだけのエネルギーを割いているのかがよくわかる。本作ではその一生懸命さが重要なテーマだし、その中で見えてくる第１グループと第２グループとの確執や仲間割れ、さらに恋愛模様に見る痴話ゲンカ（？）等がストーリーの核になるので、ドキュメンタリータッチの迫力で切り取られるそれらの映像をしっかり注視したい。

私は１９９７年に一度香港を旅行したことがあるが、ホントに香港は小さなまち。しかし、いくら小さいとはいえ、何の情報もない YY を、数名の捜索隊が手当たり次第にまちの中を歩き回り、ビルの中を捜し回っても見つかるはずはない。本作中盤に見るそんな捜索風景には少し疑問があるが、バウをはじめとする捜索隊の、「何が何でも YY を見つけ出すぞ！」という意欲には敬服！もっとも、そこでは、見つからないほどなおさら必死に捜すナムと、いい加減捜索を諦めてデモの本隊に戻ろうと主張するベルのような対立も必然的に生まれてくるので、その捜索意欲の濃淡にも注目したい。

■□■YY はどこで何を？少年たちの時代革命は？■□■

『理大囲城』はドキュメンタリー映画だが、本作はフィクションだから、どんなストーリーにしようが、それは自由。『ロミオとジュリエット』はほんのちょっとした手違い（？）から大きな悲劇を生んでしまったが、捜索の途中でナムとベルもケンカ別れしてしまうから、これは YY の失踪事件から生まれた、とんだトバッチリという他ない。

しかし、それはあくまでサブストーリー。メインストーリーとなるべき YY の行動について、本作は断片的にその姿を映し出すが、彼女の心情は全然語られない。したがって、この年頃の女の子の“揺れる想い”は、私のような７０代の男にはわかりようがない。しかして、本作のラスト近くで YY は高いビルの屋上に１人で立っていたから、これはヤバい。そんな YY の所在をバウが指揮する数人の捜索隊が発見できたのは奇跡であり、フィクションに違いないが、本作はそこでの YY の飛び降り自殺という悲劇で終わるの？それとも・・・？その結末は、『少年たちの時代革命』というタイトルをかみしめながら、あなたの目でしっかりと。

２０２３（令和5）年1月１８日記

みどころ

２０１９年１１月に香港で起きた「理大囲城」とは一体ナニ？本作は、アジア屈指の名門校・香港理工大学が警察に封鎖され、要塞と化した緊迫の１３日間。至近距離のカメラが捉えた、衝撃の籠城戦の記録！

そう聞くと、団塊世代の私は５０年前の１９６９年に起きた安田講堂攻防戦と対比してしまうが、その異同は明確だ。緊迫の１３日間の意味は？それが後世に残したメッセージは？私には、それが少し疑問だが・・・。

―――＊―――＊―――＊―――＊―――＊―――＊―――＊―――＊―――＊―――＊―――

■□■本作はフィクションではなく、ドキュメンタリー！■□■

フィクションで作った『少年たちの時代革命』（２１年）に対し、本作はノンフィクション、つまりドキュメンタリーだ。本作はドキュメンタリー映画として史上初の香港映画評論学会最優秀映画賞を受賞したものの、他方では「暴徒礼賛映画」のレッテルを張られ、香港での上映は実現しなかった。

そして、本作については、監督として個人名を出すことに危険があったため、本作の監督は「香港ドキュメンタリー映画工作者」とされている。また、出演者も逮捕の危険性から防護マスクやモザイク処理で顔の表情は映し出さないようにされている。

■□■１９６９年の安田講堂攻防戦VS２０１９年の理大囲城■□■

「理大囲城」は２０１９年１１月に起きたが、そこに至るまでのいくつかの前提事実を整理しておくと、次の通りだ。

①２０１８年２月、台湾で起きた香港人殺人事件の容疑者が、事件発覚前に香港に帰国。当時の逃亡犯条例では、香港以外の中華人民共和国の地に容疑者を引き渡せないことから、殺人罪を適用できなかった。

②２０１９年２月、香港政府保安局が突如、逃亡犯条例の改正を提案。

③同年6月9日、その抗議デモに１０３万の市民が参加。
④6月１２日、審議が表明された立法会を包囲した市民に警察が催涙弾で応戦。
⑤6月１５日、抗議する自殺者が発生。
⑥6月１６日、２００万人が参加する香港史上最大のデモに発展。
⑦１０月1日、１８歳のデモ参加者が警察官に銃撃され重体。
⑧１１月８日、香港科技大生が警察との衝突で転落死。
⑨１１月に１３日間の理大囲城発生。

そんな理大囲城のことを知って、団塊世代の私が思い起こしたのは１９６９年1月に起きた東大安田講堂事件だ。これは、ベトナム戦争反対、日米安保条約改定反対という政治闘争と、授業料値上げ反対、大学の民主化を求める闘争が合体して１９６７年から起きた大学紛争（大学闘争）の最終局面での大事件だ。東大では１９６８年1月から医学部のインターン闘争が起こり、7月に結成された全学共闘会議（全共闘）を中心に安田講堂を占拠、バリケードを築いたため、翌１９６９年1月１６日、ついに加藤一郎総長代行は機動隊によるバリケード撤去を要請。1月１８、１９日の２日間にわたる攻防戦の末、安田講堂は陥落した。

■□■警察はなぜ理大を封鎖？それが、よくわからん！■□■

東大の安田講堂の攻防戦は、前述のとおり、全共闘が安田講堂の占拠を続けたため、やむを得ず加藤一郎総長代行が機動隊によるバリケード撤去を要請したために発生したものだ。それに対して、香港理工大学は２０１９年１１月に突如、圧倒的な武力を持つ警察によって包囲された。そのため、構内には、中高生を含むデモ参加者と学生が取り残され、逃亡犯条例改正反対デモで最多となる１３７７名の逮捕者を出した。しかし、警察は一体何のために、香港理工大学をそんなふうに完全封鎖したの？私にはそれがよくわからない。

しかも、公式ホームページによれば、警察の包囲網により、大学は完全に封鎖され、救援物資を運ぶことも、記者や救護班が入ることも許されなかったため、理大構内に残されたデモ隊は最後まで闘うか、それとも命がけで脱出するか、という究極の選択を迫られたそうだが、実は私にはそれもよくわからない。

安田講堂を占拠したのは全員が全共闘の活動家で、逮捕されることも覚悟の上での行動。しかし、たまたま封鎖時に理大の中にいた人々は単なるデモ参加者だから、彼らの中に「家に帰りたい」と願う人たちがいたのは当然だ。ところが本作では、「脱出するのも命がけ」と描かれているが、それってホント？「たまたまデモに参加していただけだから、構内から出してくれ」と白旗を掲げて脱出を求めた場合、その人は、逮捕されたかもしれないが、その処分は軽微だったのでは？実は私にはそこら当たりがよくわからないわけだ。

■□■指導部なき闘いの末路は？評価は？■□■

安田講堂の攻防戦は、バリケード内に立てこもった全共闘の学生たちと機動隊との間に圧倒的な力の差があったから、２日間にわたる攻防戦の末、学生たちは結局全員逮捕されてしまった。しかし、全共闘に結集する学生たちは、統一した指導部の指揮の下で闘っていた。

ところが、本作を観ていると、封鎖された理大構内で議論ばかりしている姿がやけに目立ってくる。その最大の理由は、構内にいる人々は、たまたまデモに参加していただけだから、明確な一つの目標の下、そして統一された指導部の指揮の下に結集している人々ではないためだ。そのため、あるグループは封鎖を突破して脱出することを試みたり、あるグループは「断固抵抗！」と叫んだり、その意見のバラつきには驚くほかない。

そんなふうに考えていくと、本作のチラシには「アジア屈指の名門校・香港理工大学が警察に封鎖され、要塞と化した緊迫の１３日間。至近距離のカメラが捉えた、衝撃の籠城戦の記録！」とセンセーショナルに書かれているが、理大囲城は後世に残る価値あるメッセージになったとは、私には思えない。そのため、私のその評価は低いが、さて・・・？

２０２３（令和5）年1月１９日記

第6章　韓国

みどころ

『日本海大海戦』（６９年）をはじめ、『ベン・ハー』（５９年）や『クレオパトラ』（６３年）に見る海戦は迫力満点だが、１５９２年に始まった文禄・慶長の役（壬辰倭乱）における閑山（ハンサン）島海戦とは？

日本海大海戦における日本の英雄が東郷平八郎・秋山真之なら、壬辰倭乱における朝鮮国の英雄はイ・スンシン（李舜臣）。本作に見る、"Ｔ字戦法"にも似た"海上に城を築く"作戦とは？

「イ・スンシン３部作」の第１作たる『バトル・オーシャン　海上決戦』（１４年）は、歴代観客動員数ＮＯ．１のヒット作だが、本作も大ヒット！そりゃ朝鮮（韓国）にしてみれば、このネタはＷＢＣの決勝戦で侍ジャパンが米国に競り勝ったのと同じように、何度見ても興奮する物語だろう。

それはそれとして認めるものの、尹錫悦（ユン・ソンニョル）大統領の登場で日韓関係の改善が図られている昨今、第３作は、日本軍の将軍を韓国人俳優が下手な日本語で演じるのではなく、日韓合同作品とし、日本人俳優に演じさせては？それができれば、日韓関係は大きく改善するはずだと私は確信！

――＊――＊――＊――＊――＊――＊――＊――＊――＊――＊――

■□■ハンサンとは？戦国時代史上最大の海上決戦とは？■□■

邦題を『ハンサン －龍の出現－』とした本作は、一体何の映画？それがサッパリわからなかったが、HANSAN（ハンサン）とは、閑山島のこと。それでも尚わからなかったが、「戦国時代史上最大の海上決戦」と聞けば、なるほど、なるほど。豊臣秀吉の朝鮮出兵は彼の人生最大の過ちだが、彼の朝鮮征伐と明国征伐の野望を打ち砕いたのは、当時、朝鮮王・宣祖（ソンジョ）の下で全羅左道水軍の節度使（将軍）を務めていた李舜臣（イ・スンシン）だ。太閤殿下こと豊臣秀吉の朝鮮出兵が始まったのは１５９２年４月。日本史では、“文禄・慶長の役”として知られているが、朝鮮では“壬辰倭乱”として知られており、イ・スンシンは、日本の侵略戦争から朝鮮国を守った英雄とされている。

そう聞いて、私が思い出したのが、かつてパソコンの画面で観た『バトル・オーシャン　海上決戦』(１４年)。同作は、１,７６０万人という歴代観客動員数NO.１のヒット作だが、本作はキム・ハンミン監督の「イ・スンシン３部作プロジェクト」の第２作に当たるものらしい。キム・ハンミン監督が第１作たる『バトル・オーシャン　海上決戦』で描いたのは、鳴梁海戦。それに対して、本作が描くのは閑山島海戦だ。日本人にとって最も有名な海戦は、日露戦争における「日本海海戦」。これは１９６９年の映画『日本海大海戦』として有名だし、NHKスペシャルドラマ『坂の上の雲』(０９〜１１年) の中の物語としても有名だ。それに対して、閑山 (ハンサン) 島の海戦とは?

■□■鶴翼の陣vs魚鱗の陣による激突をたっぷりと■□■

イ・スンシン３部作の第１作たる『バトル・オーシャン　海上決戦』で描かれた鳴梁海戦は、３３０隻余りの日本軍をわずか１２隻の朝鮮軍が迎え撃ち大勝利を収めたものだが、そこには潮の流れを熟知したイ・スンシンが、ある条件下で起こる“渦巻き”を利用する大戦略があった。これは「三国志」で有名な「赤壁の戦い」において、東南の風が起きることを予知した蜀の諸葛孔明が、魏の曹操の大船団に火攻めを仕掛けて大勝利したのと同じような、“奇策”による勝利だ。それに対して、イ・スンシン３部作の第２作たる本作が描く閑山島海戦はそうではない。朝鮮も日本もあらゆる知識の源泉は中国だから、戦争における戦略・戦術についてもすべて中国から学んでいる。その最も有名なものが“孫子の兵法”だが、鶴翼の陣vs魚鱗の陣も中国から学んだ有名な戦法の一つ。そして、本作で“海上の城をつくる”と宣言したイ・スンシンが採用した戦術が鶴翼の陣。それに対して、日本軍船団が採用したのが魚鱗の陣だが、それぞれの戦法の狙いは?

ちなみに、『クレオパトラ』(６３年) では、オクタウィアヌス率いるローマ軍と、エジプト女王クレオパトラと結んだ旧ローマの将軍アントニウス率いる船団との一大海戦が後半のハイライトだったが、本作後半はそれに勝るとも劣らない朝鮮水軍vs日本水軍、鶴翼の陣vs魚鱗の陣の激突になるので、それをたっぷり楽しみたい。

■□■亀船の威力は?その形状は?活用法は?vs安宅船は?■□■

旧大日本帝国海軍は、世界一の巨大戦艦・大和と武蔵を完成し保有したが、時代は既に戦艦vs戦艦の艦隊決戦から、航空機vs艦船の戦いに移行していた。『クレオパトラ』でも、また『ベン・ハー』(５９年) でも、当時の戦艦の漕ぎ手は人間だったが、それは１６世紀の閑山島海戦でも同じ。しかし、「龍の出現」というサブタイトルがついた本作では、卓抜した攻撃力と鉄壁の防御力を誇る装甲艦である朝鮮軍の亀船 (亀甲船) が登場するので、その形状、その威力、そしてその活用法に注目!

他方、毛利水軍を討伐するため、織田信長が鉄甲製の大型軍艦を作って「木津川口の戦い」で対抗したことはよく知られている。その発展型の軍艦として本作に登場するのが、天守閣が船に乗ったような安宅船だから、とくに日本人の観客はそれにも注目！これは旗艦として総大将たる脇坂が乗る日本最強の軍艦だが、亀船vs安宅船の激突は如何に？

■□■艦船対決の裏では熾烈な諜報戦も！■□■

司馬遼太郎の小説『梟の城』（５９年）では、織田信長によって滅ぼされた伊賀忍者の生き残りである石川五右衛門が、信長の後を継いだ豊臣秀吉の暗殺を目指すスリルに満ちた物語が興味深かった。朝鮮の李王朝の時代に、伊賀忍者のようなスパイの役割を果たす人間がいたのかどうかは知らないが、本作には、危険を冒して日本軍に侵入し、敵の作戦を探る朝鮮軍の間者イム・ジュニョン（オク・テギョン）や日本軍に侵入し脇坂の近くで活動する朝鮮軍の女間者チョン・ボルム（キム・ヒャンギ）が登場するので、それに注目！

他方、本作で興味深いキャラとしてもう一人登場するのが、“降倭”の俊沙（キム・ソンギュ）。降倭とは、「朝鮮軍に投降し、共に戦う日本兵」のことだが、日本軍の武将だった俊沙は、なぜそんな降倭になったの？それは、“ある事情”で朝鮮軍の捕虜となった彼が、イ・スンシンから直接二人だけでの尋問を受けた際、命惜しさで家臣を盾にした主君に絶望すると共に、部下を守るために身を挺して戦ったイ・スンシンの将器に感銘を覚えたためだ。つまり、俊沙はそこでイ・スンシンが俊沙に対して語った、「この戦いは義と不義との戦いだ。」という言葉に感銘を受け、「自分も義のために戦う」と腹を決め、イ・スンシンに仕えることを誓ったわけだ。しかし、これはいくらなんでも朝鮮側に偏った脚本では？それはともかく、本作では艦船対決の裏で展開される熾烈な諜報戦にも注目！また、“韓国の宝”とも言うべき俳優、アン・ソンギが、本作では、朝鮮最高の航路専門家のオ・ヨンダム役として閑山島海戦の勝敗を握る重要な役割を果たすので、それにも注目！

■□■“海上に城を築く”作戦とは？その壊滅力は？■□■

「賤ケ岳の七本槍」の武将として、加藤清正や福島正則そして加藤嘉明を知っていても、脇坂安治を知っている日本人は少ないだろう。大阪夏の陣、冬の陣で豊臣秀頼と淀君を守ったことで有名な片桐且元もその一人だが、脇坂安治はたぶん日本より韓国で、イ・スンシンに敗れた日本軍の総大将という意味で有名らしい。本作では、まず脇坂安治が、わずか２千の手勢で奇襲を仕掛け、朝鮮の勤王軍５万を壊滅させるというストーリーが描かれ、脇坂の武将としての能力の高さを明示する。その脇坂は、その卓越した攻撃能力と防御力で日本軍にとって畏怖の対象となっていた亀船の分析はもとより、諜報戦にもしっかり対応。亀船の図面を入手したことによって、その弱点に気づいた脇坂はイ・スンシンからの先制攻撃はないと判断し、“鶴翼の陣”で防御体制をとる朝鮮軍に対し、“魚鱗の陣”で突撃した。脇坂の諜報は敵のみならず身内にも及び、共闘すべき仲間であるはずの加藤嘉明や九鬼嘉隆の軍艦を奪い取り、合計１４０隻の大船団で閑山島海戦に臨むことに。『日本海大海戦』では、秋山真之参謀が考案したＴ字戦法によってロシアのバルチック艦隊を壊滅させたが、イ・スンシンが宣言していた“海の上に城を築く”作戦とは一体ナニ？

オ・ヨンダムのベテラン武将らしい最後の御奉公によって、イ・スンシンは脇坂の大艦隊を潮の流れが激しい見之梁までおびき出すことに成功したから、シメシメ。ついに両軍の主力が対峙することになったが、艦船の数で圧倒的に勝る日本軍を打破するためにイ・スンシンがとったT字戦法にも似た"海上に城を築く"作戦とは?

円谷英二が特撮監督として参加した最後の映画になった『日本海大海戦』の特撮は、T字戦法のキモとなる"敵前大回頭"をプールで撮影するため、１０７隻の艦船のミニチュアが用意されたそうだから、その撮影風景はまさに圧巻!もっとも、連合艦隊司令長官、東郷平八郎の威厳を示す戦艦三笠のミニチュアだけは、１３メートルにも及ぶ巨大なものが作られたそうだ。それに対して、本作は前代未聞の、全く水を使わない撮影をVFXチームで実現させたそうだが、その手法は?そしてまた、大スクリーン上いっぱいに広がって展開される、圧巻の艦隊決戦は?本作のクライマックスは、ただただそれを楽しみたい。

■□■韓国人俳優による日本語のセリフには大きな違和感が!■□■

ヒトラーもの、ホロコーストものの本場は当然ドイツだが、ハリウッドでも大量に作られている。その代表が、『ワルキューレ』(０８年)(『シネマ２２』１１５頁)と『イングロリアス・バスターズ』(０９年)(『シネマ２３』１７頁)。前者はトム・クルーズ、後者はブラッド・ピットと、ハリウッドを代表する俳優が主演している上、ストーリーもメチャ面白いが、私がただ一つ気に入らないのが、ドイツ語劇ではなく英語劇であることだ。『ヒトラー　〜最期の１２日間〜』(０４年)(『シネマ8』２９２頁)や、『帰ってきたヒトラー』(１５年)(『シネマ３８』１５５頁)等は全編ドイツ語の映画。私の大好きなU・ボートシリーズの１つである『U・ボート』(９７年)(『シネマ１６』３０４頁)や、『U・ボート　最後の決断』(０３年)(『シネマ7』６０頁)等も当然全編ドイツ語劇だ。

それと同じように(?)、イ・スンシン３部作の第１作も第２作も日本人俳優はごく例外で、主要な役柄はすべて韓国人俳優が演じている。そのため、本作における日本軍の重要人物たる脇坂安治や加藤嘉明等も全て韓国人俳優が演じている。『ワルキューレ』や『イングロリアス・バスターズ』は、アメリカ人俳優が英語でドイツを舞台にヒトラー暗殺計画を遂行していく不自然さが目立っていたが、それが"耳につく"ことはなかった。しかし、韓国人俳優が下手クソな日本語で真面目に日本語のセリフを喋っていると、大きな違和感が!それが、現代語でなく、戦国時代の日本語になるとなおさらだ。その不自然さは、第１作で日本軍のリーダー・来島通総役を演じた韓国人俳優でも耳についていた(目にもついていた)が、本作で日本軍のリーダー・脇坂安治役を演じたピョン・ヨハンも全く同じ。日韓関係が悪化している時代ならそれもやむを得ないが、２０２２年５月に大統領に就任した保守党の尹錫悦(ユン・ソンニョル)が日韓関係の改善に懸命となっている２０２３年３月の今、イ・スンシン３部作の第３作は日韓共同製作とし、日本軍の将軍たちは日本人俳優で演じられないものだろうか?　　　　　２０２３(令和5)年3月２３日記

みどころ

戒厳令とは？非常事態宣言とは？それらは知っていても、航空機特有の"非常宣言"とは一体ナニ？コロナ禍の今、敢えてバイオテロをテーマとしたパニック超大作が韓国で公開！上空の主役はイ・ビョンホン、地上の主役はソン・ガンホというW主演だから、スクリーン上は、両者の活躍をクロスさせながら、ハラハラドキドキの展開に！

ウイルス感染による機長の死亡、緊急着陸の拒否、さらに自衛隊機による威嚇射撃！これでは、ＫＩ５０１便は絶体絶命だ。

しかして、後半からクライマックスにかけての上空と地上におけるW主役の奮闘に注目！さまざまな疑問はあるものの、本作については、そんなものは無視し、両主役の奮闘に拍手！それにしても、こんなにうまく収まるとは！

——＊——＊——＊——＊——＊——＊——＊——＊——＊——＊——

■□■非常宣言とは？コロナ禍でもバイオテロがテーマに！■□■

本作のタイトル、『非常宣言』とは一体ナニ？コロナ禍の日本では、"非常事態宣言"とか"まん延防止等重点措置"とかの言葉が飛び交ったが、パンフレットによると、本作のタイトルにされている「非常宣言」とは「飛行中の航空機が燃料切れや災害などの危機的状況に直面し、正常な運航が不可能と判断された場合、操縦士は"非常宣言"を布告し、管制当局に緊急事態を通知する。これが布告された航空機には優先権が与えられ、ほかのどの航空機より先に緊急着陸できる。いかなる命令も排除できるため、これは航空運行における戒厳令の布告にも値する宣言である。」と解説されている。邦画には、日本の「２・２６事件」を題材にした『戒厳令』（７３年）という面白い映画があったし、１９７３年9月にチリで起きたクーデターを題材にした五木寛之の小説『戒厳令の夜』を映画化した『戒厳令の夜』（８０年）という面白い映画もあった。しかし、「非常宣言」が映画にされたのは、多分、本作がはじめてだろう。

航空機は潜水艦や列車と同じく密室だから、「密室モノは面白い」という私の持論が妥当するはず。しかし、航空機という密室の中でバイオテロが発生すると・・・？

１９９５年に東京の地下鉄車両内で起きた“地下鉄サリン事件”は日本国民を恐怖の真っ只中に引きずり込んだが、今朝、仁川空港を飛び立ったハワイ・ホノルル行きKI５０１便に　バイオテロが仕掛けられ、死者が発生したことが機内に知れ渡ると・・・？

■□■韓国のパニック超大作は今やハリウッド越え！■□■

近時の邦画はくだらないものが多いが、韓国映画は元気いっぱい！スケールの大きいパニック・スペクタクルは、『ポセイドン・アドベンチャー』（７２年）のように、かつてハリウッドの専売特許だったが、『グエムル　漢江の怪物』（０６年）（『シネマ１１』２２０頁）や『ザ・タワー　超高層ビル大火災』（１２年）（『シネマ３１』１６９頁）等を見れば、今や韓国のそれはハリウッド越え！

本作のパンフレットには、江戸木純氏（映画評論家）のレビュー「韓国が世界に向けた≪国際エンタテインメント工場≫宣言」（１４頁）があり、そこでは、そのタイトル通りの韓国映画の奮闘ぶりが書かれているので、これは必読！映画制作における絵コンテの重要性は、日本が世界に誇る巨匠、黒沢明監督の絵コンテの見事さを見ても明らかだが、本作ではパンフレットの「プロダクションノート」にある「最大限の効果を発揮した緻密なコンテとプリヴィズ」（２０頁）も必読だ。ハン・ジェリム監督は6ヶ月も費やしてコンテ（ストーリーボード）を作成し、現場ではほぼ１００％コンテ通り撮影したそうだ。そんなコンテに対し、プリヴィズとは映画『シン・ゴジラ』（１６年）（『シネマ３８』２２頁）などでも積極的に使われた、完成画面を検討するための簡易CGアニメーションのことだが、本作においては、俳優たちが事前にシチュエーションを把握し、キャラクターへのさらなる没入と熱演を促すうえで大いに役立ったらしい。パンフレットには、本作の撮影時に用いられたストーリーボード（コンテ）の一部が掲載されているので、それを読み返しながら、あのシーン、このシーンを思い起こしたい。

さらに、パンフレットの「プロダクションノート」（２２頁）には、「韓国映画初！３６０度回転式の飛行機内セット」があるので、これにも注目！本作で、奇しくも後半からジェヒョクが機長を務めることになるKI５０１便は、機齢３０年に達する“ボーイング７７７”だが、本作の美術チームと特殊効果チームは直径７m、長さ１２mのサイズで飛行機のセットを作ったらしい。そして、それは、巨大なローリングジンバル（回転台を搭載した電動スタビライザー）によって、３６０度回転が可能という、韓国映画初の試みというだけでなく、世界にも類を見ない独創的なセットらしい。『００７』シリーズのド派手なセットは第3作の『００７　ゴールドフィンガー』（６４年）あたりから目立っていたが、本作のセットへのこだわりを見ても、まさに韓国のパニック映画におけるセットは、今やハリウッド越え！

■□■上空の主役と地上の主役がダブル主演！■□■

角川映画の巨編『天と地と』（９０年）は、天才的な軍略の才で越後の国を統一し、甲斐の国の武田信玄と名勝負を繰り広げた上杉謙信を描いた、海音寺潮五郎の歴史小説『天と地と』を映画化したもの。したがって、そのタイトルには少し違和感があったが、本作はまさに上空の主役と地上の主役をダブルで起用したスペクタクル巨編だから、本作こそ『天と地と』のタイトルがピッタリ！

本作における上空の主役は、元パイロットのパク・ジェヒョク（イ・ビョンホン）。もっとも、ジェヒョクが元パイロット、しかも元機長だったことが明かされるのは、KI５０１便内でバイオテロによって、機長が死亡し、副操縦士ヒョンス（キム・ナムギル）がまき散らされた謎の殺人ウイルスによって少し体調がおかしくなってからだ。本作冒頭に見る幼い娘パク・スミン（キム・ボミン）と共にKI５０１便に乗り込もうとしているジェヒョクは、韓国の大スター、イ・ビョンホンが演じているにもかかわらず、フツーの男であるうえ、座席に座った後の彼の姿を見ると、飛行機が揺れるたびに怖がっている体たらく。どうやら、娘の付き添いでやっと飛行機に乗れているらしい。そんな頼りない男だが、出発ロビーで遭遇した怪しげな若い男、リュ・ジンソク（イム・シワン）が同じ便に搭乗しているのを発見すると、強い不安に襲われたのは当然だ。そのため、機内におけるジンソクの不審な行動に誰よりも早く気づいたジェヒョクは、かなり強引にジンソクに向かっていき、ジンソクの検挙に大手柄を上げたのは立派だ。しかし、その時はすでに機内にウイルスが充満・・・？ 他方、地上の主役は刑事のク・イノ（ソン・ガンホ）だから、本作では韓国映画らしい２つの人間ドラマに注目！

■□■韓国映画らしい、２人の男たちの人間ドラマに注目！■□■

韓国における５年ごとの大統領選挙と、政権交代のたびに敗北した元大統領に訪れる"悲劇"を見ていると、韓国政治における人間ドラマの浮き沈みが日本政治以上に激しいことがよくわかる。韓国には"恨（ハン）"という言葉があるが、その意味は、日本の"恨み"以上に深い。その結果（?）、韓国映画に見る人間ドラマは、邦画に見る人間ドラマ以上に起伏に富んでいるので、本作でもそれに注目！

地上におけるク・イノ刑事の人間ドラマのスタートは、仕事一筋のイノを残して気楽に（?）ハワイ旅行に出かけた妻が、たまたまKI５０１便に乗っていたこと。バイオテロの犯行予告動画をアップしたという不審な男の目撃情報をもとに、腹ごなし（?）、暇つぶし（?）でリュ・ジンソクという男の住居を訪れたイノは、そこで殺人ウイルスが培養されたと思しき"実験室"と、その中にあるウイルスに感染した死体を発見したから、さあ大変。その死体の分析を進めていくと、あのバイオテロの予告動画はフェイクではなく、ホンモノ！しかも、その男ジンソクは殺人ウイルスを持ったまま、捜査線が敷かれているにもかかわらずそれをすり抜け、KI５０１便に乗り込み、飛行機はすでに離陸してしまったから、万事休すだ。犯人の目的は一体ナニ？妻の身に何か起きれば・・・？いや、そんな私的なことより、俺は刑事として最善の任務を遂行しなければ・・・。

他方、上空の主役パク・ジェヒョクに訪れるのは、ジンソクとの対決だ。機内のトイレに入ったジンソクの不審な動きをいち早く発見したジェヒョクは、チーフパーサーのヒジン（キム・ソジン）にそれを告げ、ジンソクの拘束を主張したが、こんな場合の機内の“危機管理マニュアル”は・・・？ジンソクに続いてトイレに入ろうとしたジェヒョクの娘、スミンが、「ごめん、急いでいるんだ」と言って割り込んできた男にトイレ（の優先権）を譲ったのは大正解！なぜなら、すでにトイレ内にはジンソクが殺人ウイルス（の粉末）を仕掛けていたから、それをたっぷり浴びてしまったその男は自席に戻ると間もなく七転八倒の苦しみに・・・。医者はいませんか？と叫びながら通路を走ったものの、そこで力尽きた男はバッタリと・・・。そんな事態に機内が大パニックに陥ったのは当然だ。そんな機内で展開していく、重厚かつシリアスなジェヒョクの人間ドラマとは？

■□■第１の疑問ー国土交通大臣が指揮？■□■

私が本作を必見！と考えたのは、チョン・ドヨン扮する国土交通大臣のキム・スッキがKI５０１便機内で発生したバイオテロ対策の指揮をとるためだ。

日本の災害対策基本法では、①２３条または２３条２項に基づいて、地方自治体が地域防災計画の定めるところにより、首長を本部長に、関係都道府県および市町村の職員を本部員として設置する「災害対策本部」、②２４条に基づいて、内閣総理大臣が「非常災害が発生した場合において、当該災害の規模その他の状況により当該災害に係る災害応急対策を推進するため特別の必要があると認めるとき」に、本部長を国務大臣として内閣府に臨時に設置する「非常災害対策本部」、③２８条の２に基づいて、内閣総理大臣が「著しく異常かつ激甚な非常災害が発生した場合において、当該災害に係る災害応急対策を推進するため特別の必要があると認めるとき」に、閣議決定により、本部長を内閣総理大臣、副本部長を国務大臣として、内閣府に臨時に設置する「緊急災害対策本部」、がある（当該災害に対して既に非常災害対策本部が設置されている場合は非常災害対策本部は廃止され、緊急災害対策本部がその事務を継承する。）。

ところが本作を見ていると、バイオテロ発生の報を受けて緊急対策会議を召集し、その指揮をとるのは大統領ではなく、国土交通大臣だからアレレ・・・。本当にこれでいいの？本作に見る私の第１の疑問はそれだ。

■□■第２の疑問ー非常宣言の効力は？■□■

第２の疑問は、本作のタイトルたる「非常宣言」の効力がまったく見えないことだ。

本作ではバイオテロの犯人であるジンソクも、機長も意外に早く死んでしまうため、KI５０１便が非常宣言を布告するのは、機長に代わって操縦していた副操縦士のヒョンスが自分の体調悪化を自覚した時点になる。しかし、ハワイ（アメリカ）はウイルスで汚染されたKI５０１便の着陸を公然と拒否したから、アレレ。これでは非常宣言は何の意味もないのでは？さらに、やむなく韓国に引き返すについての燃料不足を心配したヒョンスが今度は成田空港に着陸しようとしたところ、日本政府もアメリカと同じように着陸を拒否。それを無視して着陸しようとしたKI５０１便に対して、自衛隊の戦闘機が「日本の領空を侵犯した」として、「速やかに外に出るよう」威嚇射撃までしたから、ビックリ！えぇっ、こんなことができるの？これでは非常宣言の意味は全くないのでは？

本作のパンフレットには、杉江弘氏（元日本航空機長／航空評論家）のコラム「元日本航空機長が語るバイオテロとの闘い」があり、そこでは専門的な目からいくつかの疑問点が語られているが、そんな説明を聞かずとも、本作の設定にはさまざまな疑問がある。それをハン・ジェリム監督がどう考えたのかは別途聞いてみたいものだが、本作ではあえてそんな疑問点は封印し、危機的な事態が続く中で次々と起きるさまざまな人間ドラマをしっかり楽しみたい。

■□■絶対絶命状態の中、ダブル主演がそれぞれ大奮闘！■□■

日本の自衛隊機が韓国の民間機に威嚇射撃。そんな事態が現実に起これば、いかに日米同盟と米韓同盟によって、中国と北朝鮮の脅威に対して日韓米の三国が共同で備えているとしても、そりゃ大問題。従軍慰安婦に対する補償問題レベルでは済まない、日韓の一大政治問題に発展するはずだ。

世界的パンデミックになったコロナ禍は、３年経ってもまだこれといった治療薬は実用化していない。新薬の開発や実用化には、膨大な時間が必要ということだ。すると、ジンソクがまき散らした謎の殺人ウイルスに効く新薬は、いつ開発、実用化されるの？そのための治験には一体何人の協力が必要なの？犯人の逮捕には失敗したものの、犯人のアジトを発見したイノには新たにそんな任務が見えてきたが、そんな大それた任務を１人の刑事の力でやることができるの？しかし、それはそれ。そんな現実の問題は、現実の政治に委ね、映画制作はあくまで映画制作として、ハラハラ、ドキドキ、ワクワク、ドキドキのエンタメ路線を極めたい。本作後半からクライマックスにかけての展開を見ていると、それがはっきり見えてくるので、本作ではそれに注目！

しかして、まずは上空。KI５０１便内では、感染者と未感染者を飛行機の前後に分離する対策が取られたが、そんな小手先の対策で感染問題が解決するはずはない。離陸早々死んでしまった機長に代わって、副操縦士のヒョンスが頑張っていたが、彼も感染しているから限界は近い。すると、彼が亡くなった後の操縦桿は一体誰が握るの？そんなテーマに沿った上空のクライマックスでは、イ・ビョンホン扮するジェヒョクが大活躍するので、それに注目！他方、本作後半からクライマックスにかけての地上では、前述した新たな任務に我が身の犠牲を省みず邁進するイノの姿が見えるので、それに注目！

その他、本作後半からクライマックスにかけては、機内と地上との連絡にSNSが多用される姿が描かれるし、チョン・ドヨン扮する国土交通大臣が、おのれのクビをかけて“ある行動”を決断する姿も描かれるので、それにも注目！なるほど、バイオテロをテーマにした韓国のエンタメ作品は、ここまで盛りだくさん！２０２３（令和5）年1月１８日記

Data　2023―29

監督・脚本：パク・チャヌク
出演：パク・ヘイル／湯唯（タン・ウェイ）／イ・ジョンヒョン／コ・ギョンピョ／キム・シニョン

みどころ

韓国のパク・チャヌク監督は、故キム・ギドク監督と同じく、“どぎつさ”が特徴！？そのため、『オールド・ボーイ』（０３年）や『親切なクムジャさん』（０５年）をはじめとする大傑作は、物語の面白さや衝撃度はもとより、エロ度とサド度も突出！

ところが、中国の美人女優・湯唯（タン・ウェイ）をヒロインに起用した本作は“珠玉のサスペンスロマンス”にもかかわらず、エロ度もサド度もゼロ！“官能的で耽美的、ＳＭ的テイスト”だった『お嬢さん』（１６年）とは大違いだ。

そんなパク・チャヌク作品には何の魅力もなし！そんな意見も考えられるが、さにあらず！松本清張の正統派推理劇とは異質ながら、翻訳アプリ、スマートウォッチ等のＩＴ機器を駆使した、敏腕刑事と夫殺しの容疑者とされた美人妻との会話劇と心理劇は面白く、かつ奥が深い。

冒頭の舞台は山。夫の転落死からはじまる本作は、２番目の夫の死亡を経て、ラストの舞台は海になるが、その対比もお見事！１度でわからない人は２度でも３度でも挑戦し、本作の面白さをしっかり確認したい。

―――＊―――＊―――＊―――＊―――＊―――＊―――＊―――＊―――＊―――＊―――

■□■パク・チャヌク監督が大変身！？でもカンヌで監督賞！■□■

韓国は、ポン・ジュノ監督をはじめ、ものすごい監督が多いが、その中の１人がパク・チャヌク。私は彼の『お嬢さん』（１６年）（『シネマ３９』１８９頁）の評論で、次のとおり書いて、『お嬢さん』の紹介に続けた。すなわち、

> 『オールド・ボーイ』（０３年）（『シネマルーム６』５２頁参照）と『親切なクムジャさん』（０５年）（『シネマルーム９』２２２頁参照）の衝撃度はすごかった。その後の『渇

き』（０９年）（『シネマルーム２４』未掲載）はイマイチだったが、ハリウッド進出を果たした『イノセント・ガーデン』（１２年）ではミステリアスなストーリー展開に驚き、衝撃の結末には口あんぐりだった（『シネマルーム３０』１３１頁参照）。

同作の「みどころ」でも、「韓国人俳優がしゃべる日本語の違和感は大きい。しかし、それを差し引いても本作の面白さは抜群だし、エロ度（？）とサド度（？）も突出！」、「さあ、あなたは如何に騙される？パク・チャヌク監督の映画づくりの構想力と騙しのテクニックに脱帽！」と書いた。さらに、本文でも、「官能的で耽美的、SM的で倒錯的なテイストに注目！」、「耽美趣味二態に注目！」等の「小見出し」を掲げた。そんな“作風”は、故キム・ギドク監督と同じだが、日常的な男女の会話劇で物語を紡いでいく作風のホン・サンス監督とは正反対だ。

そんなパク・チャヌク監督の『別れる決心』と題された最新作たる本作は、チラシによると「刑事と容疑者は、ひとつ目の殺人で別れ、ふたつ目の殺人で再会する。疑うほどに惹かれ合う、珠玉のサスペンスロマンス」すると、本作に見るパク・チャヌク流のエロ度とサド度は如何に？そう思っていると、本作にはエロもグロも全く登場しないらしい。それはホント？本作はホントにパク・チャヌク監督作品なの？しかし、それでも本作はカンヌで監督賞を受賞しているから、やっぱりパク・チャヌク監督はすごい！

■□■韓国映画だがヒロインは中国人！敏腕刑事との会話は？■□■

本作は韓国映画だが、ヒロインは私の大好きな中国人女優、 湯唯（タン・ウェイ）。 私が彼女をはじめて観たのは、李安（アン・リー）監督の『ラスト、コーション』（０７年）（『シネマ１７』２２６頁）。Ｒ１８指定とされた同作での、過激なセックスシーンを堂々と演じた彼女の女優魂に脱望したものだ。続く毕赣（ビー・ガン）監督の『ロングデイズ・ジャーニー この夜の涯てへ』（１８年）（『シネマ４６』１９４頁）では、前半（2D）はドレッシーな濃い緑色のワンピース姿で、後半（３D）はオカッパ頭のスポーティな姿で登場する、美人女優タン・ウェイに注目が集まった。

本作は、そんな中国が誇る美人女優、タン・ウェイ演じるソン・ソレの夫が山登りの最中に転落したところから物語が始まる。普通に考えればこれは事故死だが、念のためその捜査に当たったのが、最年少で警視に上り詰めた、プサン警察署の実力派刑事、チャン・ヘジュン（パク・ヘイル）とその部下のスワン（コ・ギョンピョ）だ。夫が亡くなったのに悲しんだり泣いたりしない、若く美しい妻の姿に、スワンは彼女が犯人ではないかと疑ったが、ヘジュンは偏見ではなく実直に捜査を続けるように指示。そんなヘジュンに対して、ソレは「私は中国人だから、韓国語はうまくない」と説明。さらに、取り調べ室でヘジュンが「夫の亡くなった状況を説明するのに、言葉と写真のどちらが良いか」と尋ねると、ソレは最初は「言葉で」と答えたものの、その後、「写真で」と言い直すことに。さて、そのココロは？

■□■不眠症刑事の張込み監視から、アレレ恋愛感情が？■□■

松本清張の小説『張込み』は２人の刑事の徹底した“張込み”を描いた面白い小説だった。それを映画にした野村芳太郎監督、橋本忍脚本の『張込み』（５８年）も素晴らしい作品だった。それとは状況が異なるものの、本作では夫の死亡後、介護人として高齢女性の元で働くソレの動静を、スワンとともに張込み監視するヘジュンの姿が徹底的に描かれる。

ヘジュンは原発で働いている妻アン・ジョンアン（イ・ジョンヒョン）とは週末だけ共に過ごす“週末婚”の生活を続けていたから、平日は夜でも仕事は可能。そんなこともあって、ソレのアリバイ調査等を進めているヘジュンにとっては、ソレの監視は捜査のため不可欠らしい。もっとも、ヘジュンは重度の不眠症だったから、どうせ眠れないのなら、夜を徹して車の中からソレの動静を監視していても同じだ。そんな割り切り（？）もあって、ヘジュンはソレの張込みに励んでいたが、飼っている猫と中国語で会話しているソレの姿はかなり魅力的。さらに、スマートウォッチで録音したその言葉を翻訳してみると「あの親切な刑事の心臓が欲しい」と出てきたからビックリ・・・。しかし、それを見ると、ソレはヘジュンのことをまんざらでもないと思っているのでは・・・？

そんなことを考えながらソレの張込みを続けていると、次第にヘジュンの心の中にはソレに対する恋心の芽生えが・・・？さらに、夢かうつつか状態の中、ヘジュンは時にはソレの側に自分が立って直接話をしている幻覚を見るまでに。いくら若手の優秀な刑事だといっても、そこまでくれば、ちょっとヤバイのでは・・・？

■□■言葉が通じなくても、翻訳アプリさえあれば！■□■

近時のAIの進歩は、各種テクノロジーの領域はもとより、囲碁や将棋の世界でも著しい。その中でも、近時目立っているのが翻訳アプリだ。翻訳する言語を指定して日本語で入力すれば、直ちに英語、中国語、スペイン語、ドイツ語等々に翻訳して表示され、しゃべってくれるのだから、こりゃ便利。日本のコマーシャル界では、現在、明石家さんまがその威力を誇示している（？）が、本作では中国語がまるでわからない韓国人のヘジュンと韓国語が少ししか喋れない中国人のソレとの間で、翻訳アプリを使うことによって、２人の間の会話を成り立たせるシーンが随所に登場するので、それに注目！コマーシャルで見ている風景のように、お互いに全く他国語が喋れない者同士でも、翻訳アプリを使えばそれなりの会話が成り立つが、本作で翻訳アプリを使いこなすのは、もっぱらソレ。したがって、本作では、ソレが翻訳アプリが必要だと考える場合にのみ、この小道具が登場するので、その点にもしっかり注目（注意？）したい。

他方、本作の大半を占めるヘジュンによるソレの張り込み監視のおかげで、ヘジュンはソレの私生活についてもかなりの情報通になっていた。例えば、「ご飯は食べましたか？」と聞くソレに対して、ヘジュンが「またアイスですか？」と逆質問できるのは、ソレがアイスクリームばかり食べていることを張り込み監視のおかげで知っていたためだ。その張り込み監視では、ヘジュンが持つスマートウォッチが大活躍しているから、前述のように少し変な韓国語になってしまうとはいえ、ソレがしゃべっている内容をヘジュンは知ることができるわけだ。そのため、もともと言葉が十分に通じない取調官VS被疑者という関係ではじまったヘジュンとソレの関係でも、さまざまな情報交換が可能になったから、その関係が長くなれば長くなるほど情報交換（交流？）の量も拡大、増大していくことに。松本清張の推理小説は時刻表のトリックをふんだんに使った『点と線』をはじめとして面白いものばかりだが、さすがに、そこではAI機器を活用したトリックは使われていない。それとの対比と言う意味も含めて、パク・チャヌク監督の本作では、AI機器をフル活用したトリックの面白さを、たっぷり味わいたい。

■□■捜査の進展は？「刑事モノ」としての面白さは？■□■

韓国は『殺人の追憶』（０３年）（『シネマ４』２４０頁）をはじめとして、「犯罪モノ」「刑事モノ」の傑作が多い。しかし、ハッキリ言って、本作にそれを期待すると裏切られるかもしれない。なぜなら、若手ナンバーワンの敏腕刑事であるヘジュンの捜査も、その対象が美人妻になると、私情が入り混むためか、あれこれと横道にそれてしまうためだ。その“迷走”ぶりは、張り込み監視中に自分がソレの部屋の中に入り込んで会話している幻想（？）を見るくらいだからかなり深刻だ。また、いかに妻とは週末婚だとしても、自分の部屋に被疑者を呼び込むのが禁じ手なら、「自分が唯一知っている中華料理はこれだ。」と言って、焼き飯を作ってやるのもダメ。ソレは、「これが中華料理ですか？」と首を傾けつつ食べて、「味はおいしい。」と言っていたが、さてそれは本当？さらに、カーテンの奥にびっしり貼られた、殺人事件の写真をソレに見せるのも、それが未解決事件であるだけに、もっとダメ。白中堂々と刑事が夫と死に別れた人妻とこんなことをしていることが上層部にバレたら、ヘジュンは即謹慎処分になってしまうのでは？

他方、そんな心配をよそに、ソレの捜査はそれなりに進んでいくから、それは松本清張の正統派推理小説と同じように、本作でもしっかり楽しみたい。もっとも、ソレの携帯とソレが世話していた介護老人の携帯が同じ機種だったとか、ヘジュンが証拠の携帯をソレに渡して誰にも見つからないように海に捨ててしまうよう指示したりするストーリー展開は、複雑でわかりづらいので、要注意。

■□■舞台はプサンからイポ市へ。再会後また殺人事件が！■□■

それから数年後！これは小説でも映画でもよく使われるフレーズ、手法だが、本作の「それから数年後」の舞台は、ヘジュンの妻が働いているイポ市になる。ヘジュンにとっては、週末だけの夫婦生活が解消され、晴れて夫婦が同居できるのだから、プサンからイポ市への転勤はウェルカムのはずだが、どうも内心はそうでもないらしい。なぜなら、ヘジュンにとっては、プサンで起きたソレの夫死亡事件の捜査が中途半端なまま転勤してしまったからだ。さらに、それと共に、ソレへの想いもあったから・・・？

そんなヘジュンが妻と一緒に市場で魚を見ている時、偶然再会したのがソレと新しい夫だったから、ビックリ！ソレは、ヘジュンのことを、シャーシャーと「私のことを疑った刑事」と夫に紹介していたが、それは一体なぜ？そんなふうに、夫婦同士で偶然で会った４人は互いに自己紹介をして別れたが、本来それ以上何の接点もないはずだ。ところが驚くことに、その直後、イポ市ではじめての殺人事件が発生！ヘジュンがイポ市での新たな部下のヨンス（キム・シニョン）と共に現場に駆けつけると、多数の切り傷を負い、プールの隅に座らされていた被害者は、何とソレの新しい夫だったから、ビックリ！なぜプサンに続いてイポ市でも、自分の管轄内で、ソレの夫が死亡したり殺されたりするの？そんな思いで、ヘジュンはソレに対して、「このためイポ市に来たのか？ふざけるな！」と言ってしまったが、それは、いかに普段は冷静なヘジュンでも仕方ないだろう。もっとも、犯人は左利きだと判断されたところ、ソレは右利きだし、夫に詐欺被害を受けた人物が左利きで夫殺しを認めたから、この殺人事件は意外にもすんなりと解決。

しかして、犯人が捕まったことをソレに報告するべくヘジュンがソレの家に向かうところから、イポ市を舞台にした本作最後のストーリーが展開していく。そこで明らかにされるのは、ソレが中国から韓国にやってきたのは、祖父母と母の遺骨を山の中に撒くためだったということ。ところが、それを終えたソレは、同行していたヘジュンに抱きつき、あれこれと告白するので、私たち観客はヘジュンと共にそれをしっかり確認したい。そして、その後の舞台を山から海に移して展開していく本作ラストの、アッと驚くストーリーは、あなた自身の目でしっかりと！

２０２３（令和5）年3月6日記

みどころ

住宅火災は恐いし、高層マンションの火災はもっと恐い。船の転覆事故も恐いし、群衆圧死事故も恐い。しかし、念願のマイホームが、ある日、シンクホールの中に落ちていくのは、メチャ恐い！

こりゃ、全員即死！そう思うのが当然だが、本作はそこから始まるサバイバルがストーリーのキモ。それはホームドラマ（？）としてはよくできているが、当局は一体ナニをしているの？ドローンやヘリの活用は？

ソウルの梨泰院で起きた群衆圧死事故直後の公開にもかかわらず、私には本作のバカバカしさが目立つが、なぜ韓国では大ヒット？

――＊――＊――＊――＊――＊――＊――＊――＊――＊――＊――

■□■“事故物件”いろいろ！これはひどい！そんなバカな！■□■

都市問題をライフワークにしてきた弁護士の私としては、“事故物件”をテーマとした「不動産モノ」は必見。近時は所有者不明土地問題が顕在化し、新しい法律も作られたが、そんな時代状況の中、自殺等の事故が発生した“事故物件”問題も増えている。住宅内に白骨死体が発見されたら、その物件は完全な“事故物件”だ。

しかして、２０２１年の韓国映画で興行収入２位となった本作の邦題は『奈落のマイホーム』。これは一体ナニ？一体、どんな事故物件なの？そう思ってチラシを読むと、サラリーマンのドンウォン（キム・ソンギュン）が１１年越しでやっと手に入れたマイホーム（マンションの５０１号室）が、突如、地下５００メートルへと落下していくという事故。その原因は、巨大なシンクホールの上にマンションが建っていたためだが、そんなバカな！

■□■群衆圧死事故の原因は？シンクホールのチェックは？■□■

去る１０月２９日、ソウルの繁華街・梨泰院で起きた「梨泰院群衆圧死事故」の原因は、狭い道路に一気に群衆が密集したため。目下、その原因と責任の所在の追求がなされているが、原因の１つが、建築基準法違反の無断建築によって道路幅が狭くなっていたことにあることは間違いない。どこでも多少の建築法規違反はあるものだが、マンションを建てる地盤の頑丈さは基本中の基本。それなのに、地下に巨大なシンクホールがあることを見逃し、その上にマンションを建築するなんてことが（韓国では）あり得るの？

“シンクホール”によるマンションの陥没事故は、日本では聞いたことがないが、先日観た韓国映画『なまず』（１８年）（『シネマ５１』２１８頁）にもシンクホールが登場していた。日本では、なまずの地震予知能力についてさまざまな説があるが、韓国ではなまずが暴れると巨大なシンクホールが現れるの？いやいや、そんなバカな・・・。

そんな議論がまかり通っている韓国なら、しっかり坂和流の『まちづくりの法と政策』を講義してあげなくちゃ・・・。

■□■住宅火災も恐いが、シンクホールはもっと恐い！■□■

住宅での火事は怖い。去る１１月１１日には、東京の高級住宅街である世田谷区成城で、名球会入りしているロッテの村田兆治投手が焼死体で発見される火災があったが、これは一戸建て。しかし、タワーマンションの火災はもっと怖い。それをスクリーン上で表現した韓国映画が『ザ・タワー　超高層ビル大火災』（１２年）（『シネマ３１』１６９頁）だ。

その原型は、スティーブ・マックイーンとポール・ニューマンが共演した『タワーリング・インフェルノ』（７４年）だが、両者とも地上１０８階、地上１３８階という超高層マンションでの火災だった。

しかし、住宅火災も恐いが、シンクホールはもっと恐い。ある日突然“愛しのマイホーム”がマンション全体として地下５００メートルのシンクホールへ落下していく本作の事故はメチャ怖いのでそれに注目！。ほとんどの住人はこのマンションの落下と同時にほぼ全員が即死！そう思ったが、さて・・・？

■□■念願の新居でビー玉は？新居披露の宴は？■□■

日本ではテレビが普及していく中で「ホームドラマ」なるものの人気が高まった。終戦直後には、ラジオの連続ドラマとして「君の名は」が大ヒットしたが、１９６０～７０年代の高度経済成長時代を支えたマイホーム（団地）に住む家族たちは、一家団欒で見るTV

のホームドラマが大きな楽しみだった。

本作は冒頭、サラリーマン生活１１年を経てやっとソウル市内でマンションを購入した、幸せ絶頂のドンウォンの姿が、一方では家族と共に、他方では会社の部下たちと共に描かれる。その姿は、まさに高度経済成長時代の日本のホームドラマと同じだ。しかし「面白いよ」と言いながら息子が床を転がすビー玉を見ると・・・？

課長代理のキム（イ・グァンス）をはじめ、部下たち全員を部屋に招いた「引越しお祝いパーティー」は、課長たるドンウォンの一世一代の晴れ舞台。そして、飲み過ぎて帰れなくなった部下に対して、「我が家は部屋が３つもあるから泊まっていけ」と言えるのは、一方では代行運賃をケチったためだが、他方ではこれも一種の自慢。しかるに、よりによって、そんな日に５０１号室がマンションもろとも奈落の底に沈んでいくとは！

■□■危機の中でこそ問われる、個人の選択とは？■□■

『タワーリング・インフェルノ』も『ザ・タワー　超高層ビル大火災』も、法的な瑕疵担保責任の問題を抱えつつ、主人公は伝説の消防士だったから、そのハラハラドキドキの活躍がストーリーの核心だった。それに対して、船の沈没事故だった『ポセイドン・アドベンチャー』（７２年）では、いかに脱出するかについて個人の自己責任が問われていた。結果的に、船が逆さまになっているという主人公の判断が正解だったわけだが、同作では何がどんなになっているのか皆目分からない状態での手探り脱出の姿が面白かった。

それに対して、本作前半のハイライトは、まさに巨大な“シンクホール”に一棟のマンション全体が落下していく姿だが、奈落の底に落ちたマンションは一体どんな状態になっているの？本作最大の欠点は、その全体像が全くわからないことだ。最終的に大雨が降る中、この巨大な穴が雨水で満たされて

しまうという設定だが、それは絶対ナンセンス。大雨だけで、そんなになることはあり得ない。

■□■この救出劇は一体ナニ？そんなバカな！■□■

本作のメインストーリーは、奈落の底へ落下したマンションの住人たちや、ドンウォンの引っ越しパーティー参加者たちのシンクホールからの脱出劇だが、それを面白く見せるためには「状況設定」をしっかりさせることが不可欠。ちなみに、『モガディシュ　脱出までの１４日間』（２１年）は面白かったが、それはその「状況設定」がしっかりしていたためだ（『シネマ５１』２０７頁）。

2023年4月28日発売『奈落のマイホーム』
Blu-ray：¥5,390（税込）DVD：¥4,290（税込）
発売・販売元：ギャガ

一棟のマンション全体がシンクホールの中に５００メートルも落下すれば、当然柱も壊れてしまうから、空間そのものがゼロに！誰でもそう考えるはずだが、さて本作は？他方、今ドキ、ドローンによる捜索や、ドローンによる水、食料、薬品、通信機器等の補充はできるはずだが、その状況は？さらに、本作では地上からロープ伝いに救急隊員が地下に入ろうとして失敗していたが、ヘリコプターからロープを垂らせばそれぐらいのことは簡単にできるのでは？

都市住宅問題の専門家として、「これはあまりにひどい」と思ったのは、当局が隣地のマンションも陥落の危険があると指摘しているのに、そのマンション管理組合では、どう対処するべきかという議論を長々とやっていること。その結論が出ないうちに、このマンションもシンクホールに落下していくわけだが、そんな危険があることは当然予測されるのだから、まずは当局がそのマンションの住民からの買い取りを前提として全員を立ち退かせることが不可欠。韓国の法曹界では、そんな常識もないの・・・？本作にはそんな疑問がいっぱいある。そのため、本作はホームドラマとしての出来がイマイチな点を含めて、全体として星３つ。　　　　２０２２（令和4）年１１月２２日記

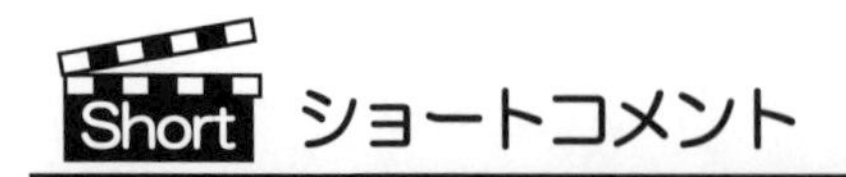

★★★

犯罪都市　THE ROUNDUP

2022年／韓国映画
配給：HIAN／106分

2022（令和4）年11月5日鑑賞　TOHOシネマズ西宮OS

Data　2022－123

監督：イ・サンヨン
出演：マ・ドンソク／ソン・ソック／チェ・グィファ／パク・チファン／ホ・ドンウォン／ハジュン／チョン・ジェグァン

みどころ

マ・ドンソクとラブリーを合わせて“マブリー”。それが韓国の衿川（クムチョン）署の強力班に勤務する、“狙ったホシは半殺し”という、規格外の最強刑事（デカ）、マ・ソクト。あの巨体とあの拳に注目！

本作は韓国で観客動員１２００万人を突破するメガヒットだから、クリント・イーストウッドが演じた『ダーティハリー』のようなシリーズ化も確実！もっとも、今回の「犯罪都市」はベトナムの首都ホーチミン市だが、ずっとそんなタイトルでいいの・・・？

なぜベトナムへ？そしてクライマックスでは、なぜ再び韓国へ？それは最凶犯との銃抜きのバトルを楽しみながら、あなた自身の目でしっかりと！頭を空っぽにして楽しめばそれなりのものだが、逆に言うとそれだけのもの・・・？

――＊――＊――＊――＊――＊――＊――＊――＊――＊――＊――

◆日本人にとって最も有名な韓国人俳優はソン・ガンホだが、近時それに迫っている（？）のが、一目見ただけその顔、名前、そして体格を覚えてしまう俳優マ・ドンソク。私が彼をはじめて見たのは『悪人伝』（１９年）（『シネマ４７』２２９頁）だが、今やマ・ドンソク＋ラブリー＝マブリーという愛称が定着しているらしい。あの体格にはレスラーが最適だがそんな映画はそうそう作れない。そこで、彼の“はまり役”は、あの体力と格闘能力を駆使し、“狙ったホシ（犯人）は半殺し”という規格外の最強刑事（デカ）になったらしい。

『犯罪都市 THE ROUNDUP』と題された本作は、２０１７年に大ヒットした『犯罪都市』の続編だが、韓国で観客動員１２００万人を突破するメガヒットを記録したらしい。そうなれば、今後シリーズ化が確実だが、そもそも犯罪都市ってどこの都市？まさか、大阪や東京ではないと思うのだが・・・。

◆ベトナムは、かつての宗主国だったフランスを追い払い、その後はアメリカ帝国主義にも打ち勝った国。その首都はホーチミン市だが、その名前の由来は、米国からの支援で成立したベトナム共和国と南ベトナム解放民族戦線（通称ベトコン）をベトナム戦争で打倒した、ベトナム民主共和国の指導者であるホー・チ・ミンの名前。つまり、ソ連で、スターリングラードとかレニングラード等の都市名になっているのと同じだ。そして、そこは、かつての南ベトナムの首都サイゴンがあったところだ。

本作で「犯罪都市」と呼ばれているのは、そのホーチミン市。その理由は本作冒頭で解説されるが、そんな設定についてベトナムやホーチミン市から抗議はなかったの？

◆かつての日本の大映映画には『悪名』シリーズがあり、勝新太郎と田宮二郎の凹凸コンビが大活躍していた。『犯罪都市』シリーズにおける、刑事マ・ソクト（マ・ドンソク）と班長チョン・イルマン（チェ・グィファ）のコンビは少しそれと似ているから（？）、本作はそんな凹凸コンビの役割分担や相性の視点からも楽しみたい。

クムチョン署/強力班/に勤務するマ・ソクトとチョン・イルマンの２人がベトナム行きを命じられたのは、近時韓国系犯罪者で満ち溢れている東南アジアの都市ホーチミン市に赴き、「自首してきた」犯罪者の一人を無事に引き取るためだ。そんな簡単な任務（？）に班長が自ら志願したのは半分観光目的だったが、なぜその男は自首してきたの？

ホーチミン市に着いたマ・ソクトがそれを得意の腕力に任せて解明していると、その男のバックには冷酷な凶悪犯罪者カン・ヘサン（ソン・ソック）の存在と、彼が引き起こしたいくつもの誘拐事件の存在があることがわかってきたからヤバイ。韓国人を救うため、韓国の刑事は働かさなければ！それがマ・ソクトの言い分だが、ここはベトナム。勝手な動きをされては迷惑だ、と現地のベトナム警察は警告を発したが・・・。

◆ハリウッドシリーズの刑事には異色刑事がたくさんいる。クリント・イーストウッドが演じた『ダーティハリー』はその１つだが、彼は大きな拳銃を武器にしていた。しかし、刑事マ・ソクトは拳銃を使わず、すべて肉弾戦で立ち向かうのが特徴だ。

対するカン・ヘサンも拳銃を使わず、もっぱら菜切り包丁のような凶器を振り回すのが得意らしい。そのため、班長のチョン・イルマンも一度はその餌食になり大ケガ（？）を負うし、身代金を要求された大企業の社長チェ・チュンベクも大変な目に遭ってしまうから、本作ではカン・ヘサンの凶悪ぶりをしっかり確認したい。

また、韓国映画ではキャラの立った役がいろいろ登場するのが面白い。本作にもマ・ソクトにイヤイヤ協力をする（？）怪しげな男チャン・イス（パク・チハン）が登場し、クライマックスに向けて大活躍（？）するし、導入部ではチェ・チュンベクのバカ息子（？）もベトナムでのリゾート開発についてそれなりの問題提起をする（？）ので、それにも注目。

◆犯罪都市＝ホーチミン市と設定されているにもかかわらず、本作後半からクライマックスにかけての舞台は再び韓国になる。それは意外な抵抗を見せたチェ・チュンベク社長に復讐するべくカン・ヘサンが韓国に乗り込んできたためだが、私が考える本当の理由は、ホーチミン市では、クライマックスでのド派手なカーチェイスシーンを撮影できなかったためだ。高速道路や港湾をハチャメチャにし、デパートの内部までもメチャメチャにしながらの犯人追及、犯人逮捕のクライマックスの撮影はさすがにホーチミン市の許可が下りなかったのでは・・・？

『犯罪都市 THE ROUNDUP』DVD
価格：4,290円（税込） 発売中
発売元：株式会社HIAN
販売元：株式会社ハピネット・メディアマーケティング

「最強」VS「最凶」の激突のコングが今鳴り響く、と謳われ、チラシには「規格外のヤバイ刑事（デカ）が拳ひとつで犯罪都市をブッ叩く！」と表現された本作の面白さは、あなた自身の目でしっかりと！新聞紙評でも「豪快娯楽の幸福ぎっしり」と書かれているが、逆に言えば、本作はそれだけの娯楽映画かも！

２０２２（令和4）年１１月１０日記

第7章
ショートコメント特集

★★★

アフター・ヤン

2021年／アメリカ映画
配給：キノフィルムズ／96分

2022（令和4）年11月5日鑑賞　TOHOシネマズ西宮OS

Data　2022−122

監督・脚本：ココナダ
出演：コリン・ファレル／ジョディ・ターナー＝スミス／ジャスティン・H・ミン／マレア・エマ・チャンドラウィジャヤ／ヘイリー・ルー・リチャードソン

みどころ

ＡＩロボットが身近になってきた今、美人女優アリシア・ヴィキャンデルが主演した『エクス・マキナ』（１５年）は面白かったから、本作も必見！下馬評は高いし、「テクノ」と呼ばれる人型ロボットであるヤンが、人種の異なる３人家族と共に暮らす近未来の姿は興味深い。

ところが、ヤンの故障から始まる本作のストーリー展開はイマイチ。ロボットに感情はあるのか？とりわけ恋の感情は？なるほど、それは興味深いテーマだが、そこから「人間とは何か？」を問いかけるというのは、あまりに難解！あまりに哲学的！そこまで身構えなくてもよかったのでは？

——＊——＊——＊——＊——＊——＊——＊——＊——＊——＊——

◆手塚治が描いた「鉄腕アトム」に代表されるロボットの世界は、今や人間の日常生活に定着。人間にしかできない職人技だったはずの握り寿司さえ、今やロボットが人間以上の質とスピードで処理している。ソニーから発売された「aibo（アイボ）」の人気は高かったが、本作冒頭に登場する「テクノ」と呼ばれる人型ロボットが一般家庭に普及する近未来はすぐそこに。

まずは、本作冒頭、茶葉の販売店を営む白人のジェイク（コリン・ファレル）、アフリカ系の妻のカイラ（ジョディ・ターナー＝スミス）、中国系養女のミカ（マレア・エマ・チャンドラウィジャヤ）、そして、ミカが「哥哥」（ガァガァ）と慕うベビーシッター・ロボットのヤン（ジャスティン・H・ミン）たちに注目。

日本は単一民族国家だが、アメリカは多民族国家。白人と黒人が混在している上、ヒスパニック系や中国系等々、人種のるつぼだ。しかして、ココナダ監督が描く近未来の家族は、人種の混在だけでなく、人型ロボットも混在！

◆Wikipediaで本作の評価を調べてみると、「本作は批評家から絶賛されている。批評家の見解の要約は、『表現したいものが思うように表現できていないと思わせる箇所が時折ある。

しかし、ゆったりとしたストーリーに進んで身を任せるのであれば、『アフター・ヤン』は豊饒なものを提供してくれる作品である』となっている。」それなら、なおさら、こりゃ必見！

私の大好きな美人女優アリシア・ヴィキャンデルがAI（人工知能）ロボット演じた『エクス・マキナ』（１５年）（『シネマ３８』１８９頁）はめちゃ面白かったから、本作にも期待！冒頭に見る４人家族（？）の人種の多様性にもびっくりさせられながら、こりゃ興味津々・・・。

◆『エクス・マキナ』では、別の美女AIロボットも登場し、性的なテーマが少しずつ大きくなっていった。そして、恋愛の駆け引きでもアリシア・ヴィキャンデル扮するAIロボットエヴァの優秀さが確認され、AIロボットの反乱（？）に繋がっていったから、そのストーリーは波瀾万丈で面白かった。

それに対して、本作のストーリーは、ある日、ヤンが故障して動かなくなってしまうところからスタートする。ミカの要請もあって、ジェイクはその修理に奔走したが、そこで発見したのが、ヤンの体内に１日に数秒間ずつ動画を撮影できる特殊なパーツが組み込まれていること。そして、そのメモリーバンクに保存された映像にはジェイクたちや素性不明の若い女性の姿も･･･。こりゃ、一体ナニ？そこから深淵かつ難解なテーマが次々と･･･。

◆絶賛されている本作については、新聞紙評でもさまざまな批評（解説？）がされている。その中に「ロボットの記録を通じ、人間とは何かという実存的な問いを。」というクソ難しい問題提起もある。どうやら本作の究極の問題提起は、「ロボットは人間の感情を持つのかどうか？」ということらしいが、何もそんなクソ難しいこと、言わなくてもいいのでは？

◆本作のチラシには「まるで小津安二郎監督がアメリカのＳＦ映画を作ったかのような味わい」「静謐で華麗」の文字が躍っている。たしかに、本作のそんな一面は秀逸。４人家族のあり方も興味深いし、映像技術の素晴らしさも群を抜いている。

しかし、そうだからこそ、「人間とは何かを問いかける」という、あまりに哲学的でクソ難しい問題に固執しなくてもよかったのでは・・・。

２０２２（令和4）年１１月8日記

ショートコメント ★★★

トゥモロー・モーニング

2022年／イギリス映画
配給：セテラ・インターナショナル／110分

2022（令和4）年12月29日鑑賞	シネ・リーブル梅田

Data 2022−146

監督：ニック・ウィンストン
脚本・音楽：ローレンス・マーク・ワイス
出演：ラミン・カリムルー／サマンサ・バークス／フラー・イースト／ジョージ・マグワイア／オリバー・クレイトン／ジョーン・コリンズ

みどころ

『ウエスト・サイド物語』（６１年）、『サウンド・オブ・ミュージック』（６５年）以来、私はミュージカルの大ファンだから、「世界最高峰のミュージカルスターが贈る、極上のミュージカル・エンターテインメント！」「ロンドンを舞台に、“結婚前夜”＆“離婚前夜”の男女に訪れた＜出会い＞の奇跡」という謳い文句を見れば、こりゃ必見！

結婚前夜と離婚前夜の対比は、自分自身としても、また５０年近い弁護士業務の中でもいろいろと見分してきた。しかし、ミュージカル映画でそれをどう描き、どう表現するの？そんな期待で座ったが、アレレ・・・？

歌はいいけどストーリーは全然ダメ。この夫婦の離婚原因はナニ？しかも、ラストでの大転換は一体ナニ？ミュージカル映画でも、やはりストーリーは大切にしなくちゃ！

——＊——＊——＊——＊——＊——＊——＊——＊——＊——＊——

◆私は中高校生の時に『ウエスト・サイド物語』（６１年）、『サウンド・オブ・ミュージック』（６５年）を観て、ミュージカルの魅力にハマってしまった。そのため「世界最高峰のミュージカルスターが贈る、極上のミュージカル・エンターテインメント！」「ロンドンを舞台に、“結婚前夜”＆“離婚前夜”の男女に訪れた＜出会い＞の奇跡」と謳われているこんなミュージカル映画が公開されると聞けば、こりゃ必見！

チラシによると、「２０１３年に日本でも石井一孝、島田歌穂、田代万里生、新妻聖子といった実力派キャストで上演され話題を呼んだ。」と書かれているから、島田歌穂、新妻聖子のファンとしても、こりゃ必見！

◆そう思って、ネット資料を集めてみると、アレレ、アレレ・・・。サイトによると、「好きだった人もこれから見る人もいるのにわざわざnot for meだった理由をつらつら書かなくてもいいとは思うんだけど、たぶんもう見返すことはない映画なので数年後に記憶が薄れて『一回見たけどなんかつまんなかったよな』の印象で終わるより、自分としては何がつまんなかったか記録しておきたいんだよな。特にミュージカル映画は日本で公開されたものはできるだけ全て見ようとしているので自分のデータベースとしてもメモしておきたい。ということで面白かった人やこれから見る予定の人は自衛してね。」と書かれている。さらに、「2人の歌声は期待通りに良かったし住んでいるフラットも素敵だった、けど、それ以外が全っ然刺さらなかった――というか正直見ていて苦痛な時間も結構あった・・・。」「どういう理由で離婚に至ったのかもわからないし、ずっと喧嘩 or 葛藤していてストーリーの進展が無いのに結論は『子は鎹』みたいなオチでいいの？って感じだし・・・。」等々と書かれ、かなり評価が低い。そのため大いに迷ったが、やっぱり自分の目で確かめなくちゃという思いで鑑賞！

◆しかし、残念ながら私の評価もサイトの記事と同じだった。結婚前夜と離婚前夜で2人の思いが両極端になっているのは当然だから、それを対比するのは面白いし、それを映画のテーマにすれば、いろいろな切り口が考えられる。しかし、その両者を適当にクロスさせながら歌うだけでは、全然ミュージカルとしての面白さはない。『ウエスト・サイド物語』は2つの若者グループの対立の中での恋物語がスリリングだったし、『サウンド・オブ・ミュージック』は、あの時代における、あのファミリーのあの生き方が興味深いうえ、あんな形でラブストーリーが成立していく意外性が素晴らしかった。

ところが本作では、結婚前夜は希望に満ち、この瞬間を永遠に忘れないと気楽に約束しているだけだし、離婚前夜はとにかくすべてが食い違ってしまった2人の夫婦ゲンカの姿にあ然。そんな状況には納得だが、サイトでも言っているように、なぜそうなったの？その説明が全くないから、説得力が全然なし！

◆まあ、それでも、実力家の歌手が集まっているから、歌は素晴らしいものばかりだ。近時私はBS放送の歌謡番組をよく見ているが、そこではカラオケのTV画面と同じように、歌手が歌う曲に対応して背景をいかにうまく作り出していくかが1つの勝負になっている。本作は、それに比べるとかなり上のレベルだが、それだけで上質の映画になるはずがないのは当然だ。しかも、最後に最も納得できないのは、なぜここまで破綻した2人がヨリを戻して終わってしまうの？そんな馬鹿な・・・。

2023（令和5）年1月5日記

★★★

マッドゴッド

2021年／アメリカ映画
配給：ロングライド／84分

2022（令和4）年12月10日鑑賞　シネ・リーブル梅田

Data　2022－137

監督：フィル・ティペット
出演：アレックス・コックス／ニキータ・ローマン

みどころ

“特殊効果の神様”とか“ストップモーション特撮の神様”と呼ばれているフィル・ティペット監督が３０年間にわたって温めてきた地獄絵の世界が、８４分間にわたって大スクリーン上で展開。私は子供心に、芥川龍之介の『蜘蛛の糸』や『杜子春』の地獄絵を怖いと思ったが、本作はそれとは全く異質の、２１世紀型、そしてまたフィル・ティペット監督流の地獄絵だ。この手の映像が好きな人にはたまらないだろうが、私には、Too much, no more thank you・・・。

◆天国よりも地獄に惹かれる。そう語る“特殊効果の神様”と呼ばれている巨匠、フィル・ティペットの潜在意識からあふれ出したのは、かつて誰も見たことがない暗黒世界。

本作のチラシには、「人類最後の男に派遣され、地下深くの荒廃した暗黒世界に降りて行った孤高のアサシンは、無残な化け物たちの巣窟と化したこの世の終わりを目撃する。」と書かれているが、本作のスクリーン上に映し出されてくる映像は、まさにそれだ。

◆フィル・ティペット監督は、ハリウッドの大物監督たちから「ストップモーション特撮の神」と崇められているそうだが、この世の終わりに、地下深くの暗黒世界に潜入した主人公アサシンが目撃する百鬼夜行の地獄絵図とは？

製作開始から約３０年を経て、２０２１年に完成させたストップモーションアニメである本作は、アサシンが目撃する百鬼夜行の地獄絵図をスクリーン上に美しい（？）映像美で映し出していくが、セリフは一切なく、音楽の流れの中で綴られていくので、残念ながらストーリー性に乏しい。そのため、私は途中から少し退出してくることに・・・。

◆私は小学生時代に日本文学全集と世界文学全集の主だったものを読み終えたが、子供心に日本文学で“おどろおどろしい世界”をイメージしたのは、芥川龍之介の『蜘蛛の糸』や『杜子春』にみる地獄絵だ。本作は、そんな純朴な地獄絵とは全く違う、２１世紀型の、そしてまたフィル・ティペット監督の頭の中に浮かんできた地獄絵だから、その手の映像が好きな人は、それをタップリ楽しみたい。もっとも、私はToo much, no more thank youだったが・・・。

２０２２（令和4）年１２月１５日記

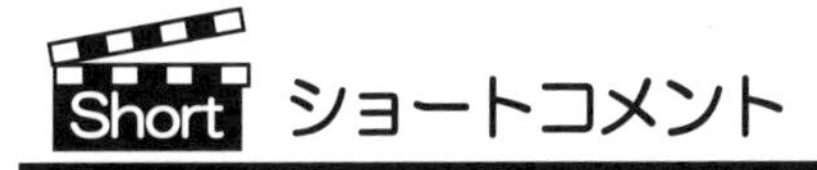

★★★

メグレと若い女の死

2022年／フランス映画
配給：アンプラグド／89分

2023（令和5）年3月29日鑑賞 | シネ・リーブル梅田

Data 2023−39

監督・脚本：パトリス・ルコント
原作：ジョルジュ・シムノン『メグレと若い女の死』（早川書房刊）
出演：ジェラール・ドパルデュー／ジャド・ラベスト／メラニー・ベルニエ

みどころ

日本の推理小説には、名探偵がつきもの。江戸川乱歩の小説では明智小五郎が、横溝正史のそれでは金田一耕助が大活躍！

他方、アメリカの『刑事コロンボ』では、一クセも二クセもある個性派のコロンボ刑事が見事な推理を働かせるし、生誕１２０周年を迎えたイギリスが誇るミステリー作家ジョルジュ・シムノンの『メグレ警視シリーズ』では、身長１８０センチ、体重１００キロのメグレ警視が大奮闘！

時代は１９５３年、舞台はパリ。そこで発見された若い女性の死体を見て、次々とひらめいていくメグレ警視の推理とは？そして、その結果、辿り着く思いがけない結末は？

――＊――＊――＊――＊――＊――＊――＊――＊――＊――＊――

◆私が弁護士登録をした１９７４年から８０年代にかけては、横溝正史の推理小説が大ヒットした。そこで有名になったのが金田一耕助探偵だ。他方、私が小学生時代に一世を風靡した推理小説は、江戸川乱歩の『怪人二十面相シリーズ』で、そこでは明智小五郎探偵や少年探偵団が大活躍していた。

◆他方、アメリカでは１９６０～７０年代に『刑事コロンボ』が大流行。それに対して、フランスでは、生涯で４００冊以上を執筆し、発行部数５億冊以上を誇るミステリー作家ジョルジュ・シムノンが世界的な人気作家らしい。そして、その最大のベストセラーは、「メグレ警視シリーズ」らしい。

そんなジョルジュ・シムノンの生誕１２０周年を記念して、『メグレ警視シリーズ』の中でも名作との呼び声が高い『メグレと若い女の死』を、ジョルジュ・シムノンのファンでもあるパトリス・ルコント監督が今般映画化。

◆そう言われても、そんな話は私は知らないことばかり。しかし、チラシにある“これほど純粋に心を動かされる推理小説は無い”“本国フランスで初登場１位”“謎の先に、彼女の人生が見えてくる。”等々の宣伝文句につられて映画館へ行くことに。

◆そのストーリーは、チラシによれば次のとおりだ。

ある夜、シルクのドレスを着た若い女が死んだ。片足には靴がない。不釣り合いなほどの高級ドレス。５か所もの執拗な刺し傷・・・・・・。 この謎めいた事件を担当するのが警視庁犯罪捜査部のジュール・メグレ警視。わずかな手掛かりをもとに、メグレは名前すらわからないこの若い女を殺した犯人を探すことになった。

◆金田一耕助を演じた俳優は、初代の片岡千恵蔵、５代目の高倉健、９代目の石坂浩二、そして１２代目の渥美清と多士済々。歴代２４代まであるからすごい。明智小五郎を演じた俳優も多いが、私が最も印象に残っているのは、ダンディで苦み走ったいい男天知茂だ。それに対して、刑事コロンボ役はピーター・フォークで決まり。

しかして、メグレ警視役は、歴代フランスを代表する名優であるチャールズ・ロートン、ジャン・ギャバン、マイケル・ガンボン等が演じてきたそうだが、本作ではフランスきっての名優ジェラール・ドパルデューが演じている。身長１８０センチ、体重１００キロという彼の体型は原作に最も忠実らしいから、まさにハマリ役。本作では、そんな名優ジェラール・ドパルデューの年季の入った演技力をしっかり鑑賞したい。

◆本作でメグレ警視が挑む“謎解き”は、タイトルどおり“若い女の死”。パリはフランスの都として“華やかさ”が売りだが、原作の『メグレと若い女の死』は１９５３年のパリが舞台だから、敗戦後の名残が残っている。そんな時代に殺された若い女は白いサテンの夜会服を着ていたが、名も身元もわからないままだから、アレレ・・・。さあ、メグレ警視はどんな推理で犯人に迫っていくのだろうか？

２０２３（令和5）年3月３１日記

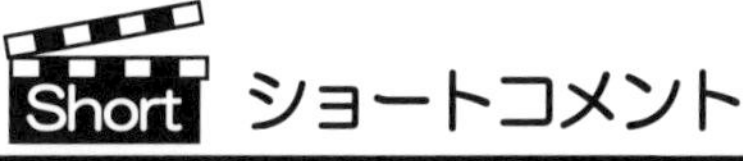

★★★

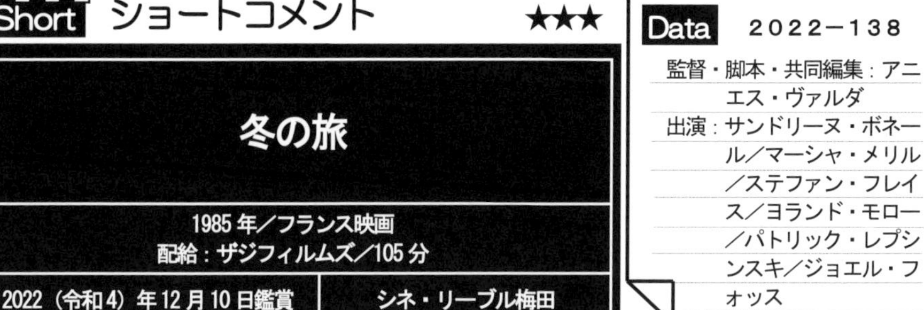

みどころ

１９８５年と言えば、日本はバブル真っ盛りの時代だが、フランスではこんな女性監督が「漂流する女性映画の金字塔的作品」を！

私は、『WANDA　ワンダ』（７０年）を観てはじめてバーバラ・ローデン監督を知ったが、本作を観て、はじめてアニエス・ヴァルダ監督を知ることに！

シューベルトの歌曲『冬の旅』はもともと暗いが、同じタイトルの本作には、暗さは全くない。むしろ、「冬の旅は人がいないので、私は大好き」と語るヒロインの自由を愛する強い気持ちが伝わってくる。しかし、そんな「冬の旅」の終わりは・・・？

『ノマドランド』（２０年）に続いて漂流する女性映画の傑作を本作で！

――＊――＊――＊――＊――＊――＊――＊――＊――＊――＊――

◆私は全く知らなかったが、本作は「漂流する女性」映画の金字塔的作品らしい。私は、バーバラ・ローデンの『WANDA ワンダ』（７０年）（『シネマ５１』２６１頁）を観て、はじめて女性監督バーバラ・ローデンの名前を知ったが、本作を観てはじめて女性監督アニエス・ヴァルダの名前を知ることに。

いわゆるロードムービーの名作は多いが、直近の「漂流する女性映画」の傑作は、クロエ・ジャオ監督の『ノマドランド』（２０年）（『シネマ４８』２４頁）。ドキュメンタリー映画のような同作では、監督自身が率いる撮影隊が５か月間７つの州を旅しながら、ノマドのコミュニティと共に暮らしたそうだが、さて本作は？

◆『冬の旅』と聞くと、私はシューベルトの歌曲『冬の旅』を思い出す。本作の邦題は同じ『冬の旅』だが、原題は『Sans toit ni loi　屋根も法もなく』。つまり、屋根も法律も拒否して彷徨う若い女性のホームレスの物語だ。

ドイツの詩人ウィルヘルム・ミュラーの詩集を２部に分けて、２４の歌曲で構成したシューベルトの『冬の旅』は、“社会からの疎外”という近代的テーマを背景とし、死を求めながら旅を続ける若者の姿を描いたものだから、基本的に暗い。しかし、同じ『冬の旅』と題された本作は、最初に１８歳の女性モナ（サンドリーヌ・ボネール）の死が示されるものの、そこから遡って始まるモナの「冬の旅」は、決して暗いものではない。むしろ、逆にモナには死など全く無縁で、自由を求めるため、孤独を恐れない彼女の姿はなんとも頼もしい。「冬の旅は、人がいないから私は大好き」と、モナは語っていたが・・・。

◆本作と同じ日に観た『あのこと』（２１年）は、２０２１年の第７８回ヴェネチア国際映画祭の金獅子賞を受賞した作品で、原作になったのは、２０２２年にノーベル文学賞を受賞したフランスの女流作家アニー・エルノーの自叙伝的作品。

それに対して、本作は１９８５年の第４２回ベネチア国際映画祭で金獅子賞を受賞した作品で、アニエス・ヴァルダ監督自身が脚本を書いたものだが、１９８５年当時、既にフランスには、アニエス・ヴァルダのようなすごい女性監督がいたことにビックリ！

◆本作は、冒頭、畑の側溝で死亡しているモナの死体が発見されるところから始まる。実況見分の結果、事件性はなく、凍死と判断されたが、１８歳の女の子がなぜこんな状態で行き倒れに・・・？

モナは服は汚いうえ、観客にはわからないものの、悪臭もプンプン臭うらしい。アニエス・ヴァルダ監督は、そこから時間軸を戻し、一人で南フランスの各地を転々と移動していくモナの行動を、生前のモナと関りを持った人物たちの１８の"証言"で構成していく。女の一人旅でのヒッチハイクには危険が伴うが、モナが欲するのは何よりも自由。そのためなら、飢えも迫害も仕方ないと彼女は割り切っているらしい。したがって、勤勉に働くことを当然の価値観としている人間には、モナのような女性が受け入れられるはずがない。その結果、あちこちで各種の衝突も・・・。

モナは、基本的には寝袋や自前のテントで寝泊まりしていたが、例外的に長期滞在したのは、①羊飼いの夫婦の家、②教授の家、そして、③主を失った巨大な洋館の中。したがって、本作ではそこでのモナの生活ぶりが詳しく描かれるので、それに注目！

◆アニエス・ヴァルダ監督の作品は、フィクションの中にドキュメンタリーの真実を、ドキュメンタリーの中にフィクションの虚構を巧みに取り入れ、自在に行き来しているそうだ。そしてまた、それを端的に示したのが、「ドキュメンタリー（Documentaire）」と「偽物（menteur）」という言葉を掛け合わせた造語を作品タイトルにした『ドキュモントゥール』（８１年）だそうだが、さて本作は？

アニエス・ヴァルダ監督最高の傑作と言われながら、その難解さのため、あまり陽の目を見なかった本作の価値を、今こそしっかり確認したい。

２０２２（令和４）年１２月１３日記

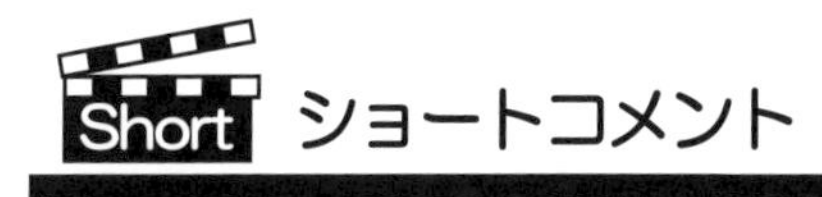

ショートコメント ★★★

ピンク・クラウド

2020年／ブラジル映画
配給：サンリスフィルム／103分

2023（令和5）年1月31日鑑賞	シネ・リーブル梅田

Data 2023－17

監督・脚本：イウリ・ジェルバーゼ
出演：ヘナタ・ジ・レリス／エドゥアルド・メンドンサ／カヤ・ホドリゲス／ジルレイ・ブラジウ・パエス／ヘレナ・ベケル

みどころ

パンデミック化し、全世界で猛威を振るったコロナ禍が約3年で収まりつつあるのは幸いだが、「その雲に触れたら10秒で死ぬ」という“ピンク・クラウド”とは？

“パンデミック以前に構想された、衝撃のロックダウン・スリラー”。それが本作の売りだが、空気は？水や食料は？そして、経済は？仕事は？収入は？

中国の武漢で見たロックダウンの風景が全世界で数年も続けば、当然、人類は破滅！しかるに、本作に見るストーリーは、あまりに非現実的なのでビックリ？これは、ちょっと誇大宣伝では・・・？

―*―*―*―*―*―*―*―*―*―*―

◆本作の公式ホームページのイントロダクションには、次の文字が踊っている。

> 世界が驚嘆！
> パンデミック以前に構想された衝撃のロックダウン・スリラー
> ブラジルの新悦が鮮烈な想像力で描き出す　もう一つの結末。

それに続いて、次のとおり解説されている。

> ２０２１年のサンダンス映画祭でイウリ・ジェルバーゼ監督のデビュー長編は予期せぬかたちで脚光を浴びた。２０１７年に脚本が書かれ、２０１９年に撮影された本作は、当初SFとして構想されていたにもかかわらず、 世界的なパンデミックで一変した現実と重なった。
> 外には一歩も出られず、部屋の中でしか生きられない“ピンク色”のディストピア。そこでジェルバーゼ監督が目指したのは、ルイス・ブニュエル『皆殺しの天使』やサルトル『出口なし』のように、制限された状況下における生存競争ではなく人間の感情を描くことだった。慣れ親しんだ日常を剥奪され、望まぬ非日常が日常になりかわろうとするとき、人間は何を求めて何を選択するのか。雲はかたちを変えながら、まるで鏡のように見つめる者の心を照らしかえす。

◆公式ホームページによると、本作のストーリーには、次のとおりだ。

突如現れた
謎のピンクの雲によって
部屋の中に
閉じ込められた人々
楽観、倦怠、絶望。
一歩も外に出られないまま、
やがて世界は
少しずつ狂っていく――

一夜の関係を共にしていたジョヴァナとヤーゴをけたたましい警報が襲う。突如として世界中に発生した正体不明のピンクの雲―それは１０秒間で人を死に至らしめる毒性の雲だった。

緊急事態下、外出制限で街は無人となり、家から一歩も出られなくなった人々の生活は一変する。友人の家から帰れなくなった妹、看護師と閉じ込められた年老いた父、自宅に一人きりの親友・・・・・・オンラインで連絡をとりあううち、いつ終わるともしれない監禁生活のなかで、彼らの状況が少しずつ悪い方へ傾き始めていることを知るジョヴァナ。そして、見知らぬ他人であったジョヴァナとヤーゴも現実的な役割を果たすことを迫られる。

父親になることを望むヤーゴに反対していたジョヴァナだったが、やがて男の子・リノを出産する。ロックダウン以前の生活を知らないリノは、家の中だけの狭い世界で何不自由なく暮らしており、父となったヤーゴも前向きに新しい生活に適応している。しかし、ピンクの雲が日常の景色となるにつれ、ジョヴァナの中で生じた歪みは次第に大きくなっていくのだった・・・・・・。

◆本作は、ストーリーが始まる前、次の字幕が表示される。

この映画は２０１７年に書かれ１９年に撮影されたものです。最近の出来事と似ていたとしてもそれは偶然です

この字幕は、「本作はコロナ禍にヒントを得て作られたものではない」ことを強調しているわけだが、それっていかがなもの？イウリ・ジェルバーゼ監督は、「私の予言が現実になった！」と自慢したいの？

◆本作は、いわゆるディスタービア映画。それなら、アイデア勝負であると同時に、スト

ーリー展開や状況設定に、いかにリアル感と緊迫感を持たせるかが勝負になるはずだが、さて本作は？

本作は、ある意味で美しいタイトルどおりのピンク色の雲が広がる中、湖畔に犬を散歩に連れ出していた男が突然倒れて死んでしまうところからスタート。これによって、「その雲に触れたら１０秒で死ぬ」という本作のテーマが示されるわけだが、その後のディストピアぶりは？

◆全世界がパンデミック化したコロナ禍の猛威が約３年で収まりつつあるのは幸い。しかし、本作のピンク・クラウドの猛威は、ジョヴァナとヤーゴの間に生まれた子供リノがかなり大きくなるまで続くから大変だ。

コロナ禍では、中国の武漢で実施されたロックダウンの有用性も一時期議論されたが、それ以上に大切な視点は、「コロナと経済との両立」だった。ピンク・クラウドによって地球上の人間の誰もが１歩も外に出られなくなったら、経済はどうなるの？仕事は？収入は？そして、何よりも締め切った部屋の中で換気はできるの？すると空気は？さらに水や食料は？そんな根本的な疑問が山ほどあるが、本作はそんな視点が一切ないから、アレレ・・・？イウリ・ジェルバーゼ監督は、その点をどう考えているの？

◆「コロナ禍以前に本作のアイデアを思いついた」というイウリ・ジェルバーゼ監督の才能は素晴らしい。しかし、それを長編映画にした本作のストーリー展開と問題提起はあまりに未熟。私はそう思わざるをえない。そのアイデアだけの"一点突破"なら、３０分ぐらいの短編で十分だったのでは？

ストーリー構成やその前提について、前述のような疑問点が目立っている本作を「世界が驚嘆！パンデミック以前に構想された衝撃のロックダウン・スリラー」「ブラジルの新悦が鮮烈な想像力で描き出す、もう一つの結末。」と絶賛するのは、少し誇大宣言では・・・？

２０２３（令和5）年2月1日記

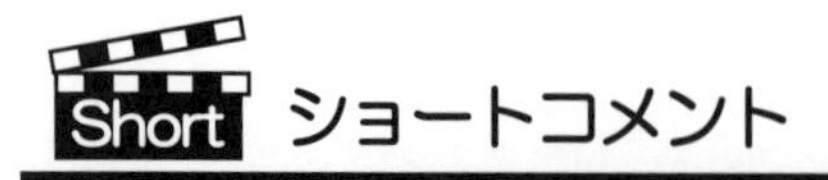

★★★

ノベンバー

2017年／ポーランド・オランダ・エストニア映画
配給：クレプスキュール フィルム／115分

2023（令和5）年1月9日鑑賞　シネ・リーブル梅田

Data　2023−5

監督・脚本：ライナル・サルネット
原作：アンドルス・キヴィラフク『レヘパップ・エフク・ノベンバー』
出演：レア・レスト／ヨルゲン・リーク／イエッテ・ローナ・エルマニス

みどころ

「ノベンバー」は11月のことだが、エストニアの寒村では11月に“死者の日”を迎えるらしい。そこでは若い男女の“純愛”が契られるそうだが、そんな東欧ダーク・ラブストーリーの理解は難しい。

東欧の国エストニアに見る“世にも不思議な物語”は、なんとも奇怪な“使い魔クラット”の登場と共に始まるが、あまりにも違和感が強い。美しい映像美にはうっとりだが、ストーリーがこれでは、私を含むほとんどの日本人はお手上げ・・・？

——＊——＊——＊——＊——＊——＊——＊——＊——＊——＊——

◆本作のチラシには、次のとおり書かれている。すなわち、

> 11月に“死者の日”を迎えるエストニアの寒村——そこでは世にも不可思議な「純愛」が契られようとしていた。目も眩む美しいモノクロームの映像美でその甘美な悪夢を描いた、東欧ダーク・ラブストーリー。

また、本作について、次のとおり紹介されている。すなわち、

> 原作は、エストニアの作家アンドルス・キヴィラフクのカルト的ベストセラー。東欧の映像詩人ライネル・サルネット監督は“全てのものには霊が宿る”というアニミズムの思想をもとに、異教の民話とヨーロッパのキリスト教神話を組み合わせ映画化。その独創性に溢れた映像美が高く評価され、観客を魅了。2018年アカデミー賞外国語映画賞のエストニア代表に見事選出された。日本では、同年に開催された第10回京都ヒストリカ国際映画祭「ヒストリカワールド」部門で上映され、高い評価を得ている。

こんな紹介を読めば、こりゃ必見！

◆さらに、チラシやパンフレットによると、本作のストーリーは次のとおりだ。

> 月の雫の霜が降り始める雪待月の11月、「死者の日」を迎えるエストニアの寒村。戻ってきた死者は家族を訪ね、一緒に食事をしサウナに入る。精霊、人狼、疫病神が徘徊する

中、貧しい村人たちは“使い魔クラット”を使役させ隣人から物を盗みながら、極寒の暗い冬をどう乗り切るか思い思いの行動をとる。農夫の娘リーナは村の青年ハンスに想いを寄せているが、ハンスは領主のドイツ人男爵の娘に恋い焦がれる余り、森の中の十字路で悪魔と契約を結んでしまうのだった――。

◆最初にスクリーン上に登場するのは、狼の姿。その動きを見ているだけで、本作は日本では到底見ることのできない、エストニアの“世にも不思議な物語”だということがわかるし、期待感も膨らんでくる。しかし、続いて登場してくる「物置の道具で作られた、自立可能な三脚型の歩行機らしき“使い魔クラット”」なるものが登場し、奇妙かつ恐ろしい動きで牛を捕まえたうえ、今ドキのドローンのように、上空を飛んで牛を運んでいくシーンを見ていると、アレレ、アレレ、こりゃ一体ナニ・・・?

◆本作のテーマが“東欧ダーク・ラブストーリー”であることは、美しい農夫の一人娘リーナ（レア・レスト）と青年ハンス（ヨルゲン・リーク）の動きを見ればすぐにわかる。しかし、ハンスの思い人はリーナではなく、領主であるドイツ人男爵の美しい娘（イエッテ・ローナ・エルマニス）であったため、ややこしい関係に?しかし、東欧ダーク・ラブストーリーは、それが「森の中の十字路で悪魔と契約を結んでしまう」というストーリーになっていくから、ややこしい。

撮影は美しいし、パンフレットを読めば、それなりに「なるほど」とわかるものの、スクリーンを見ているだけではその理解はとてもとても。そのため、はっきり言って、本作の世界観はもとより、ストーリーもその良さも日本人には容易に理解できないだろう。

◆日本語でも中国語でも形容詞の使い方は難しい。そのため、どんな形容詞をどのように使うか、またいかに言葉を操り、繋ぎ合わせて物事を形容する文章を作り出すかは、執筆者の力量の見せどころになる。しかして、本作のチラシは、本作を次のとおり“形容”している。すなわち、

真夜中の十字路での悪魔的な出会い。満月の狼への変身と愛の特効薬。ペストを村から追い出すための奇策。白装束の死者の列。森の暗い松の間から漏れる月光・・・。フォークロア、ゴシック、ロマンス、ブラックユーモア、そして愛と哀愁をシームレスに縫い合わせ、凍てつく朝のように冷たくも美しい、ただひたすらに詩情溢れる少女と水と風の美しい物語は、深いため息とともにあなたに魔法をかけることでしょう。

しかし、こんな形容だけで、本作の映像を十分想像できないことは明白だ。本作の良し悪しはあなた自身の目でしっかりと。もっとも、私は本作の良さを十分確認できなかったが、さてあなたは?

２０２３（令和5）年1月１１日記

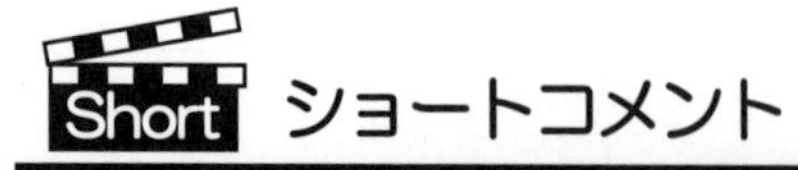

★★★

人生は二度とない

2011年／インド映画
配給：SPACEBOX／153分

2022（令和4）年11月1日鑑賞	シネ・リーブル梅田

Data　2022－120

監督：ゾーヤー・アクタル
出演：リティク・ローシャン／アバイ・デーオール／ファルハーン・アクタル／カトリーナ・カイフ／カルキ・ケクラン

みどころ

誰でも、プロポーズは一時の勢いでやってしまうもの！？しかし、その成否は？インド人のイケメン仲良し３人組による“独身サヨナラ旅行”の舞台はスペイン！そこから始まる１５３分の“人生讃歌”はおおむね好評だ。

たしかに、①ブニョールのトマト祭り、②パンプローナの牛追い祭り等のイベントは素晴らしい。スキューバダイビングとスカイダイビングも同じ。さらに、インド映画らしい歌も踊りもグッド！

しかし、本作はそれだけ！？冒頭とラストの“ひねり”がミソらしいが、そんな子供騙し（？）では１５３分の長尺はもたないのでは・・・？

――＊――＊――＊――＊――＊――＊――＊――＊――＊――＊――

◆インド映画は長いものが多い。仲良しのイケメン３人男によるスペイン横断旅行を描いた「青春モノ」たる本作も、２時間３３分と長尺。しかし、本作を見れば、スペインの美しい風景はもとより、①ブニョールのトマト祭り、②パンプローナの牛追い祭りをはじめて見物することができるし、③スキューバダイビング、④スカイダイビングも楽しむことができるから、盛りだくさん。そのうえ、フラメンコの踊りやダンスを交えた楽しい歌もたっぷり。それだけあれば、十分モトは取れるはず。大阪人の私はそう思ってスクリーンに臨んだが・・・。

◆本作の冒頭は、大富豪の娘ナターシャ（カルキ・ケクラン）にうやうやしくプロポーズするカビール（アバイ・デーオール）の姿から始まる。そして、２人の結婚が決まったことで、学生時代からの“仲良し３人組”が“独身サヨナラ旅行”を計画し、それが３週間のスペイン横断の旅に決まったところからストーリーが進行していく。そこで最初に抑えておかなければならないのは３人の個性だ。

まず、アルジュン（リティク・ローシャン）は金融ブローカーとして富を求める男。その価値観や生き方は徹底しているから分かりやすい。コピーライターのイムラーン（ファルハーン・アクタル）はどこにでもよくいる皮肉屋で、３人がつるむ時はいつも茶化してしまう男だ。もっとも、旅行中に電話をかけすぎるからといって、アルジュンが命よりも大切にしているケータイを車の中から投げ捨ててしまうのは、いくら何でもやりすぎ！３人の中で一番まともなのはカビールだが、本作では旅行の中で彼の意外な“出自”が明かされるので、それに注目！

しかして、なぜカビールの結婚決定後そんな企画が急にまとまったの？その説得力がなければ、そもそも本作のスペイン旅行の説得力がないのでは・・・？

◆独身最後の、男だけの仲良し３人旅行。本作はそんな設定だが、スキューバダイビングのイベントで予約していたインストラクターが美しい女子学生レイラ（カトリーナ・カイフ）だったところから、異変が！泳げないアルジュンは、スキューバダイビングそのものに抵抗していたのに、「レイラと一緒！」となると俄然乗り気に！そして、スキューバダイビングの魅力にゾッコンになったが、同時にレイラの魅力にもゾッコンに？

他方、カビールは旅行中も毎日チャットで新婦のナターシャと連絡を取っていたが、チャット画面に現れたレイラを見て、夫の浮気を疑ったナターシャが突然、旅行先にやってきたから、さあ大変。さらに、さらに・・・。

◆本作はスペイン旅行のガイド本としてはたしかによくできている。スキューバダイビングに見る海の中の美しさはもとより、スペイン各地の美しい風景は見応え十分。インド映画特有の歌と踊りも悪くないが、いつまでも続くと、いい加減飽きてくる。さらに、本作のストーリーはよくできていると言えばたしかにその通りだが、私に言わせれば、あまりに単純！これなら中国の TV ドラマとして毎週観ていた『３０女の生きる道』の方がよほど面白い。それが私の実感だが・・・。

◆長いスペイン旅行のラストは、パンプローナの「牛追い祭り」。そこでは、３人の男たちがそれぞれの自分の決断を下すことを余儀なくされる（?）わけだが、そこでそれぞれが下す決断が本作のミソだ。金儲け至上主義だったアルジュンが、レイラとの出会いの中で「金よりも大切なものがある」と気づくストーリーは誰でも想定できるのに対して、本作最大の“事件”は、冒頭にみた“プロポーズ”に何か手違いがあったことが明らかにされることだ。その“反省”（?）の上に、カビールがナターシャへの結婚の意思表示を撤回してしまうと・・・？これは法的には「婚約の不当破棄」として損害賠償の対象になること確実だが、そんなことは些細な問題。「人生は二度とない」ことを考えれば、そんなカビールの決断は素晴らしいと言うべきだろう。

本作はネット上で老若男女の評価が高のが、私には意外。もう１度繰り返せば、私には中国TV ドラマの『３０女の生きる道』の方が、よほどよく出来ていると思うのだが･･･。

２０２２（令和4）年１１月８日記

おわりに

1）世界中で猛威をふるった新型コロナウイルス感染症も、２０２３年に入ってやっと収まった。日本では3月にマスク着用が個人の判断に委ねられ、５月８日には感染症法上の位置付けが、季節性インフルエンザ等と同じ「５類」に移行した。そんな状況下、３年ぶりに「移動制限なし」とされた２０２３年5月のゴールデンウィークは、どこもかしこも大混雑。あるべき“観光立国”の再構築に向けて、次々と新たな戦略が打ち出されているが、さて？そんな中、三密、ソーシャル・ディスタンス、テレワーク、自粛警察、等々、コロナ禍で新たに生まれた“新語”は完全な死語に？WHO（世界保健機関）も５月５日に「国際的な公衆衛生上の緊急事態」を解除したから、３年３ヶ月ぶりに全世界は“平時”に戻った。しかし、パンデミック（世界的流行）が終わったわけではなく、ウイルスは変異を繰り返して再拡大する恐れもあるから、引き続き用心が肝要だ。ちなみに、私は5月１２日には6回目のワクチン接種を完了したから、ひとまず安心！

2）日本は世界で一番祝日の多い国だが、１９８５年の祝日法の改正によって、「祝日と祝日に挟まれた平日１日も国民の祝日とする」ことにされたから、本来の意義がわからなくなる祝日が増えた。GW最初の祝日たる４月２９日はもともとは「天皇誕生日」だったが、今は「昭和の日」になっている。また、５月４日はもともと平日だったが、２００７年に「みどりの日」として国民の祝日とされたため、飛び石連休になる弊害（?）が解消されるとともに、5月４日が土曜日や日曜日と重なった時は振替休日ができるようになった。しかし、そもそも「みどりの日」は4月２９日だったのだから、話はややこしい。他方、5月３日の「憲法記念日」は昔のまま変わっていないが、１９４５年の敗戦（終戦）から７８年、憲法施行から７６年を経た今、憲法改正論議はこれまでになく活発になっている。

3）改憲に消極的な朝日新聞とは対照的に、憲法記念日にあたって、読売新聞は一面トップで「憲法改正『賛成』６１％（本社世論調査）　露侵略・コロナ影響」を掲げ、①社説では、「時代の変化踏まえ議論を急げ」「国会議員の任期延長は選択肢だ」と訴え、②本社世論調査では、「会見賛成　高水準続く」、「『運用限界９条改正』４３％」、「『緊急事態』明記　賛同５５％」、「防衛力強化　支持７割」、「日本への攻撃　『恐れある』７１％」と主張し、③「衆院憲法審７会派に聞く」では、「高まる関心　論戦加速」と訴えた。また、産経新聞も「緊張高まる国際情勢　憲法改正待ったなし」を特集し、①「国際基準の『軍を保持』」、②「拉致被害者救えぬ現憲法」、③「抑止強化の足かせを断つ」、④「『緊急事態』国難に一丸」、⑤「立憲君主国　天皇が元首」と訴えた。また、２０２４年9月の自民党総裁任期満了までの憲法改正を目標に掲げている岸田文雄首相は、憲法改正を求める民間団体の集会にビデオメッセージを寄せ、憲法への自衛隊明記や緊急事態条項の新設に意欲を表明し、「憲法改正への挑戦は決して容易ではない。しかし、社会が大きく変化する今だからこそ挑戦し続けなければならない」と強調した。さらに、衆院の憲法審査会を舞台とする改憲論議では、「緊急事態条項」を中心とする条文案作成作業まで進んでいる。２０２２

年１２月の防衛三文書の改定は国会での議論が不十分だったが、憲法改正論議の活発化と改正の可否を決める国民投票に向けてのスケジュール設定は焦眉の課題だ。

4）目を国内から世界に転ずれば、２０２３年５月時点での最大のテーマは、ウクライナの反転攻勢がどこまで進むのかということ。連日連夜、さまざまなニュースが伝える情勢を考えれば、ロシアの劣勢は明白だが、和平はそう簡単ではない。ＮＡＴＯ諸国の結束力と米欧の協力がどこまでどのような形で続くのかをはじめとして、不確定要素が多い。また、中国を仲介者とする和平の動きは容易に読み解けないし、追い詰められた時のロシアの戦術核使用の可能性も十分に考えられる。「（島国）ニッポンは平和だから、そんなことを心配する必要はない。」という単純な“非戦論”はナンセンス。４月の統一地方選挙時に見え隠れした、投票という民主主義の基本的権利すら行使しない若者の増大は不安いっぱいだが、それでも日々の動きを注視し、あるべき日本の姿を考える必要がある。

5）岸田政権はきっと短命！私はそう予想していた。それは、なぜなら、総裁選挙の対立候補だった高市早苗や河野太郎はもとより、安倍派の後継者争いを繰り広げる萩生田光一、西村康稔、世耕弘成等と比べても、その能力差が歴然としていた（？）からだ。ところが、全く想定外の、ロシアによるウクライナ侵攻（２０２２年2月２４日）、安倍氏の銃撃死亡事件（２０２２年7月８日）や、高市氏の一連の“つまずき”等のおかげで、岸田政権は支持率が“下がりっ放し”とならない“しぶとさ”を見せている。２０２３年４月の統一地方選挙に伴う５つの国政選挙でも、下手すると１勝４敗になるところが、逆の４勝１敗に。その上、GW中のアフリカ歴訪の旅と韓国のユン・ソンニョル大統領との首脳会談を終えた岸田首相には、５月１９～２１日まで、晴れのＧ７広島サミットが待っている。

　私は２０１３年８月の家族４人揃っての北海道旅行で洞爺湖に泊まり、２００８年に洞爺湖サミットが開催された「ザ・ウィンザーホテル洞爺リゾート&スパ」の会場を見学したが、今回のサミットの主会場となる「グランドプリンスホテル広島」はＪＲ広島駅から南に約6キロの宇品島の中にある。世界が２つの陣営に分裂し、新たな東西冷戦と言われている今、１９７９年に初開催され、今回7回目を迎えるＧ７サミットの意義を私は十分認めている。そのため、今年の秋にはぜひその会場を見学し、Ｇ７広島サミットの成果を身をもって体験したいと考えているが、その成果は如何に？

6）中国は習近平体制の３期目がスタートしたところだが、来年１月には台湾の総統選挙が、１１月にはアメリカ大統領選挙が控えている。日本では、自民党の総裁任期が来年９月だし、衆議院議員の任期が２０２５年１０月だから、ひょっとして、Ｇ７広島サミットの成果を誇示する中で「衆議院解散！」という“伝家の宝刀”が抜かれるかも？？そんな興味と緊張感を伝えながら「シネマ５２」の「おわりに」としたい。

２０２３（令和5）年5月１２日
弁護士・映画評論家　坂　和　章　平

弁護士兼映画評論家　坂和章平の著書の紹介

＜都市問題に関する著書＞

『苦悩する都市再開発～大阪駅前ビルから～』（都市文化社・８５年）（共著）
『岐路に立つ都市再開発』（都市文化社・８７年）（共著）
『都市づくり・弁護士奮闘記』（都市文化社・９０年）
『震災復興まちづくりへの模索』（都市文化社・９５年）（共著）
『まちづくり法実務体系』（新日本法規・９６年）（編著）
『実況中継　まちづくりの法と政策』（日本評論社・００年）
『Ｑ＆Ａ　改正都市計画法のポイント』（新日本法規・０１年）（編著）
『実況中継　まちづくりの法と政策　ＰＡＲＴⅡ―都市再生とまちづくり』（日本評論社・０２年）
『わかりやすい都市計画法の手引』（新日本法規・０３年）（執筆代表）
『注解　マンション建替え円滑化法』（青林書院・０３年）（編著）
『改正区分所有法＆建替事業法の解説』（民事法研究会・０４年）（共著）
『実況中継　まちづくりの法と政策　ＰＡＲＴⅢ―都市再生とまちづくり』（日本評論社・０４年）
『Ｑ＆Ａ　わかりやすい景観法の解説』（新日本法規・０４年）
『実務不動産法講義』（民事法研究会・０５年）
『実況中継　まちづくりの法と政策　ＰＡＲＴ４―「戦後６０年」の視点から―』（文芸社・０６年）
『建築紛争に強くなる！建築基準法の読み解き方―実践する弁護士の視点から―』（民事法研究会・０７年）
『津山再開発奮闘記　実践する弁護士の視点から』（文芸社・０８年）
『眺望・景観をめぐる法と政策』（民事法研究会・１２年）
『早わかり！大災害対策・復興をめぐる法と政策
　―復興法・国土強靭化法・首都直下法・南海トラフ法の読み解き方―』（民事法研究会・１５年）
『まちづくりの法律がわかる本』（学芸出版社・１７年）
『新旧対照・逐条解説　宅地造成及び特定盛土等規制法』（民事法研究会・２３年）　ほか

＜映画評論に関する著書＞

『ＳＨＯＷ―ＨＥＹシネマルームⅠ～二足のわらじをはきたくて～』（０２年）
『社会派熱血弁護士、映画を語る　ＳＨＯＷ―ＨＥＹシネマルームⅡ』（オール関西・０３年）
『社会派熱血弁護士、映画を語る　ＳＨＯＷ―ＨＥＹシネマルームⅢ』（オール関西・０４年）
『ナニワのオッチャン弁護士、映画を斬る！ＳＨＯＷ―ＨＥＹシネマルーム４』（文芸社・０４年）
『坂和的中国電影大観　ＳＨＯＷ―ＨＥＹシネマルーム５』（オール関西・０４年）
『ＳＨＯＷ―ＨＥＹシネマルーム６』～『ＳＨＯＷ―ＨＥＹシネマルーム２１』（文芸社・０５年～０９年）
『ＳＨＯＷ―ＨＥＹシネマルーム２２』～『ＳＨＯＷ―ＨＥＹシネマルーム３９』（自費出版・０９年～１６年）
『ＳＨＯＷ―ＨＥＹシネマルーム４０』～『ＳＨＯＷ―ＨＥＹシネマルーム５１』
（ブイツーソリューション・１７年～２２年）
※『シネマルーム５』『シネマルーム１７』『シネマルーム３４』『シネマルーム４４』は中国映画特集「坂和的中国電影大観」１～４
『名作映画から学ぶ裁判員制度』（河出書房新社・１０年）
『名作映画には「生きるヒント」がいっぱい！』（河出書房新社・１０年）
『"法廷モノ" 名作映画から学ぶ生きた法律と裁判』（ブイツーソリューション・１９年）
『ヒトラーもの、ホロコーストもの、ナチス映画大全集』（ブイツーソリューション・２０年）

＜その他の著書＞

『Ｑ＆Ａ　生命保険・損害保険をめぐる法律と税務』（新日本法規・９７年）（共著）
『いま、法曹界がおもしろい！』（民事法研究会・０４年）（共著）
『がんばったで！３１年　ナニワのオッチャン弁護士　評論・コラム集』（文芸社・０５年）
『がんばったで！４０年　ナニワのオッチャン弁護士　評論・コラム集』（１３年）
『がんばったで！４５年　ナニワのオッチャン弁護士　評論・コラム集』
（ブイツーソリューション・１９年）
『いまさら人に聞けない「交通事故示談」かしこいやり方』（セルバ出版・０５年）

＜中国語の著書＞

『取景中国：跟着电影去旅行（Shots of China）』（上海文芸出版社・０９年）
『电影如歌　一个人的银幕笔记』（上海文芸出版社・１２年）

最新シネマ本
『シネマルーム 51』

発行：ブイツーソリューション
（２０２３年１月）

＜シネマルームは１巻から５１巻まで！＞

（２００２年６月）

（２００３年８月）

（２００４年４月）

（２００４年１１月）

（２００４年１２月）

（２００５年５月）

（２００５年１０月）

（２００６年２月）

（２００６年７月）

（２００６年１１月）

（２００７年２月）

（２００７年６月）

（２００７年１０月）

（２００７年１０月）

（２００８年２月）

（２００８年５月）

（２００８年６月）

（２００８年９月）

（２００８年１０月）

（２００９年２月）

（２００９年５月）

（２００９年８月）

（２００９年１２月）

（２０１０年７月）

（２０１０年１２月）

（2011年7月）

（2011年12月）

（2012年7月）

（2012年12月）

（2013年7月）

（2013年12月）

（2014年7月）

（2014年12月）

（2014年12月）

（2015年7月）

（2015年12月）

（2016年7月）

（2016年12月）

（2017年7月）

発行：ブイツーソリューション
（2017年12月）

発行：ブイツーソリューション
（2018年7月）

発行：ブイツーソリューション
（2018年12月）

発行：ブイツーソリューション
（2019年7月）

発行：ブイツーソリューション
（2019年10月）

発行：ブイツーソリューション
（2019年12月）

発行：ブイツーソリューション
（2020年6月）

発行：ブイツーソリューション
（2020年12月）

発行：ブイツーソリューション
（2021年7月）

発行：ブイツーソリューション
（2021年12月）

発行：ブイツーソリューション
（2022年7月）

＊著者プロフィール＊

中之島の川の上にポッコリと浮いたような“青りんご”。そのココロは・・・？

坂和 章平(さかわ しょうへい)

１９４９（昭和２４）年１月　愛媛県松山市に生まれる
１９７１（昭和４６）年３月　大阪大学法学部卒業
１９７２（昭和４７）年４月　司法修習生（２６期）
１９７４（昭和４９）年４月　弁護士登録（大阪弁護士会）
１９７９（昭和５４）年７月　坂和章平法律事務所開設
（後　坂和総合法律事務所に改称）
現在に至る

＜受賞＞

０１（平成１３）年５月　日本都市計画学会「石川賞」
同年同月　日本不動産学会「実務著作賞」

＜検定＞

０６（平成１８）年　７月　映画検定４級合格
０７（平成１９）年　１月　同　３級合格
１１（平成２３）年１２月　中国語検定４級・３級合格
２０（令和２）年　７月　HSK（汉语水平考试）３級合格
２１（令和３）年　６月　HSK（汉语水平考试）４級合格
２２（令和４）年　３月　HSK（汉语水平考试）５級合格

＜映画評論家ＳＨＯＷ－ＨＥＹの近況＞

０７（平成１９）年１０月	北京電影学院にて特別講義
０７（平成１９）年１１月９日～ ０９（平成２１）年１２月２６日	大阪日日新聞にて「弁護士坂和章平の LAW DE SHOW」を毎週金曜日（０８年4月より土曜日に変更）に連載
０８（平成２０）年１０月１６日	「スカパー！」「e2by スカパー！」の『祭り TV！　吉永小百合祭り』にゲスト出演（放送期間は１０月３１日～１１月２７日）
０９（平成２１）年　８月	中国で『取景中国：跟着电影去旅行（Shots of China)』を出版
同月１８日	「０９上海書展」（ブックフェア）に参加　説明会&サイン会
０９（平成２１）年　９月１８日	上海の華東理工大学外国語学院で毛丹青氏と対談&サイン会
１１（平成２３）年１１月 ３～６日	毛丹青先生とともに上海旅行。中国語版『名作映画には「生きるヒント」がいっぱい！』の出版打合せ
１２（平成２４）年　８月１７日	『电影如歌　一个人的银幕笔记』を上海ブックフェアで出版
１３（平成２５）年　２月９日	関西テレビ『ウエル エイジング～良齢のすすめ～』に浜村淳さんと共に出演
１４（平成２６）年　９月	劉茜懿の初監督作品『鑑真に尋ねよ』への出資決定
１４（平成２６）年１０月	日本とミャンマーの共同制作、藤元明緒監督作品『僕の帰る場所／Passage of Life』への出資決定
１５（平成２７）年　６月２９日	北京電影学院“实验电影”学院賞授賞式に主席スポンサーとして出席
１７（平成２９）年１０～１１月	『僕の帰る場所／Passage of Life』が第３０回東京国際映画祭「アジアの未来」部門で作品賞と国際交流基金特別賞をW受賞
１８（平成３０）年　３月	『僕の帰る場所／Passage of Life』が第１３回大阪アジアン映画祭・特別招待作品部門で上映
２０（令和２）年２月	『海辺の彼女たち』への出資決定
２０（令和２）年９月	『海辺の彼女たち』が第６８回サン・セバスチャン国際映画祭・新人監督部門にてワールドプレミア上映
２０（令和２）年１１月	『海辺の彼女たち』が第３３回東京国際映画祭ワールド・フォーカス部門で選出、上映
２２（令和４）年３月	若手中国人アーティストによるコンテンポラリーアート展「在地，園宇宙」をエグゼクティブプロデューサーとしてプロデュース
２２（令和４）年８月１６日	中華人民共和国駐大阪総領事館主催の「私の好きな中国映画」作文コンクールで「「タイムスリップもの」は面白い！賈玲監督の『こんにちは、私のお母さん（你好，李焕英)』に涙、涙、また涙！」が三等賞に入賞

ＳＨＯＷ－ＨＥＹシネマルーム５２

２０２３年上半期お薦め７０作

2023 年 7 月 10 日　初版　第一刷発行
著　者　　坂和 章平
〒530-0047 大阪市北区西天満３丁目４番６号
西天満コートビル３階　坂和総合法律事務所
電話　　06-6364-5871
ＦＡＸ　06-6364-5820
Ｅメール office@sakawa-lawoffice.gr.jp
ホームページ https://www.sakawa-lawoffice.gr.jp/
発行所　ブイツーソリューション
〒466-0848 名古屋市昭和区長戸町 4-40
電話　　052-799-7391
ＦＡＸ　052-799-7984
発売元　星雲社（共同出版社・流通責任出版社）
〒112-0005 東京都文京区水道 1-3-30
電話　　03-3868-3275
ＦＡＸ　03-3868-6588
印刷所　モリモト印刷
万一、落丁乱丁のある場合は送料当社負担でお取替えいたします。
小社宛にお送りください。
定価はカバーに表示してあります。
　ISBN 978-4-434-32351-5